Laurie Lisle

GEORGIA O'KEEFFE

Laurie Lisle

GEORGIA O'KEEFFE

Das Leben der großen amerikanischen Malerin

Aus dem Amerikanischen von
Jürgen Benz

Droemer Knaur

Titel der amerikanischen Originalausgabe »Portrait of an artist«

Umschlaggestaltung: Agentur ZERO, München
Satzarbeiten: IBV Satz- und Datentechnik GmbH, Berlin
Druck und Bindearbeiten: May & Co, Darmstadt
Printed in Germany
ISBN 3-426-26406-4

2 4 5 3 1

INHALT

VORWORT

Die Idee zu diesem Buch entstand im Jahr 1970, als ich eine Georgia-O'Keeffe-Retrospektive im Whitney Museum of American Art in New York besuchte. Vier Stockwerke über dem entsetzlichen Lärm der Madison Avenue stieß ich auf ihre Bilder: Tierschädel, die über weite, klare Wüstenhimmel schwebten, Blumenblüten in strahlenden Farben und von geheimnisvoller Tiefe. Sie erzählten mir von einer anderen Welt, größer und schöner als die, die mich umgab.

Das Whitney Museum hatte 1932 sein erstes O'Keeffe-Gemälde erworben – fast ein Jahrzehnt nachdem die Künstlerin zusammen mit der ersten Generation der amerikanischen Moderne bekannt geworden war. Ich wußte von ihr nur Ungefähres: daß sie mit dem Meisterphotographen Alfred Stieglitz verheiratet gewesen war und sich im Alter auf eine entlegene Farm in New Mexico zurückgezogen hatte. Meine Neugier war geweckt: Wer verbarg sich hinter diesen ausdrucksvollen Bildern?

Zu meiner Überraschung gab es kein Buch, das mir meine Fragen hätte beantworten können. Weitere Nachforschungen führten mich 1976 in die Beinecke Rare Book and Manuscript Library der Yale University. Ich studierte die Briefe, die Georgia O'Keeffe als junge Frau an ihre Freundin Anita Pollitzer sowie in späteren Jahren an Mabel Dodge Luhan und Dorothy Brett aus New Mexico geschrieben hatte. Die Worte reihten sich in einer kerzengeraden Schönschrift aneinander, die aus unverwechselbaren Bögen und wellenförmigen Schwüngen bestand. Ich hatte beim Lesen das Gefühl, als ob sie mir in ihrer Intensität entgegenkämen und mich heftig aufrüttelten, so wie es Georgia O'Keeffes Bilder getan hatten. Mit wachsender Begeisterung stellte ich fest, daß ihre Geschichte nicht nur die einer begabten Künstlerin war, sondern auch die einer starken amerikanischen Frau von außergewöhnlichem Verstand und Charakter – und diese Geschichte wollte ich erzählen.

Doch Georgia O'Keeffe galt auch als sehr unnahbar. Im Verlauf der Jahre hatte sie selbst ihren besten und treuesten Freunden, die über sie schreiben wollten, Absagen erteilt, darunter auch Anita Pollitzer. Vorsichtig nahm ich Kontakt zu ihr auf, aber er war nur von kurzer Dauer; sie blieb bei ihrer gewohnten Haltung und wollte nichts zu meinem Projekt beitragen. Immerhin sagte sie zu mir: »Sie können gern alles benutzen, was Sie finden.«

Mit der Unterstützung eines Verlegers trat ich die Odyssee an, die mich durch 24 Bundesstaaten sowie durch Dutzende von Büchereien und Museen führte. Ich traf mich zu unzähligen Gesprächen mit Familienangehörigen, Freunden und ehemaligen Mitschülern Georgia O'Keeffes. In dem abgeschiedenen Teil New Mexicos, in dem sie lebte, kletterte ich auf dieselben Tafelberge, die auch sie häufig bestiegen hatte, und genoß den Ausblick auf das herrliche Tal, das sie ihr eigen nannte. Ich stellte meinen Wagen auf der Straße ab, die sie gemalt hatte, und in einer von ihr gestifteten Halle in Abiquiu tanzte ich sogar mit ihren spanischstämmigen Nachbarn zu lateinamerikanischer Musik.

Das Portrait der Künstlerin, ihre Entwicklung von der Farmerstochter aus Wisconsin mit dem Spitznamen Georgie bis zur Matriarchin der modernen Kunst, die als O'Keeffe bekannt wurde, habe ich in der Hoffnung nachgezeichnet, daß andere sich durch ihr unabhängiges, erfolgreiches und beherzt geführtes Leben angeregt fühlen. Dieses Buch zu schreiben war eine aufregende und fesselnde Erfahrung, denn trotz ihrer distanzierten Art hat Georgia O'Keeffe uns ein großartiges Geschenk gemacht – nicht nur durch ihre Bilder, sondern auch durch die Art, wie sie lebte.

Ohne die Hilfe von anderen hätte ich dieses Buch gar nicht schreiben können. Schon während meiner Jugend hatte ich ein großes Interesse an biographischen Werken; damals verschlang ich die kürbisfarbenen Bücher »Berühmte Leute«, eine Reihe für junge Leser. Deshalb gilt mein erster Dank meiner Mutter Adeline Congdon, die mich immer reichlich mit neuen Titeln versorgte. Zu Dank bin ich auch meiner Agentin Sarah Jane Freymann verpflichtet, da sie schon instinktiv an das Buch glaubte, als es noch nicht mehr als eine Idee war. Meiner Lektorin Sherry Huber danke ich für ihren ständigen Zuspruch und ihre vielfältige Hilfe bei der Entstehung des Buches. Und ganz besonders danke ich Albert Litewka für die einfühlsame Durchsicht der Blätter und seine Anmerkungen zu den ersten Entwürfen.

Mehr als hundert Menschen, die Georgia O'Keeffe in ihrem Leben begegnet sind, haben mir ihre Eindrücke und Erinnerungen mitgeteilt. Ich würde sie gern alle erwähnen, aber es sind zu viele. Abgesehen davon haben mich einige der wichtigsten und kompetentesten Informanten gebeten, ihre Namen nicht zu nennen; mein privater Dank an sie soll daher genügen. Die Erinnerungen eines jeden haben dazu beigetragen, das Bild von Georgia O'Keeffe zu vervollständigen; ihnen allen, ob sie nun namentlich erwähnt sind oder nicht, danke ich von ganzem Herzen.

Von den Personen, denen ich zu meiner großen Freude öffentlich danken kann, sind mir einige besonders im Gedächtnis geblieben. An dem Nachmittag, als wir uns unterhielten, bewies Susan Wilson aus Virginia, die mit der jungen O'Keeffe das Internat besucht hatte, ein unglaublich gutes Erinnerungsvermögen. Sehr gerne denke ich auch an Emma Jean Smith aus dem nördlichen Texas, die zusammen mit O'Keeffe am West Texas State Normal College unterrichtete, und an die bezaubernde Mattie Mack, die zu O'Keeffes Schülerinnen zählte.

In San Francisco sprach ich mit Blanche Matthias, die demselben Jahrgang wie die Künstlerin angehörte und seit den frühen zwanziger Jahren mit ihr befreundet gewesen war. Frau Matthias hatte noch nichts von ihrer Geisteskraft eingebüßt, doch tragischerweise hatte sie nichs mehr von dem Panoramablick, den ihre Wohnung in Nob Hill bot: Die Frau, die mir in einem rosafarbenen Bademantel und mit schwarzen Brillengläsern gegenübersaß, war blind.

Das unvergeßlichste meiner zahlreichen Gespräche in New Mexico war das mit Dorothy Brett. Das Alter hatte ihre aufmerksamen braunen Augen getrübt, aber ihre kurzen britischen Sätze waren so herzlich und humorvoll.

In New York hatte ich das Glück, Herbert J. Seligmann, einen von Stieglitz' engsten Freunden, zu treffen. Er kannte Georgia schon seit 1918. Es war mir auch ein großes Vergnügen, mit Angehörigen der Familie Stieglitz zu sprechen, vor allem mit Flora Straus. Die verschiedenen Besu-

che bei Dorothy Norman in East Hampton in New York waren ebenfalls sehr reizvoll.
Ich möchte auch den Dutzenden von Bibliotheksangestellten sowie Archiv- und Museumsforschern im ganzen Land danken, die mir geholfen haben. Zu ihnen gehören Cam McRae von der Historical Society in Sun Prairie; Paul Hensly von der Colonial Williamsburg Foundation; Claire Kuehn vom Panhandle-Plains Historical Museum in Canyon/Texas; Orlando Romero von der New Mexico State Library (Southwest Room) in Santa Fe; Ellen Dunlap vom Humanities Research Center der University of Texas in Austin/Texas und Donald Gallup von der Beinecke Rare Book and Manuscript Library der Yale University in New Haven/Connecticut. Sehr hilfreich waren die Mitarbeiter der State Historical Society of Wisconsin in Madison, der National Gallery of Art und der Library of Congress in Washington, D. C., des Art Institute of Chicago und der Newberry Library in Chicago, des Center for Creative Photography in Tucson/Arizona, der Alderman Library der University of Virginia in Charlottesville, des Museum of Modern Art, des Whitney Museum, des Metropolitan Museum of Art und der New York Public Library (alle New York).

Sharon/Connecticut Laurie Lisle

SUN PRAIRIE

Im Spätherbst 1887 meldete der *Sun Prairie Countryman,* ein ländliches Blatt in Wisconsin, in einer kleinen Notiz, daß auf der Farm von Ida und Francis O'Keeffe zwei Tage zuvor, am Dienstag, dem 15. November, ein Mädchen zur Welt gekommen war. Für das junge Ehepaar war es die zweite Geburt, eine Hausgeburt. Die dreiundzwanzigjährige Ida nannte das Kind Georgia Totto nach ihrem ungarischen Großvater, George Totto. Es sah so aus, als sollte Georgia einmal die schwarzen Haare ihrer Mutter bekommen, das runde Gesicht war dagegen ganz und gar irisch, wie das ihres Vaters. Die Mischfarbe ihrer Augen wies auf die gekreuzten Linien ihrer braunäugigen Vorfahren mütterlicherseits und ihrer blauäugigen väterlicherseits hin. Georgia wurde in eine Welt geboren, deren Industrialisierung rasch voranschritt. Die längste Hängebrücke des Landes zwischen Brooklyn und Manhattan war kurz zuvor eröffnet worden. Die Regierung in Washington versuchte gerade unter der Führung des reformwilligen Präsidenten Grover Cleveland, eine gewisse Kontrolle über die kapitalistischen Monopolbetriebe zu erlangen und Ordnung zu schaffen in den Fabriken, in denen harte Bedingungen herrschten und die Arbeiter ihrem Zorn oft mit Gewaltaktionen und Streiks Luft machten. Im Westen des Landes stand gar noch der letzte große Kampf der Indianer gegen die Bundestruppen bevor.

Das Leben auf der Farm in Sun Prairie wurde von diesen Auseinandersetzungen jedoch kaum berührt. Wie überall auf dem Lande schien das Leben in einem zeitlosen Ritual stillzustehen, das nur vom Rhythmus der Natur beherrscht war. Während des langen, dunklen, eisig kalten Winters hielten die Eltern das Neugeborene im Haus. Als der Schnee endlich schmolz, das Sonnenlicht wärmer wurde und der Frühling die Prärie in ein helles Grün hüllte, durfte Georgia zum erstenmal nach draußen. Sie wurde mit einigen Kissen auf eine handgearbeitete Patchworkdecke gepackt, die auf dem jungen Gras ausgebreitet worden war. Diese allerersten Augenblicke des Sehens in strahlendem Sonnenlicht haben sich ihrem Gedächtnis unauslöschlich eingeprägt: Sie erinnerte sich später noch genau an das Muster der Decke, an die Blumen vor einem Hintergrund aus schwarzen und ganz kleinen roten Sternen.

Eine andere Entdeckung, die sie während jener Minuten in der Flut aus gelbem Sonnenschein machte, war weniger angenehm. Georgia, noch nicht einmal ein Jahr alt, spürte deutlich, daß den beiden anderen Kindern, die auf der Decke spielten, die ganze Bewunderung der Erwachsenen galt. Das eine Kind war ihr älterer Bruder, der zweijährige Francis jun. mit seinen dunklen Totto-Augen. Die Mutter fand ihn bezaubernd. Während Georgia auf der Decke herumkrabbelte, empfand sie die Mißachtung wie einen Nadelstich. An einen Gedanken von damals erinnerte sie sich noch viele Jahre danach: »Warum glaubt denn niemand, daß *ich* schön bin?«

Georgia hatte einen wahrhaft amerikanischen Stammbaum – drei ihrer Großeltern waren Einwanderer, die Vorfahren des vierten hatten zu den ersten Siedlern in der Neuen Welt gehört. Im Zuge der ersten großen Einwanderungswelle nach Amerika hatten sich die Großeltern O'Keeffe in Sun Prairie niedergelassen. Über die Großen Seen waren sie bis Milwaukee gekommen und dann mit dem Ochsenkarren etwa 80 Meilen landeinwärts direkt nach Westen gezogen bis zur neugegründeten Siedlung Sun Prairie im Süden des Staates. Im Juli 1848 kaufte Pierce O'Keeffe von der Bundesregierung das erste Stück Land am Koshkonong Creek für nicht ganz einen Dollar pro Morgen. Während er den unberührten Wald in hügeliges Ackerland verwandelte, brachte ihm seine Frau Kate vier Söhne zur Welt: Boniface, Peter, Francis und Bernard.

Knapp zwei Monate nachdem Wisconsin der Union als Bundesstaat beigetreten war, hatten sich die O'Keeffes niedergelassen. Etwa zehn Jahre später kauften George Victor Totto und seine Frau ein Stück Land neben der Farm von O'Keeffe. Während die irische Familie nach Wisconsin gekommen war, weil sie ihr Wollgeschäft in Irland hatte aufgeben müssen, war George Totto wegen seiner freiheitlichen Überzeugungen nach Amerika geflohen, ein Graf aus Budapest, der an dem erfolglosen Aufstand der Ungarn gegen die österreichische Herrschaft teilgenommen hatte. Er entkam nach Amerika und blieb schließlich in Sauk City/Wisconsin, das später als Prairie de Sac bekannt wurde. Hier hatte bereits ein anderer politischer Flüchtling aus Ungarn mit einem extravaganten Lebensstil Land gekauft.

Auch Tottos Frau Isabel war stolz auf ihre Ahnenreihe. Ihre Wurzeln ließen sich bis zu einem Holländer zurückverfolgen, der 1637 nach New York gekommen war. Einer seiner Nachkommen, Charles Wyckoff, hatte zweihundert Jahre später zwei Töchter: Isabel und deren jüngere

Schwester Jane. Wyckoff war als Hotelbesitzer im Osten des Landes offenbar in wirtschaftliche Schwierigkeiten geraten und zog daher nach dem Tod seiner Frau mit seinen jungen Töchtern und einer neuen Frau nach Sauk City, um sein Glück mit einem Hotel an der Grenze zu versuchen. Wyckoff hatte sich noch kaum eingelebt, als in Wisconsin die Cholera ausbrach. Auch er erkrankte und starb kurze Zeit danach.

In Sauk City war es schließlich, wo sich der verbannte George Totto und die verwaiste Isabel trafen und ineinander verliebten. Sie heirateten 1855, und ein Jahr später wurde Alletta, ihr erstes Kind, geboren. In rascher Folge kamen dann noch Josephine, Charles, Ida, Leonore und George zur Welt. Inzwischen waren die Tottos nach Sun Prairie umgezogen, und ihre Farm dort war größer und ertragreicher als die ihres Nachbarn O'Keeffe. Aber die Bewirtschaftung erwies sich in dem rauhen Klima des Mittleren Westens als zu schwierig für George und Isabel. In den siebziger Jahren gab Totto auf und kehrte nach Ungarn zurück, vermutlich um seinen Anteil am Familienvermögen einzufordern. Er starb schließlich in seiner Heimat, so daß Isabel und ihre sechs Söhne und Töchter für sich selbst sorgen mußten. In den frühen achtziger Jahren zogen sie in das nahegelegene Madison, das schon seit mehr als 40 Jahren eine Universitätsstadt mit hohen Ansprüchen war, und Isabel muß sich wohl ausgemalt haben, daß ihre Kinder hier bessere Chancen haben würden.

Georgias Vater, Francis Calixtus O'Keeffe, war um die dreißig, als er begann, die zwanzig Kilometer nach Madison mit dem leichten Einspänner seiner Mutter zurückzulegen, um dort Ida Ten Eyck, dem vierten Kind der Tottos, den Hof zu machen. Ida war noch keine zwanzig, ein selbstsicheres Mädchen mit braunen Augen. Frank hatte Ida die ganzen Jahre über nur als das kleine Mädchen von der Nachbarsfarm gekannt. Inzwischen hatte sich Ida in das hübschere Ebenbild ihrer großen, dunklen Mutter verwandelt. Frank war ein drahtiger, gutmütiger Farmer mit heller irischer Hautfarbe und lockigem Haar. Nachdem sein Vater gestorben war, hatte er seine Schulausbildung abgebrochen, um seiner Mutter und den Brüdern auf der Farm zu helfen. Im Oktober 1883 starb sein Bruder Peter, der ihm vom Alter her am nächsten war, an Tuberkulose. Wahrscheinlich ließ der Tod seines Bruders ihn mit Schrecken erkennen, wie schnell sein eigenes Leben vorübereilte, denn ungefähr um diese Zeit machte er Ida einen Heiratsantrag.

Idas Familie war mit der Verbindung einverstanden, zum Teil auch deshalb, weil Frank das Weideland der Tottos in Sun Prairie kaufen wollte. Aber Ida hatte zunächst wenig Interesse daran, zu heiraten und an den Ort ihrer Kindheit zurückzukehren, in ein einfaches Bauerndorf mit ein paar hundert Einwohnern, in dem es noch nicht einmal eine Bücherei gab. Ida war ein ernstes Mädchen, sie führte Tagebuch, las für ihr Leben gern und träumte davon, einmal Ärztin zu werden. Aber sie war auch jung und folgsam, und sie mochte Frank, so daß sie schließlich ein wenig zögernd seinen Antrag annahm. Ein paar Wochen nach ihrem zwanzigsten Geburtstag wurde Hochzeit gefeiert.

Aufgrund ihrer Abstammung und ihrer Bildung empfanden sich die Tottos gegenüber den O'Keeffes als sozial überlegen, und so nahmen sie die Hochzeit in ihre Hand. Auch später, während der gesamten Dauer seiner Ehe, schien Frank im Schatten von Ida zu stehen. Ebenso wie Ida zunächst gezweifelt hatte, fragten sich die Leute oft, warum eine Frau, die sich wie eine Adlige benahm, einen einfachen Iren geheiratet hatte.

Nach der Hochzeit hatte Ida keine Zeit mehr, ihre Gedanken dem Tagebuch anzuvertrauen. Innerhalb von sechs Monaten war sie schwanger, und während der nächsten acht Jahre trug sie entweder ein Kind aus oder stillte ein gerade geborenes. Wenige Wochen vor Georgias zweitem Geburtstag wurde eine Schwester geboren, die den Namen der Mutter, Ida Ten Eyck, erhielt. Sechzehn Monate später kam eine weitere Schwester: Anita Natalie, mit einem kleinen, runden Gesicht und großen, dunklen Augen. Und als Anita sechzehn Monate alt war, kam ihr Bruder, Alexius Wyckoff, zur Welt.

An den Abenden und den Sonntagnachmittagen las Ida gerne ihren Kindern etwas vor. Georgia liebte es, der warmen, kultivierten Stimme ihrer Mutter zu lauschen. Das Vorlesen war eine der Tätigkeiten, mit denen Ida ihr Interesse an der geistigen Entwicklung der Kinder bewies – der Söhne wie auch der Töchter. Bildung für Mädchen war Bestandteil der Familientradition: Ihre Mutter hatte im Osten des Landes eine Ausbildung erhalten, Idas Schwestern waren Lehrerinnen geworden, und sie selbst schloß sich einer Frauengruppe in Sun Prairie an, die soziales Engagement und Interesse an geistigen Dingen hatte. Im stillen hegte Ida große Hoffnungen für ihre Töchter, und die Tatsache, daß alle mit nur einer Ausnahme einen Beruf ergriffen, macht ihren Einfluß deutlich.

Es war Ida anscheinend wichtiger, ihre Kinder geistig zu erziehen, als ihnen auf zärtliche Weise mütterliche Zuneigung zu beweisen. Diesen Teil der Mutterrolle übernahmen offenbar andere in dem großen Haushalt, vor allem Idas Tante, Jane Varney. Tante Jenny, wie sie genannt wurde, war früh Witwe geworden und nach Wisconsin gekommen, um ihrer Schwester Isabel bei der Erziehung der Kinder zu helfen. Als ihre Nichte Ida das erste Kind bekam, zog Tante Jenny bei den O'Keeffes ein und nahm deren Haushalt unter ihre strengen Fittiche.

Als Georgia viereinhalb Jahre alt war, ein ernstes Mädchen mit braunen Haaren, hatte sie vier Geschwister, mit denen sie um die Aufmerksamkeit der Erwachsenen konkurrieren mußte. Sie war überzeugt, daß ihre Mutter den gutaussehenden älteren Bruder am liebsten hatte und daß ihre kleine, anhängliche Schwester Ida der zweite Liebling in der Familie war. Ob diese Eindrücke nun den Tatsachen entsprachen oder nicht, Georgia richtete sich in ihrem Verhalten schon sehr früh danach und blieb ihr ganzes Leben lang davon überzeugt. Weil es aber in der weitverzweigten Familie so viele Großmütter, Tanten und Onkel gab, bekam Georgia offenbar all die Zuwendung, die sie brauchte.

Georgia war ein gewandtes, aufgewecktes Kind, das schöne Hände hatte; ruhig und aufmerksam beobachtete sie alles, was in ihrer Umgebung vor sich ging. Die ersten Jahre vergingen damit, daß sie ohne viel Aufhebens hinter ihrem Bruder herzog, der anderthalb Jahre älter war als sie. Bald wurde jedoch deutlich, daß sie ihm gegenüber einige Vorzüge hatte. Er hatte schwache Augen, ihrem scharfen Blick dagegen entging nichts. Sie war auch von Natur aus sportlicher und war ihm im Laufen und Klettern bald überlegen.

Da sie ihrem Bruder nicht sehr nahestand und sich gegenüber ihren kleinen Schwestern als zu erwachsen fühlte, begann Georgia schon sehr früh, für sich allein zu spielen. Eine Lehrerin, die an Schultagen bei den O'Keeffes wohnte und manchmal über die Wochenenden blieb, um Tante Jenny mit den Kindern zu helfen, wenn ihre Mutter nach Madison fuhr, erinnerte sich, daß man sich um die selbständige Georgia kaum zu kümmern brauchte. Georgia erkannte bald, daß es seine Vorteile hatte, wenn man nicht im Zentrum der Aufmerksamkeit stand; man konnte viel leichter entwischen und klammheimlich all das machen, was verboten, aber eben interessant war.

Georgia erinnerte sich später, daß sie ganz glücklich war, wenn sie allein sein konnte. Unter den Apfelbäumen erfand sie sich einen Haushalt mit einem Park aus kurzgeschnittenem Gras, Bäumen aus hohem Unkraut, einem See, der in einem Topf untergebracht war, einem Kieselstein-Boot und einer Puppenfamilie, für die sie – wie sie sich in ihrem Buch *Georgia O'Keeffe* lebhaft erinnert – auch Kleider nähte. Die Puppenfamilie mußte sich genau nach ihren kindlichen Regeln und Einfällen richten, und so schuf sie sich innerhalb der Grenzen der wirklichen Welt ihre eigene Welt. Das beschäftigte ihre Phantasie und ließ in ihrem Innern einen Ort der Zuflucht entstehen, zu dem sie ihr ganzes Leben lang zurückkehren konnte. Dieses frühkindliche Verhalten wurde auch zum Muster für ihre späteren Beziehungen. Oft schien sie sich instinktiv von anderen Menschen zurückzuziehen, und sie brauchte niemanden, um sich die Zeit zu vertreiben.

So, wie die einsamen Stunden ihre Phantasie beflügelten, förderten sie bei ihr gleichzeitig die natürliche Neigung, eigene Vorstellungen durchzusetzen. Sie wollte sich von den anderen unterscheiden, und so trug sie zum Beispiel nur dann weiße Strümpfe, wenn ihre kleinen Schwestern keine anhatten. Georgias Verhalten wurde akzeptiert. Mama und Papa gingen ihren eigenen Interessen nach und wirkten ausgesprochen tolerant, so als hätten sie keinerlei Zweifel an den Fähigkeiten und Motiven ihrer Kinder. Der für die Familie typische Hang zur Eigenständigkeit war bei Georgia am weitesten entwickelt, aber auch alle ihre Geschwister wurden zu unbeirrbaren Individualisten.

Als Erwachsene erinnerte sich Georgia mit Stolz daran, wie weit sich das Land ihres Vaters im besten Anbaugebiet Wisconsins erstreckte. Es lag gut fünf Kilometer südöstlich des Dorfes Sun Prairie. Als Georgia noch klein war, gehörten ihrem Vater nach einer Karte aus dem Jahr 1890 bereits 180 Hektar, und später kam noch ein beträchtliches Stück hinzu. Um die rasch anwachsende Familie zu versorgen, pflanzte er eine Vielzahl von Getreidesorten an, unterhielt eine Molkerei und handelte mit Vieh. Von seinen Nachbarn wurde er als ausgezeichneter Farmer ebenso geachtet wie als liebevoller Familienvater.

Georgia begann nach und nach, die kleinen Wunder der väterlichen Farm zu entdecken. Der Wechsel der Jahreszeiten mit seinen dramatischen Veränderungen sprach alle Sinne des beobachtungsfreudigen Kindes an, und Georgia nahm all die Herrlichkeit ringsherum in sich auf. Sie stellte fest, daß Metall bei großer Kälte an den Fingern klebte und daß sich die Blütenblätter der Blumen angenehm sanft und samtig anfühlten. Sie probierte vom süßen Gras des Frühlings, lauschte dem Gesang der Vögel und verfolgte jedes Jahr die verschwenderische Fülle von Wildblumen, die in prächtigen Farben wucherten, sobald sich die Wiesen erwärmten. Sie erinnerte sich viel später noch daran, wie die endlosen Weizenfelder das Land im Sommer vergoldeten und im Herbst die Ahornbäume und die Eichen um das Haus in Rot- und Orangetönen aufflammten.

Die Kindheitstage auf dem Land, die bei Tagesanbruch

begannen und mit der Abenddämmerung endeten, weckten bei Georgia die Vorstellung von der Natur als einer ständigen Begleiterin und schärften ihr Gespür für die verschiedenen Stimmungen einer Landschaft. Bei den Mahlzeiten hörte sie ihren Vater und die Landarbeiter oft mit großem Ernst von der Macht des Wetters sprechen, das über Gedeih und Verderben der Pflanzen entscheiden konnte. Wie alle Farmerskinder wußte sie schon bald alles über Empfängnis und Geburt, schließlich kam ihre Mutter noch fünfmal zu Hause nieder. Sie wuchs daher auf, ohne sich ihrer Sinnlichkeit zu schämen, obwohl das prüde Viktorianische Zeitalter noch nicht zu Ende war.

Georgia fühlte sich zu ihrem heiteren Papa hingezogen, der immer Süßigkeiten in den Taschen hatte und auf seiner Geige irische Lieder spielte. Sie übernahm viele seiner Gewohnheiten und Vorlieben und betonte immer wieder, daß sie ihn der unnahbaren Mutter vorzog. So lag ihr auch die Liebe ihres Vaters zur Natur weit mehr als die gelehrte Welt ihrer Mutter.

Francis O'Keeffe war ein vom Glauben abgekommener Katholik, doch Onkel Bernard, sein unverheirateter Bruder, holte Georgia mit seinem Einspänner ab und nahm sie mit ins Dorf zur Messe in der Kirche zu den Heiligen Herzen von Jesus und Maria. Georgia entwickelte eine kindliche Schwärmerei für die katholische Kirche und freundete sich mit zahlreichen Gemeindegliedern an. Viele von ihnen waren Einwanderer, die immer noch in großer Zahl ins Land strömten. Sie liebte die bunten Punkte, die das Licht warf, wenn es durch die hohen, farbigen Glasfenster der Kirche fiel, die Bilder der Heiligen, den durchdringenden Geruch des Weihrauchs, die düstere Musik und die farbenprächtigen Gewänder der Priester. Jahre später vermutete

Georgia, daß sie ihre intellektuellen Vorbehalte wohl aufgegeben hätte und zum Katholizismus übergetreten wäre, wenn die Kirche in ihrer Kindheit noch mehr Besitz von ihr ergriffen hätte. Alle O'Keeffe-Kinder bis auf die jüngsten wurden in der bischöflich-anglikanischen Kirche in Madison getauft, der die Mutter angehörte. An den meisten Sonntagen wurden sie zu den einfachen Gottesdiensten in der am nächsten gelegenen Kirche mitgenommen. Zwei Monate vor ihrem fünften Geburtstag wurde Georgia zusammen mit etwa zwei Dutzend Kindern von den benachbarten Farmen eingeschult. Der Unterricht fand in einem kleinen Schulhaus statt, das nur aus einem einzigen Klassenzimmer bestand. Obwohl sie ein Jahr jünger war als die anderen Schulanfänger, erwies sie sich als intelligent, wißbegierig und klug – ihre geistige Ausbildung hatte schließlich auch schon lange begonnen. Ihre Gedanken waren bereits von den Kinderklassikern angeregt worden, aus denen ihre Mutter immer vorlas. Der erste Schultag flößte ihr mit Sicherheit keinerlei Angst ein. Das Schulhaus mit seinen weißen Schindeln war ein vertrautes Gebäude. Es lag vierhundert Meter von der langen Auffahrt zum Haus entfernt hinter der großen Hecke auf der anderen Seite der unbefestigten Straße und war umgeben von den Feldern ihres Vaters. Neun Jahre ging sie dort zur Schule. Die Lehrerin in der zweiten Klasse erinnerte sich daran, daß sich Georgia beim Sport auf dem Schulhof besonders hervortat und im Laufen und Springen besser war als die meisten Jungs. Was den übrigen Unterricht betraf, so hatte man sie allgemein noch als wohlerzogene Schülerin im Gedächtnis, die ihre Schulaufgaben pflichtbewußt und mit durchschnittlichem Erfolg erledigte. Da sie später wiederholt beteuerte, sie habe die Schule immer gehaßt und sei lieber auf der Farm herumgetollt, muß sie sich wohl sehr bemüht haben, ihrer Mutter durch Folgsamkeit eine Freude zu machen. Georgia erzählte später, sie habe zu den Kindern mit großer Selbstdisziplin gehört, die sich die Rosinen im Kuchen gern bis zum Schluß aufsparten, weil sie das Beste daran waren.

In der zweiten Klasse wurde sie ausgesprochen wißbegierig und verblüffte die Lehrerin mit ihren unablässigen Fragen. Mit den Antworten der noch unerfahrenen Frau war sie häufig nicht zufrieden. Wenn eine Antwort einmal besonders unzureichend ausfiel, entgegnete sie in aller Regel ganz gelassen: »Na gut, dann frage ich eben Tante Lola – die weiß alles.« Lola, eigentlich Leonore, war die jüngere Schwester ihrer Mutter. Sie war Lehrerin, hatte eine leise Stimme und verbrachte ihre Ferien meistens auf der Farm in Sun Prairie. Georgia hatte es gern, wenn Tante Lola sich um sie kümmerte, vor allem in der Zeit, als sie sieben Jahre alt war und ihre Mutter wieder einmal durch die Geburt eines weiteren Kindes, Catherine Blanche, abgelenkt war.

Solange Georgia noch mit ihrer Puppenstube beschäftigt war, konnten die Erwachsenen bei ihr keinerlei Anzeichen einer künstlerischen Begabung entdecken. Sie setzten vielmehr auf die kleine Ida, die sie für das wahre Zeichentalent in der Familie hielten. Unbemerkt von den Erwachsenen hatte sich jedoch Georgia die Zeichnungen in ihrer Leinenausgabe von *Mother Goose* (Mutter Gans), in den Büchern ihrer Mutter und in den Schulbüchern ganz genau angesehen. Unter großer Anstrengung hatte sie mit Bleistift einen Mann auf eine braune Papiertüte gezeichnet und Bilder von exotischen Orten aus ihrem Erdkundebuch abgemalt.

Beide Großmütter von Georgia waren der Kunst zugetan und malten naive, anspruchslose Bilder von Blumen und

Früchten. Zwei dieser detailgetreuen Gemälde von Großmutter O'Keeffe hingen im Wohnhaus der Farm. Es war selbstverständlich, daß Georgia und ihre jüngeren Schwestern ebenfalls die bei der feinen Damenwelt beliebte Malkunst erlernen würden. Ihre Mutter sorgte für den privaten Kunstunterricht, als Georgia fast zwölf war. In jenem Winter verbrachten die drei ältesten O'Keeffe-Töchter die Abende mit dem Abzeichnen von Würfeln, Rechtecken und Kugeln aus einer der bekannten Zeichenfibeln.

Im darauffolgenden Jahr hielt Ida die Zeit für gekommen, daß ihre Töchter Unterricht bei der Hobbymalerin Sarah Mann nehmen sollten, die in Sun Prairie wohnte. Der von Ulmen umsäumte Ort hatte damals etwa 900 Einwohner. Georgia muß den Eindruck bekommen haben, daß Kunst etwas ganz Besonderes sei, denn sie und ihre Schwestern wurden immerhin jeden Samstagnachmittag die elf Kilometer hin und zurück gefahren. Frau Mann ließ sie Illustrationen auswählen und mit Wasserfarben nachmalen. Georgia entschied sich für Gegenstände, wie sie von Mädchen bevorzugt werden, ein Araber-Pferd etwa oder eine rote Rose. Sie wurde in Realismus geschult zu einem Zeitpunkt, zu dem ein Kind noch aus natürlichem Antrieb bestimmten Regeln folgt. Kurze Zeit später begann sie jedoch schon, mit so schwierigen Problemen zu ringen wie der Darstellung von Mondlicht auf Schnee oder der Helligkeit des Sonnenscheins. Diese ersten Erfahrungen mit Farbe machten ihr außerordentlich viel Vergnügen.

Das Talent der Rechtshänderin Georgia, mit Pinsel und Bleistift umzugehen, war bald offenkundig. Sie machte rasante Fortschritte und fertigte im Alter von etwa zwölf Jahren eine erstaunlich genaue Zeichnung ihrer Tante Jenny an. Es war ihr sehr wichtig, wie ihre Bilder aussahen, und

sie mochte es nicht, wenn ihre Lehrerin sie nachbesserte oder die Mutter sie mit einem kunstvollen Rahmen versah. Ihre Mutter hoffte wohl, daß ihre Tochter zumindest eine wohlerzogene junge Dame, vielleicht sogar eine Kunstlehrerin werden würde. Es war damals für ein junges Mädchen noch völlig undenkbar, die Ausbildung einen Schritt weiter zu treiben und Künstlerin zu werden.
Georgias Mutter wußte nicht, daß ihre Tochter aber genau diesen Wunsch schon hegte. Eines Tages fragte die Zwölfjährige ihre Freundin Lena, die Tochter der Wäscherin, was sie einmal werden wolle. Lena sagte, sie wisse es noch nicht. Georgia dagegen platzte heraus: »Also, ich will einmal Künstlerin werden.«
Georgia hat sich im nachhinein nie dazu geäußert, was sie schon damals zu dieser Erklärung veranlaßte. In keinem ihrer Schulbücher waren berühmte Künstlerinnen aufgeführt, sie kannte niemanden, der diesen Beruf ausübte, und die wenigen Gemälde, die sie bis dahin gesehen hatte, bedeuteten ihr nicht sehr viel. Wie sie in ihrem Buch schrieb, hatte das kleine Bild eines hübschen griechischen Mädchens, das sie in einem der Bücher ihrer Mutter fand, sie dazu angeregt, selbst einmal etwas so Schönes zu schaffen. Das Malen kam ihrem Bedürfnis nach Abgeschiedenheit und Freiheit genauso entgegen wie zuvor die Puppenstube. In dem Begriffsverständnis, das Georgia allmählich entwickelte, verhieß das Künstlerdasein die Möglichkeit, so zu handeln, wie man wollte.
Obwohl der amerikanische Senat einen Versuch zur Einführung des Frauenwahlrechts im selben Jahr, in dem Georgia zur Welt gekommen war, abgeschmettert hatte, fühlte sie sich durch ihre Geschlechtszugehörigkeit nicht eingeschränkt. Von Jugend an war ihr eine Berufstätigkeit

als ebenso erreichbar und erstrebenswert erschienen wie die Rolle der Hausfrau und Mutter. Schon zwei Jahre vor ihrer Geburt hatten Frauen die Möglichkeit, im nahegelegenen Madison zu einer Hochschulausbildung zu kommen. Damals hatte die University of Wisconsin damit begonnen, Studentinnen aufzunehmen.

Für Georgia war es nicht schwer, Selbstsicherheit zu entwickeln. Eines Tages stritt sie sich mit ihrem älteren Bruder über die Frage, welches Geschlecht Gott habe. Georgia erklärte, Gott sei eine Frau, und als Francis ihr widersprach, lief sie in der Hoffnung auf Unterstützung zu ihrer Mutter. Obwohl deren Antwort enttäuschend ausfiel, weigerte sich Georgia hartnäckig, ihre Meinung zu ändern. Es ist anzunehmen, daß die starke Stellung der Frauen in der Familie und ihr eigenes wachsendes Selbstvertrauen sie so beharrlich gemacht haben. Sie bekannte sich ihr Leben lang zu ihrem Geschlecht und weigerte sich, die traditionelle Rolle zu akzeptieren, die den Frauen zudiktiert war.

Inzwischen hatten die O'Keeffes in der kleinen Farmergemeinde zunehmend an gesellschaftlicher Bedeutung gewonnen. Ende des Jahres 1897 begann der wöchentlich erscheinende *Sun Prairie Countryman*, die lokalen Nachrichten unter einer Rubrik zusammenzufassen, die man in freundlicher Anspielung »O. K. Neighborhood« (O. K. Nachbarschaft) getauft hatte. In den Spalten vom gesellschaftlichen Leben waren dabei häufig Mamas Nachmittagstees, ihre Fahrten nach Madison und die zahlreichen Besucher der O'Keeffeschen Farm wiederzufinden.

Während Georgia zu einem jungen Mädchen heranwuchs, nahm die Zahl der Verwandten in ihrer Umgebung drastisch ab. Nach dem Tod von Großmutter Totto zerstreuten sich die Tanten und Onkel aus diesem Zweig der Familie in alle Winde. Im Oktober 1897 starb Großmutter O'Keeffe, und Papas einziger noch lebender Bruder, der unverheiratete Bernard, erkrankte an Tuberkulose. (Sein ältester Bruder Boniface war bereits ein Jahr nach Georgias Geburt an der Schwindsucht gestorben.) Während der folgenden Monate wurde Bernard immer schwächer, und so zog er schließlich zu seinem Bruder, wo ihn seine Schwägerin Ida pflegen konnte. Bis zum Sommer hatte sich sein Zustand jedoch so sehr verschlechtert, daß er das Land, das er von seiner Mutter geerbt hatte, »für einen Dollar sowie die erwiesene Liebe und Zuneigung« an Frank und Ida überschrieb. Er hatte nur noch die Kraft, ein kleines X unter die Urkunde zu setzen, und starb einen Monat später. Die Tuberkulose hatte die vier O'Keeffe-Brüder dreizehn Jahre lang verfolgt und schließlich drei von ihnen weggerafft. Der Winter nach Bernards Tod war noch kälter als die bisherigen, und Frank war besessen von der Vorstellung, daß auch ihn die Schwindsucht holen würde. Im Februar 1899, fünf Tage nachdem seine Frau ein weiteres Kind, Claudia Ruth, zur Welt gebracht hatte, fielen die Temperaturen auf 37 Grad unter Null, und ein heftiger Wind ließ die Kälte noch beißender werden.

Franks Traum, der Tyrannei der Landwirtschaft und des gnadenlosen Wetters zu entkommen, erhielt durch den schrecklichen Winter neue Nahrung. In jener Zeit gerieten die amerikanischen Farmer zusätzlich in Bedrängnis, weil die Agrarpreise sanken und die Kosten für die Maschinen stiegen. Es wurden Interessenverbände gegründet, um die Regierung in Washington unter Druck zu setzen und Erleichterungen für die Landwirte zu erreichen. Als ihr Kandidat jedoch bei den Wahlen von 1896 unterlag, zeichnete sich bereits ihre spätere Niederlage ab.

Für Frank ergab sich in dieser Situation eine Möglichkeit, seinen Traum wahrzumachen. Nach Bernards Tod hatten die O'Keeffes soviel Land in ihrem Besitz, daß sie einen Teil davon an einen anderen Farmer verpachten konnten. Zur gleichen Zeit hielt sich in Madison ein Mann namens Chapman auf, der an die Bewohner des Mittleren Westens Land in Virginia verkaufte. Sehr wahrscheinlich bekamen die O'Keeffes eine Broschüre in die Hand, die von Geschäftsleuten aus Williamsburg in Virginia herausgegeben worden war, um den Handel in ihrer historischen, aber etwas verschlafenen Stadt zu beleben. Die Broschüre sang ein Loblied auf die milden Winter und das gesunde Klima der alten Stadt aus der Kolonialzeit.

Ida hatte sich auf der Farm nie wirklich wohl gefühlt, so daß sie an einem Ortswechsel durchaus interessiert war. Für sie war das hübsche Williamsburg eine Stadt mit Kultur, die zudem das traditionsreiche College of William and Mary beherbergte. Ida ging auf die vierzig zu, Frank war fast fünfzig, und sie hatten in Sun Prairie keine Verwandten mehr. Ein neues Jahrhundert stand vor der Tür, und so entschlossen sie sich, die Farm in Wisconsin zu verkaufen und in Virginia ein neues Leben zu beginnen.

Im Herbst 1901, wenige Wochen vor Georgias 14. Geburtstag, meldete ihre Mutter sie nicht in der Oberschule von Sun Prairie, sondern in einem exklusiven Klosterinternat am Stadtrand von Madison an. Die Sacred Heart Academy nahm in jenem Schuljahr 78 »junge Damen« auf. Einige kamen von weit her, sogar aus Kalifornien und Kanada. Sacred Heart bedeutete für Georgia eine einschneidende Veränderung, gemessen an ihrer bisherigen Freiheit, der Möglichkeit, auf der Farm herumzustreunen, den einfacheren Anforderungen der ersten Schule, dem eigenen Zimmer zu Hause und der Geborgenheit in einer Gemeinschaft, in der sie jeden kannte. Die Dominikanerinnen behielten sich das Recht vor, Besuche nur am Samstagnachmittag zuzulassen, die Bücher der Schüler einzusehen und ihre Post zu kontrollieren. Obwohl Protestantinnen wie Georgia nicht am Religionsunterricht teilnehmen mußten, war jedes Mädchen verpflichtet, beim täglichen Besuch der Kapelle ein Kopftuch aus schwarzer Seide mit Spitzenborte zu tragen und an Sonntagen ganz in Schwarz zu erscheinen.

Georgias Eltern legten zum normalen Schulgeld noch einmal zwanzig Dollar dazu, damit ihre Tochter im Atelier unter dem Dach Kunstunterricht bekommen konnte. Am ersten Tag im Atelier erhielten die Schülerinnen einen Kohlestift und mußten die Hand eines Babys nach einem weißen Gipsabdruck zeichnen. Georgia gab sich große Mühe und war schließlich mit ihrem Werk zufrieden. Die Nonne tadelte sie jedoch, weil sie die Hand zu klein und zu schwarz gezeichnet hatte. Da Georgia von zu Hause her eine sanfte Behandlung gewohnt war, brachte die unerwartete Kritik sie an den Rand der Tränen. Sie machte ihre Zeichnungen größer und heller, um bei der anspruchsvollen Schwester Angelique Anerkennung zu finden. Die Strategie war erfolgreich. Am Ende des Schuljahres stellte die Nonne Georgias Zeichnungen aus, veröffentlichte eine von ihnen – einen Entenjäger mit angelegter Flinte – im Katalog und verlieh ihr »für Fortschritte im Illustrieren und Zeichnen« eine goldene Nadel.

Im darauffolgenden Herbst verließ Georgia Sacred Heart wieder; an ihrer Stelle wurden ihre beiden jüngeren Schwestern Ida und Anita angemeldet. Der Grund für diesen

Schritt ist nicht ganz klar. Es war in jener Zeit nicht ungewöhnlich, ein Kind nur ein Jahr lang auf eine Privatschule zu schicken, wenn das für die Schule zur Verfügung stehende Geld begrenzt war. Unterdessen machten sich die Eltern gemeinsam mit Tante Jenny und den drei Kindern Alexius, Catherine und Claudia auf den Weg nach Virginia.
Georgia und ihr Bruder Francis wurden inzwischen bei Tante Lola untergebracht, die in Madison, einer Stadt mit 20000 Einwohnern, als Lehrerin sehr beliebt war. Für Georgia war es das erste Mal, daß sie in einer Stadt wohnte, aber von Tante Lolas Haus aus hatte man einen herrlichen Blick auf die bewegten, türkisblauen Wasser des Monona-Sees und auf die dunkelgrünen Hügel des gegenüberliegenden Ufers.
Georgia besuchte jetzt zusammen mit mehreren hundert anderen Schülern die Madison High School, die in einem großen viktorianischen Gebäude untergebracht war. Der Kunstunterricht an dieser Schule hinterließ bei ihr, abgesehen von einem gewissen Schlüsselerlebnis, kaum Eindruck: Eines Tages ging sie am Kunstsaal vorbei, in dem eine altjüngferliche Lehrerin mit einem großen Blumenhut unterrichtete. Georgia blieb in der Tür stehen und sah fasziniert zu, wie die Lehrerin eine Arazee hochhielt, um ihren Schülern die ungewöhnliche Form und die feinen Schattierungen im Innern der Blüte zu zeigen. Obwohl Georgia auf den Sumpfwiesen ihres Vaters schon jede Menge wilde Blumen gesehen hatte, war es doch das erste Mal, daß ihr eine im Kunstunterricht begegnete. Es war auch das erste Mal, so schrieb sie in ihrem Buch, daß sie auf die Idee kam, nach der Natur zu malen und nicht nach Bildern oder Gipsabdrücken.
Als das Schuljahr im Frühling 1903 zu Ende war, verließen

die vier ältesten O'Keeffe-Kinder Wisconsin und folgten dem Rest der Familie nach Virginia. Georgia war damals fünfzehneinhalb Jahre alt und schätzte sich glücklich, ihre Kindheit noch auf der Farm verbracht zu haben, auf der sie geboren war. Als ihre Eltern das Haus verkauften, hatte sie es im Zuge ihrer Schulausbildung bereits verlassen. Als sie in Richtung Virginia fuhr, war sie ein unabhängiger, selbstbewußter und erfolgreicher Teenager, der bereit war, alle Spuren der Kindheit hinter sich zu lassen. Da sie nicht zu früh oder zu plötzlich von zu Hause weggerissen worden war, hatte sie eine tiefgehende, fest verankerte Vorstellung von ihrer eigenen Persönlichkeit und ihrer Herkunft entwickeln können.

Die Bilder, die Umgebung und die Moralvorstellungen von Sun Prairie hatten sie in jeder Hinsicht geprägt. Immer wieder sprach sie von sich als von einer Pflanze, die aus dem Boden des amerikanischen Kernlandes hervorgegangen sei, und meinte, daß sie sich in einer Stadt niemals wohl fühlen würde. Von den Beobachtungen in dem natürlichen Paradies ihrer Kindheit brachte sie später vieles in ihre Ikonographie mit ein. Großen Einfluß auf ihren Werdegang als Künstlerin hatte auch der demokratische Gleichheitsgedanke des Mittleren Westens. Als sie einmal an einem kritischen Punkt ihrer Entwicklung angelangt war und sich fragte, ob sie wirklich das »Recht« hatte, so zu malen, wie sie wollte, gab sie sich ein Ja als Antwort. Die künstlerische Freiheit war für sie ebenso ein Grundrecht wie die Redefreiheit. Und es gab für sie niemals einen Zweifel daran, daß es ein großes Glück für sie gewesen war, als Tochter eines Farmers im Mittleren Westen der USA auf die Welt gekommen zu sein.

LEHRJAHRE

Als die O'Keeffes ankamen, war Williamsburg ein vor sich hindämmerndes Städtchen mit fünfhundert weißen und schwarzen Familien – ein Ort, in dem die Zeit seit mehr als hundert Jahren stillzustehen schien. Entlang der ungepflasterten Duke-of-Gloucester-Street erhoben sich die eleganten Häuser aus dem 18. Jahrhundert, deren ausgewogene Proportionen kaum zu erkennen waren hinter abbröckelnden Fassaden aus rotem Backstein, durchhängenden Veranden und mächtig sich ausbreitenden Büschen und Bäumen. In den Gärten blühte es hinter den Buchsbaumhekken die meiste Zeit des Jahres, und die milde, warme Luft war voll vom Duft der Blumen. In Williamsburg gab es außer dem historischen College einen Gasthof, ein paar Geschäfte mit unregelmäßigen Öffnungszeiten, eine Anlegestelle, von der aus Erdnüsse und Wassermelonen verschifft wurden, und eine Nervenheilanstalt.

Im März 1903 verkauften Ida und Francis O'Keeffe die Farm in Wisconsin für 12000 Dollar und erwarben im folgenden Monat für 3500 Dollar ein geräumiges weißes Haus in Williamsburg, das »Wheatlands«, und das dazugehörige 3,8 Hektar große Grundstück. Mit seinen achtzehn Zimmern war das »Wheatlands« nicht nur größer als das Farmhaus in Sun Prairie, die offenen Vorbauten, holzgeschnitzten Säulen und dunklen Fensterladen machten es auch um einiges eleganter.

Zu jener Zeit ließen sich selten Fremde in Williamsburg nieder, und der »seltsame« Nordstaatler-Lebensstil der O'Keeffes hob sich deutlich von dem der übrigen Bewohner ab. Zum einen, so stellten die Nachbarn fest, hatten die O'Keeffes keine schwarzen Bediensteten. Zum anderen ging so gut wie niemand aus der Familie in die Kirche. Aber noch schlimmer war, daß der Name O'Keeffe für die Leute in dem frommen protestantischen Ort verdächtig nach Papst klang. Die sieben Kinder waren zudem eine ungezwungen auftretende und nur schwer kontrollierbare Schar, die sich zwar mit niemandem besonders anlegte, die aber auch nichts von dem für den Süden typischen Familienklüngel offenbarte. Den Sommer über mietete die Familie in Yorktown gar ein erschreckend unkomfortables, leerstehendes Haus am Fluß, um dort zu schwimmen und zu segeln. Wie alle anderen Leute aus dem Mittleren Westen legten die O'Keeffes großen Wert auf eine gute Ausbildung, während sich ihre Südstaaten-Nachbarn ganz auf ihre festgefügte Ordnung aus Abstammung und Familienzugehörigkeit verließen, der zufolge Neuankömmlinge einen sicheren Platz am unteren Ende der sozialen Skala bekamen. Für Francis O'Keeffe war es auch nicht gerade von Vorteil, daß die Klatschmäuler in Williamsburg zu der Überzeugung gelangten, das Geld für den Landkauf und die Eröffnung eines Lebensmittelladens stamme nicht aus einem alten Familienvermögen. Dieser anscheinend ungehobelte Mensch, der wenig Bildung besaß und nicht zögerte, mit den Händen zu arbeiten, war ganz offenkundig kein Gentleman aus Virginia.

Die Leute waren verblüfft von der Verbindung zwischen Francis und der nach ihren Worten »sehr gut aussehenden« Frau, die sich ihr volles, dunkles Haar aus dem hübschen Gesicht heraus streng nach hinten kämmte. Wegen ihrer aufrechten Haltung, ihrer vornehmen Umgangsformen und ihres guten Geschmacks hielt man Ida für »eine Lady« und lud sie zu den Nachmittagstees ein.

Die beiden ältesten O'Keeffe-Kinder, Francis jun. und Georgia, besaßen in den Augen der Leute die aristokratischen Eigenschaften ihrer Mutter, die jüngeren dagegen nicht. Georgia galt als die interessanteste der etwas unbedarften, dunkelhaarigen O'Keeffe-Schwestern. Aufgrund ihrer künstlerischen Begabung sah man ihr gern ihr mitunter ungewöhnliches Betragen nach, beispielsweise ihre Gewohnheit, auf langen, einsamen Spaziergängen im Morgengrauen durch die Landschaft zu streifen.

Im Herbst des ersten Jahres in Virginia meldete Ida ihren Sohn Francis im College of William and Mary an, engagierte einen Privatlehrer für die jüngeren Kinder und schickte Georgia in ein ausgezeichnetes Internat, das 320 Kilometer entfernt lag. Das Chatham Episcopal Institute war in einem weißen Schindelhaus auf einem bewaldeten Hügel untergebracht, mit dem Blick auf Chatham, ein kleines Städtchen in Virginia, das auch Gerichtssitz war. Nach Chatham schickten die Familien der Mittelschicht ihre Töchter, wenn sie sie modern erziehen lassen wollten. Unterkunft und Verpflegung in dem Internat waren spartanisch: Das Baden gehörte zum wöchentlichen Ritual, die Gemeinschaftstoiletten lagen außerhalb des Schlaftrakts, die Mahlzeiten, zum Beispiel schlichte Bohnengerichte, wurden an langen Tischen eingenommen, und die Schlafräume wurden mit kleinen Holzöfen beheizt.

Mit ihren fast sechzehn Jahren hatte Georgia das Glück, während der beiden Jahre in Chatham von einer intelligenten und einfühlsamen Kunstlehrerin unterrichtet zu werden: Elizabeth May Willis. Sie war gleichzeitig die Direktorin des Internats, eine Witwe, die einen ausgeprägten Sinn für Gerechtigkeit hatte. Sie hatte an der Syracuse University studiert und war bereits vor ihrer Ehe Leiterin des Kunstseminars einer großen Universität im Mittleren Westen gewesen. Georgias Begabung fiel ihr sofort auf. Nachdem sie einige Jahre selbst unterrichtet hatte, nahm Georgia später an, daß sie zu jener Zeit wohl eine schwierige Schülerin gewesen sein muß. Manchmal arbeitete sie sehr intensiv mit, weigerte sich dann aber wieder tagelang, auch nur irgend etwas in Angriff zu nehmen. Dafür ließ sie den anderen Mädchen keine Ruhe, zog ihre Haarschleifen auf oder dachte sich andere Streiche aus. Wenn diese sich schließlich bei Frau Willis darüber beschwerten, daß sie Georgia nicht zur Arbeit anhielt, antwortete die Direktorin in aller Ruhe: »Wenn Georgia in der richtigen Stimmung ist, dann bringt sie an einem Tag mehr zustande als ihr in einer ganzen Woche.« Es ist Frau Willis sehr hoch anzurechnen, daß sie es Georgia überließ, ihr Arbeitstempo selbst zu bestimmen, und sie beispielsweise dazu anregte, nach dem Mittagessen im Atelier weiterzuarbeiten, wenn die anderen in den Lesesaal gingen.

Zur gleichen Zeit zeigte Georgia sehr viel Interesse am Klavierspiel und brachte es dabei immerhin so weit, daß sie bei einem Schulkonzert im Dezember 1904 die »Peer Gynt«-Suite von Edvard Grieg spielte. Die Musik bedeutete ihr ein Leben lang sehr viel. Sie erklärte mehrfach, sie hätte anstatt Malerin genausogut Musikerin werden können, und sie wüßte nicht, welcher Sinn ihr wichtiger sei – das Auge oder das Ohr. »Gesang schien mir immer das vollkommenste aller Ausdrucksmittel zu sein«, sagte sie im Jahr 1922. »Und weil ich nicht singen kann, male ich.«

Nach fünf Jahren privatem Kunstunterricht war Georgia auf diesem Gebiet sehr viel weiter als beim Musizieren, weiter als alle anderen Mädchen ihres Alters. Sie wußte genau, wie sie die Farben mischen oder wie naß sie ihren großen Aquarellpinsel machen mußte. Oft verblüffte sie ihre Mitschülerinnen, wenn sie Kinn oder Nase des ein oder anderen Mädchens in allen Einzelheiten getreu abzeichnete und die Skizze dann ungerührt zusammenknüllte und in den Holzofen warf. Es dauerte nicht lange und sie war die unangefochtene Herrscherin im Kunstsaal. Eine Mitschülerin namens Christine McRae erinnerte sich später: »Ihre Staffelei stand immer in der Mitte des Saals und war der Mittelpunkt des Interesses. Sie konnte stundenlang davor stehen, ohne ein Wort zu sagen, und an etwas arbeiten, das uns schon fertig erschien, fügte Farben hinzu, die wir mit unseren gewöhnlichen Augen nie gesehen hätten, und ließ sich durch unser unablässiges Geplapper, wie sie denn dieses Violett, dieses Rot oder dieses Grün erhalten habe, kein bißchen stören. Mitunter ließ sie sich dann plötzlich auf den Boden nieder, sah sich um, und wenn Frau Willis nicht im Raum war, drehte sie sich um, rannte auf ein Mädchen zu, umarmte es und versetzte bald das ganze Atelier in Aufruhr. Dann wurde sie wieder ruhig, und bis Frau Willis zurückkam, war sie wieder ganz bei der Arbeit.«
Es hing sicherlich auch mit ihrer Kunstlehrerin zusammen, daß Georgia sich auf dieses Fach konzentrierte. Elizabeth May Willis bewunderte offen Georgias Talent und verlieh ihr am Ende der Oberstufe eine Sonderauszeichnung für Kunst sowie den Kunstpreis für eine Aquarellstudie von rotem und gelbem Mais. Auch nachdem Georgia die Schule verlassen hatte, verfolgte Frau Willis mit großem Interesse den weiteren Werdegang ihrer begabten Schülerin.

Obwohl man Georgia auch in Chatham für »anders« als die anderen hielt, war sie doch schon von ihren Geschwistern her daran gewöhnt, daß man ihre Unangepaßtheit ironisch behandelte, und konnte auch ganz gut damit umgehen – selbst als sie einmal wegen ihrer schlichten Kleidung für ein Dienstmädchen gehalten wurde und die anderen Schülerinnen sich darüber köstlich amüsierten. Während die Mädchen aus den Südstaaten sich Jungens gegenüber überschwenglich und kokett gaben, blieb Georgia kühl und reserviert.

Die Mädchen in Chatham mochten Georgia eigentlich sehr gern, und sie bewunderten ihr künstlerisches Talent ebenso wie ihre Geschicklichkeit im Nähen; einmal hatte sie ein Kleid so gut eingesäumt, daß sie es von beiden Seiten tragen konnte. Georgia spielte in der Basketball-Mannschaft, war Mitglied des Deutsch-Clubs und Kassenwart des Tennisteams.

Georgia war sehr impulsiv. Den Schulalltag fand sie oft langweilig, und so versuchte sie, ihn durch allerlei Späße aufzulockern. Nachdem sie ihren Freundinnen das Pokern beigebracht hatte, richtete sie eine feste Pokerrunde ein. Häufig erhielt sie Minuspunkte, weil sie sich nicht an die Regeln hielt und beispielsweise nach dem Glockenzeichen zum Löschen der Lichter um 22 Uhr noch einmal aufstand. Also verbrachte sie viele Samstage damit, den einen oder anderen banalen Satz zur Strafe immer und immer wieder abzuschreiben.

Nur sehr wenig Energie wandte sie für ein gutes Abschlußzeugnis auf, doch sie erreichte die Hochschulreife im Juni 1905 in dem dafür üblichen Alter von siebzehn Jahren. Geprüft wurde in Fächern wie Kunst, Geschichte, Mythologie, Physiologie und Französisch. Insgesamt ging es für sie knapp aus, weil sie in Rechtschreibung sechsmal antreten mußte, bevor sie schließlich auf eine ausreichende Note kam. Rechtschreibung war ihr denn auch für den Rest ihres Lebens ein Greuel.

Nach der Schlußfeier schenkte sie ihren Mitschülerinnen einige ihrer Aquarelle. Den Rest zerriß sie. Wie sie Freunden gegenüber erklärte, sollten die Arbeiten aus ihrer Schulzeit sie später nicht in Verlegenheit bringen können, falls aus ihr einmal eine berühmte Malerin würde.

Sowohl ihre Kunstlehrerin als auch ihre Mutter wollten, daß Georgia ihre künstlerische Begabung weiterentwikkelte. Obwohl Frauen seit der Jahrhundertwende an den meisten amerikanischen Kunstschulen zugelassen waren, galt es vor dem Ersten Weltkrieg doch immer noch als sehr »fortschrittlich«, seine Tochter auf eine derartige Schule zu schicken. Der Puritanismus hatte das Land noch fest im Griff. Schließlich zeichneten die Kunststudenten Aktmodelle, wenn auch in Klassen getrennt nach Frauen und Männern, und sie standen nicht unter der Aufsicht einer Schulverwaltung. Aber selbst wenn Ida noch Zweifel hatte, ob der Besuch einer Kunstschule für ihre älteste Tochter geeignet sei, kann doch als sicher gelten, daß Frau Willis alle Bedenken zu zerstreuen vermochte, weil sie selbst eine Kunsthochschule besucht hatte.

Im September 1905 machte sich Georgia also auf den Weg zur Schule des Art Institute of Chicago, eines der größten und aktivsten Kunstmuseen der Vereinigten Staaten. Ausschlaggebend für die Wahl des Studienortes war zweifellos die Tatsache, daß der ältere Bruder und die Schwester von Georgias Mutter in der Indiana Avenue eine Wohnung hatten, von der aus die Schule zu Fuß zu erreichen war. Georgia sollte also bei Charles W. Totto wohnen, der im

Kreditgeschäft tätig war, und bei Alletta (»Ollie«) Totto, die als Stenographin arbeitete.
Tante Ollie ging damals auf die fünfzig zu; sie hatte ein längliches Gesicht, schwere Augenlider und einen ausgeprägten Willen. Sie war das älteste Kind in der Familie gewesen, und nachdem der Vater nach Ungarn zurückgekehrt war, hatte sie als Lehrerin ihre Mutter und ihre Geschwister unterstützt. Später, nach ihrer Arbeit als Stenographin in Chicago, führte sie in Madison ein Schuhgeschäft und wurde schließlich der einzige weibliche Korrektor unter Hunderten von Zeitungsleuten am *Sentinel* in Milwaukee, wo sie noch Jahre arbeitete. Georgia war ihre Lieblingsnichte.
Das im italienischen Renaissancestil erbaute Art Institute war eines der größten Gebäude in Chicago. Es war allerdings nicht die Einrichtung, die ein frisches Talent voll Originalität aus dem eigenen Land fördern konnte. Man war stolz auf die Sammlung europäischer und vor allem holländischer Meister, und in dem Winter, als Georgia in Chicago war, stellte man Millet, Corbet und Rosa Bonheur aus. Die Institutsleitung legte Wert darauf, daß ihre Dozenten in der geheiligten Kunstmetropole Paris studierten, und hatte auch die unnachsichtige Art des französischen Unterrichts übernommen mit seinem starken Konkurrenzdenken und der strengen Beurteilungspraxis. Die aufstrebenden Künstler scharten sich um einen Professor, der ihre Arbeiten jeden Monat mit Hilfe eines Zahlensystems einstufte. Die mit den höchsten Zahlen durften sich bei der nächsten Modell-Zeichenstunde die besten Plätze aussuchen und kamen rasch voran. Wer immer nur niedrige Zahlen erreichte, mußte mit dem hinteren Teil der Klassenräume vorliebnehmen und wurde schließlich ganz aus dem Unterricht verbannt.

Drei Tage vor Semesterbeginn immatrikulierte sich Georgia zusammen mit neunhundert weiteren Studenten, bezahlte ihre Gebühren und erhielt ein Schließfach für ihre Staffelei, den Arbeitskittel, die Kohlestifte und den Zeichenblock. Sie wurde einem Einführungskurs Zeichnen zugeteilt, den Matilda Vanderpoel hielt. Sie war die Tochter eines der Dozenten und zählte zu den fortgeschrittenen Studenten. Frau Vanderpoels Schüler bauten ihre Staffeleien immer im größten Ausstellungsraum des Museums auf, um die auf Sockeln stehenden Torsos zu zeichnen. Georgia stellte rasch fest, daß sie sich hier keine Eskapaden mehr leisten konnte, und machte sich mit großem Ernst an die Arbeit, um ihre neue Rolle als Kunststudentin zu begreifen und erfolgreich zu spielen. Als Ende Oktober die Arbeit des ersten Monats beurteilt wurde, erfuhr Georgia zu ihrer Überraschung, daß sie unter 44 Kommilitonen die viertbeste war. Erst jetzt wurden die Studenten nach ihren tatsächlichen Fähigkeiten eingestuft, und Georgia konnte sofort in eine der höheren Klassen aufrücken. Auch bei dem neuen Dozenten waren ihre Leistungen gut: Im Dezember kam sie auf den fünften, im Januar auf den siebten und im Februar auf den ersten Platz. Inzwischen hatte sie auch einen Anatomiekurs belegt, die Vorbereitung auf den Fortgeschrittenenkurs im Zeichnen nach dem lebenden Modell. Doch sie entwickelte nie ein wirkliches Interesse am menschlichen Körper.

Am Ende des Semesters im Juni verließ Georgia das große, triste Chicago und fuhr zu ihren Eltern in Richtung Süden. Sie durchstreifte die liebliche Landschaft Virginias, die so viele schöne Anblicke zu bieten hatte wie zum Beispiel Magnolien, deren weiße Blüten wie Wachs glänzten und sich von den dunkel schimmernden Blättern abhoben. Doch die

Freude war von kurzer Dauer. Der Vater hatte zwar gehofft, mit der Familie in ein gesünderes Klima gezogen zu sein, doch die schwüle Luft in Williamsburg förderte die Verbreitung von Malaria, Pocken und anderen Krankheiten. In diesem Sommer zog sich Georgia jedenfalls eine Typhusinfektion zu, die besonders gefürchtet war.

Georgia war lebensgefährlich erkrankt und litt unter Fieberphantasien. Doch gegen Ende September 1906 war die Gefahr schließlich vorüber. Georgia war allerdings noch zu schwach, um in diesem Herbst nach Chicago zurückzukehren, und so konnte sie nur mit ansehen, wie ihre Geschwister das Haus verließen. Ihr älterer Bruder ging nach New York, ihre jüngeren Schwestern Ida und Anita fuhren nach Chatham. Außer ihren Eltern und Tante Jenny waren noch ihre drei jüngsten Geschwister, Alexius, Catherine und Claudia, im Haus. Dazu kamen noch die »Kostgänger«, einige Schüler aus dem College, die von den O'Keeffes verpflegt wurden.

Georgia, die allmählich wieder zu Kräften kam, nahm gelegentlich die Staffelei heraus und setzte sich zum Malen in den Hof. An das Art Institute of Chicago wollte sie offenbar nicht zurückkehren; in einem Empfehlungsschreiben des Instituts vom Frühling 1907 hieß es: »Fräulein O'Keeffe ist eine junge Dame von ansprechender Persönlichkeit, und ich bin sicher, daß sie als Zeichenlehrerin viel Erfolg haben wird.« Die Geschäfte ihres Vaters gingen schlecht, und so sollte das große, weiße Haus verkauft werden. Der Satz in Georgias Beurteilung läßt darauf schließen, daß sie sich unter diesen Umständen auf eine Tätigkeit als Lehrerin vorbereitete, um sich ihren Lebensunterhalt selbst zu verdienen. Auf jeden Fall hatte sie vor, an die Art Students League nach New York zu gehen, an der auch Elizabeth May Willis eine Zeitlang gewesen war.

Im September 1907 bestieg Georgia einen Zug in Richtung Norden und machte sich auf die zwölfstündige Reise nach New York. Manhattan war damals ein von Menschen wimmelnder, baumloser Stadtteil zwischen Washington Square und dem Metropolitan Museum of Art, in dessen Nähe heute die 86th Street vorbeiläuft. In den prächtigen Wohnhäusern aus braunem Sandstein entlang der Fifth Avenue wurden immer mehr Geschäfte für die Reichen eröffnet: Juweliere zogen ein, Hutmacher, Kleiderhersteller und Kunsthändler. Die letzten der von Pferden gezogenen Transportwagen wurden durch Straßenbahnen ersetzt, U-Bahnen und Hochbahnen befanden sich gerade im Bau. Auf den dichtbevölkerten Gehwegen der Weltstadt, vor den Hotels, den Kneipen, den Konzertsälen, Kunstgalerien und an den Bücherständen herrschte eine vor Spannung knisternde Atmosphäre.

Mit Hilfe der Art Students League, die an der westlichen 57th Street lag, fand Georgia für ein paar Dollar pro Woche ein Zimmer in einem Mietshaus ganz in der Nähe.

Georgia war nach New York gekommen, nachdem sie eine Zeitlang mit dem Tod gerungen und ein ganzes Jahr zu ihrer Erholung in einem Haus gelebt hatte, das voller Sorgen war, in einer Stadt, in der sie eher als Außenseiterin galt. Es war nicht üblich, daß ein Mädchen unter zwanzig so viele Freiheiten hatte, vor allem, wenn es noch nie zuvor allein gelebt hatte oder in New York gewesen war. Aber die Zeiten änderten sich, und kaum hatte das 20. Jahrhundert begonnen, wurden auch die Damenröcke kürzer und endeten jetzt fünfzehn Zentimeter über dem Boden. Die Atmosphäre in New York versetzte Georgia in Hochstimmung. Einige ihrer Mitmenschen erinnerten sich später an ein Mädchen, das in jenem Winter viel lachte, dabei auf bezaubernde Art seine Grübchen zeigte und eine unbekümmerte, irische Fröhlichkeit ausstrahlte. Die anderen jungen Künstler waren fasziniert von ihrem intelligenten, ausdrucksvollen Gesicht und ihrer schlanken, jungenhaften Gestalt. »Alle nannten sie Patsy«, erinnerte sich Lila Wheelock, die damals an der League Bildhauerei studierte. »Patsy – denn ihr Nachname war ja O'Keeffe.«

Trotz der Zurückhaltung, die sie schon in Chatham Verehrern gegenüber gezeigt hatte, wurde Georgia von ihren Kommilitonen heftig umworben. An der League gab es mehr Männer als Frauen, und die meisten waren schon etwas älter. Zu ihnen gehörte auch George Dannenberg, ein 25jähriger, gutaussehender Künstler aus San Francisco, der ein Stipendium hatte und mit Georgia zusammen denselben Stilleben-Kursus besuchte. George, der im Ruf stand, vor allem bei Frauen gut anzukommen, tanzte gern und begleitete Georgia zu verschiedenen Schulfesten. Außer ihrem Interesse an Kunst und Tanzen hatten Georgia und der junge Dannenberg auch eine Vorliebe für Ausflüge ins Grüne gemeinsam – und standen sich offenbar sehr nahe.

Nachmittags besuchte Georgia bei William Merritt Chase den Kurs Portrait und Stilleben. Chase, ein erfolgreicher Maler, gehörte zur künstlerischen Elite und führte einen der modischen Kunstsalons. Ihm war sehr darum zu tun, der künstlerischen Tätigkeit in Amerika Geltung zu verschaffen. In seinem Bestreben, die amerikanische Kunst von der Provinzialität zu befreien, unterrichtete er das perspektivische Verkürzen, das Aufsetzen von Glanzlichtern und das Schattieren nach den besten europäischen Methoden. Der rasche Pinselstrich mit viel Farbe, der in Paris gerade gängig war, galt als seine Spezialität. Wenn er vor den

bewundernden Augen seiner Schüler zum Pinsel griff, versuchte er gleichzeitig mit der ganzen Kraft seiner starken, geistreichen Persönlichkeit, die Klasse dazu zu bringen, mutig und mit individuellem Ausdruck zu malen und interessante, lebendige Bilder zu schaffen. Chase' großer Stolz, seine Freude und seine Begeisterung darüber, ein amerikanischer Künstler zu sein, wirkten ansteckend.
Die Portraitstudenten baten Georgia wegen ihrer auffallenden Erscheinung oft, für sie Modell zu sitzen. Einer von ihnen war Eugene Speicher, ein sehr begabter und beliebter Student. Georgia hatte sich geweigert, für ihn Modell zu sitzen, da ihr die Zeit sonst am täglichen Unterricht verlorengegangen wäre. Eines Morgens stellte er sich ihr in den Weg, als sie gerade zum Aktzeichnen für Studentinnen wollte. Er erklärte, er werde sie erst vorbeilassen, wenn sie bereit sei, ihm zu sitzen. »Es ist ganz egal, was du machst«, spöttelte er in Worten, die sie nie mehr vergaß. »Ich werde ein berühmter Maler, und du landest wahrscheinlich als Kunsterzieherin in irgendeiner Mädchenschule.« Als sie schließlich in ihrem Kurs war, fand sie das Modell abstoßend. Sie dachte an den gutaussehenden Eugene und beschloß, sich doch lieber ihm als Modell zur Verfügung zu stellen.
Das fertige Portrait zeigte ein blasses, ernstes Mädchen mit dunklem, welligem Haar, das dem Betrachter direkt in die Augen schaut. Sie trug eine einfache weiße Bluse mit einer kleinen schwarzen Kragenschleife und nicht eine der Blusen mit hohem Kragen und Puffärmeln, die damals in Mode waren. Das Ölgemälde der allseits geschätzten Georgia O'Keeffe brachte Eugene Speicher einen Preis in Höhe von fünfzig Dollar ein sowie die erste formale Anerkennung als Portraitmaler. Im Jahr darauf wurde es als

Beispiel für eine hervorragende studentische Leistung in den League-Katalog aufgenommen und hängt heute, oval gerahmt, in einem Raum der Art Students League.

In jenem Jahr lebte Georgia zum ersten Mal fern jeder Aufsicht, und so mußte sie eine Reihe von Entscheidungen selbst treffen. Eine davon betraf das Modellsitzen. Die Studenten konnten mit einer vierstündigen Sitzung in einer Portrait-Klasse einen Dollar verdienen, und Georgia brauchte Geld. Auch hätte ihr die überraschende Entdekkung schmeicheln können, daß sie ein »preiswürdiges« Gesicht hatte. Aber der Drang, Malerin zu werden, war stärker als die Verlockung, ein begehrtes Modell zu sein. Also entschloß sie sich, nicht mehr zu sitzen.

Während der Wintermonate, als Georgia an der League studierte, hörten die Studenten viel über einige umstrittene Zeichnungen des französischen Bildhauers Auguste Rodin, die in der kleinen Galerie des Photographen Alfred Stieglitz zu sehen waren. Die täuschend einfachen Bleistiftlinien und die suggestiv aquarellierten Stellen in den Zeichnungen sollten wohl absichtlich den Eindruck von Unbeholfenheit machen, so als sei der Bildhauer mit verbundenen Augen vorgegangen. Wenn es nur Arbeitsskizzen waren, warum zeigte Stieglitz sie dann? Etwa als Advocatus Diaboli? Wenn es aber keine Arbeitsskizzen waren, worauf wollte der bedeutende Bildhauer dann hinaus? Georgia erinnerte sich später an den folgenden Kommentar: »Ein Dozent sagte zu uns, er wisse nicht, ob Rodin Stieglitz und ganz Amerika zum Narren halten wolle, indem er eine so alberne Serie von Zeichnungen für eine Ausstellung herüberschicke, oder ob Stieglitz sich einfach den Spaß machen wollte herauszufinden, was für einen Unsinn er dem amerikanischen Publikum vorsetzen konnte.«

Die meisten Dozenten an der League waren Akademiker und unterrichteten ihre Studenten in neoklassischer Figurendarstellung. Chase hatte sich schon über eine Reihe zeitgenössischer Gemälde von Robert Henri und anderen entsetzt, die sich mit dem häßlichen Alltag der Städte befaßten. Nun beklagte er sich bei Stieglitz, seine Studenten könnten alles Gelernte in Frage stellen, wenn sie jetzt die Rodins zu sehen bekämen. Als Stieglitz erklärte, das sei genau das, was sie tun sollten, stürmte Chase wutentbrannt aus der Galerie und schwor, sie nie wieder zu betreten.

Als Georgia an einem verschneiten Januarnachmittag gerade für Eugene Speicher Modell saß, kam jemand aus ihrer Klasse vorbei und schlug vor, gemeinsam die berüchtigten Rodins anzuschauen. Schließlich machte sich eine Gruppe von Studenten auf den Weg die Fifth Avenue hinunter. Die Galerie befand sich im Dachgeschoß einer großen, alten Sandsteinvilla. Dort trafen sie auch auf Alfred Stieglitz, der gerade mit einem tropfenden Negativ aus der Dunkelkammer kam. Seine dichten schwarzen Haare und sein grauer Schnurrbart sahen aus wie elektrisiert, und aus den dunklen Augen hinter seinem Zwicker warf er ihnen einen irritierten Blick zu.

Alfred Stieglitz hatte sich in den achtziger Jahren des vorigen Jahrhunderts in Berlin mit der Photochemie vertraut gemacht und mit seiner Kamera technische Triumphe erzielt. Er war der erste, dem Photographien im Regen, im Schneesturm und bei Nacht gelangen. Der Pionierphotograph war nach Amerika zurückgekehrt, um auf dem Gebiet des Photodrucks zu arbeiten, und es dauerte nicht lange, da führte er auch schon einen heftigen Kampf um die Anerkennung des Photographen-»Handwerks« als Mittel des künstlerischen Ausdrucks. Nachdem ihn eine

Gruppe eher konventioneller Photographen um die Jahrhundertwende ausgeschlossen hatte, eröffnete er eine Galerie in der Fifth Avenue Nummer 291, um Photographien nach seinem Geschmack auszustellen. Die Rodin-Arbeiten nun bildeten den Auftakt zu Ausstellungen mit Zeichnungen und Gemälden der Avantgarde, deren Werke ihm seine Freunde aus Europa zuschickten, unter ihnen auch Edward Steichen. Nichts dergleichen war jemals zuvor in Amerika gezeigt worden, und die Ausstellung drohte die festgefügten Vorstellungen der Amerikaner über den Haufen zu werfen.

Nachdem die anderen Studenten Stieglitz erklärt hatten, sie seien wegen der Rodins gekommen, provozierten sie ihn absichtlich mit einer Frage, so daß er eine seiner berühmten leidenschaftlichen Reden hielt und dabei vor Erregung zitterte. »Ich erinnere mich sehr gut an die unglaubliche Heftigkeit, mit der sich Stieglitz verteidigte, als die Studenten, die mit mir gekommen waren, ihn auf die Zeichnungen ansprachen«, erklärte Georgia später. »Ich hatte noch nie so etwas erlebt, deshalb ging ich in die äußerste Ecke und wartete, bis der Sturm sich legte. Es war einfach zu laut. Ich war müde, und es gab nichts zum Hinsetzen. Also blieb ich stehen.«

Von Stieglitz fühlte sich Georgia eingeschüchtert, doch die Rodins ließen sie unbeeindruckt. Geistig war sie vollkommen von der Arbeit in der Chase-Klasse in Anspruch genommen, und am Ende des Schuljahres wurde sie für ihre Anstrengungen reichlich belohnt. Sie erhielt den ersten Preis für ein Stilleben in Höhe von einhundert Dollar. Das prämiierte Bild, ein dunkles Ölgemälde, war geschickt im Stil Chase' ausgeführt und zeigte ein totes Kaninchen mit bräunlichem Fell, ausgestreckt neben einem glänzenden

Kupferkessel. Als Folge ihres guten Abschneidens wurde sie zusammen mit einer Handvoll anderer Studenten eingeladen, die Sommerschule der League in Lake George im Staat New York zu besuchen.

Als Georgia am Ende des Sommers von 1908 nach Williamsburg zurückkehrte, wurde ihr schnell klar, daß sich die Situation der Familie verschlechtert hatte. Ihr Vater hatte den Bankiers der Stadt zunächst geglaubt, als sie ihm erklärten, ihr Provinznest stehe kurz vor einer neuen wirtschaftlichen Blüte. Statt dessen ging das Geschäftsleben in Williamsburg immer mehr zurück, und für Francis O'Keeffe, den Außenseiter aus den Nordstaaten, war es unmöglich, irgend etwas in Gang zu bringen. Als Georgia in Chatham ihren Abschluß machte, gab er seinen Lebensmittelladen und den Tierfutterhandel auf. Ein Jahr später scheiterte eine Partnerschaft im Immobiliengewerbe. Aus seinem Vorhaben, einen Pier am Fluß James zu mieten, wurde nichts, und auch mit den Plänen für ein Milchgeschäft kam er nie so recht von der Stelle. Schließlich begann er, die vier Hektar Land rund um das Haus aufzuteilen und zu bebauen.

Kurz bevor Georgia nach New York aufbrach, meldete das Lokalblatt, O'Keeffe und ein Partner hatten damit begonnen, Hohlbausteine aus Beton herzustellen, und zwar mit Hilfe von Zement, den sie günstig eingekauft hatten. Die Betonblöcke erwiesen sich jedoch als ein wenig gefragtes Baumaterial in einer Stadt wie Williamsburg, in dem traditionell roter Backstein verwendet wurde. O'Keeffe versuchte daher, einen Teil des investierten Geldes zu retten, und zog neben seinem eleganten weißen Haus eines aus Betonblöcken hoch. Das Gebäude, das er mit äußerster Sorgfalt errichtete, hatte asymmetrisch angeordnete Fenster,

planlos verteilte Türen und Giebel und einen über zwei Stockwerke verlaufenden Vorbau – ebenfalls aus Beton.
Da Francis O'Keeffes Träume immer wieder seine Mittel überstiegen, waren die finanziellen Reserven der Familie bald verbraucht, und Schulden begannen sich aufzutürmen. Aus O'Keeffe wurde ein schweigsamer, mißmutiger Mann, und Georgia erkannte rasch, daß er es sich nicht leisten konnte, sie für ein weiteres Jahr an die Art Students League zu schicken.
Vielleicht hatte Georgia in New York auch schon erste, undeutliche Anzeichen von Unzufriedenheit verspürt. Sie war in ihrem Denken unabhängig, und ihr preisgekröntes Gemälde bedeutete ihr nicht so viel wie einige andere Versuche, die sie zu ihrem eigenen Vergnügen unternommen hatte. Und obwohl der europäische Impressionismus unter den League-Studenten gerade Mode war, war es ihr im Gegensatz zu ihnen nicht möglich, überall gebrochenes Licht zu entdecken. Aber auch die Portraitmalerei, der soziale Realismus der Gruppe um Henri oder die 58 Rodins reizten sie nicht sonderlich. »Sie ergaben keinen Sinn«, erinnerte sie sich später. »Sie waren sehr schön, aber für mich bedeuteten sie nichts weiter als eine Menge kleiner Kritzeleien.«
Obwohl die Rodins sehr anders waren als alles, was Georgia gelernt hatte, war ihr Interesse doch geweckt, und so ging sie im April wieder in Stieglitz' Galerie »291«, um sich eine Matisse-Ausstellung mit ebenso abstrakten Formen anzusehen. Auch wenn sie selbst noch nicht so weit war, Konventionen zu durchbrechen, war sie doch auf der Suche nach ihrem eigenen Stil bei gewissen Vorstellungen angelangt. Bald sollte sie erkennen, daß ein Künstler die Regeln nicht immer einhalten mußte.

Dennoch ist es sehr wahrscheinlich, daß Georgia vor allem wegen den Schwierigkeiten in ihrer Familie nicht nach New York zurückkehren konnte und nicht aus irgendeinem anderen Grund. Sechzehn Jahre später schrieb ein League-Kommilitone: »O'Keeffe würde nie von einem persönlichen Unglück sprechen, doch ihr Gesicht verrät eine Menge... Sie erzählt einem nur, daß sie das, was sie am meisten mochte, nämlich das Malen, aufgeben mußte, um sich in die enge, begrenzte Existenz zu fügen, zu der die Umstände sie zwangen.« Georgia hatte mit zwölf Jahren zum erstenmal erklärt, sie wolle Künstlerin werden. Jetzt war sie zwanzig und mußte sich selbst in der Welt behaupten. Für Frauen war es um die Jahrhundertwende aber äußerst schwierig, eine Künstlerlaufbahn einzuschlagen. Dazu kam, daß sie zwischen Kunst und Ehe wählen mußten. Wie sollte Georgia aber überhaupt Künstlerin werden, wenn sie nicht das Geld hatte, eine Kunstschule zu besuchen? Was auch immer im einzelnen die Gründe waren, um jene Zeit jedenfalls gab Georgia ihren Berufswunsch auf. Und so verließ sie Williamsburg zwei Tage vor ihrem 21. Geburtstag, um sich Arbeit zu suchen. Die nächsten Jahre gehörten zu den schwierigsten und unsichersten ihres Lebens; im Kampf um eine Existenzgrundlage war sie ganz auf sich allein gestellt.

Als sie Williamsburg im November 1908 den Rücken kehrte, fuhr sie zunächst nach Chicago, um dort bei ihren Verwandten aus der Familie Totto zu leben. In der noch jungen Werbebranche fand sie eine Beschäftigung als freie Mitarbeiterin. Für ihre Auftraggeber mußte sie hauptsächlich Spitzen und Stickereien zeichnen, die dann für Kleideranzeigen verwendet wurden. Da die meisten Anzeigen in den Tageszeitungen erscheinen sollten, waren Illustratoren gefragt, die auch schnell liefern konnten. Da Georgia bei Professor Chase gelernt hatte, pro Tag ein Bild zu malen, kam sie mit der Arbeit gut zurecht. Später führte sie ihre Fähigkeit, schnell malen zu können, gerne auf ihre Erfahrungen in der Gebrauchsgraphik zurück, wo sie ständig unter Hochdruck arbeiten mußte.

Aber auch ihre ganze Geschicklichkeit konnte nichts daran ändern, daß Georgia nun mit der entsetzlichen Eintönigkeit einer sinnentleerten Arbeit Bekanntschaft machen mußte. Sie schien so unglücklich zu sein, daß sie mitunter in eine katholische Kirche ging, um zu beten. »Es schien keine Zeit mehr übrigzubleiben, um an etwas anderes zu denken, und sie wollte sich nicht nur den ganzen Tag mit Anzeigen beschäftigen«, erklärte eine Freundin später.

Georgia mochte Chicago nicht. Die mit drei Millionen Einwohnern dicht besiedelte Stadt war kalt, der Himmel häufig mit bleigrauen Wolken verhangen, und dichter Rauch aus den Fabriken erfüllte die Luft. Nach zwei Jahren bekam sie die Masern, die ihre Augen vorübergehend schwächten und sie zwangen, das detaillierte Illustrieren aufzugeben. Schließlich kehrte sie nach Virginia zurück.

Als Georgia um das Jahr 1910 nach Williamsburg zurückkam, war die Familie in das neue, aschgraue Betonhaus umgezogen; der Vater hatte das große weiße Haus verkauft. Der Gesundheitszustand ihrer Mutter hatte sich auf tragische Weise verschlimmert. Während der jüngste Bruder ihres Mannes bei ihr in Pflege war, hatte sie sich offenbar mit der gefürchteten Tuberkulose angesteckt, und nun war die Krankheit bei ihr ausgebrochen. Tag und Nacht lag sie fiebernd auf dem Balkon vor ihrem Schlafzimmer. Sie war dünn geworden und kam nur noch selten nach unten. Zu jener Zeit gab es wenig Möglichkeiten, die Schwindsucht zu behandeln.

Francis O'Keeffe befürchtete nun mehr denn je, eines Tages auch an Tuberkulose zu sterben. Drei seiner Brüder waren der Krankheit schon zum Opfer gefallen. Da seine Frau außerdem von seinen geschäftlichen Mißerfolgen bitter enttäuscht war, stand ihre Ehe unter großem Druck.
Einige Jahre lang hatte Ida die Sommerkurse der University of Virginia in Charlottesville besucht. Offenbar war ihre Mutter der Meinung gewesen, daß die College-Stadt, die auch das »Athen des Südens« genannt wurde, gegenüber dem kleineren Küstenstädtchen Williamsburg einige Vorteile aufzuweisen hatte. Zum einen gab es dort ein Sanatorium, und es war weit weg von dem feuchten, deprimierenden Betonhaus, an dessen Innenwänden das Regenwasser herunterlief. Dazu kam, daß die O'Keeffes während der acht Jahre, die sie schon in Williamsburg lebten, von den hochnäsigen Bewohnern nie ganz akzeptiert worden waren. Von 1909 an machte Idas Gesundheit so gute Fortschritte, daß sie ihr kerkerartiges Heim verlassen und in der Nähe der Universität in Charlottesville ein Haus mieten konnte. Mit Hilfe ihrer Töchter nahm sie wieder Studenten in Pension.
Nach ihrer Rückkehr stand Georgia in Williamsburg ohne Geld da, mit einer unzureichenden Ausbildung und wenig Aussichten für die Zukunft. Mit dreiundzwanzig Jahren war sie in einem Alter, in dem viele junge Frauen heirateten. Mit einem Verehrer, den sie drei Jahre zuvor an der Art Students League kennengelernt hatte, stand sie noch in schriftlichem Kontakt. In seinen Briefen hatte er angedeutet, daß er sie nach Paris mitnehmen wolle – zu einer Zeit, als viele junge amerikanische Künstler von einer solchen Reise träumten. Wenn der junge Mann tatsächlich nach Williamsburg gekommen wäre und ihr einen Heiratsan-

trag gemacht hätte, so mutmaßte sie später, dann hätte sie ihn wohl auch geheiratet. Als er sich aber im Frühjahr 1911 nach Europa einschiffte, ohne sie in Virginia besucht zu haben, schwand ihre Hoffnung, daß sich aus dieser Romanze etwas Ernsthaftes entwickeln könnte.

Doch bald darauf kam ihr ihre alte Lehrerin aus Chatham zu Hilfe. Elizabeth May Willis war bestürzt über die Nachricht, daß ihre frühere Schülerin das Malen aufgegeben habe. Im Frühjahr 1911 nahm sie für einige Wochen Urlaub und bat Georgia, an ihrer Stelle zu unterrichten. Diese nahm das Angebot gerne an.

Ida und Francis O'Keeffe hatten ihre ganze Hoffnung auf ein besseres Leben in Virginia gesetzt, aber es kam anders. Ihr Leben war zu einer einzigen Talfahrt geworden, die schließlich zur Trennung der Familie und zur Aufsplitterung in zwei verschiedene Haushalte führte. Obwohl Georgia selten, wenn überhaupt, von der unglücklichen Entwicklung ihrer Familie sprach, so ist doch offenkundig, daß sie sehr darunter litt. Nachdem sie nun auf sich allein gestellt war, kam ihre ernste Seite zum Vorschein. Diese schwierigen Erfahrungen machten sie härter und zäher und schärften ihre Aufmerksamkeit für Gelegenheiten, die sich ihr bieten sollten. Da aber Georgias Lebenseinstellung von Sun Prairie geprägt worden war, sah sie in den Problemen ihrer Familie etwas Vorübergehendes. Und bald darauf sollte sie ihnen ganz entkommen.

AUF DER SUCHE

Um das Jahr 1912 zog Francis O'Keeffe nach Charlottesville und eröffnete dort ein Milchgeschäft. Die Familie war wieder zusammen. Alle fünf O'Keeffe-Schwestern lebten jetzt zu Hause bei ihren Eltern, während die Brüder anderswo wohnten und vermutlich arbeiteten. Als über der roten Erde und den sanft schwingenden smaragdgrünen Hügeln des Farmlands im Zentrum Virginias der Juni anbrach, schrieben sich Ida und Anita wieder für die Sommerkurse der University of Virginia ein. Anita belegte Musik, Zeichnen und die Literatur des Südens. Den Zeichenkurs leitete ein Professor aus dem Norden, dessen Ansichten über Kunst etwas ungewöhnlich waren. Anita informierte Georgia, die die Kunst gerade erst aufgegeben hatte, und meinte, der Kurs würde sie sicher interessieren. Anita war das mittlere der sieben Geschwister. Mit ihren 21 Jahren war sie recht intelligent, und Georgia hörte auf sie. Obwohl zunächst skeptisch, begleitete Georgia sie schließlich doch.

Der Kurs, Zeichnen I, war für Grundschullehrer gedacht. Alon Bement hieß der Dozent, der Anitas Aufmerksamkeit erregt hatte. Er war 37 Jahre alt, ein rundlicher Junggeselle, der am Columbia University Teachers College in New York Dozent für Bildende Kunst war. Er war etwas affektiert und nicht sehr kraftvoll, aber ein großer Rhetoriker, der im Unterricht gern elegant gestikulierte. Einer seiner Kollegen in Columbia, Arthur Young, fand ihn dagegen eitel und dumm.

Zu Bements Kollegen gehörte auch Arthur Wesley Dow, Leiter der Abteilung Bildende Kunst am Teachers College, und Dows Unterrichtsmethode war ziemlich revolutionär. Im Gegensatz zu den Lehrzielen an den meisten anderen Kunstschulen hatte sie wenig mit der Nachahmung der Natur oder der alten Meister zu tun. Dow hatte sich einige Übungen ausgedacht, mit deren Hilfe sogar Laien, die keine Ahnung vom Zeichnen hatten, die Grundzüge der Konstruktionslehre meistern konnten. Zu den Übungen gehörte das Unterteilen eines Quadrats, das Arbeiten innerhalb eines Kreises, das Umrahmen der Zeichnung mit einem Rechteck und schließlich das Ausbalancieren der gesamten Komposition durch Hinzufügen oder Weglassen einzelner Elemente oder durch Veränderungen in der Anordnung der Schwerpunkte.

Verblüfft hörte Georgia zu, wie Bement die Schüler dazu anregte, nach eigenem Gefallen neue Strukturen zu erfinden. In den meisten Fällen führte die Dow-Methode zu stumpfsinnigem Arbeiten, für Georgia dagegen wurde sie zu einem geistigen Fundament für die Kunst. Aus Dows *Composition* und *The Theory and Practice of Teaching Art* erfuhr Georgia einiges über die dem Malen zugrundeliegende Ästhetik und – ganz konkret – über die Grundsätze der abstrakten Kunst. Dows Methode führte einen Schritt über den Realismus hinaus, der Georgia so zwecklos erschien. »Wenn man die Natur nur reproduzieren könnte und dann auch noch stets weniger schön als das Original, wozu sollte man überhaupt malen?« fragte sie einmal rhetorisch. Wie sie später erklärte, war Dows Prinzip sehr einfach, aber man konnte es als Hilfsmittel für jede denkbare ästhetische Entscheidung benutzen.

Am nächsten Tag schrieb sich Georgia für Bements Kurs mit der höchsten Schwierigkeitsstufe ein: Zeichnen IV. Bement war von seiner neuen Schülerin sofort beeindruckt. Sie war um ein Vielfaches besser und origineller als alle anderen. Er erfuhr, daß sie zwei Jahre lang eine Kunstschule besucht und als Illustratorin gearbeitet hatte. Er war von der jungen Frau so fasziniert, daß er ihr anbot, sie im nächsten Sommer in den Kreis seiner Assistenten aufzunehmen. Erfreut willigte sie ein.

In der Zwischenzeit wollte Bement ihr bei der Suche nach einer Lehrtätigkeit für die Wintermonate helfen, obwohl sie kein Examen hatte und kaum Erfahrung, abgesehen von den wenigen Wochen, die sie in Chatham unterrichtet hatte. Georgia schrieb an ihre Freunde, daß sie eine Anstellung als Lehrerin an einer Schule suche. Aus Texas meldete sich daraufhin eine alte Freundin aus dem Internat, Alice Beretta, mit einem Telegramm, daß in Amarillo die Stelle eines allen Schulen übergeordneten Fachbetreuers für Zeichnen frei geworden sei. Georgia nahm die Gelegenheit sofort wahr.

Kurz darauf war sie eingestellt, offenbar, nachdem Bement oder jemand anders in seiner Empfehlung stark übertrieben hatte. Am 15. August 1912 verkündete die *Amarillo Daily News* stolz, daß in diesem Jahr »das Zeichnen unter der Aufsicht von Fräulein Georgia O'Keeffe stehen wird, die die beste Qualifikation hat, die es in ihrem Beruf gibt«. Unmittelbar nach dem Ende der Sommerkurse in der ersten Augusthälfte packte Georgia, die kurz vor ihrem 25. Geburtstag stand, ihre wärmsten Wollsachen ein und kaufte sich eine Bahnfahrkarte nach Amarillo/Texas, wo am 31. August eine Lehrerkonferenz stattfinden sollte.

Die Lokomotive tuckerte langsam auf das texanische Pan-

handle zu, eine trockene Hochebene, die sich von Oklahoma im Osten bis nach New Mexico im Westen erstreckt. Das Gebiet hatte den Komantschen und den Büffeln gehört, bis die Rinderzüchter kamen und die Stadt Amarillo aus dem Boden schoß. Dieser lärmende Grenzort mit seinem schnellen Wachstum und den rauhen Sitten hatte 15000 Einwohner, eine Mischung aus Kaufleuten, Anwälten, Hotelbesitzern, Prostituierten, Friseuren und alternden Cowboys.
Georgia wußte sehr genau, daß sie für ihre Aufgabe nur unzureichend qualifiziert war, und hielt deshalb gegenüber den anderen Lehrern auf Distanz. Sie wohnte in dem kleinen, bescheidenen Magnolia-Hotel, einem Holzbau an der belebten Polk Street. Da ihre Kollegen sie für ungesellig hielten und ihre schlichten Kleider eigenartig fanden, spielte sich ihr gesellschaftliches Leben vorwiegend im Hotel ab, in dem es ausgesprochen lebhaft zuging.
Wenn sie beim Spazierengehen am Rand der Stadt an das Ende der hölzernen Gehsteige gelangt war, fühlte sie sich, als stünde sie hoch über der Welt und sähe den Himmel zum ersten Mal. Tag für Tag dehnte sich das Blau wie eine Kuppel über ihr, und nur ganz selten jagte eine weiße Schäfchenwolke darüber hinweg. Ständig blies der Wind, der mitunter auch wild und stürmisch werden konnte. Georgia erklärte dazu später, daß dieses dünn besiedelte Land dieselbe ungezähmte Kraft hatte und ganz unvermutet dieselbe furchterregende Macht entfalten konnte wie das Meer. In der Abenddämmerung fiel ihr hin und wieder sogar ein trügerischer Effekt auf, bei dem der Boden zu wogen schien wie Wellen in der Brandung. Es war, als würden sich die entfesselten Naturgewalten vereinigen und bei Georgia eine ähnliche emotionale Kraft freisetzen. Dieses

Ungestüm und diese Unberechenbarkeit machten ihr nicht etwa angst, sondern trieben sie in eine euphorische Stimmung. Noch am Ende ihres Lebens sprach sie vom Flachland als ihrer geistigen Heimat: »Das war mein Land – schreckliche Winde und eine wunderbare Leere.«

Als »Fachbetreuer für Zeichnen und Schönschrift« war Georgia für die Kunsterziehung von Hunderten von Schülern in den sechs Schulen Amarillos verantwortlich. Der neue Beruf war vielversprechender als die Tätigkeit in der Werbebranche. Georgia war entschlossen, ihn erfolgreich auszuüben, und so tat sie ihr Bestes, um sich die noch notwendigen Kenntnisse anzueignen. Es war in mancherlei Hinsicht eine Herausforderung. Unter anderem deswegen, weil vieles von dem, was sie bei Alon Bement in den wenigen Wochen gelernt hatte, in Texas nutzlos war. Bei einer seiner Übungen mußten die Schüler beispielsweise Ahornblätter in Quadraten mit einer Seitenlänge von 18 Zentimetern arrangieren. Doch die meisten der in Amarillo nur in dürftiger Zahl vorhandenen Bäume waren erbärmliche Scheinakazien, deren Blätter für diese Zwecke zu klein waren. Georgias Schüler, die zu arm waren, um Früchte oder Blumen für den Unterricht zu kaufen, konnten im Freien kaum etwas anderes zum Zeichnen finden als Unkraut und Kieselsteine. Also versuchte Georgia, eigene Lösungen zu entwickeln. »Ich ließ sie ein Quadrat malen und dann irgendwo eine Tür einzeichnen – also egal, was, nur damit sie darüber nachdachten, wie man einen Raum unterteilen konnte«, erinnerte sie sich später.

Als Georgia im Frühjahr 1913 nach Charlottesville zurückkam, fiel ihr der scharfe Gegensatz zwischen Texas und dem gesitteten Leben in Virginia auf, dem jahrhundertealten Universitätsgelände, den vielen Apfel- und Pfirsichbäumen und den Weiden, auf denen so viele Vollblutpferde grasten. Ein Angebot aus einem anderen Bundesstaat, das ihr etliche hundert Dollar mehr pro Jahr eingebracht hätte, lehnte sie ab, weil sie lieber weiterhin zwischen ihrem Leben in Virginia und dem in Texas pendeln wollte. Im Westen hatte sie ein wildes, trostloses Land entdeckt, das eine starke Anziehungskraft auf sie ausübte.

Vier Sommer lang, von 1913 bis 1916, kam Georgia nach Charlottesville, um an der Universität Zeichnen zu unterrichten. Das Universitätsgelände war zehn Minuten zu Fuß von dem roten Backsteinhaus in der hügeligen Wertland Street entfernt, das die O'Keeffes angemietet hatten. In dieser Mittelklasse-Wohngegend lebten hauptsächlich Professoren und alteingesessene Familien. Doch nur wenige Nachbarn standen in engerem Kontakt zu den O'Keeffes, da einerseits die neu Zugezogenen nicht so ohne weiteres akzeptiert wurden, aber andererseits auch, weil die Familie mit Krankheit und Armut zu kämpfen hatte und daher lieber zurückgezogen lebte. Georgias Mutter war jetzt ein Pflegefall.

Im ersten Sommer, in dem Georgia Assistentin von Alon Bement war, unterrichtete sie in zwei Klassen der Zwischenstufe, die für Oberschulen-Kunsterzieher konzipiert waren. Auch ihre Schwester Anita gehörte zu ihren Schülern. Georgia fand Anita sehr talentiert. Und so konnte sie ihr zwar gute Noten geben, ihr aber nicht die Kühnheit vermitteln, die nötig gewesen wäre. Durch diese Erfahrung kam Georgia später zu der Einsicht, daß ein Künstler außer Talent auch noch den Mut braucht, gut zu malen. Doch Nita – so wurde sie genannt – entschied sich für den traditionellen Weg. Mit ihren großen braunen Augen und ihrem hübschen runden Gesicht war sie nicht nur die Familienschönheit, sondern auch die erste der O'Keeffe-Schwestern, die, im Jahr 1916, heiratete. Aus dem jungen Studenten, den sie sich erwählte, wurde später ein millionenschwerer Geschäftsmann.

An der Universität wurde Bement Georgias Mentor, und er hielt sie dazu an, ihrem Instinkt zu folgen. In ihrem kleinen Souterrain-Atelier malte sie Stockrosen aus dem angrenzenden Hof und verwandte auch Motive, an die sie sich von ihren Ausflügen her erinnerte. So entstand beispielsweise das Aquarell *Tent Door at Night* (Zelteingang bei Nacht), das einem abstrakten Bild schon sehr nahe kam. Für den nächtlichen Himmel benutzte sie verschiedene Blautöne, die von den Seiten des Zelteingangs zusammengehalten wurden. Bement machte sie auch auf zwei Bücher aufmerksam, die für ihre spätere Entwicklung wichtig wurden. Er erklärte ihr, das eine enthalte bedeutende Ideen (Wassily Kandinskys *Über das Geistige in der Kunst* in der englischen Übersetzung von 1914), das andere bedeutende Bilder (Jerome Eddys *Cubists and Post-Impressionism*). Dort sah sie zum ersten Mal ein abstraktes Gemälde abgebildet, eine Studie über Blattformen des amerikanischen Malers Arthur Dove.

Bement hatte seine talentierte Assistentin bereits mehrere Male gedrängt, doch bei Arthur Dow am Columbia Teachers College in New York zu studieren. Im Sommer 1914 entschloß sich Georgia, einen Weg zu finden, um diesen Vorschlag in die Tat umzusetzen. Zwar übte das texanische Hochland einerseits eine große Faszination auf sie aus, doch war sie andererseits nach zwei Winterhalbjahren in einen heftigen Streit mit der Schulbehörde verwickelt, bei dem es um ihre Unterrichtsmethode ging. Wenn sie ihre Position aufgab, um an das College in New York zu gehen, so brauchte sie nicht vor den Verordnungen in Texas zu kapitulieren, die ihr die Benutzung bestimmter Schulbücher vorschrieben. Am Ende des Sommers kündigte sie ihre Stellung in Amarillo und machte sich – inzwischen fast siebenundzwanzig Jahre alt – auf den Weg nach New York.

Verglichen mit der Zeit sieben Jahre zuvor, als Georgia an der Art Students League studiert hatte, brodelte die Stadt jetzt vor neuen Ideen, und es war offensichtlich, daß die alten, verläßlichen Regeln aus viktorianischer Zeit für immer der Vergangenheit angehörten. Die hübsche, etwas mollige Mabel Dodge beispielsweise veranstaltete Abende in ihrem weißen Salon, an denen sich heiße Diskussionen über die aktuellen Themen wie Sozialismus, die freie Liebe oder Freuds Psychoanalyse ergaben. Greenwich Village hatte sich zu einem El Dorado der Bohème entwickelt. Eugene O'Neill schrieb hier seine kühnen neuen Stücke, Intellektuelle wie Max Eastman, der Herausgeber der Zeitung *The Masses* (Die Massen), verlegten ihre kleinen radikalen Magazine, Feministinnen wie Ida Rauh und Neith Boyce traten für Geburtenkontrolle und Frauenwahlrecht ein, und Künstler, die in Europa studiert hatten, experimentierten mit den neuen Theorien der abstrakten Kunst.

Die alten Gewißheiten in der Kunst waren im Winter des vorangegangenen Jahres durch eine Ausstellung im New Yorker Zeughaus nachhaltig erschüttert worden. Die New York Armory Show von 1913 hatte dem Publikum Hunderte von Gemälden der europäischen und amerikanischen Avantgarde vorgeführt, wie sie bisher nur Alfred Stieglitz zu zeigen gewagt hatte. Waren Georgias ehemalige Profes-

soren von der League über die Rodin-Ausstellung bei Stieglitz lediglich etwas verstimmt, so hatte die Armory Show sie jetzt in helle Empörung versetzt.
Im Gegensatz zu ihnen hatte Arthur Dow sehr viel mehr Verständnis für die Moderne und ihre Experimente. Der zurückhaltende Professor aus Boston hatte in der Zeit, als Georgia geboren wurde, bei Gauguin und anderen Nachimpressionisten in der Bretagne studiert. Sein Geschmack hatte ihn vom europäischen Naturalismus, der an den Akademien noch gelehrt wurde, weggeführt. Dow war begeistert von der Ruhe, der Ordnung und der Naturverehrung, die aus den flächigen Darstellungen der japanischen Drucke sprachen, und besaß auch eine entsprechende private Sammlung.
Da Georgia nicht in Paris studiert hatte, war sie empfänglicher für Dows Ansichten als andere. Doch sie schienen auch mit ihrer eigenen natürlichen Richtung übereinzustimmen. Sie zog die organische Ganzheit orientalischer Formen den zerlegten Gegenständen der Kubisten vor. Dows Einfluß auf Georgia war groß und hielt über viele Jahre an. Nach seiner Auffassung war es Aufgabe der Kunst, Schönes zu schaffen, und von der 89jährigen Georgia ist der Satz überliefert: »Eine Fläche auf schöne Weise zu füllen – das ist es, was Kunst für mich bedeutet.«
Als Georgia 1914 an das Teachers College kam, hatte sich die lustige »Patsy« der Art Students League in eine ernsthafte Frau verwandelt. Sie war älter als ihre Kommilitonen und sehr viel reifer. Sie sagte nicht viel, doch was sie sagte, war offen, intelligent und wohl durchdacht. In dieser Zeit entwickelte sie offenbar auch ein enormes Interesse für neue Ideen und moderne Gemälde.
Da ihr Geld nur für ein Wintersemester reichte, teilte sie

sich ihre Zeit sehr genau ein. In New York war damals ein regelrechtes Tanzfieber ausgebrochen. Obwohl Georgia ausgesprochen gern tanzte, hielt sie sich zurück, weil sie merkte, daß sie zu erschöpft war, um gut zu malen, wenn sie in der Nacht zuvor getanzt hatte. Das Malen rangierte jetzt eindeutig an erster Stelle.

In einem von Professor Charles Martin gehaltenen Kurs schnitt Georgia mit »Sehr gut« ab. Martin hatte ihr und zwei weiteren Studentinnen wegen hervorragender Leistungen erlaubt, hinter einer spanischen Wand zu sitzen und Stilleben nach eigener Wahl zu malen, während die weniger guten Studenten im größeren Teil des Zimmers nach Gipsabdrücken zeichneten. Eine der beiden Frauen war die kurvenreiche Dorothy True aus Maine, die andere hieß Anita Pollitzer und war die zwanzigjährige Tochter eines wohlhabenden jüdischen Baumwollhändlers aus Charleston in South Carolina. Anita gehörte zu den Frauen, die mit Begeisterung von einer Sache zur nächsten eilen. Dabei vergaß sie ganz die Farbspritzer in ihren braunen Haaren und war eigentlich immer mit einem Stoß Zeichenblöcke, Noten und politischen Zeitschriften unter dem Arm unterwegs.

Obwohl sie nach Alter und Temperament ganz verschieden waren, kamen sich Georgia und Anita immer näher. Sie waren beide lebenshungrig, sie liebten die Musik und waren gleichermaßen begeistert von den neuen Ideen in der Kunst und von den Suffragetten. Anita war Mitglied in der sehr kämpferischen National Woman's Party (Nationale Frauenpartei). Auch Georgia trat der Vereinigung bei und blieb drei Jahrzehnte lang Mitglied.

Manchmal fuhren die beiden Freundinnen mit der Straßenbahn den langen Weg von den Morningside Heights an der 120th Street bis zu Stieglitz' Galerie in der Nähe der 31st Street, wo erstmals in Amerika Werke von Picasso und Cézanne ausgestellt waren. Tausende von Besuchern kamen jedes Jahr in die Galerie, wohl auch um Stieglitz' ausschweifende Monologe über eine Vielzahl von Themen zu hören. Seine tiefe, volle Stimme konnte dabei bitter, aber auch verschmitzt und überschwenglich klingen. Jungen Zuhörern konnte Stieglitz sehr viel Selbstvertrauen vermitteln. Ständig waren einige bei ihm. Sie saßen dann auf einfachen Verpackungskisten, gelegentlich konnte man auch einen Stuhl erwischen, oder – was häufiger vorkam – man folgte seinen Reden im Stehen. Wenn es Zeit zum Essen war, führte er seine Anhänger ungeachtet der Person in das Restaurant des gegenüberliegenden Holland House, das gerade in Mode war, und setzte dort die Diskussion fort. Jedesmal übernahm Stieglitz die Rechnung, denn letztlich kam seine Frau Emmeline, geborene Obermeyer, für alles auf. Sie war 42 Jahre alt und eine reiche Brauereierbin.

Zu jener Zeit sprachen die Intellektuellen begeistert von der Idee, eine neue, amerikanische Kultur ins Leben zu rufen, die endlich nicht mehr von europäischen Einflüssen dominiert sein sollte. Stieglitz versuchte in diesem Sinne, eine eigenständige Kunstrichtung zu fördern, indem er vielversprechenden jungen Amerikanern Mut machte und ihre Bilder und Photographien ausstellte. Er war fest davon überzeugt, daß die amerikanische Gesellschaft ihre eigenen Künstler brauchte und sie durch den Kauf ihrer Werke unterstützen sollte. Dabei mußte Stieglitz gegen große Widerstände anrennen – denn selbst die Armory Show hatte wegen ihres europäischen Schwerpunkts die Entfaltung der amerikanischen Kräfte eher behindert.

In jenem Winter besuchte Georgia mit einigen Freunden

eine Ausstellung von Zeichnungen Braques und Picassos, die Stieglitz organisiert hatte. Die tiefliegenden Augen des Meisterphotographen »waren wie zwei starke Linsen«, schrieb Mabel Dodge später, »und wenn er sie auf jemanden richtete, dann brannten sie sich durch bis zum tiefsten Innern«. Georgia, die besonders gegenüber Fremden nur selten ihre Gefühle zeigte, war beunruhigt und bewahrte Distanz. Dennoch übte Stieglitz' Ideen-»Labor«, wie er es gerne nannte, auch weiterhin eine magnetische Anziehungskraft auf sie aus.
Als nächstes besuchte Georgia Stieglitz' Ausstellung von Bildern des amerikanischen Aquarellmalers John Marin. Beim Betrachten der Marins kamen ihr die knappen Farbtupfer etwas merkwürdig, aber auch recht schön vor. Am meisten bewegte sie jedoch die Frage, ob Marin von solchen Bildern leben konnte. Sie fragte Stieglitz, ob er eine bestimmte abstrakte Kreidezeichnung verkauft habe, und als er nickte, erschrak sie fast bei dem Gedanken, daß man vielleicht doch davon leben konnte, wenn man beim Malen ganz und gar der eigenen Eingebung folgte.

Im Juni 1915 blieben Georgia nur wenige Wochen zwischen dem Ende des Frühjahrssemesters am Columbia Teachers College und dem Beginn der Sommerschule an der University of Virginia. Nach dem anregenden Winter in New York war sie unruhig und mit ihrer Arbeit unzufrieden. Dows um Ordnung bemühte Übungen waren zu brav und harmoniebetont, um die heftigen Gefühle ausdrücken zu können, die Georgia manchmal in sich spürte. Auch gegenüber Alon Bement und seinen zaghaften Anregungen wurde sie zunehmend ungeduldiger. Unter Kollegen galt Bement eher als Designer, weniger als Maler, und seine

Ratschläge waren für Kunstlehrer bestimmt, nicht für Künstler. Also war Georgia gezwungen, sich ihren Weg selbst zu suchen.

Sie begann damit, ihre eigenen Beziehungen zur Avantgarde herzustellen. So abonnierte sie die radikale Zeitung *The Masses* von Greenwich Village und die von Stieglitz herausgegebene, edel gedruckte Vierteljahreszeitschrift *Camera Work*, die seit 1903 für ein paar hundert Abonnenten produziert wurde. Neben herrlichen Reproduktionen moderner Kunstwerke enthielt *Camera Work* provokante Artikel wie zum Beispiel Hommagen für Picasso und Matisse von Gertrude Stein. In ihrem Unterricht sprach Georgia jetzt begeistert von der zeitgenössischen Kunst.

Auch in ihrer Freizeit hatte sie viel Spaß. Mit Arthur Macmahon unternahm sie ausgedehnte Spaziergänge in der sanften grünen Landschaft Virginias. Macmahon war ein gutaussehender, liebenswürdiger Intellektueller von der Columbia University, der an der Sommerschule Politik lehrte. Arthur war fasziniert von dem außerordentlichen Gespür der Zeichenlehrerin für die Schönheiten der Natur. Sie rieb gern Blätter zwischen ihren Fingern hin und her, um die samtige Struktur der Oberfläche zu befühlen, oder sie stellte sich mit nackten Beinen mitten in die Bäche hinein, um das Reißen des Wassers zu spüren – eine für die damalige Zeit sehr gewagte Aktion. Arthur erläuterte ihr seine liberalen politischen Theorien und empfahl feministische Bücher. Im Gegenzug erklärte sie ihm viel über die Kunst.

Nach dem Sommerkurs kehrte Arthur nach New York zurück, und Georgia mußte sich für den Herbst eine Stelle suchen. Sie erhielt ein Angebot einer pädagogischen Hochschule für Frauen. Doch obwohl die Stelle College-Niveau hatte und damit ein beruflicher Aufstieg war, zögerte sie lange. Die Tatsache, daß sie nur vier Kurse übernehmen mußte und sich daher viel freie Zeit für ihre eigene Arbeit erhoffen konnte, machte das Angebot interessant. Vier Tage vor Beginn des Semesters telegraphierte sie schließlich schweren Herzens ihre Zusage.

Columbia war eine alte Stadt im Herzen des Baumwollanbaugebietes von South Carolina. Das drei Kilometer außerhalb gelegene Columbia College war mit der Straßenbahn zu erreichen. Es hatte sich darauf spezialisiert, junge Mädchen aus South Carolina zu Musiklehrerinnen auszubilden. Als Georgia im Herbst 1915 ankam, bot das Backsteingebäude einen trostlosen Anblick. Nach einem katastrophalen Brand war es erst kurz zuvor wieder aufgebaut worden. Außerdem steckte das College tief in Schulden. Der Erste Weltkrieg hatte einen schweren Einbruch auf dem Baumwollmarkt verursacht, und viele Familien konnten das Schulgeld nicht mehr aufbringen. In jenem Jahr waren daher nur 150 Mädchen und eine Handvoll Lehrer am College. Alle Verträge mit den Dozenten waren gekündigt worden, weil kein Geld vorhanden war, sie zu bezahlen. Da Georgia keinen Abschluß aufweisen konnte, hatte ihr das College zweifellos ein Gehalt angeboten, das noch unter dem mageren Durchschnittsverdienst lag.
Das Leben inmitten der südlichen Weiblichkeit war für Georgia zunächst eine Qual, und so sonderte sie sich häufig ab. Viele ihrer Kolleginnen an dem frommen Methodisten-College waren in ihren Augen nichtssagend, und sie fragte sich, ob sie die Kraft hätte, einen Stillstand in ihrer eigenen Entwicklung zu verhindern und nicht so träge zu werden wie die anderen. Nach kurzer Zeit gelang es ihr jedoch, in

der Natur einen Ausgleich zu finden, und sie lebte wieder auf. Sobald der Unterricht am Nachmittag zu Ende war, machte sie lange Spaziergänge in den Kiefernwäldern der Appalachen-Ausläufer rund ums College. Dabei sammelte sie große Chrysanthemensträuße in flammenden Farbtönen und andere Herbstblumen und stellte sie in ihrem Zimmer im Wohnheim auf.

Weiteren Auftrieb gaben ihr die Briefe ihrer Freunde aus New York. Arthur Macmahon, der inzwischen wieder an der Columbia University lehrte, schrieb ihr liebevolle Zeilen. Anita Pollitzer, die jetzt zu den älteren Semestern zählte und spürte, wie einsam Georgia war, berichtete ihr fast täglich von den Dozenten, den Konzerten und Büchern sowie von ihren häufigen faszinierenden Besuchen in Stieglitz' Galerie. Oft schrieb Georgia ihr auch zurück.

Allmählich vertiefte sich Georgia ganz in ihre eigene Arbeit. Sie hatte ein kleines Atelier neben dem größeren Kunstsaal für sich und konnte hier ungestört zwischen den Stunden und den Konferenzen malen. Da es nur wenige Menschen gab, mit denen sie reden konnte, beschäftigte sie sich mit philosophischen Fragen, etwa solchen nach der Bedeutung der Kunst und dem Bedürfnis zu malen. Es war ihr klar, daß sie die Techniken beherrschte, aber jetzt fragte sie auch nach dem Sinn. Unterdessen kämpfte sie zäh und verbissen mit jedem einzelnen Bild, übermalte es wieder und wieder. Sie trieb sich jeden Tag zum Malen an und fühlte sich schuldig, wenn sie nichts tat.

Sie setzte sich auch mit der Frage auseinander, ob sie nur für sich oder für andere malen sollte, und falls letzteres zutraf, an wen sollte sie sich mit ihren Bildern wenden? Sie dachte, es müßte phantastisch sein, Alfred Stieglitz zu beeindrucken. Er war für sie noch immer eine imposante, unerreichbare Gestalt, denn in den sieben Jahren, seit sie zum erstenmal in seiner Galerie gewesen war, hatte sie nur ein paar Worte mit ihm gewechselt. Auch wenn seine impulsive Art und seine bohrenden Fragen sie beunruhigt hatten, so wußte sie doch, daß er der einzige Mensch in New York war, der sich für die modernen amerikanischen Künstler interessierte. An Anita schrieb sie: »Ich glaube, mir wäre lieber, Stieglitz würde etwas mögen – irgend etwas von dem, was ich gemacht habe – als sonst jemand, den ich kenne – ich denke immer, daß ich – wenn ich je etwas mache, was ich wenigstens irgendwie gut finde – es ihm zeigen möchte, um herauszufinden, ob es etwas taugt. Wünschst Du Dir nicht auch oft, Du könntest etwas machen, das ihm gefällt?« Dann wiederum meinte sie in gespielter Überlegenheit: »Ich verstehe nicht, warum wir uns überhaupt Gedanken darüber machen, was andere von dem halten, was wir tun – ganz gleich, wer sie sind – reicht es nicht, einfach sich selbst auszudrücken?«

Eines Tages, Mitte Oktober, ging Georgia in ihr Atelier und schloß sich ein. Sie war nach wie vor unzufrieden mit ihrer Arbeit und wußte nicht, warum. Sie hängte ihre jüngsten Zeichnungen und Aquarelle auf und analysierte sie in schonungsloser Distanz zu sich selbst: Sie machte sich klar, welches Bild sie jeweils gemalt hatte, um welchem Professor zu gefallen, und welche berühmten Künstler wiederum anderes beeinflußt hatten. Sie saß da, betrachtete ihre Arbeiten und dachte nach. Dann nahm eine Idee langsam Gestalt an. Es gab bestimmte abstrakte Formen in ihrer eigenen Vorstellung, die nichts mit dem zu tun hatten, was man ihr bisher beigebracht hatte. »Dieses Etwas, das uns gehört, ist einem so nahe, daß man es oft gar nicht bemerkt«, erklärte sie später. »Ich sehe die Dinge sehr deutlich vor mir. Ich wüßte eine ganze Reihe von Dingen, die ich gerne malen würde, aber ich habe nie daran gedacht, das auch zu tun, weil ich noch nie etwas Ähnliches gesehen habe.« Obwohl sie nicht genau wußte, wie sie diesen »Dingen« Ausdruck verleihen sollte, erschien ihr plötzlich alles ganz einfach. Ihr Entschluß stand fest: Das war es, was sie malen wollte. Für einen Ausstellungskatalog schrieb Georgia sieben Jahre später:

»Ich bin ziemlich genauso aufgewachsen wie alle anderen auch, und so sagte ich eines Tages vor sieben Jahren zu mir – Ich kann nicht dort leben, wo ich will – Ich kann nicht hingehen, wo ich will – Ich kann nicht machen, was ich will – Ich kann noch nicht einmal sagen, was ich will. Die Schule und die Dinge, die die Maler mir beigebracht haben, hindern mich sogar daran, so zu malen, wie ich will. Ich kam zu dem Schluß, daß es ausgesprochen dumm von mir war, nicht wenigstens so zu malen, wie ich wollte, und beim Malen das auszudrücken, was ich ausdrücken wollte, denn das schien ja noch das einzige zu sein, was außer mir niemanden etwas anging – und was ganz allein meine Sache war.«

Georgia legte alle ihre Arbeiten zur Seite, um sich vollständig vom Einfluß anderer freizumachen. Sie stellte auch ihre Aquarellfarben weg, da sie plötzlich etwas gegen die Ablenkung durch Farben hatte. Sie entschloß sich, nur noch in Schwarzweiß zu arbeiten, bis alle darin liegenden Möglichkeiten erschöpft waren. Gegen Ende ihres 27. Lebensjahres fing sie noch einmal ganz von vorne an, auf die einfachste Art: mit Kohle.

Jede Nacht breitete sie das rauhe Schüler-Zeichenpapier auf dem Boden ihres Zimmers aus, kroch darauf herum und zog mit dem Kohlestift darüber, bis ihr der ganze Körper weh tat und die Kohle in ihren Händen zu Staub zerkrümelt war. Während dieser Wochen schwankten ihre Gefühle, verstärkt durch die liebevollen Briefe Arthurs, zwischen Euphorie und Verzweiflung. Manchmal fragte sie sich, ob die abstrakten Formen, die ihr in den Sinn kamen, auf beginnende Wahnvorstellungen hindeuteten. Gegenüber Anita erklärte sie jedoch, es sei ihr in diesen Augenblicken egal, ob sie verrückt sei oder nicht. Jene Wochen waren ein Höhepunkt in ihrem Leben, ein erhabener Zustand, den sie immer wieder zu erreichen versuchte. »Ich war allein und vollkommen frei, ich arbeitete nur für mich selbst, unerkannt – es gab niemanden, den ich zufriedenstellen mußte, nur mich selbst«, erinnerte sie sich später.

Zeitgenossen Georgias, die die abstrakten Bilder zu Gesicht bekamen, sahen in ihnen den Ausdruck eines heftigen Streits einander widersprechender Gefühle, der mit erotischer Energie aufgeladen war und die Psyche der Künstlerin vor eine schwere Zerreißprobe stellte. In den Bildern stießen scharfe Kanten auf weiche Formen. Eine der Zeichnungen zeigte Klüfte, aus denen wie aus einem Vulkan Feuer und Rauch hervorschossen; es war entstanden, als Georgia wieder einmal unter den in jener Zeit häufig auftretenden starken Kopfschmerzen litt.

Georgia fragte sich, ob vielleicht eine beginnende Liebe der Grund für die Intensivierung ihrer Gefühle war. Als Arthur im November schrieb, er werde sie zum Erntedankfest besuchen, war sie selig. Sie war sehr glücklich in diesen vier Tagen, und die beiden machten Pläne, den Sommer gemeinsam bei seiner Familie in den Bergen North Carolinas zu verbringen.

Nachdem Macmahon nach New York zurückgekehrt war,

fühlte sich Georgia verwirrt, niedergeschlagen und von ihrer Arbeit entfremdet. Der Kampf, den es sie kostete, sich wieder ganz in ihre Zeichnungen zu versenken, war einer der Gründe, warum sie der Versuchung widerstand und an Weihnachten nicht nach New York fuhr. Sie blieb die Ferien über in dem leeren College, obwohl sie dann doch nur ein einziges Mal arbeitete – vom frühen Abend die ganze Nacht hindurch bis zum Morgengrauen. Im Laufe der folgenden Monate schien sie sich langsam aus der Beziehung zu Arthur zu lösen, indem sie versuchte, ihre heftigen Gefühle in die künstlerische Arbeit einfließen zu lassen. Die Feministinnen jener Tage sahen in der Liebe ein Hindernis für die Entfaltung der weiblichen Kreativität. Das Malen hatte für Georgia weiterhin absoluten Vorrang vor allem anderen, und sie schwor sich, sich nie wieder solchen Sehnsüchten hinzugeben.

Per Post erhielt Anita Pollitzer am Neujahrstag 1916 eine nicht eingeschriebene Rolle mit Kohlezeichnungen aus South Carolina. Georgia bat darum, sie nicht am Teachers College herumzuzeigen, daher nahm Anita die Rolle und schloß sich in ein Klassenzimmer ein. Sie breitete die Zeichnungen auf dem Boden aus und starrte auf diese ungewöhnlichen Formen, zutiefst bewegt von den Gefühlen, die aus ihnen sprachen. »Diese Zeichnungen sagten etwas aus, das noch nie zuvor gesagt worden war«, erinnerte sie sich später.

Nachdem sie sie eine Stunde lang betrachtet hatte, packte sie sie wieder ein und ging mitsamt der Rolle in eine Samstags-Matinee von »Peter Pan«. Als sich das Theater am späten Nachmittag geleert hatte, lief sie mit der Rolle unterm Arm durch die dunklen, kalten, regennassen Straßen und fand sich plötzlich auf dem Weg zu Stieglitz' Galerie wieder. Sie hatte das Gefühl, dies sei der richtige Platz für die in kraftvollem Schwarzweiß ausgedrückten Gefühle ihrer Freundin. Ein mutiger Entschluß. Viele Kunststudenten fürchteten sich schon davor, Stieglitz auch nur eine einfache Frage zu stellen, da er für seine unduldsamen Antworten bekannt war. Darüber hinaus konnte Georgia sehr empfindlich sein, wenn es darum ging, wer ihre Bilder zu sehen bekam. Aber sie hatte in ihren Briefen auch deutlich gesagt, daß sie vor allem die Anerkennung durch Stieglitz suche.

Als Anita ankam, war Stieglitz allein. Sie fragte ihn höflich, ob er Lust hätte, sich einmal anzusehen, was sie mitgebracht habe. Weil er sie von ihren häufigen Besuchen kannte und ohnehin neugierig war, nickte er und führte sie hinter einen grauen Vorhang in eine Art Privatraum am hinteren Ende der Galerie. Sie entrollte die Kohlezeichnungen und breitete sie in dem schwachen gelben Licht auf dem Boden aus. Stieglitz sah sich jedes einzelne Blatt sehr sorgfältig an, ohne etwas zu sagen. Schließlich ging er alle Bilder noch einmal durch. Dann blickte er zu Anita hoch und lächelte. Der Überlieferung zufolge rief er: »Endlich – eine Frau auf Papier!« In dem Brief, den Anita unmittelbar nach ihrem Besuch bei Stieglitz an Georgia schrieb, fehlt der Satz allerdings. Dennoch ist es wahrscheinlich, daß Stieglitz etwas Ähnliches gedacht und gesagt haben muß, denn er war offenbar verblüfft über die starke weibliche Sinnlichkeit, die sich in den Linien der Zeichnungen entfaltete.

Die Künstlerin Pamela Colman Smith war die erste Nicht-Photographin gewesen, deren Bilder Stieglitz 1907 ausgestellt hatte. 1915 hatte er außerdem schon die Arbeiten von

Marion Beckett und Katharine N. Rhoades gezeigt. Er war der Meinung, daß die geistige Erfahrungswelt der Frauen anders sei als die der Männer und ihnen erlaube, sich freier von den in der Gesellschaft verwurzelten Hemmungen zu fühlen als die amerikanischen Männer. Stieglitz war fasziniert von der weiblichen Sicht der Dinge. Als er Georgias Zeichnungen betrachtete, dachte er, daß vielleicht dies die außergewöhnliche Frau sei, die stark genug wäre und es wagen würde, sich auf Papier zu offenbaren. Sie war jedenfalls einzigartig. Er erklärte Anita, sie solle ihrer Freundin ausrichten, die Zeichnungen seien die »reinsten, schönsten, aufrichtigsten Sachen, die seit langem ins ›291‹ gekommen sind«. Dann sagte er noch, er hätte nichts dagegen, sie eines Tages auszustellen.

Als Anita noch voller Aufregung mit den Zeichnungen in ihr Zimmer zurückkam, schrieb sie sofort an Georgia und gestand ihr alles. Georgia antwortete umgehend und dankte ihr für ihre Bemühungen. Obwohl Anita Georgias Anweisung, die Zeichnungen niemandem zu zeigen, mißachtet hatte, so hatte sie doch ganz richtig das eigentliche Bedürfnis ihrer Freundin nach Zuspruch durch Stieglitz erkannt und entsprechend gehandelt. Es kann auch sein, daß Georgia insgeheim wollte, daß Anita die Vermittlerrolle übernahm – Jahre später gab sie zu, daß sie die Arbeiten jedenfalls nicht selbst zu Stieglitz gebracht und eine vernichtende Kritik riskiert hätte.

Als nächstes schrieb Georgia einen Brief an Stieglitz und fragte ihn offen, was ihm an ihren Zeichnungen gefallen habe. Stieglitz entgegnete nur kurz, das müsse er ihr persönlich sagen. Am 1. Februar antwortete Georgia mit einem ausführlichen Brief, in dem sie ihre Einsamkeit beschrieb, ihren Drang, sich durch die Kunst mitzuteilen,

und immer wieder ihren Wunsch wiederholte, mit Stieglitz reden zu können. Aber als sie dann eine verlockende Stelle in Texas angeboten bekam, die sie schon im Sommer antreten mußte, gab sie jede Hoffnung auf, noch vor Ablauf eines weiteren Jahres nach New York zu kommen.
Doch dann forderte die texanische Schulbehörde sie auf, zuerst Professor Dows Kurs für Methodik im Kunstunterricht zu absolvieren – Grund genug, fand Georgia, sofort nach New York zu fahren. Sie kündigte und hinterließ eine verwaiste Stelle für den Rest des Frühjahrssemesters. Wahrscheinlich wurden die Gründe, die sie für ihr Ausscheiden gab, nicht gerade wohlwollend aufgenommen, denn bei ihrer nächsten Bewerbung wurde das Columbia College nicht erwähnt.
Georgia kam in der ersten Märzwoche in New York an und schrieb sich mit mehrwöchiger Verspätung für Dows Kurs ein. Da sie nicht viel Geld hatte, bot ihr Anitas Onkel, der Hautarzt Dr. Sigmund Pollitzer, an, bei ihm zu wohnen. Und so bezog sie schließlich das große, sonnige, zur Straße hin gelegene Gästezimmer im obersten Stockwerk des braunen Sandsteingebäudes 51 East 60th Street, einer Seitenstraße der Park Avenue. (Anita wohnte woanders.) Georgia nahm ihre Mahlzeiten in der Cafeteria des Colleges ein und verbrachte keinen einzigen Abend während ihres dreimonatigen Aufenthalts bei der Familie. Die Pollitzers akzeptierten es, daß sie nicht an ihrem Familienleben teilnahm, weil sie merkten, daß sich Georgia gern zurückzog und irgendwie eine außergewöhnliche Persönlichkeit war.
Georgia stand der neunzehn Jahre alten Tochter Aline am nächsten. Aline war von Georgias Kohlezeichnungen ebenso beeindruckt wie von ihrem Äußeren. Jahre später

erinnerte sie sich noch an Georgias »unglaubliche« Augen, ihre schönen Hände und den »breiten, sinnlichen Mund«. Die Besonderheit ihrer Erscheinung hing auch mit Georgias Vorliebe für schwarze Kleider zusammen, in einer Zeit, als andere junge Frauen nie Schwarz trugen.
Von ihren Eltern erhielt Georgia eine sehr beunruhigende Nachricht. Die Tuberkulose hatte den Gesundheitszustand ihrer Mutter weiter verschlechtert. Sie konnte den Mietern keine Mahlzeiten mehr anbieten, und so versuchten die O'Keeffes, mit einem Niedrigstpreis von einem Dollar pro Woche noch Interessenten anzulocken. Das Milchgeschäft von Georgias Vater in Charlottesville war kein Erfolg geworden. Jetzt versuchte er es im Speditionsgeschäft und ging überallhin, wo es Arbeit gab. Die 21jährige Catherine besuchte eine Schwesternschule in Wisconsin. Außer der betagten Tante Jenny waren nur noch Georgias Schwestern Ida, Claudia und Anita zu Hause. Ida war inzwischen sechsundzwanzig und hatte eine Stelle als Kunstlehrerin. Claudia ging noch in die Oberschule. Die 25jährige Anita heiratete in der zweiten Aprilhälfte einen 19jahrigen Texaner namens Robert R. Young, der noch an der University of Virginia studierte. Fünf Tage nach der Hochzeit brach die Familie O'Keeffe endgültig auseinander. Georgias Mutter starb im Alter von 52 Jahren.
Anfang April hatte Stieglitz im »291« eine Ausstellung mit Bildern von Marsden Hartley eröffnet – pulsierende Abstraktionen von roten Fahnen und militärischen Abzeichen, die in Berlin entstanden waren. Georgia besuchte die Ausstellung, und Stieglitz lieh ihr eines von Hartleys dunkleren Maine-Bildern. Stieglitz war genau drei Wochen älter als ihre Mutter; er hatte jetzt einen weißen Schnurrbart und trug seine allmählich grau werdenden Haare unkon-

ventionell lang. Georgia hatte ihm wahrscheinlich noch einmal die Kohlezeichnungen gebracht, denn er sprach ständig darüber. Stieglitz wohnte ohne seine Frau und seine 18jährige Tochter Kitty in einem Appartement in der oberen Fifth Avenue. Er schlief dort in einem kleinen Zimmer, das mit Gemälden und Photographien vollgestellt war. Nachdem die Hartley-Ausstellung wieder abgebaut war und die meisten Kunstkritiker New York für die Sommermonate verlassen hatten, beschloß Stieglitz, zehn von Georgias Kohlezeichnungen zusammen mit abstrakten Bildern von zwei jungen Männern aufzuhängen, mit denen er befreundet war. Merkwürdigerweise teilte er Georgia nichts davon mit.

Eines Tages beim Essen in der College-Cafeteria sprach ein Mädchen sie an und fragte, ob sie »Virginia O'Keeffe« sei. Als Georgia verneinte, fügte das Mädchen hinzu, jemand mit diesem Namen hätte gerade eine Ausstellung im »219«. Entsetzt erkannte Georgia, daß Stieglitz ihre sehr privaten Zeichnungen ganz ungeniert ausgestellt hatte, ohne sie vorher zu fragen. Noch nicht einmal ihren Namen hatte er richtig wiedergegeben. In ihrem Buch schrieb sie später: »Ich sah die Zeichnungen als privat an, und die Vorstellung, daß sie an einer Wand hingen, den Augen der Öffentlichkeit ausgesetzt, war einfach zuviel für mich.«

Wutentbrannt machte sie sich auf den Weg ins »291«. Doch Stieglitz war nicht da. Sie blieb noch etwas und stellte fest, daß ihre Zeichnungen in dem größeren Raum hingen, während die der beiden Männer in den kleineren Räumen gezeigt wurden.

Einige Tage später ging sie noch einmal hin und stellte Stieglitz zur Rede. »Wer gibt Ihnen das Recht, diese Zeichnungen auszustellen?« fragte sie und forderte ihn auf, die

Bilder abzunehmen. Ein Ausdruck der Überraschung huschte über sein Gesicht. Lange musterte er die schlanke, junge Frau in ihrem hochgeschlossenen, schwarzen Kleid und dem biederen, weißen Kragen. Schließlich antwortete er, ihre Zeichnungen seien so wunderbar, daß er sie einfach hätte ausstellen müssen. Es sei großartig, daß sie sich geöffnet habe wie eine Blume, fuhr er fort. Vor allem für eine amerikanische Frau sei das bemerkenswert. Stieglitz redete immer weiter. Als er schließlich eine Pause machte, um Atem zu holen, fragte sie ihn, was er denn mit den Zeichnungen machen wolle, wenn die Ausstellung vorbei sei. Er sagte, er würde sie in Verwahrung nehmen, und bat sie, ihm noch weitere zu schicken. Dann gingen sie zusammen essen.

Stieglitz hatte vorausgesagt, daß die Zeichnungen eine Sensation sein würden, und er behielt recht. Unter den Kennern sprach es sich schnell herum, daß es im »291« etwas Besonderes zu sehen gab, und bald strömten die Neugierigen herbei. Einige Besucher waren entsetzt, daß nun die Zeichnungen einer unbekannten Lehrerin an denselben Wänden hingen, wo zuvor noch Werke von Picasso und Cézanne zu sehen waren, und machten sich über sie lustig. In ihren »weiblichen Gefühlen«, wie Georgia sie nannte, erkannten sich viele Frauen mit Schrecken wieder. Empört erklärte der Kunstkritiker Willard H. Wright, ansonsten ein kluger Verfechter der modernen Kunst: »Hören Sie, Stieglitz, alles, was diese Bilder sagen, ist: ›Ich will ein Baby.‹« Viele Leute waren schockiert über die naive Sexualität, die aus den Bildern sprach.

Stieglitz genoß es, wieder einmal im Zentrum des Aufruhrs zu stehen. Er glaubte daran, daß die Kunst Ausdruck der tiefsten Gefühle ist, auch der sexuellen. Und er fand, erotische Energien sollten in Amerika schon deshalb zur Darstellung kommen, um das Land von den Zwängen des puritanischen Erbes zu befreien und die Künstler aus ihren Ketten zu lösen. Stieglitz verteidigte Georgias Zeichnungen mit aller Kraft und versuchte, die junge Künstlerin vor den Gerüchten zu bewahren, die von den Besuchern in Umlauf gebracht wurden. Schließlich verlängerte er die Ausstellung bis in den Juli hinein.

Zu diesem Zeitpunkt hatte Georgia New York bereits verlassen, um zum letzten Mal an der Sommerschule der University of Virginia zu unterrichten. Die Wochen in Charlottesville waren schwer für sie. Es war das erste Mal, daß sie seit dem Tod ihrer Mutter wieder in der Stadt war. Sie fühlte sich deprimiert und ausgelaugt. Doch die Ereignisse der vorangegangenen Wochen in New York waren eine große Bestätigung für sie als Künstlerin gewesen. Der Optimismus, der ihrem Wesen zugrundelag, gab ihr wieder Halt. Er wurde noch verstärkt durch die Briefe von Stieglitz und die neun Photographien, die er von der Ausstellung gemacht hatte. Im August, nachdem das Haus der Familie ausgeräumt worden war, verließ sie Virginia und fuhr nach Westen, um ihre neue Stelle in Texas anzutreten.

IN CANYON

Schon gleich nach ihrer Abreise aus Amarillo im Jahr 1914 hatte sich Georgia wieder zurückgesehnt in die Weite des texanischen Nordens. Jetzt, im September 1916, trat sie eine gut bezahlte Stelle an einem neuen, expandierenden Lehrer-College an, das 30 Kilometer südlich von Amarillo lag. Das moderne gelbe Backsteingebäude des West Texas State Normal College war ein großer, prächtiger Bau, der das Stadtbild von Canyon beherrschte. Das konservative Städtchen hatte 2500 Einwohner, ein kleiner Flecken inmitten der unendlichen Prärie. Immerhin gab es eine Eisenbahnverbindung zu den übrigen Siedlungen der Gegend.

Das College war erst im Frühjahr eingeweiht worden. Stühle waren noch keine vorhanden, und deshalb bestand Georgias erste Aufgabe darin, für ihre Studenten ein paar Holzkisten aufzutreiben, auf denen sie sitzen konnten. Da sie die einzige Lehrkraft am Kunstseminar war, konnte sie zu ihrer großen Freude Schulbücher, Schriftenreihen und sonstiges Unterrichtsmaterial nach eigener Wahl von den Verlagen an der Ostküste bestellen – natürlich orderte sie als erstes Dows Lehrbücher. Viele ihrer Schüler, vor allem die Jungs, mußten sich das Geld, das sie zum Besuch des Colleges brauchten, selbst verdienen und waren hoch motiviert.

Georgia machte es Spaß, ihren Schülern die Augen für die

Schönheiten des rauhen texanischen Flachlands zu öffnen und sie von der Wichtigkeit der Kunst zu überzeugen. Wie sie später erklärte, ging es ihr nicht darum, ihnen das Malen beizubringen, sondern ihre Wahrnehmung zu schärfen. Es wurde rasch deutlich, daß die neue Kunstdozentin aus dem Osten die Studenten mit ihren begeisterten Vorträgen mitreißen konnte, und die Themen, über die sie sprach, gingen weit über den Lehrplan hinaus. Die Studenten kamen gern in ihren Unterricht und behielten sie für den Rest ihres Lebens in angenehmer Erinnerung.

Die Erwachsenen in Canyon waren sich dagegen weniger sicher, was sie von Georgia halten sollten. Die brav-bürgerliche Gemeinde hatte sie sofort als Bohemien abgestempelt. Im Textilunterricht trat sie für gerade Linien in der Damenkleidung ein und nicht für die üblichen vom Korsett betonten Kurven. Sie selbst trug immer schwarze oder weiße Kleider ohne Korsett und darüber manchmal einen dunkelgrünen, gürtellosen Mantel. Außerdem lief sie in schweren, flachen Wanderschuhen herum und kämmte ihr Haar gewöhnlich einfach nach hinten. Einmal fragte eine andere Lehrerin namens Emma Jean McClesky sie, warum sie ihr Haar so einfach trage. Georgia gab ein schroffes »Weil es mir Spaß macht!« zurück und machte der Fragerei damit ein Ende. Ein anderes Mal erzählte sie Emma Jean aber auch, daß sie den Saum ihrer schlichten Wollröcke mit reiner Seide einfasse. Bei einer anderen Gelegenheit, als sie für ein College-Photo auf einer mit Fahnen geschmückten Bühne posierte, trug sie ihr übliches schwarzes Kleid mit weißem Kragen – doch hatte sie sich noch eine große, auffällige Blume angesteckt.

Die Leute in Canyon waren auch der Meinung, Fräulein O'Keeffe habe merkwürdige, ja geradezu lächerliche Vorstellungen von Raumgestaltung. Nachdem sie nämlich ihr Zimmer schon mehrere Male gewechselt hatte, bat sie schließlich den Physikprofessor am West Texas State, ihr in seinem neuen Haus ein Zimmer im Dachgeschoß zu vermieten. Douglas Shirley und seine Frau Willina erklärten, sie könnten es sich nicht leisten, das Zimmer herzurichten. Sie gaben erst nach, als Georgia sie davon überzeugt hatte, daß sie nur wenige Möbel benötige und keine Gardinen wolle, die ihr ohnehin nur den Blick nach Osten auf den Sonnenaufgang versperren würden. Als sie die Shirleys später um Erlaubnis bat, die Holzvertäfelung in ihrem Zimmer schwarz streichen zu dürfen, lehnten diese ab. Kurz darauf hieß es in der Stadt, die Kunstdozentin, die schließlich auch das Fach Raumgestaltung unterrichte, wolle ihr ganzes Zimmer schwarz anstreichen.

Georgia machte die frommen Einwohner des kleinen Ortes auch stutzig, weil sie nicht in die Kirche ging und nicht so wie fast alle anderen Lehrer in der Sonntagsschule einer der sechs protestantischen Kirchen unterrichtete. Statt dessen verbrachte sie ihre Sonntage mit langen Spaziergängen in der Prärie, und das in einer Zeit, als das Wandern noch keine allgemein akzeptierte Freizeitbeschäftigung war.

Gemäß den in Canyon gültigen Konventionen durften sich unverheiratete Frauen und Männer nur im Beisein Dritter treffen. Folglich geriet Fräulein O'Keeffe in einen »gewissen Ruf«, als sie den Staatsanwalt von Canyon, einen Yale-Absolventen, allein in ihrem Zimmer empfangen wollte und dann mit ihm, nachdem ihre Wirtin ihr das untersagt hatte, eine Fahrt durch die Prärie unternahm. Als die beiden schließlich im Mondlicht in seinem Wagen saßen, begann sie mit ihm über Kunst zu sprechen – und mußte

plötzlich laut lachen, als er versuchte, seinen Arm um sie zu legen.
Georgia machte sich so wenig aus dem kleinstädtischen Gerede, daß sie später die Jahre in Canyon zu den freiesten in ihrem ganzen Leben zählte. In den Shirleys jedenfalls hatte sie aufgeschlossene Vermieter gefunden, die ihr Privatleben respektierten. Die Leute wagten es auch nicht, ihr Kritik offen ins Gesicht zu sagen, da Georgia für ihre unverblümten, sarkastischen Antworten bekannt war. Weil sie außerdem wenig Anstrengungen machte, am gesellschaftlichen Leben in Canyon teilzunehmen, kamen die Einwohner zu der Überzeugung, daß sie für eine abwechslungsreiche Freizeitgestaltung offenbar niemanden brauche. In jener Zeit hatte sie jedoch Gesellschaft in der 17jährigen Claudia, ihrer jüngsten Schwester. Vor ihrem Tod hatte Georgias Mutter sie darum gebeten, sich Claudias anzunehmen. Georgia hatte daher gleich nach ihrer Ankunft in Canyon ihre schüchterne, dunkelhaarige Schwester am West Texas State angemeldet und ihr eine Zugfahrkarte besorgt. Mit »Claudie« wollte sie schließlich auch ihr Zimmer bei den Shirleys teilen.
Georgia ging immer mehr dazu über, nur noch auf die Meinung des berühmten Kunstzaren im »291«, Alfred Stieglitz, etwas zu geben. Sein Glaube an ihre Fähigkeiten kam ihrem starken Bedürfnis nach künstlerischer Anerkennung sehr entgegen. Von Zeit zu Zeit rollte sie einen Stapel Zeichnungen und Aquarelle zusammen – und was ein Jahr zuvor noch an Anita Pollitzer gegangen wäre, schickte sie jetzt direkt an ihn. Stieglitz war ein fleißiger Briefeschreiber, und so wandte er sich häufig an sie in der für ihn typischen Art – mal herausfordernd und hochmütig, mal aufmunternd, provokant oder anregend.

Seine regelmäßigen Briefe halfen ihr dabei, über die Ereignisse in den intellektuellen Kreisen New Yorks auf dem laufenden zu bleiben und ihre Literaturkenntnisse abzurunden. Es war Stieglitz, der ihr vorschlug, in diesem Winter Goethes »Faust« zu lesen. Sie las außerdem Nietzsche, Ibsen, verschiedene Bücher von Feministinnen und Kunstkritikern sowie eine Reihe von Romanen. In ihren Briefen an den älteren Mann offenbarte sie zweifelsohne viel mehr, als sie es im direkten Gespräch mit ihm getan hätte.

In der Umgebung von Canyon schien die Welt in zwei Ebenen unterteilt zu sein: die weite Prärie und den endlosen Himmel. Dazwischen gab es nicht viel mehr als hier und da ein Windrad und die peitschenden Stöße des Windes. Die grellweißen Cumuluswolken im Westen, die sich ständig zu neuen Formen zusammenbrauten, zeichneten scharfe Ränder auf den hell leuchtenden Himmel. Georgia stand gern noch vor dem ersten Sonnenstrahl auf und beobachtete den Morgenzug, wie er prustend, pfeifend und dampfend durch den Sonnenaufgang fuhr und schließlich in Canyon ankam. Bei ihren Spaziergängen über die flache Hochebene bewältigte sie riesige Entfernungen und stand bald in dem Ruf, ausdauernder zu sein als jeder Mann. Wenn sie dann in die Stadt zurückkam, war ihr Gesicht von der Sonne verbrannt, der stürmische Wind hatte sie vollkommen ausgekühlt, und auf ihren Kleidern saß der braune Staub in dicken Krusten.
Obwohl Stieglitz ihr einmal geraten hatte, bei Schwarzweiß zu bleiben, kehrte Georgia langsam zur Farbe zurück. Im Juni des vorangegangenen Jahres hatte sie damit begonnen und wieder Blau benutzt. Dabei entstanden Aqua-

relle aus energischen blauen Pinselstrichen. In Texas nahm ihr Farbengebrauch rasch zu, vor allem, nachdem sie einmal eine Nacht bei Freunden in Amarillo verbracht hatte und in den frühen Stunden des nächsten Tages nach Canyon zurückgefahren war. An diesem Morgen brachte ein atemberaubend schöner Sonnenaufgang den Himmel zum Glühen. Georgia war von dem Naturschauspiel so beeindruckt, daß sie sich nach ihrer Rückkehr gezwungen fühlte, noch mehr Farben für die Wiedergabe dieses Motivs einzusetzen. Nach kurzer Zeit erforschte sie wieder Gelb, dann Grün und Rot, bis sie schließlich zur gesamten Farbskala zurückgekehrt war.

Im Herbst des vorangegangenen Jahres hatte sie sich auf der Suche nach ihrem eigenen Stil von den akademischen Techniken freigemacht. In Texas stieß sie jetzt auf eine Fülle reizvoller Themen. Sie war äußerst produktiv und malte an den unterrichtsfreien Tagen sowie zwischen den Stunden – spontan und mit großer Beständigkeit, unter starkem innerem Drang sowie mit wachsender Begeisterung und Sicherheit. Auf der Suche nach einer Möglichkeit, ihre starken Gefühle auszudrücken, beschränkte sie ihre Bildsprache auf ein paar einfache, klare Formen und Farben, ganz ähnlich der offenen texanischen Landschaft, und so fand sie nach und nach zu ihrem eigenen Stil.

Da sie keine Gelegenheit hatte, viele Stunden hintereinander ohne Unterbrechung zu arbeiten, wie es für Ölbilder erforderlich ist, entschied sie sich meistens für Aquarelle. Diese Technik erwies sich ohnehin als ideal für ihren Gegenstand, den Himmel des Westens, denn sie erlaubte es ihr, die Farben ineinander fließen zu lassen. Das Aquarell brachte auch die sanfte Durchsichtigkeit und wäßrige Feinheit zum Vorschein, die genau dem zarten Glanz des

Sonnenaufgangs und des Sonnenuntergangs entsprachen. In rascher Folge und mit kühnen Strichen warf sie die Bilder hin. Von einem einzigen Gedanken entstanden auf diese Art viele verschiedene Versionen, indem sie sich immer wieder den veränderten Lichtverhältnissen anpaßte und versuchte, dem Motiv in seinem innersten Wesen näherzukommen. Die Überlegung, Stieglitz könnte die Bilder eventuell im folgenden Frühjahr ausstellen, spornte sie an und führte zu einer enormen Steigerung ihrer Kreativität. Den Aufzeichnungen zufolge entstanden in diesen fünfzehn Monaten mindestens 50 Aquarelle.

Am 3. April 1917 eröffnete Stieglitz Georgias erste Einzelausstellung. Da kein Katalog erschien, läßt sich die Liste der gezeigten Werke nicht mehr vollständig rekonstruieren. Verschiedene Photographien, die in der Galerie gemacht wurden, lassen den Schluß zu, daß vor allem die Aquarelle aus Texas zu sehen waren, aber auch einige Kohlezeichnungen und Ölbilder sowie eine einsame Plastilin-Skulptur, eine mit viel Gefühl modellierte phallische Form. Für eine Avantgarde-Künstlerin war es keineswegs ein alltägliches Ereignis, eine eigene Ausstellung zu bekommen. Noch wichtiger war jedoch, daß die Kritiker wiederum aufmerksam wurden, nachdem Georgias Kohlezeichnungen im Jahr zuvor für so viel Aufsehen gesorgt hatten.

Zu den ausgestellten Bildern gehörten auch einige von Georgias ganz in Blau gehaltenen Aquarellen. Unter ihnen war auch eines mit dem einfachen Titel *Blue Lines* (Blaue Linien), das viele Besucher außerordentlich beeindruckte. Georgia hatte es unter dem Einfluß der asiatischen Kalligraphie mit einem feinen Japanpinsel gemalt. Die Freudianer interpretierten die beiden senkrechten Linien als die widerstreitenden Kräfte der Psyche, während ein Kunsthistoriker in ihnen die beiden Pole aus östlicher und westlicher Philosophie sah. Für andere wiederum, einschließlich Stieglitz, offenbarten sie den Gegensatz zwischen männlichem und weiblichem Empfinden. Stieglitz fand die Tönung des Bildes so herrlich, daß er es den ganzen Winter über seinem Tisch hinter dem grauen Vorhang im »291« hängen ließ. Seine Ehe war seit vielen Jahren unglücklich, so daß er nach einer befriedigenderen Beziehung zu einer Frau suchte. Die blauen Linien schienen ihm den richtigen Weg zu weisen.

Stieglitz' Zeitschrift *Camera Work* enthielt in ihrer Frühjahrsausgabe 1917 einen Hinweis auf die für die nächste Nummer geplante Reproduktion einiger O'Keeffe-Arbeiten. Obwohl die Zahl der anspruchsvollen Kunstliebhaber, die die Zeitschrift noch abonniert hatten, von ein paar hundert auf einige Dutzend zurückgegangen war, hätte eine Veröffentlichung noch hohen Prestigewert gehabt. Doch für Georgia war der Zeitpunkt unglücklich gewählt: Die Frühjahrsausgabe sollte die letzte sein. Die Welt befand sich in einer schweren Krise. Drei Tage nach Beginn der Ausstellung im »291« erklärten die Vereinigten Staaten Deutschland den Krieg und traten in den Ersten Weltkrieg ein.

Stieglitz reagierte mit großer Niedergeschlagenheit auf den Ausbruch der Feindseligkeiten zwischen seinem Heimatland und Deutschland, wo er als Jugendlicher studiert hatte. Freunde von ihm stellten fest, daß er plötzlich wie um Jahre gealtert erschien und seine gewohnte Tatkraft eingebüßt hatte. Er rührte seine Kameras nicht mehr an, weil er fürchtete, seine Kreativität verloren zu haben.

Während der vergangenen zehn Jahre hatte er immer wieder Ausstellungen im »291« organisiert, hatte seine *Camera Work* herausgegeben und einen einsamen Kampf um die moderne Kunst geführt. Nun war er erschöpft. Im Verlauf von dreizehn Jahren seit Eröffnung der Galerie hatten etwa hunderttausend Menschen die kleinen Räume besucht. Die Prohibition hatte die Brauerei-Dividenden seiner Frau geschmälert und die finanzielle Zukunft der Familie unsicher gemacht. Auch war das »291« nicht mehr das einzige Zentrum für zeitgenössische Kunst in Manhattan. Zudem drohte der Besitzer des Hauses Nummer 291 schon seit Jahren mit dem Abriß. In jenem Frühling schließlich gab Stieglitz auf. Er beschloß, den Mietvertrag nicht mehr zu verlängern und die Galerie Ende Juni zu schließen. »Also, ich bin am Ende«, erklärte er während der O'Keeffe-Ausstellung, »aber ich habe der Welt eine Frau geschenkt.«

Seinen Briefen entnahm Georgia, daß Stieglitz in einer schlimmen Verfassung war und ihre Ausstellung die letzte im »291« sein sollte. Es schien ihr indessen unmöglich, die 3000 Kilometer zwischen Canyon und New York zurückzulegen, um die Ausstellung noch zu sehen. Deren letzter Tag fiel mit dem Ende des Semesters in Canyon zusammen. Georgia hatte sich zudem bereit erklärt, auch in der Sommerschule zu unterrichten, die bereits drei Wochen später beginnen sollte. Als ihre Kurse jedoch Mitte Mai zu Ende waren, hielt sie es nicht mehr aus. Vielleicht hatte ihr Stieglitz einige Kritiken geschickt oder ihr mitgeteilt, daß sie ihr erstes Bild verkauft hatte – einen Zug im Morgengrauen. Angeblich brachte es 400 Dollar ein. Offenbar wollte Georgia aber auch Stieglitz wiedersehen.

Fünf Tage später beschloß sie zu fahren. Da es Sonntag war, mußte sie den Direktor der Bank zu Hause aufsuchen und ihn überreden, für sie aufzuschließen, damit sie ihre Ersparnisse abheben konnte. Danach packte sie eine Tasche zusammen und fuhr einfach los.

In New York stellte Georgia fest, daß das Leben im Vergleich zum Vorjahr noch schneller und die Leute noch zielstrebiger geworden waren. Das Land rüstete sich für den Krieg, und entlang der Fifth Avenue wehten die bunten Fahnen der Alliierten. Im Hafen legten immer mehr getarnte Kriegsschiffe an. Kurz nach ihrer Ankunft machte sich Georgia auf den Weg ins »291«. Stieglitz sprach gerade vor einigen gebannt lauschenden Besuchern. An den kahlen Wänden lehnten Bilder in mehreren Reihen. Mit einem Mal spürte er, daß jemand hinter ihm stand. Er drehte sich um und sah zu seiner großen Überraschung Georgia O'Keeffe.

Noch Jahre später berichtete Stieglitz begeistert darüber, wie Georgia plötzlich wieder in seinem Leben auftauchte. Bei ihrer Reise nach New York war sie wie bei ihren Bildern einer spontanen, sicheren Eingebung gefolgt. Stieglitz sah in Georgia eine ungewöhnliche Amerikanerin, die mit einer großen, klaren, direkten, ja mitunter sogar stürmischen Kraft malte und die noch von keinem Studienaufenthalt in Europa verbildet war. Was ihm noch mehr gefiel, war die Tatsache, daß sie ihr ganzes schöpferisches Leben noch vor sich hatte, während er seines als abgeschlossen betrachtete. Außerdem stand Georgias Auftreten ganz im Gegensatz zu dem seiner Frau. Emmy war inzwischen um die 45, ein etwas ängstlicher Typ, konventionell in ihrer Art und wohlerzogen. Georgias Ausstellung hatte ihr erwartungsgemäß nicht gefallen.

Obwohl Stieglitz die Ausstellung vor dem Abnehmen der Bilder photographiert hatte, bestand er darauf, sie für

Georgia noch einmal zu hängen. Er stellte Georgia auch einigen Künstlern vor und zeigte ihr verschiedene Arbeiten, darunter die von John Marin und Paul Strand, einem begabten jungen Photographen. Strand hatte bereits einmal bei ihm ausgestellt; seine Nahaufnahmen waren eher abstrakt als realistisch. Schließlich machten sich Georgia, Stieglitz, Strand und ein weiterer Freund, ein Erfinder, auf den Weg, um den 30. Mai, den Decoration Day, an der Küste im Vergnügungspark von Coney Island zu verbringen. Als sie bei ihrer Rückkehr auf dem Verdeck einer doppelstöckigen Straßenbahn saßen, legte Stieglitz seinen schweren schwarzen Lodenmantel zum Schutz um Georgias Schultern.

Stieglitz photographierte nur Menschen, die starke Gefühle in ihm weckten, und er bat Georgia, für ihn Modell zu stehen. Als Künstler war er vor allem an Georgias breiten, ungewöhnlichen Gesichtszügen interessiert. Ihre ausgeprägte Nase und ihr festes Kinn bildeten in seinen Augen ein interessantes Profil, und er war fasziniert von dem, was er ihr rätselhaftes Mona-Lisa-Lächeln nannte. Er ließ sie ihre schönen Hände falten und vor eine ihrer Zeichnungen legen, die eine fötusähnliche Form darstellte; dann photographierte er sie in ihrem langärmeligen schwarzen Kleid mit den weißen Aufschlägen. Während der Photograph seinem wortkargen Modell noch Fragen zuwarf, hielt die Kamera bereits die Ringe unter ihren Augen und die ungebändigten Härchen ihrer Augenbrauen fest. Sie fing auch die Grübchen ein und das amüsierte Lächeln, das um Georgias schöne Mundwinkel spielte, sowie den lässigen, sanften Blick ihrer Augen, der zugleich Offenheit und Neugier verriet.

Nach den aufregenden Tagen in New York fuhr Georgia wieder nach Texas, um zum ersten Mal einen Sommer im Südwesten zu verbringen. Wenn der Himmel am Abend dunkler wurde, saß sie stundenlang im Freien und beobachtete das rasch wechselnde Spiel des Lichts, das wilde Zucken der Blitze und die am Horizont wandernden Scheinwerfer der Autos.
Georgia und Claudia gingen abends auch gern über die Stadtgrenzen hinaus auf die langsam versinkende Sonne zu. Häufig warf Claudia dann Flaschen in die Luft und zerschoß sie mit ihrer Schrotflinte in tausend Scherben, die im Licht glitzerten, während der Gewehrknall über das weite Land hallte. In der Zwischenzeit beobachtete Georgia, wie der Abendstern aufging und das Blau um ihn herum immer dunkler wurde. Jedesmal erlebte sie dieses Naturschauspiel wie ein aufregendes Leuchtfeuer. Als sie zum ersten Mal versuchte, den Stern zu malen, ließ sie ihn so klein, wie er in Wirklichkeit war. Damit hatte sie jedoch die wachsenden Gefühle, die er bei ihr auslöste, noch nicht beschrieben. Schließlich behandelte sie den Stern als einen Punkt aus weißem Papier, umgab ihn mit einem gelben Hof und legte dann immer größere Ringe aus glühenden Rottönen und langsam kälter werdenden Farben um ihn herum, bis das Blatt von seiner Intensität so ausgefüllt war wie sie von ihren Gefühlen.
Da die beiden Schwestern zwischen dem Ende der Sommerschule und dem Beginn des Herbstsemesters einen Monat frei hatten, wollten sie noch Urlaub in den Rocky Mountains von Colorado machen. Als sie jedoch versuchten, Fahrkarten nach Denver zu bekommen, erfuhren sie, daß die Eisenbahnbrücken auf der direkten Strecke nach Nordwesten bei Überschwemmungen unterspült worden

waren. Also wählten sie eine Strecke westlich um das überflutete Gebiet herum, auf der zufällig auch Albuquerque lag. Bei dieser Gelegenheit sah Georgia zum ersten Mal die kahlen rosa Hügel im Norden New Mexicos mit ihren grünen Punkten aus zerzausten Piñon-Bäumen am Fuße der Sangre de Cristo Mountains. Georgia malte verschiedene Dinge, die sie unterwegs sah – in Ward im US-Bundesstaat Colorado zum Beispiel die Glocke einer kleinen hölzernen Bergkapelle.

Auf dem Rückweg blieben die Schwestern für ein paar Tage in Santa Fe, einer der ältesten Städte Amerikas. Unter anderem gab es hier auch eine Künstlerkolonie, und ein Kunstmuseum sollte gerade eröffnet werden. Auf der Straße begegneten sie Indianern und Mexikanern in ihrer farbenprächtigen Kleidung, während die Häuser aus Adobeziegeln in der Abendsonne golden glänzten. »Ich habe es sofort geliebt«, erinnerte sich Georgia später.

Als Georgia zurückkam, befand sich Canyon im Kriegsfieber. Die Verwaltung des West Texas State drängte die Lehrer, auf dem Collegegelände militärischen Drill zu üben, Einheiten für das Rote Kreuz aufzustellen und den Studenten den sparsamen Umgang mit Lebensmitteln zu erklären. Angefacht durch das gesamte College, trieb die patriotische Begeisterung ein Drittel der Studenten in den Krieg. Im Frühjahr 1918 gehörten nur noch fünf männliche Studenten zum Abschlußjahrgang.

Georgias Ansichten über den Krieg waren von der neutralen, pazifistischen Einstellung geprägt, wie sie sie an der Ostküste kennengelernt hatte. Auch war ihr jede Art von Massenhysterie zuwider, vor allem nachdem die allgemeine Stimmung ihren jüngeren Bruder, den couragierten 25jährigen Alexius, dazu gebracht hatte, sich im Juli als

Freiwilliger zu melden. Sie versuchte, den Krieg zu ignorieren und einfach mit ihrem Kunstunterricht fortzufahren. Im Herbst 1918 gelang es ihr, eine Kunstausstellung an das College zu holen.

Der anstrengende Unterricht am College wirkte auf Georgia allmählich ermüdend. Im November hatte sie ein magisches Datum erreicht: ihren 30. Geburtstag. Im Dezember verließ ihre Schwester Canyon, um in der winzigen Ortschaft Spur in Texas eine Stelle als Referendarin anzutreten. Nach ihrer Abreise fühlte sich Georgia einsamer als je zuvor. Drei Monate lang hatte sie kein Bedürfnis mehr zu malen – es war die längste Unterbrechung in ihrem Schaffen, seitdem sie vier Jahre zuvor ihre künstlerische Tätigkeit wieder aufgenommen hatte.

Im Januar fielen die Temperaturen stark unter Null, und der stürmische Wind machte die Kälte noch schlimmer. Da sich die USA im Krieg befanden, war es schwer, genügend Kohle zum Heizen zu bekommen. Georgia stopfte sich Papier unter ihre Kleider, um sich auf dem Weg zum College vor dem eisigen Wind zu schützen. Trotzdem holte sie sich eine schwere Erkältung und mußte ihre Stunden absagen. In einer Ausgabe der Randall County *News* hieß es am 21. Februar, Fräulein O'Keeffe sei wegen einer Erkrankung beurlaubt worden. Die landesweite Grippewelle hatte bis dahin schon vielen Menschen das Leben gekostet. Indessen kam das Gerücht auf, die Kunstdozentin sei wegen ihrer Antikriegshaltung von allen Pflichten entbunden worden.

Georgia zog in den Süden von Texas und quartierte sich auf der Farm ihrer Freundin Leah Harris ein, die in Amarillo das Fach Lebensmittelkonservierung unterrichtete. Die Farm lag in Waring inmitten einer warmen, grünen

Hügelregion, durch die der Guadalupe River floß und in der die Vögel sangen, Hickorybäume wuchsen und die Rosen den ganzen Winter über blühten. Es war eine willkommene Abwechslung für Georgia. Hier fand sie die Ruhe, die sie vor dem Beginn der Sommerschule in Canyon dringend benötigte.
Unterdessen fühlte sich Stieglitz in New York einsam, mittellos und zu nichts nütze. Als Georgia ihm schrieb, daß sie krank sei und den Unterricht aufgegeben habe, drängte er sie, nach New York zu kommen. Seine Nichte, Elizabeth Stieglitz, die ihm sehr verbunden war, schrieb Georgia in seinem Namen lange Briefe. Darin bot sie Georgia ihr New Yorker Studio an, in dem sich Stieglitz eine Dunkelkammer eingerichtet hatte. Bis zum April waren seine Gefühle für Georgia schließlich so stark geworden, daß er aus seinem ehelichen Schlafzimmer auszog und nur noch in seinem Arbeitszimmer schlief. Nach seinen Worten war Georgia zur Seele des »291« geworden. Der Kampf um sie bedeutete für ihn daher so etwas wie den Fortbestand der Galerie. Je mehr Georgia zögerte, an die Ostküste zu kommen, desto mehr schien Stieglitz von der Notwendigkeit der Reise überzeugt zu sein. Im Mai schließlich hatte er eine Idee und schickte den jungen Paul Strand nach Texas, um sie abzuholen. Er gab ihm das Geld für die Fahrkarten und wartete voll Spannung auf seine Rückkehr.
Während der Zeit in Texas hatte Georgia oft an Stieglitz gedacht. Ganz begeistert hatte sie ihren Schülern und Kollegen die Photos gezeigt, die Stieglitz von ihrem Gesicht und ihren Händen gemacht und ihr zugeschickt hatte. Georgia gefiel seine motivierende These, daß die Wahrheit dort zum Vorschein kommt, wo ein Künstler seine Erfüllung findet. Als ihr Mentor war er zudem bereit, sich intensiv ihrem künstlerischen Fortkommen zu widmen.

Paul Strand blieb so lange, bis sich Georgia entschieden hatte. Sie liebte Texas, aber andererseits war ihre Stellung hier ein weiteres Mal unhaltbar geworden. Anfang Juni trat sie zusammen mit Strand die weite Zugfahrt nach New York an. Am Abend des 10. Juni kamen die beiden in New York an, wo Stieglitz sie schon voller Sorge erwartete.

Portrait Georgia O'Keeffes
von Eugene Speicher (1908)

Georgia bei der
Abschlußfeier des
Chatham Episcopal
Institute (1905)

Georgia im Alter von zwanzig (Mitte)
auf einem Kostümfest der Art Students League

Georgia im Alter von
achtundzwanzig
als Kunstdozentin
an der University
of Virginia

Georgia
karikiert
Lehrerinnen
des Chatham Episcopal
Institute (1905)

Georgias
Schwester
Anita (1912)

Georgias
Schwester
Ida (1912)

BLUMEN

Bei ihrer Ankunft in New York ließ Georgia den 26jährigen Paul Strand auf dem Bahnsteig stehen und nahm sofort ihren Platz an der Seite von Stieglitz ein. Einem anderen Freund von Stieglitz, dem jungen Schriftsteller Herbert J. Seligmann, zufolge hatte Paul während der Woche in Texas und auf der Rückfahrt ebenfalls eine Zuneigung für Georgia entwickelt. Doch die folgenden Wochen in New York machten deutlich, daß Georgias Gefühle dem älteren Mann galten. Obwohl Paul von Georgias Wahl enttäuscht war, blieb er seinem Mentor treu. Um die unangenehme Rolle des Zuschauers loszuwerden, meldete sich Paul zu den Waffen und verließ die Ostküste.

Während Paul ebenso wie Georgia noch um sein Überleben als Künstler kämpfen mußte, hatte Stieglitz im Alter von 54 Jahren bereits genügend Anerkennung als Photograph gefunden und konnte seine Kraft nun darauf verwenden, andere zu fördern. Bei den flüchtigen Begegnungen mit ihm und aufgrund seiner langen Briefe hatte Georgia Stieglitz als einen sympathischen und äußerst faszinierenden Mann kennengelernt. In seinem Wesen und in seiner Erscheinung gab es aber auch viel Widersprüchliches. Ein Freund von ihm hatte einmal festgestellt, Stieglitz' wohlgeformter Kopf ließe sich auf zwei Arten betrachten – einerseits mache die gekrümmte Nase sein Gesicht kantig, andererseits erscheine es aufgrund der übrigen Züge eher sanft. Sein fein geschnittener Mund war so sensibel wie der eines Mädchens, doch seine grauen Haare konnten sich grimmig sträuben, selbst die in seinen Ohren. Unter seinem tristen schwarzen Umhang trug er oft eine auffällige rote Weste. Und obwohl er ein europäisch beeinflußter Intellektueller war, las er die Sportseite seiner Zeitung gern zuerst. Im Jahr 1921 beschrieb sich dieser eher komplizierte Mann einmal ganz einfach: »Ich wurde in Hoboken geboren. Ich bin Amerikaner. Die Photographie ist meine Leidenschaft. Ich bin besessen von der Suche nach Wahrheit.«

Stieglitz, der in den achtziger Jahren des vergangenen Jahrhunderts in Deutschland mit einer jungen Prostituierten namens Paula gelebt hatte, war immer gern in Gesellschaft von Frauen. Seine eigene Frau Emmy hatte in ihrer äußerst nüchternen Art allerdings kein Verständnis für seine Ideen und Pläne, und so war ihre Ehe eine einzige Qual. Vor seiner Begegnung mit Georgia hatte Stieglitz drei heftige, lebhafte Träume gehabt über seine und Emmys tragische Unfähigkeit, sich gegenseitig ihr Bedürfnis nach Liebe zu erfüllen. Er unternahm jedoch zunächst keine Schritte, um sich scheiden zu lassen. Denn trotz seiner Furchtlosigkeit im Denken war er im privaten Bereich eher ängstlicher Natur.

Es schien Stieglitz vorherbestimmt zu sein, sich von einer Frau wie Georgia angezogen zu fühlen. Als Zwölfjähriger war er einmal in ein Mädchen aus seiner Verwandtschaft verschossen, die ihre weiße Haut und ihre dunklen Haare noch durch schwarze Kleider hervorhob. Seinem Tagebuch, das er interessanterweise »Geistige Photographie« nannte, vertraute er einen Tag vor seinem dreizehnten Geburtstag an, daß seine Lieblingsfarbe Schwarz sei. Als junger Mann entschied er sich dann für die Schwarzweiß-Photographie als Kunstform. Auch als Erwachsener war er immer noch von Frauen fasziniert, die sich in geheimnisvolles Schwarz kleideten. Zu der Zeit, als er Georgia kennenlernte, gehörten schwarze Kleider mit ein wenig Weiß am Kragen zu ihrem Markenzeichen. Es war daher kein Wunder, daß sie seine Aufmerksamkeit erregte.

Auf dem Hudson River in New York konnte man in jenen Tagen zahlreiche Militärfrachter beobachten, und in den Restaurants standen die Leute auf, wenn die Nationalhymnen der Alliierten gespielt wurden. Stieglitz brachte Georgia in die helle kleine Atelierwohnung seiner Nichte Elizabeth, die woanders wohnte. Bei ihrer Ankunft in New York war Georgia müde und krank. Stieglitz befahl ihr, im Bett zu bleiben, und ließ sie von seinem Bruder, einem bekannten Arzt, untersuchen. Er selbst kam jeden Tag zu Besuch und lernte sogar, Eier für sie abzukochen. In seine eigene Wohnung ging er erst zurück, wenn seine Frau schon eingeschlafen war. Nach einer Woche berichtete er Arthur Dove in einem Brief von Georgias »ungewöhnlicher Schönheit, Spontaneität, Klarheit des Geistes und des Gefühls und der wunderbaren Intensität, mit der sie jeden Augenblick ihres Lebens auskostete«.

Einen Monat nach Georgias Ankunft in New York waren die beiden eine feste Beziehung eingegangen. Stieglitz lebte nun auch in der Atelierwohnung East 59th Street 114, wo sie eine bescheidene Decke zwischen ihren Schlafplätzen aufgehängt hatten. Stieglitz' Frau Emmy hatte ihren Mann entdeckt, wie er Georgia in seinem Arbeitszimmer photographierte. Sie hatte ihre Beherrschung verloren und ihn vor die Wahl gestellt, entweder die junge Künstlerin nicht mehr zu treffen oder auszuziehen. Innerhalb von zwei Tagen hatte Stieglitz alles, was er besaß, in die Atelierwohnung geschafft und einen Teil in den Lagern der Anderson-Galerien untergestellt. Seinen Schwager George Engelhard bat er, die Scheidung vorzubereiten. Drei Tage nach ihrem Ultimatum ersuchte Emmy ihren Mann noch einmal, zu ihr zurückzukehren, allerdings vergebens. Mit ihrem Entschluß, offen mit dem Mann einer anderen Frau zusammenzuleben, bewies Georgia ihre Gleichgültigkeit gegenüber den Konventionen und ihre Bereitschaft, ganz nach ihrem Gefühl zu handeln. Diese Einstellung machte Stieglitz schließlich Mut, während er begann, sich nach 24 Jahren aus seiner unglücklichen Ehe zu lösen.

Schon bald darauf nahm Stieglitz Georgia nach Lake George in den Adirondack Mountains mit, wo seine Familie ein Sommerhaus besaß. Außer diesem gab es am Ufer des langen, schmalen Sees noch zahlreiche weitere Sommerhäuser. Am Bahnhof von Lake George holte sie Fred, der alte Diener der Familie, ab und brachte sie nach »Oaklawn«. Das Haus lag in einem Kiefernwäldchen, es war im viktorianischen Stil erbaut und von offenen Veranden umgeben. Die Einrichtung entsprach dem Geschmack der Entstehungszeit: Die Räume waren mit schweren Polstermöbeln vollgestellt, dazu kamen dichte, dunkle Vorhänge, und die Bilder an den Wänden steckten in vergoldeten Schmuckrahmen. Georgia fand die Einrichtung abstoßend und sprach später von »entsetzlichen, bunt zusammengewürfelten Scheußlichkeiten«. Im großen Eßzimmer des Hauses servierten die Bediensteten dreimal am Tag die Mahlzeiten. Dabei gingen sie mit vollbeladenen Platten um den Tisch herum und bedienten die zahlreichen Verwandten und Gäste, die den Sommer über zu Besuch kamen.

Die Mitglieder des Stieglitz-Clans waren um einiges impulsiver als die O'Keeffes, bei denen es eher unterkühlt zuging. Die Familie aus Wisconsin folgte ihrem christlichen Glauben auf lässige Art, die Stieglitzens dagegen waren dem Papier nach Juden. Während die O'Keeffes zuletzt von schrecklicher Armut geplagt wurden, waren die Stieglitzens immer an einen gewissen Reichtum gewöhnt. Sowenig sich die Geschwister O'Keeffe miteinander beschäftigten, so eng war das Verhältnis zwischen den Stieglitzens. Mitunter konnte es bei ihnen zu heftigen Streitereien kommen, doch aufgrund der starken, unverbrüchlichen Familienbande waren sie schnell wieder vergessen. Das offene Ausleben der Gefühle bei den Mahlzeiten schockierte Georgia zunächst. Doch wie es sich für die älteste Tochter der aristokratischen Ida Totto gehörte, saß sie immer kerzengerade da und bewahrte auf eine höfliche, besonnene Art ihre Würde.

Stieglitz' verwitwete Mutter, Hedwig Werner-Stieglitz, regierte die quirlige Schar ihrer Kinder, Enkel und Urenkel mit sanfter Hand. In jenem Sommer des Jahres 1918 war die kleine, untersetzte Frau mit den warmen, braunen Augen bereits 74 Jahre alt. Sie hatte ihren ältesten Sohn Alfred seit seiner Kindheit verwöhnt, und in ihren Augen war er ohne Fehl und Tadel. Die gleiche Zuneigung hatte er auch ihr entgegengebracht.

Hedwig Stieglitz und ihr selbstherrlicher, leicht aufbrausender Mann Edward waren in Deutschland zur Welt gekommen, hatten sich jedoch in Amerika kennengelernt, geheiratet und sechs Kinder großgezogen. Nach der Teilnahme am amerikanischen Bürgerkrieg hatte Edward als Wollhändler ein kleines Vermögen gemacht. Im Alter von 48 Jahren setzte er sich zur Ruhe, nachdem er finanziell un-

abhängig geworden war und für jedes seiner Kinder treuhänderisch Geld angelegt hatte. In dieser Zeit der Muße machte er sich zum Mäzen einiger Künstler und Schriftsteller, die er in Lake George großzügig bewirtete.
Das gebildete Ehepaar wollte seinen Kindern die beste Ausbildung zuteil werden lassen, die auf dieser Welt zu haben war; daher zog die ganze Familie nach Europa, als ihr intelligenter, phantasievoller erstgeborener Sohn Alfred siebzehn Jahre alt geworden war. Da er eine Vorliebe für Mathematik hatte, rieten sie ihm zu einem Ingenieurstudium. In Berlin verbrachte er jedoch die meiste Zeit mit Billardspielen, Pferderennen und Photographieren. Mit seinen Aufnahmen gewann er sogar verschiedene Preise. Einige Jahre später kehrten die Eltern mit seinen Schwestern nach New York zurück und holten im Jahr 1890 auch den inzwischen 26jährigen Alfred nach Hause.
Nach dem Wunsch seines Vaters sollte sich Alfred irgendwo niederlassen und ein Geschäft gründen. Er stellte ihm schließlich Geld zur Verfügung, damit er mit zwei Partnern ein Photogravüren-Geschäft eröffnen konnte. Einer seiner Partner war Joseph Obermeyer, ein ehemaliger Zimmernachbar aus der Berliner Zeit. Drei Jahre später brachte Obermeyer Alfred dazu, seine 20jährige verwaiste Schwester Emmeline zu heiraten. Nach einigen weiteren Jahren zog sich Alfred aus dem erfolglosen Unternehmen zurück. Die Einkünfte aus dem Vermögen seines Vaters sowie die beträchtlichen Mittel seiner Frau erlaubten es ihm, sich ganz der Photographie und später auch der Verteidigung der modernen Kunst zu widmen.
Schon kurz nach Alfreds und Georgias Ankunft auf »Oaklawn« wurde allen dort klar, daß die beiden leidenschaftlich ineinander verliebt waren. Sie tauschten vielsagende,

tiefe Blicke aus, und bald waren Alfreds Depressionen und seine schlechte Laune verflogen. Seine Familie hatte Emmy nie gemocht, da sie der Überzeugung war, Emmy würde Alfred ziemlich herzlos behandeln. Mit ihrem ausgeprägten Sinn für Romantik sah Alfreds Mutter Hedwig sofort, daß die attraktive, junge Frau, die Alfred mitgebracht hatte, ihn über alle Maßen glücklich machte, und das genügte ihr. Da die übrigen Familienmitglieder Hedwig treu ergeben waren, stimmten sie auch in diesem Punkt mit ihr überein und nahmen Georgia herzlich auf.

In Lake George hatte Georgia reichlich Gelegenheit zum Malen. Stieglitz photographierte sie, wie sie auf einer Unterlage aus einem Abtreter, einem Brett und einem Kissen vor einem Regenabflußrohr saß, an dessen Ende sich feuchtigkeitsliebende Pflanzen angesiedelt hatten. Das Bild zeigt Georgia mit angezogenen Knien und Schnürstiefeln in einem weißen Sommerkleid und einer schweren, dunklen Wolljacke darüber, neben sich die Wasserfarben. In langen, ununterbrochenen Arbeitsphasen konnte sie sich auch der aufwendigeren Öltechnik widmen. Während sie sich auf diesem Gebiet weiter vervollkommnete, wurden ihre Bilder größer und heller. Stieglitz war fasziniert von dem, was er sah, denn Georgia war nach seinen Worten eine neue Eva – die erste Frau, die wirklich das malen konnte, was es bedeutete, »Frau zu sein«.

Während der Herbst näher kam, wurde für Stieglitz der Gedanke immer unerträglicher, daß Georgia an das West Texas State Normal College zurückkehren könnte. Eines Tages fragte er sie, was sie sich mehr als alles andere wünsche. Georgia liebte zwar das texanische Flachland, doch ihre Tätigkeit in Canyon hatte letztlich ihre Entwicklung als Künstlerin behindert. Nach einem Sommer neuer

Kreativität hatte sie festgestellt, wieviel Fortschritte sie machen konnte, wenn sie jeden Tag von morgens bis abends zum Malen kam. Obwohl sie an Stieglitz' Seite einiges von ihrer geliebten Unabhängigkeit würde aufgeben müssen, konnte das Leben mit ihm doch zu einem aufregenden Abenteuer werden, bei dem sie viele neue Dinge sehen, hören und erleben würde. Sie vertraute zudem seiner hohen Integrität, sie schätzte seine Kenntnisse auf künstlerischem Gebiet und empfand sein Vertrauen in ihre Arbeit als außerordentlich ermutigend. Daher antwortete sie, daß sie das Unterrichten gern für ein Jahr aufgeben würde, um die ganze Zeit zum Malen zu haben. »Gut«, entgegnete Stieglitz, »ich werde das für dich einrichten.«

Stieglitz hatte selbst wenig Geld, doch zu seinem Freundeskreis gehörten viele reiche Leute. Er nahm daher Kontakt zu einem Mäzen auf, der hin und wieder Künstlern half, wenn sie in finanziellen Schwierigkeiten waren. Stieglitz erzählte ihm von Georgia, bis der Mann schließlich bereit war, ihr etwa 1000 Dollar auszuleihen – eine Summe, die damals fünfmal soviel wert war wie heute. Nachdem Stieglitz ihr von dem Angebot berichtet hatte, kündigte sie ihre Stellung am West Texas State.

Stieglitz wußte, daß ihm finanziell schwere Zeiten bevorstanden, wenn er seine reiche Frau zugunsten einer mittellosen jungen Künstlerin verlassen würde. Georgia war eine unbekannte Malerin zu einer Zeit, als nur wenige Leute moderne Kunstwerke kauften, und wenn sie es doch taten, bezahlten sie für ein Bild in der Regel höchstens zwei- bis dreihundert Dollar. Georgia hatte selbst nie ernsthaft daran geglaubt, von ihrem Einkommen als Malerin leben zu können. Darüber hinaus weigerte sich Stieglitz grundsätzlich, gegen Entgelt zu photographieren, obwohl das

Einkommen aus dem Vermögen seines Vaters nicht sehr groß war. Bei einer Gelegenheit lehnte er es sogar ab, Präsident Theodore Roosevelt zu photographieren. Er ließ auch nicht zu, daß seine Photographien reproduziert wurden, weil er befürchtete, daß sie etwas von ihrer hohen Qualität einbüßen könnten.

In den ersten gemeinsamen Monaten kam es zu einer Reihe von Zufällen, wie sie von Liebespaaren gern als Beweis ihrer Zusammengehörigkeit angesehen werden. So hatte Stieglitz' Vater seinen Sohn vor vielen Jahren einmal gebeten, ihm zu helfen, als er sich im Rahmen seiner Jurorentätigkeit bei einem Kunststudenten-Wettbewerb zwischen einer Landschaft und einem Portrait entscheiden mußte. Stieglitz überlegte und trat schließlich für das Portrait ein, das ein ernstes, dunkelhaariges Mädchen zeigte. Und nun stellte sich heraus, daß es das Bild war, das Eugene Speicher von Georgia gemalt hatte.

Als es Herbst wurde, fuhren Alfred und Georgia durch die sanften, grünen Adirondack Mountains zurück nach New York. Sie zogen in die Wohnung von Elizabeth Stieglitz ein, die bald darauf heiratete und ihnen die Räume ganz überließ. Einige Tage später kam eine Holzkiste aus Texas, in der sich Georgias Winterkleider, Bücher, Zeichnungen und Gemälde befanden.

Als Stieglitz seine Frau verließ, um mit Georgia zusammenzuleben, warnte ihn ein befreundeter Bankier davor, sich wegen einer jungen Frau zu ruinieren. Stieglitz sagte nichts, sondern nahm ihn in ihr Studio mit. Durch die beiden Fenster nach Süden und das Dachfenster, unter dem Georgia gerne schlief, flutete das Licht herein und wurde noch verstärkt durch die hellgelben Wände und den orangeroten Boden. Die unruhigen Farben schufen zwar ungünstige Verhältnisse zum Malen, doch erhielt die Wohnung durch sie auch eine heitere Note. Stieglitz zeigte seinem Freund einige Beispiele ihres gemeinsamen Schaffens. Die Arbeiten bewiesen, wie Stieglitz mit der Kamera jeweils die Stimmungen festhielt, die sein Modell auf der Leinwand einfing. Stieglitz zufolge erklärte der Bankier, er hätte nie gedacht, daß die Liebe zwischen Mann und Frau zu soviel gegenseitiger Inspiration führen könnte.

Da die Künstlerin in Georgia es Stieglitz besonders angetan hatte, wollte er nicht, daß die Beziehung zwischen ihnen ihrer Arbeit im Weg stand. Er hoffte vielmehr, daß ihre Liebe Georgia zu noch größeren Leistungen beflügeln würde. Georgia vertraute auch immer mehr ihren Gefühlen für Stieglitz. Er wirkte auf sie wie ein Therapeut und Katalysator und half ihr so, noch mehr von ihren tiefsten Gefühlen und Eingebungen freizusetzen und in Kunstwerken zu sublimieren.

Nachdem sie zusammengezogen waren, erklärte Georgia einmal gegenüber einer Freundin, am besten wäre es, wenn jede Frau Stieglitz als Liebhaber hätte. Während sie ihrer Sexualität mehr und mehr Aufmerksamkeit schenkte, begann sie, wunderbar originelle Abstraktionen zu malen und in ihnen ungehemmt lebendige Regenbogen aus Pastelltönen zu entwerfen, mit denen sie ihr Glück wie mit schönen Melodien zu feiern schien. In dem 1919 entstandenen *Music – Pink and Blue I* (Musik – Rosa und Blau I) umgab sie eine blaue Leere in Form einer Vagina mit einem pulsierenden Wellenkräuseln aus Weiß und Rosa. Stieglitz verstand sofort, daß sie sich einer erotischen Bildsprache bediente, und so photographierte er die phallische Form, die sie einige Jahre zuvor geschaffen hatte, in eindeutiger Anspielung vor der im Gemälde dargestellten Öffnung.

Stieglitz hatte sich einmal über einen Freund geärgert, der die Aussagekraft von Stieglitz' Portraitphotos mit dessen Fähigkeit in Verbindung gebracht hatte, seine Modelle aufgrund seiner Persönlichkeit zu »hypnotisieren«. Also machte er sich auf die Suche nach einem Gegenstand, den er nicht mit seinem Zauber beeinflussen konnte. Stieglitz war immer von den verschiedenen Erscheinungsformen des Wetters fasziniert gewesen, und so stellte er sich im Jahr 1921, dem dritten gemeinsamen Sommer mit Georgia, die außerordentlich schwierige Aufgabe, die ständig wechselnden Wolken über Lake George zu photographieren. In diesen Bildern versuchte er gezielt, die genaue Entsprechung für die intensiven Augenblicke zu finden, die er mit Georgia erlebte. Eine starke gefühlsmäßige Spannung scheint einige seiner Bilder von niedrigen, sonnenbeschienenen Wolken geradezu aufgeladen zu haben.

Was Stieglitz über »Äquivalente« sagte, beeinflußte auch Georgia. So kam sie nach gründlicher Überlegung zu der Ansicht, daß eine gemalte Blume zum Beispiel niemandem wieder *genau* das gleiche Gefühl der Freude übermitteln konnte wie ihr. Also begann sie, nach Entsprechungen zu suchen, um das Gefühl darzustellen, das sie beim Anblick der Blume empfunden hatte. »Ich weiß, daß ich keine Blume malen kann«, schrieb sie in späteren Jahren, »...aber vielleicht kann ich Ihnen durch die Farbe meine Erfahrung mit der Blume mitteilen oder die Erfahrung, die die Blume zu einer bestimmten Zeit für mich wichtig werden läßt.«

Obwohl Georgia selbst nur selten Photos machte, sah sie sich doch Tausende von Stieglitz an, und so war es unvermeidlich, daß die Technik der Photographie auch in ihr Bewußtsein eindrang. Manchmal machte Stieglitz von einem Negativ an die hundert Abzüge, bevor ihm einer gefiel. Auch Georgia malte ein und denselben Gegenstand oft mehrere Male – meist eine kleine, komplizierte Form aus der Natur. Ihre Bilder hatten häufig die Schärfe eines Photos, und ihr unsichtbarer Pinselstrich ließ die Oberfläche so glatt erscheinen wie die eines Abzugs. Stieglitz selbst machte zwar keine Vergrößerungen und photographierte auch nicht aus ungewöhnlichen Winkeln, doch Georgia bekam mit, daß Photographen aus seinem Freundeskreis derartige Kunstgriffe benutzten. Sie war bekannt dafür, daß sie von ihrem Gegenstand nur einen Ausschnitt auswählte oder ihn aus der Bildmitte heraus verlagerte, so daß das fertige Werk den Eindruck eines seitlich beschnittenen Photos machte. In manchen Kompositionen waren die Gegenstände schräg zur Seite gekippt oder hatten einen unrealistischen Fluchtpunkt und erinnerten damit an Verzerrungen, wie sie von den Linsen einer Kamera bewirkt werden. Die Arbeit in unmittelbarer Nähe zu dem jungen Medium der Photographie vermittelte Georgia neue Betrachtungsweisen und gab ihr das Recht, gewisse Regeln der Malerei zu durchbrechen.

In den ersten gemeinsamen Jahren mit Stieglitz fühlte sich Georgia manchmal von seinen Erfolgen entmutigt. Auch seine besten Absichten konnten sich mitunter negativ auswirken. Zum Beispiel besorgte er ihr einmal starkes, teures Aquarellpapier, sie jedoch empfand es eher als ein Hindernis für die kühnen Experimente, für die sie in Texas früher nur billiges, dünnes Papier benutzt hatte. Aus dem hautengen Nebeneinander bei der Arbeit entstanden aber auch noch andere Probleme. Gelegentlich kam es zu Reibungen, wenn sie denselben Gegenstand gewählt hatten. So malte sie etwa die Wolken über Lake George, nachdem er sie photographiert hatte. Es konnte auch passieren, daß sie um ein Motiv wetteiferten. »Einmal war mir Stieglitz um ein paar Schritte voraus«, erinnerte sich Georgia an einen Fall. »Er hatte eine Tür photographiert, bevor ich sie malen konnte.« Schließlich entschied sie sich anstatt dessen für das Fenster eines Farmhauses – und das fertige Bild wurde später als eines ihrer besten angesehen.

Die beiderseitige Anerkennung, die sie sich hinsichtlich ihrer Arbeit entgegenbrachten, wurde zu einem festen Eckpfeiler ihrer Liebe. Er gab ihnen auch die notwendige Stärke, wenn sie sich Leuten gegenübersahen, die Stieglitz' Verhalten offen mißbilligten. Diese hielten ihm vor, seine Frau und seine noch im College-Alter befindliche Tochter verlassen zu haben, um vor aller Augen mit einer gutaussehenden Frau zusammenzuleben, die fast 25 Jahre jünger war als er. Die Sitten in New York waren noch nicht soweit gelockert wie im Paris der zwanziger Jahre, schließlich galten nach wie vor die Tabus aus viktorianischer Zeit.

Von dem Augenblick an, in dem Georgia in New York eingetroffen war, photographierte Stieglitz sie fieberhaft. Die beiden versuchten, immer zu den Tageszeiten in ihrer Studiowohnung zu sein, wenn das Licht günstig war. Georgia konnte dann davon ausgehen, daß Stieglitz den fleckigen weißen Reflektorschirm zum Aufhellen der Schatten hervorholen und die große Kamera mit dem alten, schwarzen Tuch aufbauen würde, die sonst auf dem empfindlichen Stativ an der Wand stand. Sobald dies geschehen war, begannen die Aufnahmen. In weniger als drei Jahren hatte Stieglitz von seinen Photos zweihundert perfekte Abzüge beisammen. Es war der Anfang einer umfassenden, grandiosen Portraitsammlung. Bis zum Jahr 1937, als Stieglitz im Alter von 73 Jahren seine schweren Kameras endgültig

zur Seite legte, wuchs die Zahl der Bilder noch auf über dreihundert an.
Der Meisterphotograph stand wie unter dem Zwang, mit seiner Kamera die »Wahrheit« über diese zurückhaltende, geliebte Frau herauszufinden. Bei seiner Suche nahm er jeden ihrer Körperteile einzeln unter die Lupe und verlieh ihm Unsterblichkeit: Haare, Nase, Lippen, Ohrläppchen, Hals, Finger, Brüste, Nabel, Hüften, Schamlippen, Pobakken, Beine und Zehen. Die Aufnahmen ließen in ihrer unvergleichlichen Schärfe erkennen, daß sein Modell weder geschminkt war noch irgendein Härchen ihres Körpers mit Pinzette oder Rasierer entfernt hatte.
Die meisten erotischen Einstellungen stammen aus den ersten Jahren ihrer Beziehung. Stieglitz erwischte Georgia in aufreizender Haltung zwischen zerknitterten weißen Bettlaken oder nachdem sie gerade aufgestanden war und das lange Haar ihr über die Schultern fiel. Manchmal posierte sie auch nur mit ihrem kleinen schwarzen Strohhut, den sie sich kokett in die Stirn schob.
Während Georgias Freunde ihren Sinn für Albernheiten durchaus kannten, dachte Stieglitz offenbar, daß sie im Kern ihres Wesens ernst war und sogar etwas Trauriges an sich hatte. Auf den Photographien überwiegen denn auch deutlich – vor allem in späteren Jahren – die düsteren Stimmungen gegenüber den heiteren. Georgia sah oft aus, als habe sie kein bestimmtes Alter oder als sei sie doch zumindest älter als in Wirklichkeit. Wenn ihr dann aber einmal ein winziges vergnügtes Zeichen über das Gesicht huschte, war der ganze Ernst sofort verschwunden. Ein starkes Lachen, das ihre schönen, gleichmäßigen Zähne hätte zum Vorschein kommen lassen, blieb vor der Kamera allerdings genauso selten wie ein vierblättriges Kleeblatt.

Viele der Photographien aus den Jahren 1918 und 1919 deuten darauf hin, daß Stieglitz Georgia und ihre Kunst als die beiden Bestandteile ein und derselben elementaren Schaffenskraft ansah. Oft photographierte er sie zusammen mit ihren Kohlezeichnungen, so daß entweder ihre blassen Arme oder ihre nackten Brüste zum Gegengewicht für die Linien auf dem Papier wurden. Stieglitz war glücklich, wenn es seinem Modell gelang, während der drei- bis vierminütigen Belichtungszeit für die Glasplatten absolut still zu sitzen. Er konnte sie aber auch anbrüllen, wenn sie mit den Augen blinzelte, mit dem Mund zuckte oder mit einem erhobenen Arm vor Schmerzen zu zittern anfing und das Bild ruiniert war. Georgia beschwerte sich dann ebenfalls und wies darauf hin, daß sie für ihn genauso ungern Modell stünde wie im Alter von zwanzig Jahren an der Art Students League.

In seiner Besessenheit verlangte Stieglitz von seinen Modellen eine Engelsgeduld, selbst in schwierigen Haltungen, und er ließ weder eine Pause zu, noch hatte er ein Wort des Mitgefühls für sie. Aber offenbar fühlte sich Georgia auch verpflichtet, für ihren Mentor, ihren Geliebten und Ernährer in regelmäßigen Abständen zu einer Statue zu erstarren. Sie schimpfte dann, daß das Modellsitzen eine eiserne Disziplin verlange, während sie es überall juckte, ihr regloser Körper vom Wind unterkühlt wurde oder ihr die aufdringlichen Fliegen von Lake George um die Nase schwirrten. Diese Ärgernisse verliehen ihrem Gesicht jedoch zusätzlich einen etwas gequälten Ausdruck, so daß Stieglitz schließlich genau den Blick bekam, den er wollte. Jedenfalls hinterließen die Photos bei Georgia eine tiefe Wirkung, schon seit Stieglitz ihr zum ersten Mal einige nach Texas geschickt hatte. Als sie dann nach New York zog, waren sie der Beweis dafür, daß sie zum Mittelpunkt seines Lebens geworden war – denn nie zuvor hatte Stieglitz eine andere Frau so unablässig und zwanghaft photographiert wie Georgia.

Die Freunde, die regelmäßig zu den beiden ins Studio kamen, entdeckten die gewagten Photographien, und bald ging das Wort um, daß Stieglitz wieder arbeite. Wenig später bot ihm sein Freund Mitchell Kennerley, der Direktor der Anderson Galleries, zwei große Räume für eine Retrospektive im obersten Stockwerk an. Die Anderson Galleries waren bekannt für ihre Kunstauktionen und hatten ihre Räume in einem Eckhaus an der mondänen Park Avenue und der 59th Street, dessen Rückseite der von Stieglitz' Studiowohnung gegenüberlag. Am 7. Februar 1921 hatte Stieglitz schließlich eine eigene Ausstellung von 145 Photographien, nachdem seine Freunde schon geglaubt hatten, er würde nie mehr einen Auslöser betätigen. Stieglitz' langjähriger Freund und Altersgenosse Henry McBride hieß ihn in seiner Kritik für den *New York Herald* aufs neue willkommen in der Kunstszene und hob den Unterschied zwischen den Anderson Galleries und Stieglitz' alten Räumen im »291« hervor. Nach McBrides Worten war da ein »beachtlicher roter Plüsch anstelle der unbarmherzigen grauen Farbe, aber auch die Hauptsache, Alfred, war da und sie (seine Freunde) waren glücklich… aber noch bedeutender als seine Photographien war Alfred, und noch bedeutender als Alfred waren seine Worte – so fließend, unerschöpflich und revolutionär wie immer.«

Fast ein Drittel der braungetönten Photos zeigte eine junge Künstlerin namens Georgia O'Keeffe. Auf vielen der 45 Bilder war sie bis zur Hälfte nackt zu sehen, und obwohl die Aufnahmen ihrer intimsten Stellen nicht gezeigt wur-

den, flüsterten die Leute darüber. Sie zerrissen sich auch die Mäuler über die Beziehung zwischen dem Photographen und der jungen Frau, die nicht einmal mit ihm verheiratet war. Kein Mann habe je zuvor seine sehnsüchtige Liebe zu einer Frau mit einem so intimen Werk dokumentiert, hieß es, und vielleicht war es ebensoviel Neugierde wie Interesse an der Kunst, daß in den Wochen der Ausstellung 3000 Besucher gezählt wurden. Einige Betrachter kamen zu der Überzeugung, daß Stieglitz aufgrund seiner ekstatischen Liebe die besten Arbeiten seit dem Höhepunkt seiner schöpferischen Jahre hervorgebracht hatte. Stieglitz erklärte später, daß er mit diesem Ausdruck des reinsten Gefühls in den Photographien von Georgia den Gipfel seines künstlerischen Schaffens erreicht habe, so wie es immer sein Ziel gewesen sei.
Nach Stieglitz' Ausstellung trat Georgia stark in den Vordergrund, obwohl es zu jener Zeit für einen Künstler, besonders aber für eine Frau, äußerst schwer war, Anerkennung zu finden. Im Frühjahr 1921 bat der Maler Arthur Carles Stieglitz, ihm bei einer Ausstellung über moderne Kunst in der Pennsylvania Academy of the Fine Arts zu helfen. Carles, der als Dozent an der Akademie unterrichtete, erklärte gegenüber Stieglitz: »Ich will aber keines dieser verdammten Weiber in der Ausstellung.« Stieglitz trat dagegen grundsätzlich für eine Harmonisierung »männlicher« und »weiblicher« Eigenschaften im Menschen ein und zog gemeinsame Ausstellungen von Männern und Frauen den getrennten vor. Zu Carles sagte er, O'Keeffe gehöre zu jeder Ausstellung, mit der er etwas zu tun habe. »Entweder Sie stimmen zu, oder Sie lassen's bleiben«, fuhr er fort. »Ich mache jedenfalls keine Ausstellung ohne sie.« Da Stieglitz den Auswahl- und Hängekomitees angehörte

und über genügend Willensstärke verfügte, setzte er sich schließlich durch. So waren letztlich nicht nur drei Frauen unter den berücksichtigten 27 Künstlern, Georgia hatte auch mehr Bilder in der Ausstellung als alle anderen.
Im Sommer 1922 begann die inzwischen 34jährige Georgia, einige ihrer Gemälde zu rahmen. Stieglitz war der Meinung, nach einer Pause von fast sechs Jahren sei die Zeit reif für eine weitere Einzelausstellung. Also bat er Mitchell Kennerley, sich darum zu kümmern. Im Herbst und im Winter desselben Jahres erschienen dann Artikel über Georgia in *Vanity Fair* und anderen Zeitschriften. Stieglitz schrieb an Henry McBride, er werde Georgia der breiten Öffentlichkeit vorstellen, und versprach, daß die Ausstellung seines Schützlings »anders« als die anderen würde.
Georgia sah der Ausstellung mit gemischten Gefühlen entgegen. Einerseits war es ihr recht, die Bilder zum Zweck des Vergleichs einmal aufgehängt nebeneinander betrachten zu können. Andererseits schreckte sie vor dem Gedanken zurück, daß Fremde sie zu Gesicht bekamen. Zum ersten Mal war es ihr so gegangen, als Stieglitz 1916 ganz unerwartet ihre Kohlezeichnungen ausgestellt hatte, und dieses Gefühl sollte sie auch – mit unterschiedlicher Intensität – das ganze Leben hindurch begleiten. Sie malte aus dem Bedürfnis heraus, sich in der Sprache der Farben auszudrücken, und nicht, um ihre Bilder zu zeigen, zu verkaufen oder sich von ihnen zu trennen. Das Malen war für sie eine private und keine öffentliche Angelegenheit. Ausstellungen nannte sie gern ein »notwendiges Übel«. Gegenüber Sherwood Anderson erklärte Stieglitz einige Jahre später, Georgia habe das Gefühl, ihre Bilder seien »intim und schön wie schöne Kinder«. Und er fügte hinzu: »Die gemeinen und vulgären Leute, ja schon der Gedanke, daß solche Leute

mit ihren Arbeiten in Berührung kamen, machten sie krank.«

Dennoch wurde die Ausstellung am 29. Januar 1923 in den Anderson Galleries eröffnet und dauerte zwei Wochen. Gezeigt wurden einhundert Werke, neunzig davon zum ersten Mal. Die Ankündigung für die Veranstaltung machte bereits deutlich, wer für sie verantwortlich war:

Alfred Stieglitz
Presents
One Hundred Pictures
Oils, Water-colors, Pastels, Drawings
by
Georgia O'Keeffe
American

(A. S./Präsentiert/Einhundert Bilder/Ölgemälde, Aquarelle, Pastellkreide- und sonstige Zeichnungen/von/Georgia O'Keeffe/Amerikanerin).

Wie schon bei den Ausstellungen vergangener Tage im »291« hatten die Bilder keine Titel, sondern waren lediglich datiert und numeriert. Man kann jedoch davon ausgehen, daß die besten Arbeiten aus den zurückliegenden Jahren zu sehen waren. Insgesamt offenbarten die neuen Bilder eine sanftere, ruhigere, intimere Stimmung als die in Texas entstandenen Arbeiten, und Georgias Stil war selbstbewußter und reifer geworden. Zu den zahlreichen abstrakten Werken gehörten auch solche, die von der Musik, vom Frühling oder von den Blättern inspiriert worden waren, die häufig im Wasser des Lake George dahintrieben. Die Kritiker stellten fest, daß die Palette ihrer Far-

ben von Rot und Weiß beherrscht war. Das galt vor allem für ihre Bilder von Blumen und Früchten, als da waren: flammendrote Kannazeen und rosarote Äpfel. Auch die Kritiker, die zwei Jahre zuvor Stieglitz' Photographien von der verführerischen jungen Künstlerin gesehen hatten, nahmen Notiz von der Ausstellung, und so wurden einem Zeitungsbericht zufolge pro Tag 500 Besucher gezählt.
Die Ausstellung führte Georgia als eine eigenständige Künstlerin ein, die mehr war als nur das Modell eines großen Photographen. Immer mehr Leute sprachen jetzt von ihr als »der O'Keeffe« – ein professionell klingender Name, den Stieglitz von Anfang an benutzt hatte. Ihre Arbeiten gefielen dem kaufinteressierten Publikum, und so wechselten Bilder im Wert von insgesamt 3000 Dollar die Besitzerin. Im ganzen waren es vielleicht ein halbes Dutzend Werke. Georgia hatte außerdem mit Sherwood Anderson Freundschaft geschlossen, der ebenfalls aus dem Mittleren Westen kam. Anderson war ein redseliger, aber launischer Mann, der darum gebeten hatte, keinen Beitrag für den Katalog schreiben zu müssen. Er gab zu, Georgias Arbeit bis zuletzt nicht ernstgenommen zu haben. Dann sah er sich die Ausstellung jedoch fünf- oder sechsmal an und kaufte auch eines der Bilder.
Nachdem sie ihre Abneigung gegen das erneute Ausstellen erst einmal überwunden hatte, war Georgia bereit, ihre Bilder im darauffolgenden Jahr wiederum öffentlich zu zeigen und Geld mit ihnen zu verdienen. Es wurde beschlossen, daß sie und Stieglitz im Frühjahr 1924 gleichzeitig eine Ausstellung in den Anderson Galleries haben sollten. Georgia sollte einen großen Raum bekommen und Stieglitz für seine Wolken-Photos zwei kleinere. Obwohl Georgia dieses Arrangement nicht besonders gefiel, wurde die ge-

meinsame Ausstellung dann doch im März eröffnet und dauerte zwei Wochen. Sie wurde erneut als Stieglitz' Schützling vorgestellt und war mit 51 Arbeiten vertreten. Bei dieser Gelegenheit begegnete ihr auch eine ehemalige Kommilitonin von der Art Students League wieder: Helen Appleton Read, die inzwischen beim *Brooklyn Eagle* als Kunstkritikerin arbeitete.

Im Jahre 1916 hatte ein Kritiker von einer Kohlezeichnung Georgias Wunsch nach einem Baby abgelesen, und er hatte recht. Sie war immer sehr daran interessiert gewesen, alle Seiten des Lebens kennenzulernen, und sie glaubte, einer der größten Augenblicke im Leben einer Frau sei die Geburt eines Kindes. Darüber hinaus hatte sie kleine Kinder immer sehr gern gehabt, so zum Beispiel die Freundinnen ihrer Schwestern in Virginia oder die Schulkinder in Amarillo. Auf einem Spaziergang in Canyon hatte sie einmal zu ihrer Kollegin Emma Jean McClesky gesagt: »Ich *muß* einfach ein Baby haben – wenn ich keines bekomme, wird mein Leben Stuckwerk bleiben.«
Schon vom ersten Jahr ihres Zusammenseins an erzählte Stieglitz ganz offen, daß Georgia ein Kind wolle, er jedoch der Meinung sei, sie solle besser keines bekommen. Die Rolle des Vaters war für ihn immer mit Sorgen verbunden gewesen und hatte ihm schließlich fast das Herz gebrochen. Die Beziehung zu seiner Tochter Kitty hatte gar einen tiefen Einschnitt erfahren, als die 20jährige Schülerin des Smith College miterleben mußte, wie die Ehe ihrer Eltern in die Brüche ging. Entscheidender war jedoch die Tatsache, daß Stieglitz mit seinen fast 60 Jahren wenig Interesse an kleinen Kindern hatte. Ihm bedeutete es viel mehr, junge amerikanische Künstler zu fördern, damit sie ihr volles Talent entfalten konnten.

Stieglitz sah sich noch immer in der Rolle des Mentors, und so erklärte er Georgia, ein Kind würde sie zu sehr vom Malen abhalten. Er liebte ihr reines künstlerisches Streben, das er als »Weiße« bezeichnete, und er wollte nicht, daß es verunreinigt wurde. Stieglitz glaubte, daß er von seiner Figur her und im übertragenen Sinn mitunter »grau« wirke. An einen Freund schrieb er im Herbst 1923: »Ich habe eine Schwäche für das Weiße in allen seinen Formen.« Er tat alles, um diese Eigenschaft in ihr zu fördern und sie auf dem Kurs zu halten, den er ihr vorgezeichnet hatte. Aus vielen Briefen, die er in den zwanziger Jahren an gemeinsame Freunde schrieb, spricht entweder die Sorge, daß sie nicht male, oder die Freude, daß sie wieder einmal ihre »Wunder« hervorbringe.

Im Sommer des Jahres 1923, im Alter von 35 Jahren, schien Georgia nachgegeben zu haben und war jetzt damit einverstanden, kein Kind mehr zu bekommen. In jenem Sommer hatte auch Stieglitz' Tochter nach der Heirat mit einem gewissen Milton Stearns aus Boston ein Baby zur Welt gebracht. Nach der Geburt war sie jedoch in eine schwere Depression verfallen, von der sie sich nie wieder richtig erholte. Außerdem hatte Stieglitz in jenem Sommer der Welt einhundert O'Keeffe-Gemälde präsentiert, und Georgia spürte, daß sie auf dem besten Weg war, Erfolg zu haben. Sie stand eindeutig vor einer grausamen Entscheidung: Entweder sie blieb bei Stieglitz und wurde eine Künstlerin, oder sie verließ ihn, um vielleicht eines Tages Mutter zu werden.

Georgia blieb. Sie verzichtete auf Kinder und widmete ihr ganzes Leben der Kunst. Im Lauf der Zeit nahm sie auch gewisse kompromißlose Einstellungen an, so daß viele ihrer Freundinnen, vor allem aber die Mütter unter ihnen, zu der Überzeugung kamen, daß ihre Entscheidung richtig war. In ihren Augen hätte Georgia keine Freude an all den Konflikten, Opfern und Anpassungsprozessen gehabt, die mit der Erziehung von Kindern unweigerlich verbunden sind. Andere waren sich dagegen nicht so sicher, ob Georgia ihren Entschluß nicht doch hin und wieder bereute. Selbst im hohen Alter beschäftigte sie dieses Thema noch immer. Gegenüber einer jungen Autorin erklärte sie einmal, daß eine Mutter von ihrer Schreibmaschine auch mitten im Satz aufstehen könne, um etwas für ihr Kind zu tun. Eine Malerin brauche jedoch mehrere Stunden ohne Unterbrechung, um ihre Materialien herrichten zu können, und dürfe nicht mitten in einem Pinselstrich von der Arbeit weggeholt werden.

Als Emmy Stieglitz schließlich einsehen mußte, daß ihre Ehe nicht mehr zu retten war, reichte sie die Scheidung ein. Das Urteil wurde am 9. September 1924 gesprochen, nachdem sie und ihre Brüder die Entscheidung sechs Jahre lang hinausgezögert hatten. Nach der endgültigen Trennung von seiner Frau bestand Stieglitz darauf, daß Georgia ihn heiratete. Einerseits wollte er seinen Einfluß auf die um viele Jahre jüngere Frau wahren, andererseits sollte Georgia in die Lage versetzt werden, seinen Besitz zu erben. Außerdem wurde in der damaligen Zeit das Leben für einen Mann und eine Frau wesentlich leichter, wenn sie heirateten, anstatt »in Sünde zu leben«. Georgia erklärte jedoch, sie hätten schließlich seit 1918 zusammengelebt und all das Gerede hätte ihnen nichts ausgemacht, wozu sollten sie also ausgerechnet jetzt heiraten?

Georgia spürte aber auch, daß sie eigentlich keine richtige Familie mehr hatte. Ihre Schwestern waren in alle Winde zerstreut, und ihr Vater war im November 1918 bei einem

Sturz vom Dach ums Leben gekommen. Obwohl Georgia ihm jahrelang nicht geschrieben hatte, traf sie die Nachricht wie ein Schock. Nur einen Monat später kehrte ihr jüngerer Bruder vom Schlachtfeld in Frankreich zurück – der große, gutaussehende Alexius mußte auf einer Trage nach Wisconsin gebracht werden. Eine schwere Grippe hatte seine Gesundheit zerstört, und er litt noch unter den Folgen eines Gasangriffs. Ihr älterer Bruder Francis, der als Architekt in New York arbeitete, hatte 1922 geheiratet. Aus irgendeinem Grund, über den sie nicht sprach, ignorierte Georgia seine Existenz fast völlig. Eines Tages gab Francis dann seine Stellung in New York auf und verließ die Vereinigten Staaten.

Stieglitz' Argumente gaben schließlich den Ausschlag, und so willigte Georgia zögernd in die Heirat ein. Da eine erneute Eheschließung nach einer Scheidung im Staat New York nicht erlaubt war, setzten die beiden an einem kalten Dienstag, dem 11. Dezember 1924, mit der Fähre nach New Jersey über. Georgia hatte gerade ihren 37. Geburtstag gefeiert, und Alfred war fast 61 Jahre alt. Begleitet wurden sie von Stieglitz' Schwager, dem Anwalt George Engelhard, der auch als Trauzeuge auftreten sollte. Die bevorstehende Hochzeit war praktisch geheimgehalten worden, und nur wenige Freunde hatten davon erfahren.

An der Anlegestelle in Weehawken holte sie der zweite Trauzeuge ab: der Maler John Marin, der schon seit vielen Jahren mit Stieglitz befreundet war. Marin fuhr sie mit seinem neuen Chandler in das Büro von Joseph Marini, einem Geschäftsmann, der in Cliffside Park gleichzeitig Bürgermeister und Friedensrichter war. Auf dem Antragsformular trug Stieglitz in der Rubrik »Beruf des Bräutigams« das Wort »Künstler« ein. In dem Teil des Blattes, den

Georgia ausfüllen mußte, gab es keine derartige Rubrik. Nach dem Eheversprechen verzichteten die beiden darauf, Ringe auszutauschen. Ihrer feministischen Überzeugung folgend, verzichtete Georgia beim Gelöbnis auch auf die damals klassische Formel »... ihn zu ehren, zu lieben, ihm beizustehen, ihm in allem, was recht und ehrbar ist, untertänig und gehorsam zu sein«.

NEW YORK

Für die USA bedeutete die Unterzeichnung des Waffenstillstands am 11. November 1918 das siegreiche Ende des Ersten Weltkriegs. Die New Yorker sangen und tanzten auf den Straßen, Autofahrer hupten, Kirchenglocken läuteten und Fabriksirenen heulten, während von den Hochhäusern das Konfetti herabregnete. Auf dem Madison Square wurde ein weißer Triumphbogen aus Gips errichtet, und über der Fifth Avenue waren Glasperlen aufgespannt. Die Perlen wurden nachts von Scheinwerfern angestrahlt und glitzerten dann in tausend Farben.

Der allgemeine Freudentaumel war der passende Auftakt für die turbulenten zwanziger Jahre. Der Krieg hatte einen Technologieschub bewirkt, der in Friedenszeiten nun zu neuen Freizeitvergnügen führte. Autos begannen die Straßen der Stadt zu verstopfen, Jazz plärrte aus den Radios, und die Stummfilme lockten große Zuschauermengen in die luxuriös ausgestatteten Kinopaläste. Vor allem in New York, dem Zentrum des Begeisterungssturms, war der Lebensrhythmus sehr viel schneller geworden.

In all dem Trubel gab es jedoch auch dunkle Untertöne. Das Kriegsende brachte große wirtschaftliche Probleme mit sich – es kam zu heftigen Streiks. Eine noch stärkere Auswirkung auf den Alltag hatte das landesweite Alkoholverbot, das am 15. Januar 1920 um Mitternacht in Kraft trat. In den Kellern der braunen Sandsteingebäude Man-

hattans wurden Tausende von illegalen Kneipen, die sogenannten Speakeasys, eröffnet. Die Schwarzbrenner gingen feste Bindungen zur Unterwelt ein, und das organisierte Verbrechen wurde zu einem enormen Profitgeschäft.
Die landesweite Genußsucht kam den Künstlern keineswegs zugute. Viele von ihnen flohen nach Europa. Georgia indessen verschwendete keinen Gedanken an eine Auswanderung, und auch Stieglitz fühlte sich an Amerika gebunden. Schließlich war es Georgias rein amerikanisches Denken gewesen, das ihn unter anderem zu ihr hingezogen hatte.
Die beiden lebten etwa zwei Jahre lang in dem sonnigen kleinen Studio in der East 59th Street. Als die Miete erhöht wurde, bezogen sie im Dezember 1920 kostenlos Quartier in den obersten zwei Stockwerken eines nahegelegenen braunen Sandsteingebäudes, das einem von Alfreds jüngeren Brüdern gehörte. Der Internist Dr. Leopold (»Lee«) Stieglitz wohnte im Haus Nummer 60 in der East 65th Street und hatte dort auch seine Praxis. Er war ein großer Bewunderer von Georgias Gemälden, und Stieglitz schenkte ihm im Lauf der Jahre drei oder vier ihrer Werke. Die neue Wohnung lag ganz in der Nähe der Park Avenue, die damals zu den besten Adressen zählte. Stieglitz nahm sich im Dachgeschoß ein großes Zimmer mit rotem Teppich, das zur Straße hin lag. Eine Hausangestellte wurde in einem rückwärtigen Zimmer untergebracht. Georgias Zimmer war einen Stock tiefer, wo auch Lees Schwiegermutter wohnte. Als Farbe für ihre Wände wählte Georgia ein neutrales Grau aus. Nach ihrer Ansicht war dies die beste Umgebung, um in Bildern zu denken. Die beiden hatten außerdem einen eigenen Telefonanschluß, und Stieglitz bekam noch einen Raum für seine Dunkelkammer.

Ihr Frühstück bereiteten sie sich in ihren Zimmern zu, die übrigen Mahlzeiten nahmen sie außerhalb ein, so daß beider Unabhängigkeit und Privatsphäre gewahrt blieb. Meist gingen sie zum Essen in Lokale wie zum Beispiel Joe's Spaghetti-Restaurant. In diesem preiswerten, aber ausgezeichneten Bistro Ecke Third Avenue und 58th Street verkehrten sie sogar recht häufig. Von den übrigen Gästen unterschieden sie sich deutlich durch ihre schwarzen Hüte und die ähnlich geschnittenen schwarzen Capes, die zu jener Zeit nur in Paris getragen wurden. »Sie waren ein ziemlich feierlich wirkendes Pärchen, das selten lachte und merkwürdig ruhig war – sie unterhielten sich nur sehr wenig«, so beschrieb Arthur Young die beiden. Young war damals noch ein junger Künstler, der ebenfalls regelmäßig in dem Lokal aß. »Es sah fast so aus, als wären sie nicht glücklich miteinander.« Die offenbar mangelnde Unbeschwertheit war jedoch eher auf Stieglitz' ernstes Wesen und Georgias ruhige Art zurückzuführen als auf einen echten Mißstand in ihrer Beziehung. In Stieglitz' Nähe gab es nie sehr viel Gelächter, und Georgias spitzbübische Veranlagung kam eher zum Vorschein, wenn sie mit Gleichgesinnten zusammen war.

Obwohl sie mit wenig Geld auskommen mußten, konnte sich Georgia während der ersten Winter an Stieglitz' Seite auf vielen Gebieten einschließlich der Kunst, der Musik und der Literatur vielfältig weiterbilden. Die beiden sahen sich jede Ausstellung der modernen Kunst an, besuchten Kammermusikabende und versuchten, keinen Auftritt des Dirigenten Arturo Toscanini zu versäumen. Viele Jahre später erklärte Georgia, erst Stieglitz habe ihr beigebracht, Musik richtig zu hören.

Auch weiterhin scharten sich die verschiedensten Leute

um Stieglitz, um an seinen Gedanken teilzuhaben. Einige der begabtesten Künstler und Schriftsteller in New York standen in Kontakt mit ihm – angefangen von dem Dichter William Carlos Williams bis zu dem Bildhauer Gaston Lachaise. Stieglitz hatte einige getreue Schüler und Anhänger, unter ihnen Herbert Seligmann, Waldo Frank und Paul Rosenfeld. Sie teilten alle die Begeisterung ihres Mentors über ihren gemeinsamen Amerikanismus. In der Wohnung seines Bruders dozierte Stieglitz weiterhin auf die ihm eigene fesselnde und leidenschaftliche Art. Dabei hatte er immer zwischen zwei und drei Dutzend Zuhörer. Auf sämtliche Stühle verteilt, lauschten sie gebannt seinen Worten. Wer keinen Platz mehr bekam, saß auf dem Boden. Die Besucher kamen und gingen, manche blieben mitunter bis in die frühen Morgenstunden.

Stieglitz schien ständig von einer Art nervösen Energie angetrieben zu sein und hatte ein lebhaftes Interesse an anderen Menschen und ihren Ideen. Ein Freund charakterisierte ihn einmal als einen »glühenden Vulkan, dessen Feuer selten nachläßt und der niemals verlöscht«. Stieglitz kam offenbar mit sechs Stück Zwieback und einer Tasse dünnem Kakao zum Frühstück aus und nahm bis zum Abendessen selten noch etwas anderes zu sich. Selbst die Wehwehchen, über die er sich häufig beklagte, konnten seinen Tatendrang nicht bremsen. In der ersten Zeit war Georgia wegen der vielen Briefe, die er schrieb, und wegen seiner zahlreichen Besucher eifersüchtig. Verständlicherweise erwartete sie etwas mehr Aufmerksamkeit von seiner Seite, so daß die ersten gemeinsamen Monate nicht ohne Probleme verliefen. Schließlich sah sie aber ein, daß sie der ruhende Pol für ihn war, auch wenn er sie in Anwesenheit Dritter kaum beachtete.

Da Stieglitz auf seine schlanke Frau mit ihrer angenehm tiefen Stimme stolz war, wollte er auch, daß sie mit all den Leuten zusammenkam, die sie sonst nicht kennengelernt hätte. Ihr scharfer Verstand und ihre Eingebung ließen sie rasch erkennen, welcher Besucher eine lohnende Bekanntschaft zu werden versprach, und häufig war einer dabei, an dem sie Interesse fand. Das unverbindliche Plaudern fiel ihr jedoch relativ schwer, und viele von den Leuten, denen sie vorgestellt wurde, gefielen ihr nicht oder machten sich nichts aus ihr.

Unter denen, die ihre Bekanntschaft machen wollten, nachdem sie Stieglitz' Photoausstellung im Jahr 1921 gesehen hatten, war auch die Chicagoer Kunstkritikerin Blanche Matthias. Sie war eine verheiratete Frau mit guter Beobachtungsgabe, schön, reich und von einer herzlichen Art. Als Stieglitz sie dann jedoch in die Wohnung mitbrachte, saß Georgia mit hochgezogenen Beinen in einem tiefen Sessel und begrüßte sie mit einem eisigen Blick. Vielleicht war sie sich nicht ganz sicher, in welchem Verhältnis sie zu Stieglitz stand. Dennoch versuchte Blanche, mit Georgia eine Freundschaft anzuknüpfen, und lud sie zum Lunch in ihr Zimmer in einem der oberen Stockwerke des Hotels »Ambassador« ein. Georgia kam auch, blieb aber sehr reserviert und sprach nur »zögernd« von sich selbst, bis sie schließlich voller Begeisterung über ein heftiges Schneegestöber vor dem Hotelzimmerfenster ihre Zurückhaltung aufgab, sich entspannte und allmählich freier zu erzählen begann. Die beiden Frauen, die im selben Jahr geboren waren, beide keine Kinder hatten und aus dem Mittleren Westen stammten, wurden Freundinnen fürs ganze Leben. Blanche kam jedes Jahr aus Chicago, um Georgias Ausstellungen zu sehen. Zu diesen Anlässen schenkte sie ihr gern Gardenien und unternahm lange Spaziergänge mit ihr im Central Park.

Auch nachdem Stieglitz im Jahr 1917 die Galerie »291« aufgegeben hatte, hielt er an seinem Traum fest, eine Gruppe gleichgesinnter Künstler zu gründen. Ihre Mitglieder sollten sich gegenseitig helfen, da es für einen amerikanischen Künstler schwer war, sich alleine über Wasser zu halten. Obwohl er nur ein geringes Einkommen hatte, kaufte er Gemälde und Photographien von jedem, dessen Werk trotz des geringen Kundeninteresses in jenen Jahren ein ehrliches Bemühen um die Kunst erkennen ließ. Manchmal half er einem treuen Freund, eine Auktion oder eine Ausstellung in einer der interessierten Galerien zu bekommen. »Er glaubte einfach an die Künstler und die Schriftsteller und die Klempner und an all das andere verrückte Volk«, schrieb Georgia im Jahr 1922. »Er scheint der einzige Mann in meinem Bekanntenkreis zu sein, der einen echten inneren Glauben an die Menschen hat.«
Stieglitz wollte, daß New York etwas von diesen Künstlern zu sehen bekam, in die er seit der Zeit im »291« großes Vertrauen setzte. Mitchell Kennerley, der ihm schon in den Jahren 1921, 1923 und 1924 großzügig Räume für Ausstellungen überlassen hatte, gab ihm im Frühjahr 1925 das ganze Obergeschoß der Anderson Galleries für eine große Gruppenausstellung. Sie trug den Titel »Seven Americans« (Sieben Amerikaner). Gezeigt wurden 159 wunderbar arrangierte Arbeiten: Photographien von Stieglitz und Paul Strand sowie Gemälde von John Marin, Arthur Dove, Charles Demuth, Marsden Hartley und als einziger Frau Georgia O'Keeffe. Die Bilder waren in ihrem Stil jeweils sehr unterschiedlich, doch standen alle Künstler deutlich

unter dem Einfluß der abstrakten Malerei und waren von der Natur inspiriert. Georgias Arbeiten fanden wegen ihrer überraschenden »Aggressivität« Beachtung.

Als die Ausstellung zu Ende war, wollte Stieglitz nicht, daß die Bilder wieder in ihren Lagerräumen verschwänden, wo niemand sie betrachten konnte. Deshalb fragte er Kennerley, ob er nicht einen Raum zu vermieten hätte. Stieglitz wollte »seinen« Künstlern die Möglichkeit verschaffen, regelmäßig und für längere Zeitspannen auszustellen, so daß sie die für die Fortsetzung ihrer Arbeit notwendige Anzahl von Bildern verkaufen konnten. Er wollte sie auch von den kommerziellen Galerien unabhängig machen, da diese auf den gewöhnlichen Publikumsgeschmack ausgerichtet waren und die Künstler dazu verleiteten, »annehmbare« Bilder zu malen. Kennerley war damit einverstanden. Er vermietete Stieglitz für etwa 2000 Dollar im Jahr einen kleinen, nach Nordwesten gelegenen Raum im obersten Stockwerk der Anderson Galleries. Im Dezember 1925 wurde die Intimate Gallery (Intime Galerie) schließlich eröffnet. Sie war im Raum 303 untergebracht und hieß bei den regelmäßigen Besuchern bald nur noch »the Room« (das Zimmer).

Obwohl der Verkehrslärm ständig durch die drei großen Fenster drang, wirkte die Galerie wie eine Mischung aus Heiligtum und OP-Saal. Abgesehen von einer kleinen Kristallkugel auf einem Tisch gab es keine Dekoration, und was auch immer an Mobiliar vorhanden war, diente dem alltäglichen Gebrauch. Georgia, die für die Einrichtung verantwortlich war, ließ den schwarzen Teppich und die dunklen Verzierungen aus Eichenholz unverändert. Die schwarzgemusterten Velourtapeten in dem hohen Raum verhängte sie dagegen mit weißem Käseleinen. Das elektri-

sche Licht, das von der Decke kam, gab den Wänden somit einen silbrig grauen Glanz.
In der Galerie wurden nur die Bilder eines kleinen Kreises von Künstlern gezeigt. Die dichte Atmosphäre des Raumes ähnelte indessen der des »291«. Ein Besucher erklärte einmal, eigentlich hätte man Eintritt bezahlen müssen, denn eine Stunde dort sei so unterhaltsam wie ein Abend im Theater. Georgia meinte, der Aufenthalt in diesem Raum gebe einem das Gefühl, »Teil einer langen und leidenschaftlichen Liebesgeschichte zu sein«. Manchmal, wenn ihre Bilder aufgehängt waren und sie mit einem fragenden Blick und einem kleinen Lächeln still in einer Ecke saß, den schwarzen Mantel um sich geschlagen und die gefalteten Hände im Schoß, dann kamen sich die Besucher im Vergleich zu ihr und ihren Gemälden recht gewöhnlich vor und hatten das Gefühl, irgendwie fehl am Platz zu sein.
Stieglitz herrschte an sechseinhalb Tagen pro Woche über seinen »Salon«. Er blieb von zehn Uhr morgens bis sechs Uhr abends und holte sich zur Mittagszeit mitunter nur ein Sandwich aus einem Drugstore, das er dann in der Abstellkammer verspeiste. Es machte ihm eine riesige Freude, jedes Jahr die neuen Arbeiten seiner Künstler zu sehen und die Reaktionen der Leute zu erleben.
Mit seinem flachen Hut, dem schwarzen Cape und dem Spazierstock sah Stieglitz aus wie ein Schäfer, der eine Herde von Künstlern betreut. Er nahm sie mit großem Engagement in Schutz und ging sogar so weit, daß er Bilder nur an Museen auslieh, die auch schon Arbeiten seiner Künstler gekauft hatten. Er nahm keine Kommission und war überzeugt, daß ihr Überleben als Künstler von seiner Bereitschaft abhing, die Märtyrerrolle zu spielen. Im Gegenzug verlangte er unbedingtes Vertrauen. »Er war der

Chef, oder er spielte nicht mit«, erinnerte sich Georgia später.

Die Intimate Gallery zeigte als erstes Arbeiten von John Marin, und so wurde es Tradition, daß jede Saison mit einer Marin-Ausstellung begann. Marin war ein zierlicher, rüstiger Mann aus den Nordstaaten. Seine kantige Nase, der lebendige Mund und das faltige Gesicht, das von einer Ponyfrisur aus langen, braunen Haaren eingerahmt war, gaben ihm das Aussehen eines Gnoms. Er kannte Stieglitz seit ihrer ersten Begegnung in Paris im Jahr 1909. Stieglitz und einige andere stuften Marins Aquarelle sogar noch höher ein als die Arbeiten von Georgia. Seine Bilder bestanden aus suggestiven Farbtupfern, die er mit starken, sicheren Pinselstrichen staccatoartig auf das Papier warf. Manche fühlten sich von ihnen an die Kubisten erinnert, andere an die Kalligraphie der Chinesen. Georgia soll einmal gesagt haben, es mache ihr nichts aus, wenn Marin ihr vorgezogen würde, schließlich sei er ein Mann. Ob diese Bemerkung nun tatsächlich gefallen ist oder nicht, Rivalitäten in der Gruppe waren jedenfalls tabu. Außenstehende stellten auch so gut wie keine Anzeichen eines Konkurrenzkampfes fest.

Marin und O'Keeffe malten im Laufe der Jahre oft dasselbe Motiv. Georgia schätzte seinen ausgefallenen, spitzbübischen Humor und achtete ihn wegen seiner absoluten Loyalität gegenüber Stieglitz. Es kam ihr jedoch auch bitter zu Bewußtsein, daß er so vollkommen in seiner Malerei aufging, daß er von den Arbeiten der anderen, einschließlich den ihrigen, kaum Notiz nahm.

Ganz besonders faszinierten Georgia die Gemälde von Arthur Dove. Schon als Kunststudentin hatte sie sich für seine frühen abstrakten Bilder interessiert. Ihm fühlte sie sich eng verwandt. Obwohl er im allgemeinen von natürlichen Formen ausging, waren seine Bilder auch von musikalischen Themen beeinflußt. Dazu gehörten sechs Collagen aus der Mitte der zwanziger Jahre, die sehr viel Ähnlichkeit mit dem hatten, was Stieglitz ihre »Farbenmusik« nannte. Georgia stellte im Lauf der Zeit fest, daß Doves Werke, abgesehen von ihren eigenen, die einzigen waren, die sie länger als einen Tag an ihren Wänden ertragen konnte.

Sehr zu ihrer Genugtuung handelte es sich um ein gegenseitiges Interesse. Als Dove ihre frühen Zeichnungen zu Gesicht bekam, sagte er zu Stieglitz: »Dieses Mädchen vollbringt mühelos das, was wir Modernen schon immer versuchen.« Dove lebte mit der Malerin Helen »Reds« Torr auf einem Boot, und das einzige Bild, das er in seiner Kajüte aufhängte, war ein kleiner O'Keeffe – ein abstraktes Gemälde in Grün, Weiß und Schwarz, das wie die Biopsie eines Pflanzenstengels aussah.

Der ruhige, um sieben Jahre ältere Dove und Georgia standen in einem herzlichen, wenn auch in gewisser Hinsicht etwas formellen Verhältnis zueinander. Georgia mochte nicht begreifen, daß er nur wenige seiner kleinen, subtil gemalten Bilder verkaufen konnte und daß er sein Leben lang keine größere Ausstellung in einem Museum hatte. Als ihre Gemälde die ersten Abnehmer fanden und beim interessierten Publikum Aufmerksamkeit erregten, wollte sie ihn auch in gewisser Weise Anteil daran haben lassen und kaufte einige Bilder von ihm. Aber auch während der zwanziger Jahre mußte Dove weiterhin von *Collier's* und anderen Zeitschriften Aufträge als Illustrator annehmen, um sich über Wasser zu halten. Georgia fand sich in ihrem Mißtrauen gegenüber der Urteilskraft des Publikums bestärkt und kam zu dem Schluß, daß das Glück und nicht die Leistung darüber entschied, ob ein Künstler auf Interesse stieß.

Besonders gern war Georgia mit Charles Demuth zusammen, der mit seiner Mutter im Haus der Familie in Lancaster im US-Bundesstaat Pennsylvania lebte und Georgia vom Alter her näher stand als die anderen. Demuth verfügte über einen scharfen Witz und hatte für Klatschgeschichten immer ein offenes Ohr. Er war ein gesundheitlich anfälliger Diabetiker, der bei seinen Besuchen in New York stets alles aß und trank, was ihm verboten war. Einmal brach er sogar in der Galerie zusammen. Obwohl er alles andere als gutaussehend war – er war klein, schielte, hatte abstehende Ohren und ein vorstehendes Kinn –, kleidete er sich gern so elegant wie ein Dandy.

Für seine Fabrikgemälde im Stil der Präzisionisten benutzte Demuth Öl. Mit Wasserfarben malte er aber auch zierliche Blumen und Früchte. Georgia und er scherzten gern darüber, daß sie einmal zusammen ein großes Blumenbild malen würden – sie wollte dann die großen Blüten in der oberen Hälfte übernehmen und er die kleinen weiter unten. Sie freute sich sehr, als er einen O'Keeffe in seinem Atelier aufhängte. Dabei erwarb sie im Lauf ihres Lebens auch mindestens ein Gemälde von ihm. Im Jahr 1924 widmete er ihr eines seiner Bilder, und als er elf Jahre später starb, hinterließ er ihr alle seine Ölgemälde.

Bevor Stieglitz Georgia kennenlernte, hatte er schon die Werke zahlreicher anderer Künstler in seiner Galerie »291« ausgestellt. Georgia war die letzte, die er in seinen kleinen Kreis von Künstlern aufnahm. Nach der Entdeckung durch Stieglitz im Jahr 1916 mußte sie aber erst noch einen ganz anderen Kampf bestehen. Aufgrund ihrer Intelligenz, ihrer Direktheit und ihres Sinns für Humor konnte sie sich als Mensch gegenüber den Männern gut behaupten. Auf dem Gebiet der Kunst war es allerdings etwas anderes. Sie hatte keine europäische Ausbildung vorzuweisen, sie war noch jung und die Geliebte von Stieglitz und mußte daher schwer kämpfen, um von ihnen als eine ernst zu nehmende, ebenbürtige Künstlerin anerkannt zu werden.

Sie spürte, daß die Männer sich in ihrer Anwesenheit gehemmt fühlten, wenngleich sie alle ähnlich modernistische Wege in der Kunst gingen. »Alle Künstler, die ich kannte, gaben mir ganz offen zu verstehen, daß ich als Frau nicht weit kommen würde – und daß ich das Malen auch genausogut aufgeben könnte«, erinnerte sich Georgia viele Jahre später. Als sie merkte, daß die anderen dies tatsächlich von ihr erwarteten, wurde ihre Entschlossenheit, sie zu widerlegen, stärker als je zuvor. Sie beschloß auch, es mit dem Aufspannen der Leinwand und dem Rahmen ihrer Bilder sehr genau zu nehmen. Nie vergaß sie, daß ein großer Teil der schweren, langweiligen Arbeit in der Galerie während der ersten Jahre ihr übertragen worden war, etwa die Bilder aus dem Magazin zu holen und sie wieder zurückzubringen. Da alle darin übereinstimmten, daß sie Ausstellungen hervorragend hängen konnte, war sie oft auch dafür noch zuständig.

Selbst Stieglitz konnte sie nicht immer vor der weitverbreiteten Überzeugung der Männer bewahren, daß das Dasein einer Frau mit künstlerischer Tätigkeit unvereinbar sei. Im Jahr ihres Umzugs an die Ostküste hatte ein Kunstmagazin geschrieben, Frauen seien am schöpferischsten, wenn sie ein Kind zur Welt brächten. Weiter hieß es in dem Artikel, es habe noch nie eine bedeutende Künstlerin gegeben, da eine Frau ohne Kinder unmöglich so tief empfinden oder die Welt so klar erkennen könne wie eine Mutter – und natürlich habe eine Künstlerin mit Kindern weder die Zeit noch die Konzentration, um etwas Großes auf der Leinwand hervorzubringen.

Stieglitz hatte diese Art von Pseudologik immer abgelehnt. Obwohl er glaubte, daß die weibliche Psyche anders funktioniert als die der Männer – seiner Ansicht nach empfand eine Frau zunächst mit dem Bauch und verarbeitete etwas erst dann mit dem Verstand –, war er doch davon überzeugt, daß die künstlerische Umsetzung im Prinzip die gleiche war. Wenn jemand Georgias hervorgehobene Stellung an Stieglitz' Seite gegen sie ins Feld führte, wies sie darauf hin, daß Stieglitz für sie zwei Ausstellungen organisiert hatte, bevor »er mich persönlich kannte«. Nach ihrer Hochzeit schließlich verbesserte sie jeden, der sie mit »Frau Stieglitz« anredete, und erklärte knapp: »Ich bin Georgia O'Keeffe.«

Obwohl sie im Lauf der Zeit als Künstlerin anerkannt wurde, stand sie doch immer außerhalb der intellektuellen Diskussionen. Samstag abends ging Stieglitz gewöhnlich mit einem halben Dutzend Freunden in den Far East Tea Garden, ein preiswertes chinesisches Restaurant, das im zweiten Stock eines Gebäudes am Columbus Circle mit Blick auf den Central Park lag. Während die Männer sich über die Marmorplatten der Tische hinweg unterhielten, saß Georgia schweigend und unbeteiligt dabei. In ihre eigenen Gedanken versunken, wunderte sie sich mitunter darüber, daß die anderen soviel reden konnten. Während ihrer Ausbildung war sie mit verschiedenen Geistesrichtungen in Kontakt gekommen, doch die meisten Diskussionen über solche Themen wie die Bedeutung der Kunst waren für ihre geradlinige Denkart zu esoterisch. »Ich hörte ihnen zu und dachte: ›Mein Gott, sind das Träumer!‹ Ich empfand viel prosaischer, aber ich wußte, ich konnte ebenso gut malen wie manche von denen, die da herumsaßen und redeten«, erinnerte sie sich später.

Da für sie die Rolle der Außenseiterin nicht ungewohnt war, konnte das Gerede ihr Selbstvertrauen nicht erschüttern. Sie schien oft gar nicht zuzuhören oder den Versuch zu machen, die Männer zu verstehen. Zu jener Zeit etwa wurden Freuds Theorien heftig diskutiert, sie erklärte jedoch selbst gegen Ende des Jahrzehnts noch, sie wisse nicht, was das »Ich« sei. Sie räumte auch ein, daß sie den Gesprächen über die »plastische« Qualität von Cézannes berühmtem Bergmotiv, einer zerklüfteten Felskuppe in Südfrankreich, nicht habe folgen können. Als sie schließlich 1953 Aix-en-Provence besuchte, war sie sprachlos. »All die Worte, mit denen sie diesen armen kleinen Berg überhäuft hatten – es schienen viel zu viele gewesen zu sein«, erklärte sie später. Sie verachtete auch die von den Männern benutzten Etikette und lehnte es ab, von ihnen festgelegt zu werden. »Ich bin keine Vertreterin des Expressionismus«, sagte sie einmal zu ihrer Freundin Blanche Matthias. »Ich weiß zwar nicht genau, was das heißen soll, aber allein der Klang stört mich schon. Ich hasse Ismen und jede Art von Kult. Ich will beim Malen nur meinen eigenen Gedanken und Gefühlen folgen.«

Sie hielt auch nicht viel von den Männer-Theorien über das, was es bedeute, Amerikaner zu sein, vor allem, da die meisten sich nur selten einmal westlich des Hudson aufgehalten hatten. »Man kann nicht allein dadurch Amerikaner sein, daß man behauptet, man sei Amerikaner«, erklärte sie gegenüber Blanche. »Man muß Amerika spüren,

Amerika mögen, ja Amerika lieben und dann arbeiten.« Sie hielt es für absurd, daß dieselben Amerikaner, die so redeten, immer wieder nach Europa flohen. »Ich schien der einzige Mensch zu sein, der nicht nach Paris wollte«, erinnerte sie sich.

Wenn sich Georgia an den Diskussionen beteiligt hätte, hätte sie mit ihrem logischen Verstand wahrscheinlich Stieglitz widersprochen, dessen Denken sich mehr in Kreisen vollzog und komplexer war. »Gewöhnlich fing er morgens mit einer Behauptung an, bis mittags vertrat er dann genau das Gegenteil und am Abend hatte er seine Meinung schon wieder geändert«, erzählte sie. »Er dachte eben laut.« Stieglitz konnte keinen Widerspruch ertragen. Wenn ihm jemand Kontra gab, wurde er in der Regel ausgesprochen heftig. Da Georgia ein friedliches Zusammenleben dem Streit stets vorzog, ließ sie sich selten auf Wortgefechte mit ihm ein und versuchte eher, ihn zum Lachen zu bringen. Doch obwohl Stieglitz als Intellektueller mit der weitaus größeren Bildung eine erhebliche Überzeugungskraft besaß, lernte sie nach und nach, an ihrer eigenen Meinung festzuhalten. »Er dachte natürlich schneller als ich«, sagte sie später einmal, »doch wenn ich wußte, daß ich recht hatte, konnte ich ihn oft weich kriegen.«

Aus ihrem Schweigen schlossen die Männer, daß Georgia ein intuitiver Mensch mit instinktiver schöpferischer Begabung sein mußte. Marsden Hartley schrieb 1936, sie könne eine ästhetische oder philosophische Theorie nicht von der anderen unterscheiden. Er kam der Wahrheit jedoch wesentlich näher, als er hinzufügte, sie sei mehr an dem interessiert, was sie über die Augen, als an dem, was sie über die Ohren aufnahm.

Wenn es auch seine Nachteile hatte, in einer von Männern

dominierten Umgebung zu leben, blieb Georgia nichts anderes übrig. Es gab zu jener Zeit einfach keine Gruppe von Künstlerinnen, an die sie sich hätte wenden können. Was die Politik betraf, so erhielten die Frauen in ganz Amerika 1920 mit der Verabschiedung des 19. Verfassungszusatzes das Wahlrecht. Die Veränderungen in ihrem Leben spielten sich jedoch mehr an der Oberfläche ab. Sie ließen sich Bubiköpfe schneiden, tauschten die Fischbein-Korsette gegen elastische Mieder und kürzten sich die Röcke bis auf Knielänge. Die Feministinnen hatten gehofft, daß mit dem Wahlrecht auch die Gleichberechtigung der Frau Einzug halten würde, doch nur wenige der feministischen Überzeugungen konnten sich im großen Rahmen durchsetzen. Im Gegenteil: Die Bewegung verlor an Stoßkraft, und viele kreative Frauen fielen in ihre Isolation zurück.
Georgia kannte kaum Künstlerinnen außer der reichen Florine Stettheimer und einigen wenigen anderen. Die meisten arbeiteten ohnehin in Europa. Florine war 16 Jahre älter als Georgia, und die beiden hatten so gut wie nichts gemeinsam. Sie war unverheiratet geblieben und gab vor, zur Boheme zu gehören. Sie trug weiße Hosen aus Seide und hatte etwas für betont weibliche Inneneinrichtung übrig: weiße Spitze, Blumen aus Kristallglas, Goldfransen und Cellophanvorhänge. Da sie zu ängstlich war, um ihre bunten, satirischen, pseudonaiven Bilder der Öffentlichkeit vorzuführen, enthüllte sie gewöhnlich ihr jeweils neuestes Werk vor einem kleinen Kreis aus Bewunderern. Gemeinsam mit ihren älteren Schwestern Ettie und Carrie gab sie gern Gesellschaften. Bei ihr verkehrten außer Stieglitz und O'Keeffe auch Leute wie Marcel Duchamps und Henry McBride. Ihre Schwester Ettie, die immer reichverzierte Kleider und viel Schmuck trug, war Schriftstellerin. Die

zweite, Carrie, hatte eine kostbare Puppenstube entworfen, zu der sogar eine Minigalerie mit Werken verschiedener Künstler gehörte.
Georgia lernte auch Dorothy Brett kennen, eine englische Malerin, die mit D. H. Lawrence nach Amerika gekommen war und gelegentlich New York besuchte. Als Künstlerin hatte sie nicht das Format von Georgia, und so konnte sie ihr wenig mehr bieten als ihre moralische Unterstützung.
Mit Blanche Matthias sprach Georgia oft darüber, daß die Frauen in der Kunst kaum Fortschritte machten, da sie nicht energisch genug vorgingen und meist nur in aller Stille ihre Erfahrungen ausdrückten. Über Blanche lernte sie eine Reihe junger Autorinnen aus dem Mittleren Westen kennen, die mitunter nach New York kamen: Zona Gale, Meridel LeSueur und Margery Latimer. Die im Jahr 1900 geborene Meridel LeSueur erklärte einmal, daß sie alle ohne Georgias Vorbild und ihren Zuspruch wahrscheinlich nicht zum Schreiben gekommen wären.
Es gab damals nur wenige Amerikaner und noch weniger Frauen, die sich der Kunst verschrieben hatten. Da für Georgia beides zutraf, kamen zu ihren Ausstellungen hauptsächlich Frauen – reiche Matronen, Mitglieder von Frauenclubs und Mädchen mit ernsten Mienen. Georgia leistete auch einen unmittelbaren Beitrag, um die politischen Ziele der Frauen zu unterstützen. Seit ihrer letzten Begegnung hatte ihre langjährige Freundin Anita Pollitzer eine offizielle Funktion in der Nationalen Frauenpartei übernommen. Als sie Georgia einmal bat, bei einem Abendessen im größeren Rahmen eine Rede zu halten, stimmte die Künstlerin der wenigen Worte zu. Ziel der Veranstaltung in Washington D.C. war es, mehr Frauen

als Kandidatinnen für politische Ämter zu gewinnen. Ende Februar 1926 sprach Georgia schließlich zusammen mit einigen anderen Frauen vor fast 500 Zuhörerinnen im Hotel »Mayflower«. Nach Anitas Darstellung erklärten einige Teilnehmerinnen später, Georgias Rede sei von allen die klarste gewesen. In ihrer bezeichnenden Art hatte Georgia sämtliche Nebenaspekte ausgelassen und war sofort zur Sache gekommen – daß die Frauen nämlich mehr Verantwortung für ihr eigenes Leben übernehmen sollten. Georgia war der Überzeugung, daß die Frauen sich ihren Lebensunterhalt selbst verdienen und ihre eigenen Fähigkeiten entwickeln sollten, anstatt sich von Männern abhängig machen zu lassen. Georgia hielt ihre Mitgliedschaft in der Frauenpartei auch während des Zweiten Weltkriegs aufrecht, als sie schon über 50 Jahre alt war. Erst mit ihrem Weggang von New York lockerten sich ihre Beziehungen zur Frauenbewegung.

Nach der Eröffnung der Intimate Gallery konnte Georgia aber auch die Vorteile genießen, die ihr die Zugehörigkeit zu einer Künstlergruppe einbrachte. Gegen Ende der zwanziger Jahre hatte sie jedes Jahr eine Einzelausstellung und war damit häufiger vertreten als irgendeiner ihrer männlichen Kollegen. Da sie wußte, daß ihre neuen Arbeiten regelmäßig ausgestellt und von den Kritikern besprochen wurden, erlebte sie in den zwei Jahren nach der Eröffnung der Galerie eine Phase großer Produktivität. Auch die Männer aus dem Kreis um Stieglitz schrieben über sie und wiederholten dabei häufig dessen Gedanken. Einer der ersten Artikel wurde im Jahr 1920 veröffentlicht, bereits zwei Jahre nachdem sie sich in New York niedergelassen hatte. Er stammte aus der Feder Marsden Hartleys und wurde im darauffolgenden Jahr in das Buch *Adventures in the*

Arts aufgenommen. Im Dezember 1921 erschien ein Beitrag des Musikkritikers Paul Rosenfeld in *The Dial*.

Da die Klatschmäuler sich darüber ausließen, ob Georgia so sexbesessen sei wie ihre Bilder, sagte der Sammler Albert Barnes aus Philadelphia einmal, an Stieglitz' Stelle würde er sich verpflichtet fühlen, ihre Ehre zu verteidigen. Stieglitz, der sie schon früher als heißblütig und doch keusch beschrieben hatte, blieb indessen bei seiner Überzeugung – daß nämlich Reinheit erst entstehe, wenn ein Gefühl ganz auf das Wesentliche reduziert würde. »Sie ist so vollkommen sauber geschliffen wie ein Kristall«, sagte Stieglitz gern. »So sind die reinen Künstler – ich glaube nicht, daß sie jemals bei einem Pinselstrich an das Publikum denken.« Aber ihm war auch klar, daß hinter dem Geflüster ein gewisses Interesse an ihrem Werk stand, und deshalb drängte er Georgia, derartige Kommentare zu überhören.

Viele der wortreichen Übertreibungen konzentrierten sich auf Georgias helle »emotionale« Farben. »Als ich in der Kunstszene auftauchte, waren die Männer nicht sehr begeistert«, erinnerte sich Georgia. »Es war nicht üblich, gelbe Bilder zu malen, und es war nicht üblich, rosa Bilder zu malen.« Im Jahr 1922 entschloß sie sich, dem Gerede der Männer – ihre Stärke seien die hellen Farben – ein Ende zu machen. Also malte sie ein Bild in dunklen Brauntönen. Kaum hatte Stieglitz es in der folgenden Ausstellung etwas auffälliger plaziert, erhielt es auch schon viel Lob und Zustimmung und war im Nu verkauft.

Im Katalogblatt für ihre Ausstellung 1923 schrieb Georgia, es sei ihr nicht vollkommen egal, was die Kritiker über sie schreiben würden. Nach der Ausstellung war sie dann unangenehm überrascht, als die Rezensenten ihre abstrak-

ten Bilder »fehlinterpretierten« und als erotische Darstellungen bezeichneten. Deshalb achtete sie darauf, daß die meisten Bilder in der Ausstellung von 1924 realistisch waren. Zu den gezeigten Werken gehörte denn auch eine größere Anzahl weißer und gelber Zimmerkallas.
Seit ihren ersten Zeichenstunden in Wisconsin waren Blumen im Werk Georgia O'Keeffes ein immer wiederkehrendes Motiv mit kraftvollen Untertönen. Sie war fest in der amerikanischen Scholle verwurzelt, und das Aufgehen einer Blüte löste bei ihr stärkere Gefühle aus als das Emporwachsen eines weiteren Wolkenkratzers über New York. Inmitten des Getöses und der Häßlichkeit der winterlichen Stadt fand sie Zuflucht in der bewegungslosen, stillen Schönheit einer Blume. »Wenn Sie eine Blume in die Hand nehmen und sie genau anschauen«, sagte sie einmal, während sie ihre Hand um eine Blüte legte und sie aus der Nähe betrachtete, »dann wird sie für diesen einen Augenblick zu Ihrer Welt. Diese Welt will ich an andere weitergeben. Die meisten Leute in der Stadt rennen so viel herum, daß sie gar keine Zeit haben, um eine Blume zu betrachten. Ich will aber, daß sie sie betrachten, ob sie wollen oder nicht.«
Sie erzählte gern die Geschichte, als sie eines Tages in einem Museum stehenblieb, um sich ihre Lieblingssammlung von Bildern anzusehen. Dabei fiel ihr auch ein kleines Stilleben mit einer Tasse, einer Untertasse und einem Löffel von Fantin-Latour auf, das neu dazugekommen war. Auf dem Ölgemälde ragte eine winzige Blume aus der Teetasse und schien eine Blüte von vollendeter Schönheit zu besitzen. Da Georgia daran interessiert war, von ihren »fehlinterpretierten« abstrakten Bildern wegzukommen und wieder gegenständliche Themen zu benutzen, spürte

sie plötzlich den Wunsch, eine Blume in der gleichen Art zu malen. Doch sie zögerte zunächst. »Wenn ich eine Blume genauso malen würde, wie ich sie sehe«, erklärte sie später, »würde niemand genau das sehen, was ich sehe, weil ich sie klein malen würde, so klein, wie sie ist.« Schließlich hatte sie die Idee, eine Blume so riesengroß darzustellen, daß die New Yorker *gezwungen* wären, davor stehenzubleiben und sie zu betrachten. Der Gedanke hätte ihr gefallen, sagte sie später, also hätte sie es versucht.

Georgia konnte sich sehr für die verschiedenen Farben der Blumen begeistern. Gern beobachtete sie zum Beispiel die feinsten Schattierungen einer Tulpenknospe während des Wachstums, bevor sie schließlich die Blüte malte. In Lake George pflanzte sie einmal ein ganzes Beet violetter Petunien an, um die Farbe Blau genauer studieren zu können. In den dreißiger Jahren versuchte sie mit folgenden Worten zu erklären, warum sie eine große weiße Blüte gemalt hatte:

»Die große Weiße Blume mit dem goldenen Herzen stellt etwas dar, was ich zum Thema Weiß zu sagen habe – Weiß hat hier eine ganz andere Bedeutung für mich als früher. Ob nun der Blüte oder der Farbe die zentrale Bedeutung zukommt, weiß ich nicht. Ich weiß aber, daß die Blüte groß gemalt ist, um die Erfahrung mitzuteilen, die ich mit der Blüte gemacht habe – und was ist meine Erfahrung anderes als Farbe?«

Im Jahr 1924 war Georgias erstes großes Blumengemälde fertig. Schließlich ließ sie Stieglitz in ihr Atelier, um ihm das Bild zu zeigen. Mit skeptischem Blick blieb er im Türrahmen stehen. »Also, Georgia«, brummte er, »ich weiß nicht, wie du mit so etwas durchkommen willst – du hast doch wohl nicht vor, es auszustellen, oder?« Obwohl Stieglitz oft als Befürworter von Experimenten auftrat, mußte Georgia ihn nach eigenem Bekunden gewöhnlich dazu überreden, eine neue Richtung mitzutragen. Stieglitz zweifelte in der Regel so lange, bis die ersten Kritiken erschienen, die Georgias neue Wege dann auch meistens befürworteten. Ein typischer Fall war die Ausstellung »Seven Americans« im Jahr 1925, bei der Georgia erstmals ihre überdimensionalen Blumenbilder zeigte. Der Kunstkritiker Edmund Wilson schrieb damals in der *New Republic*, sie habe sämtliche Männer in ihrer näheren Umgebung ausgestochen. Die monumentalen Blumen ließen die Menschen, die vor ihnen standen, wie Zwerge aussehen. Sie waren frontal gemalt und gestatteten ebenso tiefe Einblicke wie Stieglitz' Photographien von Georgia. Das Größenverhältnis zwischen Blume und Betrachter drückte auch die Ansicht der Künstlerin über die Bedeutung der Natur im Vergleich zum Menschen aus.

Im Lauf der Zeit schien Georgia eine Blume malen zu müssen, um sie überhaupt in ihrer Existenz wahrnehmen zu können. Ein anderer Kritiker schrieb, sie male eine Blume wie »einen Ohrschmuck für Gargantua«. Lilien, Narzissen, Gänseblümchen, Gartenwicken, Winden, Mohn, Iris, Vergißmeinnicht, Weihnachtsstern, Amaryllis, Flieder, Hibiskus, dreiblättriger Zeichenwurz, Kamelien, Zinnien, Nelken, Schlüsselblumen, Rittersporn, Orchideen, Sonnenblumen, Petunien und viele andere Blumen erwachten in Georgias Bildern zu neuem Leben. Oft stellte sie sie wie aufgespannte Schmetterlinge dar oder mit einem inneren Leuchten, wie in Stieglitz' Wolkenbildern.

Die Künstlerin, die schwarze Kleider bevorzugte, hatte auch eine Vorliebe für die ganz schwarz scheinenden Stiefmütterchen und Petunien, die in Wirklichkeit dunkelviolett waren. Außer diesen schätzte sie aber auch noch viele andere dunkle Blumen – so als seien es ihre Selbstportraits, was einige Betrachter ja auch behaupteten. Obwohl die seltene Schwarze Iris in den New Yorker Blumengeschäften nur während weniger Wochen im Frühling zu haben war und Georgia auch keine Knollen zum Selbstzüchten auftreiben konnte, malte sie sie immer wieder, Jahr für Jahr. Das 1926 entstandene Bild war eine elegante Darstellung der samtigen, zungenförmigen, grau-violetten Blütenblätter, die sich öffneten zu »einem Abgrund aus Schwärze, in den die Furchtsamen kaum zu blicken wagten«, wie Henry McBride scherzhaft bemerkte. Die innere Kraft des Bildes mit seinem machtvollen Zentrum schien jedoch Georgias eigener Veranlagung sehr ähnlich zu sein.

Georgia hatte ihre Blumen für die New Yorker erfolgreich in Szene gesetzt – und sich selbst ebenfalls. Ärgerlich war für sie allerdings der Grund ihres Erfolgs. Die Tatsache, daß sie eine Frau war, schien immer noch alles andere zu überdecken. Edmund Wilson schrieb, ihre starke Persönlichkeit lade die Blumen mit einer elektrischen Energie auf, die von derselben »ausgesprochen weiblichen Intensität« sei, mit der die Frauen sich auch der Auswahl ihrer Kleidung widmeten. Und obwohl Georgia sich größte Mühe gab, realistisch zu malen und den Freudschen Interpretationen die Grundlage zu entziehen, fühlten sich die Leute durch ihre zarten, sich bebend öffnenden Blütenblätter genauso an Genitalien erinnert wie früher durch ihre abstrakten Bilder. Die großen, angeschwollenen Staubgefäße und Blütenkronen deuteten für sie männliche Geschlechtsorgane an, während die dunklen Spalten, die zum Eindringen einluden, den Gedanken an die weibliche Scham nahelegten. Eine Frau, die ein großes Blumenbild von Georgia besaß, war schockiert, als sie eines Tages entdeckte, wie jemand mit Hilfe des Bildes ein Kind aufzuklären versuchte. Nachdem sie es eiligst in ihr Schlafzimmer befördert und dort wieder aufgehängt hatte, ließ eine Freundin die Bemerkung fallen: »Ach, ich bin ja so froh, daß du diese Vagina aus dem Wohnzimmer entfernt hast.«

Georgia stellte fest, daß die Blumenbilder von Männern wie zum Beispiel Hartley und Demuth nicht erotisch interpretiert wurden. Den Betrachtern warf sie erneut vor, daß alles, was sie an sexuellen Bildinhalten bei ihr entdeckten, nur in ihren Köpfen existiere. Georgia war der Meinung, daß nicht ihr Dasein als Frau ihren Stil bestimme, sondern wie bei allen anderen Künstlern die eigenständige Art, mit der sie die Dinge betrachte. Sie hatte auch das Gefühl, daß die psychologischen Interpretationen ihr Werk trivialisierten. Viele Leute hielten ihre »emotionalen« Farben und die »erotischen« Formen für die persönliche Aussage einer Frau und weniger für die universelle Aussage einer Künstlerin. Mitunter versuchte Georgia, solchen Ansichten gegenüber gleichgültig zu wirken. »Kluge Männer sagen, es sei keine Kunst!« meinte sie einmal zu Helen Appleton Read. »Aber was macht das schon, wenn sich in den Bildern Kinder und Liebe wiederfinden?«

Die Auseinandersetzungen führten dazu, daß ein großer Teil des Publikums Georgias Ausstellungen besuchte, um zu sehen, was »die Frauen« zu sagen hätten, und weniger, um Kunstwerke zu betrachten. Einige gingen aus demselben Grund hin, aus dem man sich Stieglitz' Reden anhörte: um sich geistig aufzuputschen. Im März 1926 berichtete der *New Yorker:* »Psychiater haben ihre Patienten hingeschickt, damit sie sich die O'Keeffe-Bilder ansehen.« Und weiter hieß es, die Leute »humpeln zum Schrein der Hl. Georgia und jagen davon auf den Schwingen der Libido«.

In der damaligen Zeit wirkten sich die Romane von D. H. Lawrence ebensosehr auf die Einstellung zum Sex aus wie Freuds Theorien. Über Mitchell Kennerley kam Stieglitz in den Besitz eines der ersten zensierten Exemplare der *Lady Chatterley*. Da Georgias Gemälde als Gegenstück zu Lawrence' Verherrlichung der sinnlichen Wahrheit bezeichnet worden waren, fragte Lawrence 1928 in einem aus der Schweiz kommenden Brief an Stieglitz, ob Georgia der Roman gefallen habe. Georgia antwortete umgehend und teilte Lawrence mit, sie habe das Buch gern gelesen. Stieglitz nannte es »großartig und barbarisch« und fügte hinzu, Georgia sei viel zu ehrlich, um von seiner Erotik schockiert oder peinlich berührt gewesen zu sein.
Bei denen, die die Betonung des Erotischen bei Lawrence schätzten, stießen auch O'Keeffes Arbeiten auf Hochachtung. In seinem Buch *The Brown Decades* schrieb Lewis Mumford 1931, Georgia sei »die Dichterin des Weiblichen in allen Phasen: der Suche nach dem Geliebten, dem Empfangen des Geliebten, der Sehnsucht nach dem Kind... dem plötzlichen Überschwang der Gefühle, ... der von der sexuellen Erfüllung in der Liebe herrührt: all dies sind Themen ihrer Bilder... sie hat eine eigene Sprache erfunden, und sie hat auf direkte und anständige Art die Erfahrungen dargestellt, für die die Sprache (der Worte) nur Obszönitäten bereithält.« In der Zeitschrift *Vogue* schrieb Helen Read 1928, O'Keeffe sei eine bedeutende Künstlerin. Ihre weibliche Perspektive habe selbstverständlich auch ihren persönlichen Stil beeinflußt, viel wichtiger seien jedoch die Einmaligkeit ihres künstlerischen Standpunkts und ihre meisterhafte Technik.
Die Männer räumten ihr den ersten Platz unter den Damen ein – als die bedeutendste Künstlerin Amerikas. Da-

gegen scheuten sie den Vergleich mit ihren männlichen Kollegen. Sie priesen sie in hochtrabenden Sätzen als den Inbegriff der emanzipierten Frau und hoben sie auf einen einsamen Sockel. Diese Sonderbehandlung mißfiel ihr sehr, da sie sich wie auf dem zweiten Platz vorkam. Seit ihrer Kindheit in Wisconsin und den damaligen Gleichheitsgrundsätzen war sie es gewohnt, unter gleichen Bedingungen gegen ihre männlichen Konkurrenten anzutreten – und zu gewinnen. »Die Männer tun mich gern ab als die beste Künstlerin unter den Frauen«, vermerkte sie wütend im Jahr 1943. »Ich glaube aber, ich bin einer der besten Künstler überhaupt.«

Wenn Henry McBride eine Ausstellung besucht hatte, wartete Stieglitz gewöhnlich mit einigen anderen in einem Restaurant, bis am nächsten Morgen die ersten Zeitungen mit der Rezension erschienen. Mochte Georgia eine Kritik ganz besonders, dann schrieb sie an McBride, dankte ihm und lud ihn zum Essen ein. Zwischen ihnen entstand eine Freundschaft, und von der Mitte der zwanziger Jahre an korrespondierten sie miteinander, bis McBride 1962 im Alter von 94 Jahren starb. Georgia war ihm besonders dankbar, als er ihre Arbeiten gegen die überzogenen Analysen verteidigte. So schrieb er einmal, daß »das Überladen (ihrer Gemälde) mit Anspielungen auf Freud nicht unbedingt notwendig sei«.

Georgia behauptete, nur selten Kritiken zu lesen, damit sie sich nicht erst wieder von ihnen »erholen« müßte. Dazu zählte auch ein Portrait von ihr, das 1929 im *New Yorker* erschien. Eine andere Taktik war, die Kritiken erst zu lesen, wenn alle anderen sie schon lange gesehen hatten, um so ihre Wirkung auf ein Minimum zu reduzieren. Glücklicherweise war ihr Selbstbewußtsein nicht von den eigenartigen Lobeshymnen der Kritiker abhängig. Ihr sicheres Gespür für Übertreibungen half ihr auch, die Superlative nüchtern zu betrachten. Aufgrund ihrer Ehrlichkeit sich selbst gegenüber erkannte sie außerdem, daß sie von sich ein ganz anderes Bild hatte als ihre Kritiker.

Gelegentlich verlor sie die Geduld mit den Leuten, die ständig auf ihren übertrieben großen Blumen herumhackten. Als sie einmal gefragt wurde, warum sie in einem Bild mit dem East River im Hintergrund eine Blume so groß gemalt habe, stellte sie dem Neugierigen die Gegenfrage: Warum er sich nicht wundere, daß der Fluß so klein sei – schließlich habe sie die Blume in ihrer natürlichen Größe wiedergegeben, den Fluß jedoch nicht. In einem Brief an den Kunstredakteur der *New York Times* machte sie 1941 eine ähnliche Bemerkung. Zu einem Bild mit einer Blume im Vordergrund und einem Berg im Hintergrund schrieb sie: »Solche Dinge ergeben nur innerhalb des Gemäldes einen Sinn. Anders erwarte ich es auch nicht von ihnen. Ich habe nichts dagegen, wenn Sie das Bild als fad bezeichnen – das hängt jeweils von der persönlichen Einstellung ab –, aber es ist keine vergrößerte Blume.«

Sie hatte gern eine Ausstellung ganz für sich allein, bevor sie damit an die Öffentlichkeit ging. Dann »habe ich bereits mit ihr abgeschlossen«, schrieb sie ganz offen in ihrem Buch, »so daß Lob und Tadel gleichermaßen verpuffen und ich mich relativ frei fühle«. Sie wußte, daß sie weitermalen und ihre Vorstellungen umsetzen mußte, ob ihre Zeitgenossen sie nun verstanden oder nicht.

Dennoch brachte das Gerede sie davon ab, so viele Riesenblumen zu malen, wie sie es sonst vielleicht getan hätte. Das gab sie in den vierziger Jahren selbst zu. Im Jahr 1954 traf die Kunstkritikerin Emily Genauer sie einmal mit Blumen in der Hand an und rief daraufhin: »Wie schön, Sie mit Blumen in der Hand zu sehen!« Da Georgia in bezug auf dieses Thema noch immer sehr empfindlich war, schnappte sie zurück: »Ich hasse Blumen – ich male sie nur, weil sie billiger sind als Modelle und sich nicht bewegen.«

Etwa zum Zeitpunkt ihrer Heirat verkaufte Stieglitz' Bruder Leopold sein braunes Sandsteinhaus, so daß Georgia und Alfred sich etwas Neues suchen mußten, nachdem sie von 1920 bis 1924 die Winter dort verbracht hatten. Zur gleichen Zeit bot Lee seinem älteren Bruder einen Betrag von 250 Dollar pro Vierteljahr an. Als Gegenleistung sollte Georgia ihm ein Bild von Lake George malen. Stieglitz hatte die meiste Zeit seines Lebens mitten in Manhattan gewohnt, also verwarfen sie die Idee, ins Künstlerviertel Greenwich Village zu ziehen. Eine Zeitlang lebten sie zunächst in einer kleinen Wohnung in East Side, East 58th Street 38. In jenen Wochen konnte Georgia beobachten, wie die Stahlkonstruktion des Shelton-Hotels Ecke Lexington Avenue/49th Street in den Himmel wuchs. Es war der erste Wolkenkratzer in unmittelbarer Nähe, der die riesige Grand Central Station ein paar Straßen weiter südlich wie ein Haus für Zwerge aussehen ließ.

Hin und wieder fragte sich Georgia, wie es wohl wäre, in solch einem Gebäude ganz oben zu wohnen. New York war schließlich bekannt dafür, die höchsten Bauten der Welt zu besitzen. Eines Tages hatte es sich Georgia in den Kopf gesetzt, in dem ultramodernen Shelton Zimmer zu mieten und hoch über dem nervtötenden Lärm der Stadt zu malen. Vielleicht hatte sie sich kurz zuvor von einem der sechs Aufzüge des Hotels einmal auf eine Aussichtsplattform bringen lassen.

Zimmer im Shelton gab es für Preise zwischen 70 und 250 Dollar im Monat. Obwohl die Zimmer billiger waren als in einem Hotel erster Klasse, befürchteten Georgia und Alfred, daß die Miete eine zu große finanzielle Belastung werden könnte. Nach Georgias Ausstellungen von 1923 und 1924 waren sie aber offenbar etwas zuversichtlicher und rechneten eher damit, ab und zu ein Bild verkaufen zu können.

Georgia wollte auch weiterhin keine eigene Küche haben. Sie kannte die Schriften der weit vorausschauenden Feministin und Sozialistin Charlotte Perkins Gilman, die vorgeschlagen hatte, Häuser mit Gemeinschaftseinrichtungen zum Kochen, Waschen und für die Kinderbetreuung zu bauen und den Frauen damit die stumpfsinnige Haushaltsarbeit abzunehmen. Mit Ausnahme der letzteren bot das Shelton alle diese Dienstleistungen an. Georgia hatte damals bereits mehr Verantwortung für den Haushalt in Lake George während der Sommermonate übernommen, so daß sie sich mit ziemlicher Wahrscheinlichkeit nicht auch noch im Winter ähnliche Pflichten aufbürden wollte.

Stieglitz hatte ebenfalls Interesse daran, einmal in einem Wolkenkratzer zu wohnen. Für ihn symbolisierten die hoch in den Himmel ragenden Türme Manhattans die urwüchsige Kraft Amerikas. Im Jahr 1925 bezogen Stieglitz und O'Keeffe schließlich mehrere Räume im obersten Stockwerk des Shelton und blieben hier bis zum Ende des Jahrzehnts. Georgia suchte sich eine zum Nordosten hin gelegene Ecksuite mit der Nummer 3003 aus. Der Norden versprach gutes Licht zum Malen, der Osten den Ausblick auf den East River. Die Suite lag dreißig Stockwerke oberhalb der nervösen Hektik in den Straßen und bestand aus

zwei kleinen Zimmern mit niedriger Decke und einem Bad.
Den anderen Gästen des Shelton fielen die beiden Künstler wegen ihres theatralischen Auftretens und ihrer bezwingenden Erscheinung auf. Wenn sie gemeinsam an den einfachen Holztischen der Cafeteria im 16. Stock frühstückten, tönte Stieglitz' volle, kräftige Stimme durch den ganzen Raum, so daß mitunter auch Fremde stehenblieben und zuhörten. Diejenigen, die Georgia mit einem Tablett in der Hand über den schwarzweißgefliesten Boden gehen sahen, sollten sich auch später noch an ihre Anmut und kerzengerade Haltung erinnern.
Nachdem sie den Gedanken an ein Kind aufgegeben hatte und sich ihrem 40. Geburtstag näherte, begann Georgia, jede Sekunde ihres Tages genau vorauszuplanen, um alles zu vermeiden, was für die Kunst nicht von Bedeutung war.
In der Ausgabe vom 12. Oktober 1927 in der Zeitschrift *Nation* beschrieb die Autorin Frances O'Brien einen Besuch bei Georgia:
»In einem Apartment im 28. (sic) Stockwerk des Shelton sitzt eine Frau und malt. Eine große, schlanke Frau in schwarzen Kleidern mit einer Schürze über dem Schoß. Neben sich hat sie eine Palette aus Glas, sehr groß, sehr sauber, und jede einzelne Farbe darauf ist von der nächsten weit entfernt. Sobald ein Farbton gemischt und auf die Leinwand aufgetragen ist, wird der Rest sorgfältig von der Palette abgewischt, die auf diese Weise immer einen Anschein von Jungfräulichkeit bewahrt.
Es ist spät am Nachmittag, und selbst so weit oben wird es allmählich dunkel im Zimmer. Die Künstlerin scheint das gar nicht zu bemerken. Sorgfältig, schnell und sicher malt sie weiter – und sie und die Leinwand und die Glaspalette

werden zu einer Welt, die mit nichts anderem mehr in Berührung steht.«

In ihrem sauber aufgeräumten Zimmer mit den in gebrochenem Weiß bezogenen Möbeln notierte sie jede Farbe, die sie in einem Bild benutzte, ganz genau auf verschiedenen Karten. Zu dem Glas- oder Emailtablett, das sie als Palette benutzte, gehörten mehrere Pinsel, die jeweils einer Farbe zugeordnet waren, damit sich kein Farbton mit dem anderen vermischen konnte. Nachdem die Kritiker sie wegen ihrer technischen Virtuosität in den höchsten Tönen gelobt hatten, setzte sie sich neue Ziele und widmete sich intensiv der Lösung verschiedener technischer Probleme. Manchmal malte sie ein Bild, das an allen vier Seiten aufgehängt werden konnte. Sie versuchte außerdem, einen Weg zu finden, um den Regen und den Schnee darzustellen, wie sie von ihrem Fenster aus nach unten fielen. Wenn das letzte Tageslicht endgültig vergangen war, machte sie sich auf den Weg nach unten, um eine Weile durch die Straßen zu spazieren.

Zum Malen brauchte sie eine möglichst einfach gestaltete Umgebung, damit ihre Gedanken klar und frei von Ballast blieben. Der Entstehungsprozeß eines Bildes beinhaltete für Georgia das ununterbrochene Eingrenzen eines starken Gefühls über irgend etwas, das Erforschen dieses Gefühls und schließlich den Versuch, es bei der Übertragung auf die Leinwand noch genauer zu erfassen. Jede Erfahrung konnte zum Ausgangspunkt für ein neues Bild werden, selbst wenn sie nicht in Zusammenhang mit der Natur stand. Im Sommer 1927 wurde Georgia wegen einer gutartigen Geschwulst in ihrer Brust im New Yorker Mt.-Sinai-Krankenhaus operiert. Auf dem Operationstisch versuchte sie, so lange wie möglich bei Bewußtsein zu bleiben, und malte danach das Bild *Black Abstraction* (Schwarze Abstraktion): die Erinnerung an ihren Arm und das Licht im OP in dem Augenblick, als sie unter der Anästhesie bewußtlos wurde.

Während sie sich Tag für Tag und Jahr für Jahr auf ihre Arbeit konzentrierte, fielen immer mehr Dinge weg, die nicht im Zentrum ihres Interesses standen. Da sie sich immer intensiver um das Herauskristallisieren der Augenblicke des reinen Gefühls bemühte, nahm auch ihre Persönlichkeit mehr von der »Weiße« an, die Stieglitz so an ihr bewunderte.

Seit Jahren schon nähte Georgia die meisten ihrer einfachen Kleider selbst und benutzte dazu die feinsten Stoffe. Oft griff sie zur Nadel, wenn sie nachdenken wollte. Sie machte sich nicht nur kostbare weiße Seidenblusen selbst, sondern auch weiße Nachthemden aus Baumwolle mit weißen Stickereien und Petticoats, die mit weißer Spitze gesäumt waren. Wenn es kalt wurde, trug sie einen schwarzen Wollmantel, dessen Kragen sich bis unter das Kinn zuknöpfen ließ, und dazu schwarze Handschuhe aus feinstem Leder. Eine Zeitlang kombinierte sie eine schwarze Pumphose mit einem zeltartigen schwarzen Kasack darüber. Auf die Frage nach ihrer monotonen Kleidung, die in Künstlerkreisen ungewöhnlich war, gab sie im Lauf der Jahre verschiedene Antworten, die alle ein Körnchen Wahrheit enthielten. Einmal erklärte sie, wenn sie auch noch die Farben für ihre Kleidung zusammenstellen müßte, bliebe ihr keine Zeit mehr, um die Farben für ihre Bilder auszusuchen. Ein anderes Mal sagte sie, aufgrund ihrer Sensibilität gegenüber Farben würde sie sich verpflichtet fühlen, ihr Verhalten etwa nach der pompösen Ausstrahlung eines roten Kleides zu richten, wenn sie eines anhätte. Sie behauptete aber auch, sie bleibe gern unauffällig und anonym. Das todernste Schwarz bedeutete ihrem Gesprächspartner außerdem, daß sie weder Verständnis für frivole Äußerungen noch Interesse an Flirts habe. Es muß ihr aber zudem noch etwas anderes aufgefallen sein: Wenn sie nämlich nur Kleider von einer Farbe hatte, paßten sie alle automatisch zusammen, und sie erreichte mit dem geringsten Aufwand an Zeit und Geld ein Höchstmaß an Eleganz.

Zum Nordwesten hin hatten Georgia und Alfred den Blick auf das steile grüne Giebeldach des Plaza-Hotels, die Baumwipfel im Central Park und die Klippen von New Jersey jenseits des Hudson River. Zum Osten hin konnten sie beobachten, wie sich stromaufwärts und stromabwärts die Lastkähne durch den East River wühlten, wie sich die Autos schrittweise über die Queensboro Bridge schoben und die Fabrikschornsteine auf dem gegenüberliegenden Ufer ihre dunklen Rußwolken in die Luft pusteten. In dieser Höhe verstellte auch nichts mehr die Sicht auf den weiten Himmel: Georgia konnte miterleben, wie der Regen von Westen her aufzog und kurze Zeit später die Stadt einhüllte und wie die untergehende Sonne die Wolken am Horizont in glühendes Rot tauchte.

Die drei nicht allzu großen Fenster boten Alfred und Georgia auch einen Rundblick auf ein Manhattan, das sich rasch veränderte: In rücksichtsloser, fieberhafter Eile wuchs der Stadtteil immer höher in den Himmel. Rund um das Shelton schossen immer neue Stahlgerippe für weitere Wolkenkratzer aus dem Boden. Einige endeten unterhalb ihrer Fenster, andere kletterten noch weiter hinauf. Eingebettet in das dumpfe Dröhnen der Großstadt waren die schrillen Baugeräusche: das kreischende Aneinanderreiben von Metall und das Hämmern der automatischen

Nietmaschinen, das wie Maschinengewehrsalven klang. Am Abend verwandelten dann Millionen von Lichtern den Blick in ein atemberaubendes Schauspiel für die Augen – eine erregende Vorausahnung auf das kommende Zeitalter der Raumfahrt.

Allein schon um diese herrliche Aussicht zu betonen, verzichtete Georgia auf Gardinen und wollte so wenig Möbel wie möglich in den kleinen Räumen haben. Ihre Bilder standen auf Staffeleien, die zur Wand gedreht wurden, wenn Besuch kam. Zur Einrichtung gehörten auch einige Sessel, die Stieglitz besonders mochte. Hin und wieder legte Georgia einige Korallen und Muscheln aus, gruppierte Kieselsteine auf einem Tisch, fügte eine Vase mit getrocknetem Gras hinzu oder stellte eine grüne Pflanze in einem weißen Übertopf auf. Die schlichte Ausstattung hatte auch einen praktischen Zweck. Abgesehen davon, daß wenig Zeit und Geld für Dekoration übrig war, brauchte Georgia eine neutrale Umgebung, in der sie sich ihre strahlenden Farbkompositionen ausdenken konnte.

Da sie jeden Winter im Geglitzer Manhattans verbrachte, kam Georgia auf die Idee, es einmal zu malen. Obwohl sie sich möglichst wenig in New York aufhielt, sprach sie immer davon, daß es genauso aussehe, wie eine Stadt aussehen müsse. Nach der Hochzeit mit Stieglitz war sie offenbar auch soweit, sich in ihren Kunstwerken mit »seiner« Welt auseinanderzusetzen, und tatsächlich schienen einige seiner Gedanken Aufnahme in ihre Arbeiten zu finden. »Ich weiß, daß es für einen Künstler etwas ungewöhnlich ist, hoch oben unter dem Dach eines großen Hotels mitten in einer lärmenden Stadt arbeiten zu wollen«, schrieb sie um 1925 an Blanche Matthias, »doch ich glaube, es ist genau das, was ein Künstler von heute als Anregung braucht.«

Zunächst wandten sich Stieglitz und die anderen Männer gegen die Absicht des Farmermädchens aus Wisconsin, ein so künstliches Gebilde wie die Stadt zu malen. Diese sei ihr doch vom Wesen her vollkommen fremd, erklärten sie. Stieglitz wies darauf hin, daß selbst die Männer Schwierigkeiten mit diesem Thema hätten. Weibliche Domäne, so hielten sie ihr entgegen, sei die Natur und nicht die Architektur, die schließlich strukturelles Denken erfordere. Georgia war indessen keineswegs bereit, sich ihre Themen vorschreiben zu lassen. Da sie außerdem gewohnt war, nur das zu hören, was sie hören wollte, machte sie sich an die Arbeit. Wenn von nun an Besucher in die Shelton-Suite kamen, erblickten sie häufig auf der einen Staffelei ein Blumenbild und auf der anderen einen Wolkenkratzer – es war das Nebeneinander von Georgias innerer und äußerer Welt.

Viele ihrer Manhattan-Bilder vermittelten dem Betrachter ein Gefühl von Platzangst und einen bedrückenden Mangel an Luft zum Atmen. Turmhohe Gebäude zerrissen mondbeschienene Wolken, die Sonne kämpfte sich mühsam durch dichte Rauchschwaden, und scharfkantige Wolkenkratzer verdunkelten den Himmel. Das 1926 entstandene Bild *City Night* (Stadt bei Nacht) zeigte einen kleinen, weißen Mond, der zwischen riesigen, hoch aufragenden, bedrohlich schwarzen Mauern erdrückt zu werden scheint. Georgias Ölgemälde von New York zeigten zumeist Nachtszenen, in denen die menschenleere Stadt vom bösartig rötlichen Glimmen der Millionen bunter Lichter erleuchtet wird. Wie aufregend auch immer sie die bildlichen Eindrücke von New York empfunden haben mag, die roten Schleier in ihren Bildern verwiesen darauf, daß das Stadtleben für sie eher unangenehm war. »Man kann New

York nicht so malen, wie es ist«, erklärte sie gegenüber Blanche Matthias, »sondern eher so, wie man es empfindet.«
Kurz vor der »Seven-Americans«-Ausstellung von 1925 glaubte Georgia einen idealen Platz in der Galerie gefunden zu haben, um ihr erstes Bild von New York der Öffentlichkeit vorzustellen. Stieglitz erlaubte ihr jedoch nicht, es aufzuhängen, und sie wurde wütend. Anläßlich ihrer Einzelausstellung ein Jahr später bestand sie darauf, daß das Bild zwischen zwei Fenstern aufgehängt würde. Noch am Tag der Eröffnung wurde es gleich als erstes Bild verkauft und erzielte immerhin den beachtlichen Preis von 1200 Dollar. »Von da an *ließen* sie mich New York malen«, erinnerte sich Georgia mit leicht sarkastischem Unterton. Den krönenden Abschluß ihrer Revanche bildete ein Artikel Henry McBrides, der einige Jahre später über eine Stadtansicht von Georgia schrieb, es sei »eines der besten Wolkenkratzerbilder, die ich jemals irgendwo gesehen habe«. Ihr Interesse an der Stadt als Motiv hielt jedoch nur für die relativ kurze Dauer von fünf Jahren an, und zwar von 1925 bis 1929. Aus dieser Zeit sind auch nur etwa zwanzig Darstellungen von Wolkenkratzern bekannt.

Stieglitz hatte schon wiederholt erklärt, daß ein Gemälde oft aus einem Augenblickserlebnis zwischen ihm und Georgia entstehe und daß ihre Bilder wie Kinder aus beider Fleisch und Blut seien. Wenn ein Bild fertig war, übergab Georgia es an seinen Vormund, Stieglitz, damit dieser Adoptiveltern finden konnte, die es zu schätzen wußten und die es hegten und pflegten. Ein Sammler, der einen O'Keeffe erwerben wollte, mußte also zunächst den hohen persönlichen Ansprüchen von Stieglitz genügen. Konnte

ein Kunde keinen einleuchtenden Grund für seine Kaufabsicht nennen, ließ Stieglitz ihn gnadenlos abblitzen. Als eine Dame der gehobenen Gesellschaft einmal ein Stiefmütterchenbild kaufen wollte, aber nicht die passende Erklärung parat hatte, schrieb Stieglitz unverzüglich an einen anderen Sammler und bat ihn, das Stiefmütterchen vor den gefühllosen Klauen der Dame zu retten. Dabei bot er sogar noch ein kleineres Bild als Zugabe an, nur um den Kauf möglichst rasch perfekt zu machen.
Einer der Sammler, die Stieglitz' Ansprüchen genügten, war Duncan Phillips, ein Millionär aus Washington D. C. Phillips besaß eine Galerie, die sich ebenfalls der modernen Kunst widmete. Er war ein zierlicher Mann mit klaren, blaugrauen Augen, der einem gepflegten Gespräch nie abgeneigt war. Er besuchte die meisten Ausstellungen der Intimate Gallery und hatte bis zum Jahr 1926 insgesamt drei Bilder von Georgia erworben. In jenem Jahr zeigte er in einer Ausstellung neben den drei Bildern von Georgia auch Werke ihres ehemaligen Kommilitonen von der Art Students League, Eugene Speicher. Nachdem dieser sie einmal damit aufgezogen hatte, daß sie als Lehrerin enden werde, während aus ihm ein berühmter Künstler würde, muß es für sie eine besondere Genugtuung gewesen sein, als ihre Bilder Seite an Seite mit seinen in einer so bedeutenden Kunstsammlung hingen.
Stieglitz' ungewöhnliche Verkaufsmethoden ließen unterdessen viele Kunstmäzene an ihrem Verstand zweifeln. Stieglitz setzte für die zeitgenössischen amerikanischen Künstler dieselben Preise an wie für die europäischen und verteidigte sich mit dem Hinweis, hohe Preise seien die einzige Möglichkeit, den materialistischen Amerikanern Respekt vor der Kunst beizubringen. Es machte ihm sogar be-

sondere Freude, reichen Amerikanern ein paar Dollars für ihre malenden Landsleute aus der Tasche zu ziehen. Obwohl Stieglitz keine Kommission nahm, wanderte in der Regel ein Fünftel der Verkaufssumme in den Mietfonds für die Galerie. Die Preise legte er spontan fest und fragte oft noch den Kunden nach seinen Vorstellungen. Auch räumte er gelegentlich mehrjährige Ratenzahlungen ein. Einmal überredete er eine reiche Witwe, einen Betrag zu zahlen, für den sie sich einen neuen Rolls Royce hätte kaufen können.

Einige vermuten, daß Stieglitz die Preise auch deswegen so hoch ansetzte, damit die Sammler nicht zu viele O'Keeffes mitnehmen konnten. Gegen Ende der zwanziger Jahre hatte Georgia etwa 300 Gemälde fertiggestellt, aber nur ein Drittel davon an Interessenten »verloren«. Weder Georgia noch Stieglitz trennten sich gern von einem Bild. Meist gaben dann aber doch die finanziellen Bedürfnisse den Ausschlag, so daß immer mal wieder ein oder zwei »Kinder« in die Welt hinausgeschickt wurden.

Während sich die Goldenen Zwanziger ihrem Ende näherten, herrschte überall Optimismus – selbst auf dem Gebiet der Kunst. In Georgias regelmäßiger Ausstellung wurden mitten im Winter des Jahres 1927 auch 36 neue O'Keeffes gezeigt. In den ersten paar Tagen waren bereits ein halbes Dutzend verkauft und hatten Preise bis zu 6000 Dollar erzielt. Der Gesamterlös betrug 17000 Dollar, so daß sich Stieglitz entschloß, die Ausstellung bis Ende Februar zu verlängern.

Als im darauffolgenden Jahr ihre Ausstellung wieder kurz nach Weihnachten eröffnet wurde, brachte zum ersten Mal das Magazin *Time* einen ausführlichen Bericht. Die Folge war ein enormer Verkaufserfolg, der sogar noch die Zahlen

Eine Aufnahme
von Stieglitz aus der Zeit
um 1918

Georgia O'Keeffe
in Lake George
(um 1918)

Georgia posiert für Stieglitz
vor ihrem Ford (1929)

Alfred Stieglitz
in Lake George
(1929)

Georgia O'Keeffe und
Elizabeth Davidson
als Dachdecker
in Lake George

O'Keeffe und Frankie Prosser
auf der Terrasse in Lake George
(um 1930)

des Vorjahres übertraf. Ein in Frankreich lebender Amerikaner, der anonym bleiben wollte, machte ein überwältigendes Angebot: Für die sechs kleinen Zimmerkalla-Bilder, die Georgia 1923 gemalt hatte, wollte er 25 000 Dollar überweisen. Das entsprach einem heutigen Wert von etwa 200 000 Dollar. Der Sammler hatte nach dem Preis der Bilder gefragt, und Stieglitz nannte schließlich, schon leicht erbost, eine unerhörte Summe, nur um das Thema wechseln zu können. Zu seiner größten Überraschung akzeptierte der Kunde den Preis, ohne mit der Wimper zu zucken. Nachdem er sich von seinem ersten Schreck erholt hatte, überzeugte sich Stieglitz noch, daß der Geschäftsmann außer dem finanziellen auch den ideellen Wert der Bilder zu schätzen wußte, und nahm ihm obendrein das Versprechen ab, sie nicht wieder zu verkaufen. Dann gestattete er ihm, seine große »Geste« zu machen, wie Stieglitz es nannte, und die Lilien nach Frankreich mitzunehmen.
Der transatlantische Coup versetzte Stieglitz in Hochstimmung. Wie es seine Art war, erzählte er jedem davon und erwähnte das Ereignis auch in einem Brief an McBride. Seit vielen Jahren waren die amerikanischen Millionäre nun schon nach Frankreich gefahren, um dort die Werke der großen europäischen Meister zu kaufen, und die amerikanischen Künstler hatten in Scharen in Paris Kunst studiert. Nach Stieglitz' Auffassung war der Einfluß Frankreichs sogar so groß gewesen, daß die Kunst in Amerika darunter gelitten hatte. Nun konnte Stieglitz zum ersten Mal sagen, Frankreich komme der Kunst wegen nach Amerika. Gemälde einer jungen Amerikanerin, die noch nie in Europa gewesen war, hatten zu einem beachtlichen Preis ihren Weg in einen französischen Salon gefunden. Am wichtigsten war jedoch etwas ganz anderes: Stieglitz

durfte zum ersten Mal das Gefühl haben, daß sich sein Einsatz für Amerika und dessen erste Generation moderner Künstler gelohnt hatte.

Am 16. April 1928 ging die *New York Times* in einer kurzen Notiz auf den Kauf ein. Kurz danach griff auch die Boulevardpresse die Geschichte auf. Sie verkündete, der Verkaufspreis sei die höchste Summe, die jemals für eine so kleine Gruppe von Bildern eines lebenden amerikanischen Künstlers gezahlt worden sei. Plötzlich schrieben die Zeitungen von Georgia als dem großen, überraschenden Erfolgsstar des Landes. Daraufhin gab sie schließlich doch einigen Reportern Interviews.

Vor ihrem Besuch bei Georgia hatte sich beispielsweise Lillian Sabine vom *Brooklyn Eagle* eine Künstlerin vorgestellt, die vor Freude über den unerwarteten Reichtum außer sich sein mußte. Zu ihrer großen Überraschung, so schrieb sie später, war Georgia aber noch nicht einmal besonders freundlich und lächelte kaum während des gesamten Gesprächs. Georgia erzählte ihr vor allem von den langen Jahren mühseliger Arbeit, die dem Verkauf der Kallas vorausgegangen waren und von denen niemand Notiz genommen hatte. »Der Erfolg kommt nicht daher, daß man eben mal ein Bild malt«, erklärte sie der Reporterin. »Er muß vielmehr, allen Schwierigkeiten zum Trotz, Schritt für Schritt aufgebaut werden.« Zu einem anderen Interviewer sagte sie, der Erfolg habe sich eingestellt, weil sie ihn gerade *nicht* gesucht habe, sondern weil sie die Freiheit hatte, den Geschmack der Kunsthändler zu ignorieren und genauso zu malen, wie sie es wollte.

Eine New Yorker Zeitung, der *Evening Graphic*, brachte in ihrer Magazin-Beilage eine stark vergrößerte Photographie von Georgia und darunter die Schlagzeile: SIE

MALTE DIE LILIE UND ERHIELT DAFÜR 25000 DOLLAR UND DEN RUHM! Der Artikel begann mit dem Satz: »Nicht eine Zigaretten rauchende Künstlerin aus der Boheme mit Bubikopf, aufgelegtem Rouge und einem orangeroten Kittel ist die Kunstsensation des Jahres 1928, sondern eine sittsame ehemalige Lehrerin vom Land, die ihre Haare in einem Knoten zusammenbindet!« Auch wenn es das erste Mal war, daß die Zeitungen ihr jenseits der Feuilletonseiten größere Aufmerksamkeit widmeten, Georgia fand es einfach abstoßend.
Von dem Rummel noch ganz benommen, floh Georgia im April an die kalte, regnerische Küste von Maine und kehrte erst im Mai nach New York zurück. Kaum angekommen, packte sie erneut ihre Koffer und fuhr mit Stieglitz nach Lake George. Während sie dem Trubel lieber entfloh, war Stieglitz ganz in seinem Element. Vor ihrer Abreise hatte er im Mai nach einer großen Ankündigung in den Zeitungen noch einmal die Lilien für ein paar Tage ausgestellt, bevor sie endgültig das Land verließen. Als die beiden in Lake George ankamen, fühlte sich Georgia noch immer wie betäubt. Ausnahmsweise einmal hatte sie Schwierigkeiten, den Haushalt in Gang zu bringen, und sie spürte auch nicht die mindeste Lust zum Malen.

IN LAKE GEORGE

Seitdem Georgia und Alfred zusammenlebten, verließen sie New York in jedem Frühjahr und fuhren nach Lake George. Gewöhnlich nahmen sie den Zug, manchmal aber auch den Nachtdampfer, der sie den Hudson River stromaufwärts bis Albany brachte. Dort stiegen sie dann am nächsten Morgen in den Zug nach Lake George um. Der Ort lag an der Südspitze des von Bergen umringten Sees, den Georgia einmal den schönsten See der Adirondack Mountains genannt hatte.

Seit 1920 konnte Stieglitz' Mutter infolge eines Herzinfarkts nicht mehr im Haus arbeiten, und so wurde »Oaklawn«, der weitläufige Familiensitz, verkauft. Stieglitz' Mutter starb zwei Jahre später, im Herbst 1922. Auf einem steilen Hügel oberhalb von »Oaklawn« gehörte der Familie noch ein verfallenes Gebäude, das der vorhergehende Besitzer für seine Schweine benutzt hatte. Die Stieglitzens hatten es ihm jedoch eines Tages abgekauft, um den sommerlichen Fallwinden ihren intensiven Duft zu nehmen. Jahrelang hatte es als Ausweichquartier für Gäste gedient, und auch Georgia und Alfred hatten sich manchmal dorthin zurückgezogen, wenn sie allein sein wollten. Nachdem »Oaklawn« verkauft war, spendete jeder aus der Familie einen bestimmten Betrag, um das Haus renovieren und zu einem gemütlichen Landsitz ausbauen zu können. Alfreds jüngere Schwester Agnes und ihr von allen geschätzter

Mann, George Engelhard, nahmen die Renovierung in die Hand. George war auch immer derjenige gewesen, der sich um den Garten und das dazugehörige Land gekümmert hatte.

Bald erstrahlte das Haus wieder in frischer weißer Farbe. In seiner unmittelbaren Nähe stand ein großer Fahnenmast, und es war außerdem von einer verwitterten Scheune und mehreren Schuppen umgeben. Von der Veranda aus hatte man einen herrlichen Blick auf den See und die zahlreichen Inseln sowie die bewaldeten Hügel auf der anderen Seite, über denen morgens die Sonne aufging. Eine Wiese mit hohem Gras zog sich den Hang hinunter bis zum See, wo sie vor einer Reihe von Bäumen endete.

Wenn Stieglitz und O'Keeffe im Frühjahr in Lake George ankamen, waren sie meist vollkommen erschöpft von dem hektischen Winter in Manhattan und erholten sich nur langsam von den Strapazen. Natürlich war Georgia auf dem Land wieder in ihrem Element, und es machte ihr eine Riesenfreude, wenn sie in den Bächen der Umgebung nach Kresse suchen und wilde Erdbeeren sammeln konnte. Da die beiden immer mehrere Wochen vor den anderen eintrafen, half Georgia der Köchin und einer zweiten Angestellten, das Haus zu Beginn der Sommersaison wieder in Schuß zu bringen. Sie putzte den Ölofen und die Böden, malte die Möbel neu an, ließ das Ruderboot zu Wasser und baute zumindest in den ersten Jahren Mais und Gemüse an. Stieglitz war immer wieder überrascht, daß sie sich der Hausarbeit mit ebensoviel Eifer und Gründlichkeit widmete wie der Malerei. In Wirklichkeit war sie so froh, wieder auf dem Land zu sein, daß sie sogar die Hausarbeit als willkommene Abwechslung empfand. »Ich muß sagen, nach dem Alptraum von New York bin ich immer sehr gern hier«, schrieb sie an Sherwood Anderson. »Vor mir liegen die wenigen Tage des Jahres, an denen ich ganz allein bin und wirklich frei atmen kann…«

Im Juni regten sich dann wieder die Abertausende von weißen Gänseblümchen auf den üppigen Weiden in der Nachbarschaft. Nach und nach trafen auch die Verwandten und Freunde ein, in deren Gesellschaft Stieglitz regelrecht aufblühte. Man tat sich in kleinen Gruppen zusammen, beispielsweise um den Prospect Mountain zu besteigen, der zu einer niedrigeren Bergkette hinter der Farm gehörte. Der vierstündige Fußmarsch war für Georgia ein fast tägliches Vergnügen. Manchmal nahmen sich die Gäste auch ein besonders schönes Fleckchen in den Bergen zum Ziel: einen großen Hain, in dem lauter Birken wuchsen. Manche ruderten mit dem Boot hinaus zu dem winzigen Tea-Island, das einige hundert Meter vom Ufer entfernt lag. Andere dösten in der Hängematte auf der Veranda oder saßen in Schaukelstühlen und unterhielten sich. Hin und wieder fuhr man zum Pferderennen in das nahegelegene Saratoga.

Wenn es wärmer wurde, entledigte sich Georgia ihrer dikken Wollsocken und des Pullovers. Bei großer Hitze schlupfte sie dann in einen schwarzen Badeanzug, lief hinunter zu einer kleinen sandigen Landzunge, die der Bach dort kurz vor der Mündung in den See gebildet hatte, und schwamm los.

Stieglitz photographierte jetzt viel im Sommer und benutzte immer wieder Gäste als Modelle. Georgia war in seinen Augen als einzige umsichtig genug, um ihr ab und zu seine Ausrüstung anzuvertrauen. Wenn Stieglitz mit den Aufnahmen fertig war, retuschierte sie die Staubflecken auf den Negativen, und anschließend begann Stieglitz in einem verdunkelten Schuppen mit dem Abziehen.

Im Jahr 1920 wurde ein verfallener alter Holzschuppen für Georgia hergerichtet. Er lag auf einem steilen Hügel in einem Feld, fünf Minuten vom Haupthaus entfernt. Gern setzte sich Georgia zum Malen auf den terrassenartigen Vorbau an der Nordseite des Schuppens. Zu den wenigen, die Georgia in ihr Reich einlud, gehörte die junge Dorothy Schubart. Sie war mit dem Neffen von Alfred verheiratet und malte ebenfalls. Eines Tages, als die beiden gerade an einem Stilleben mit grünen Äpfeln arbeiteten, merkten sie plötzlich, daß es höchste Zeit zum Mittagessen war. In aller Eile verließen sie das Holzhaus und liefen den Hang hinunter. Als sie zurückkamen, fanden sie eine Kuh in ihrem Schuppen. Sie hatte die Äpfel gefuttert und Georgias weiße Porzellanpalette zerbrochen. Auf frischer Tat ertappt, stand das Tier da und muhte jämmerlich. Trotz der zertrümmerten Palette mußten die beiden Frauen herzlich lachen. Dann scheuchten sie die Kuh nach draußen.

Georgia verbrachte gern ganze Sommertage mit Dösen, Spazierengehen, Lesen oder Malen. Jedes Jahr wartete Stieglitz gespannt auf die ersten Zeichen, daß sie sich genügend ausgeruht hatte und wieder bereit war, den Pinsel in die Hand zu nehmen. Dann machte sie sich meist allein auf den Weg in ihr Holzhäuschen. Bei kaltem Wetter setzte sie sich in einen kleinen Schlafraum unter dem Dach, oder sie stellte einen Tisch, einen Stuhl und einen Sonnenschirm auf, um im Freien zu malen. Manchmal band sie sich ein Holztablett um, auf dem sie ihre Farben und Pinsel unterbringen konnte. Zum »Aufwärmen« begann sie oft vorsichtig mit kleinen Formaten und malte geduldig ein und denselben Gegenstand immer wieder: eine winzige Blume, ein Blatt oder eine Muschel.

Nach dem ersten Montag im September, dem amerikanischen Tag der Arbeit, waren die meisten Gäste wieder abgereist. Die trägen Sommertage gingen zu Ende, und in der Luft lag eine sanfte Dringlichkeit. Die Herbsttage in Lake George ließen schon den strengen Winter des Nordens ahnen. Jeden Tag wurde es ein paar Minuten früher dunkel, aber dafür verbreitete die Sonne jetzt ein hartes, klares Licht. Der Himmel war oft von schweren, grauen Wolken verdunkelt, die in rascher Folge über die Berge jagten, und nachts rüttelte der Wind am Haus.

Das stürmische Herbstwetter des Nordens löste bei Georgia die gleiche freudige Erregung aus wie früher das rauhe texanische Klima. Sie spürte, daß der Herbst für sie die Zeit zum Malen war. Allein mit Stieglitz, fühlte sie sich jetzt ausgeruht. Außerdem waren noch viele Gefühle und Eindrücke von den Unternehmungen im Sommer in ihr lebendig. Einmal, eines Nachts im Oktober 1919, erleuchtete das Polarlicht eine Stunde lang den Himmel. Dieses Erlebnis genügte – und sie malte in einer Marathonsitzung mehrere Bilder schnell hintereinander. An solchen Tagen arbeitete die ehemalige Schülerin von William Merritt Chase, die gelernt hatte, ein Bild pro Tag zu malen, sehr schnell. Manchmal brauchte sie für ein Gemälde nur einen halben Tag. Viele ihrer schönsten Bilder von Lake George entstanden zu dieser Jahreszeit in den Farben des Herbstes. Im Herbst 1921 kehrte sie beispielsweise mit einer reichen »Ernte« von 25 Ölbildern nach New York zurück.

Wenn das Licht am späten Nachmittag nachließ, zündete sie die Lampen an, nähte etwas oder bereitete ihre Leinwände für den nächsten Tag vor. Während Georgia malte, photographierte Stieglitz oder machte Abzüge. Manchmal setzte er sich auch an seinen großen Schreibtisch im Wohnzimmer und schrieb lange Briefe. Meist unterbrach er seine

Arbeit, um nach dem Ofen zu sehen oder um ihre Post in dem anderthalb Kilometer entfernten Dorf abzuholen. Er wollte nicht, daß Georgia mit dem Malen aufhörte, solange »sie noch Bilder in sich hatte«, wie er sagte. In der Regel hielt er sie dazu an, konsequent zu arbeiten, bis das letzte Tageslicht vergangen war. Scherzhaft nannte sie ihn ihren Sklaventreiber. Sie wußte aber auch, daß er sofort zur Rückkehr in die Stadt rüsten würde, falls sie aufhörte zu malen. Während sie sich auf dem Land wohl fühlte, war er ohne seine Gespräche und Diskussionen verloren und sehnte sich zurück nach Manhattan. Irgendwann war der Abschied dann nicht mehr länger aufzuschieben. Meist suchten sie sich einen Tag im November für die Rückfahrt aus. Schließlich packte Georgia traurig ihre Kleider in einen Schrankkoffer und verschnürte Bücher, Briefe, Kameraausrüstung und ihre Bilder zu Paketen, um mit dem Zug wieder die Reise nach Süden anzutreten.

Im Lauf der Zeit wurde es für Georgia immer schwieriger, sich in dem neuen Sommerhaus, das alle nur noch »den Hügel« nannten, gegen die übrigen Familienmitglieder zu behaupten. Obwohl Georgia eher zum Alleinsein neigte und auch beim Malen nicht ständig gestört werden durfte, mußte sie mit Schwagern und Schwägerinnen sowie deren Kindern und Enkeln zusammen wohnen. Unter den Gästen in Lake George waren unter anderem Alfreds Bruder Leopold, seine Frau, die verheirateten Töchter der beiden, Elizabeth und Flora, sowie sechs Enkel. Auch Lees Zwillingsbruder Julius, der Gründer des Chemischen Instituts der Universität von Chicago, kam im Sommer mit seiner Familie zu Besuch. Mit von der Partie waren ferner Alfreds Schwester, Agnes Engelhard, mit ihrem Mann George und ihrer Tochter Georgia, nicht zu vergessen Alfreds jüngste Schwester Selma und deren Familie.

Selma Schubert war eine temperamentvolle Schönheit mit dunklen Augen. Sie zählte zu den ersten Frauen, die in der Öffentlichkeit Alkohol tranken und rauchten. In ihrer Freizeit malte und dichtete sie. Außerdem sang sie gern. Sie legte Wert auf elegante Kleidung und trug dazu die Juwelen, die sie von ihren zahlreichen berühmten Verehrern erhielt. Unter ihnen war auch der Opernsänger Enrico Caruso, der auf ihre Einladung hin nach Lake George kam und dabei Georgias Bekanntschaft machte. In der ersten Zeit brachte Selma immer ihr angriffslustiges kleines Schoßhündchen mit. Der Boston-Terrier war ein Geschenk Carusos und hörte auf den Namen Prince Rico Rippe. Allerdings hatte er die unangenehme Eigenschaft, jeden, der in seine Nähe kam, zu beißen. Obwohl Georgia stets mit heiler Haut davongekommen war, weigerte sie sich entschieden, mit dem Hund unter einem Dach zu leben. Schließlich kam es zu einem erbitterten Streit zwischen den beiden eigensinnigen Frauen. »Sel« gab jedoch am Ende nach, und langsam entwickelte sich sogar eine Freundschaft zwischen ihr und Georgia.

Gelegentlich kam auch jemand aus Georgias Verwandtschaft zu Besuch; oft war es Ida. Nach dem Eintritt der USA in den Ersten Weltkrieg hatte sie am Mt.-Sinai-Krankenhaus in New York eine Ausbildung als Krankenschwester begonnen, die sie 1921 mit dem Examen abschloß. Ida war eine aktive, robuste Frau, die genausowenig wie ihre Schwester ein Blatt vor den Mund nahm. Ebenso wie Georgia machte sie gern Ausflüge ins Grüne und sammelte Blumen, die sie dann im Haus aufstellte. Da sie ihre Unabhängigkeit einer Ehe vorzog, hatte sie in der Zeit, als sie noch in Virginia Kunst unterrichtete, eine Verlobung aufgelöst. In Lake George verliebte sie sich in den Schriftsteller Paul Rosenfeld, doch ihre Gefühle wurden nicht erwidert. Zu Stieglitz entwickelte sie eine Freundschaft, die aus kleinen Flirts und vielen Scherzen bestand.

Ida malte noch immer, und sie hatte am Columbia Teachers College auch weiterhin Kurse besucht, wenn sich die Gelegenheit dazu bot. Mit einigen Arbeiten erregte sie selbst bei Stieglitz Interesse. Georgia sorgte allerdings dafür, daß sich seine Bewunderung in Grenzen hielt, und so stellte er auch nie etwas von Ida aus. Seit ihrer Kindheit waren die beiden ältesten O'Keeffe-Schwestern Rivalinnen gewesen. Damals hatten die Erwachsenen immer gedacht, die liebenswerte kleine Ida sei die begabtere der beiden. Georgia ärgerte sich mitunter über Idas Bemerkungen, aus ihr könnte ebensogut eine Künstlerin werden, wenn sie nur einen Stieglitz hätte. Hin und wieder hatte sie Ausstellungen, sogar während sie als Krankenschwester in einem Privathaushalt arbeitete. Georgia glaubte, daß Ida sich bis zu ihrem Tod im Jahr 1961 für die talentiertere hielt.

Georgia hatte nur eine sehr lockere Art von verwandtschaftlichen Beziehungen mit ihren eigenen Brüdern und Schwestern. Mit den Angehörigen der Familie Stieglitz aber wollte sie schon gar keine engen Bindungen eingehen. Als eine Tochter Elizabeth Davidsons sie einmal »Tante Georgia« nannte, gab sie dem Kind in einem plötzlichen Anflug von Zorn eine Ohrfeige und schrie: »Sag *nie* wieder Tante Georgia zu mir!« Auch sonst sorgten die Kinder häufig für Spannungen. Einmal kritzelte der blonde Frankie Prosser, der Sohn der Köchin, auf einer von Georgias Leinwänden herum. Ein anderes Mal kam es zu einem

Zwischenfall mit Leopolds Enkelinnen. Die drei hatten in der Nähe von Georgias Schuppen Indianer gespielt. Als sie dann plötzlich die Tür laut zuschlagen hörten, schlichen sie sich zum Fenster und sahen noch, wie sich die nackte Georgia erschreckt ein Kleidungsstück überzuwerfen versuchte. Offenbar hatte sie zum Malen ihre Kleider ausgezogen, wie sie es bei großer Hitze in ihrem Studio in der 59th Street immer tat. Als sie die Gesichter der Kinder im Fenster erblickte, schrie sie sie so heftig an, daß die drei es nie wieder vergaßen.

Obwohl die Stieglitzens Georgias Gemälde bewunderten und sie vor ihrer Hochzeit mit Alfred freundlich aufgenommen hatten, ärgerte sich Georgia inzwischen häufiger über sie und ließ es sie auch spüren. »Wir hatten alle ein bißchen Angst vor ihr«, erinnerte sich Stieglitz' Nichte Flora Straus, »denn sie war sehr intelligent, sehr kritisch und direkt in ihren Äußerungen. Sie bat niemanden um Nachsicht, und sie hatte auch mit niemandem Nachsicht.«

Nachdem die Familie in das Farmhaus auf dem Hügel umgezogen war, hatten Agnes und George Engelhard die Verantwortung für den Haushalt und das Anwesen übernommen. Alfreds Schwester war eine sanftmütige, ruhige Frau, während ihr Mann, ein Amateurgeiger, eine kräftige Portion Scharfsinn und Humor in die Ehe mitgebracht hatte. An den Sonntagen im Winter aßen Alfred und Georgia immer mit den Engelhards zu Abend und kamen gut mit ihnen aus. Vier Jahre lang lief jeweils auch im Sommer alles glatt, bis die Engelhards sich im Jahr 1924 entschlossen, den Urlaub zusammen mit ihrer 19jährigen Tochter Georgia in Europa zu verbringen.

Um den Haushalt kümmerten sich in diesem Sommer Leopold und Elizabeth Stieglitz, in deren New Yorker Haus

Alfred und Georgia in den vergangenen vier Jahren gewohnt hatten. Elizabeth, genannt »Lizzie«, war keine sehr begabte Hausfrau und stellte ebenso einfache wie fade Mahlzeiten zusammen. Einige erklärten ihr Essen schlichtweg für ungenießbar. Auch Georgia ereiferte sich über den Speiseplan und sprang oft noch während des Essens vom Tisch auf. Manchmal erschien sie erst gar nicht. Außerdem hatte Stieglitz eine Nierenkolik. Die Stimmung war so gereizt, daß Lee und Lizzie keinen weiteren Sommer unter einem Dach mit den anderen verbringen wollten und sich an einer anderen Stelle des Grundstücks ein eigenes Haus bauten. Georgia mußte nun den Gedanken aufgeben, jemals einen Sommer allein mit Stieglitz genießen zu können.

Da es Georgia gewesen war, die einige Verwandte praktisch aus dem Haus getrieben hatte, bekam sie plötzlich auch mehr Verantwortung für den Haushalt. Dabei war sie in Lake George, um zu malen, während die anderen Ferien machten. Georgia haßte ihre neue Aufgabe, die schließlich auch sehr viel Zeit kostete. Um die Abläufe zu vereinfachen, gab sie der langjährigen Köchin der Familie, Margaret Prosser, die Anweisung, das Essen gleich auf den Tellern zu servieren. Georgia begann auch, den Gerichten Zwiebeln und Knoblauch beizugeben. Zwar runzelten einige aus der Familie Stieglitz die Stirn, doch wagten sie nicht, sich zu beschweren.

Während Georgia im Sommer 1926 darauf wartete, daß der Regen aufhörte und die Gäste das Haus wieder verließen, fühlte sie sich wie gegen den Strich gebürstet. Sie regte sich darüber auf, wieviel Zeit in dem Haus mit Essen zugebracht wurde. Schließlich zog sie die Konsequenz, aß so gut wie nichts mehr und nahm 15 Pfund ab. Im August hielt sie es dann nicht mehr aus. Kurz entschlossen packte sie ihre Sachen und floh an die Küste von Maine, 280 Kilometer östlich von Lake George. Überrascht und besorgt fuhr Stieglitz ihr nach. Offenbar erklärte sie ihm in Maine, sie werde erst zurückkommen, wenn alle gegangen seien. Drei Tage später war Stieglitz wieder in Lake George, nachdem er sich auf der Fahrt auch noch eine Erkältung geholt hatte.

Georgia blieb bis Ende September in Maine. Zweifelsohne fand sie hier die Inspiration und die Einsamkeit, die sie suchte. Nach ihrer Rückkehr machte sie sich nämlich sofort an die Arbeit und malte drei herrliche Bilder in fünf Tagen. Da die übrige Familie meist nur ein paar Wochen in dem Sommerhaus verbrachte, Alfred und Georgia dagegen ein halbes Jahr, waren sie bald die eigentlichen Besitzer. Wenn Besuch kam, dann handelte es sich immer häufiger um *ihre* Freunde, und auch bei der Inneneinrichtung setzte sich allmählich ihr Geschmack durch.

Georgia tapezierte die Räume hellgrau und strich den Holzfußboden schwarz an. Nach und nach nahm sie die Cretonne-Gardinen von den Fenstern, um mehr Licht zu bekommen. Die Bilder verschwanden von den Wänden und der billige Krimskrams von den Abstelltischen. Blauweiße Glühbirnen ohne Lampenschirme übernahmen die Beleuchtung der Räume, und abgesehen von ein paar tiefen Sesseln wurden die meisten Möbel aussortiert. Die Zimmer machten jetzt zwar einen spartanischen Eindruck, dafür war das Essen um so besser.

Trotz dieser Veränderungen wurden die Voraussetzungen für Georgias künstlerische Arbeit immer schlechter – selbst im Herbst. Zwar mußte sie im Sommer nie für die ganze Familie kochen. Nach Saisonende, wenn die Köchin abgereist war, mußte sie jedoch ihre Stelle einnehmen und Stieglitz sowie die vielleicht noch verbliebenen Gäste versorgen. Stieglitz hatte immerhin gute Absichten – einmal versuchte er, einen Zimtkuchen zu backen, und manchmal half er beim Abtrocknen. Er hatte jedoch erst spät in seinem Leben begonnen, sich um Haushaltsdinge zu kümmern, und es fiel ihm schwer, sich auf derlei Tätigkeiten zu konzentrieren. All dies ereignete sich in dem Sommer, als Georgia zehn Tage im Krankenhaus verbrachte, um sich eine gutartige Geschwulst aus der Brust entfernen zu lassen. Anschließend warnte Lee sie vor weiterer Überanstrengung. Nach diesem Rat war sie allerdings noch niedergeschlagener als je zuvor.

Auf der Suche nach geistiger Anregung ruderte sie jetzt häufig auf den See hinaus, um den Sonnenuntergang zu beobachten. Zu dieser Tageszeit erschien dann der Stamm der großen alten Birke an der Anlegestelle schneeweiß, und ihre Blätter glänzten wie reines Gold. Einmal malte sie die Berge und die Bäume, wie sie sich im See spiegelten. Die Blumen und die Blätter erschienen bei ihr oft so groß, als betrachte man sie durch ein Mikroskop. Dabei wählte sie häufig relativ kleine Formate, so daß es so aussah, als wollten ihre Gegenstände den Rahmen des Bildes sprengen, wie die Künstlerin, die zu versuchen schien, ihre psychischen und physischen Grenzen zu überschreiten.

Immer wieder malte sie dieselben Ahorn- und Kastanienbäume, dieselben Weiden und Birken, einmal mit grünen Blättern, dann in Herbstfarben und schließlich mit kahlen Ästen, so lange, bis sie das Gefühl hatte, jeden Baum der Gegend zu kennen. Sie fürchtete, die Teiche und Bäche, den See und die Herbstblätter als Motive langsam erschöpft zu haben und sich zu wiederholen. Im Mai 1928 klagte sie gegenüber Henry McBride, daß es am See »nichts als Grün« gäbe und daß sie nicht mehr wisse, was sie noch malen solle.

Einige Jahre zuvor, nachdem Georgia gerade an die Ostküste gezogen war, hatten Freunde der Familie Stieglitz sie nach Maine eingeladen. Im Süden dieses Bundesstaats besaßen sie ein gemütliches altes Haus, das im New-England-Stil erbaut war. Damals, im Frühling 1920, lernte die vom Land stammende Georgia das Meer kennen. Als sie dann den riesigen Atlantik und seine donnernde Brandung mit den sanften Hügeln von Lake George verglich, schlug ihr Herz sofort für das Meer, das sie mit seiner ungestümen Kraft an die texanische Hochebene erinnerte. Sie war fasziniert von den sich auftürmenden Wogen, dem heftigen Wind, der Salzluft und den vollendeten Formen der glänzenden Muscheln, die von der Flut angespült wurden. Deshalb ging sie auch gern am Strand entlang, solange er vor der Ankunft der Sommergäste noch ganz menschenleer war. Bis zum Ende des Jahrzehnts fuhr sie fast jedes Jahr ans Meer, um dort wieder zu den Wurzeln ihrer Schaffenskraft vorzudringen.

Seit den frühen zwanziger Jahren fühlte sie sich dazu angeregt, das Meer zu malen. So entstand das pastellfarbene Aquarell einer großen, blaugrün schäumenden Woge. Sie malte das Meer zum Beispiel mit einem rosa Mond, sturmgepeitschten Wolken und einem von Blitzen zerfurchten Himmel. Als Motive dienten ihr auch der glitschig grüne Tang, die violetten Muscheln und die grauweißen Venusmuscheln, die sie alle in einem Teller mit Meerwasser aufbewahrte, damit sie ihre Farben behielten.

Als sie Alfred 1922 vorschlug, den Sommer jeweils an der See zu verbringen, hatte er nur gelacht, obwohl er wußte, daß das Meer einen so ungemein starken Eindruck auf sie machte, wie es die Berge nie vermocht hätten. Inzwischen war er Mitte sechzig und konnte sich mit einer so radikalen Umstellung nicht mehr anfreunden. Es war für ihn einfach unvorstellbar, die Gegend um den See im Landesinneren aufzugeben, an der er seit seiner Kindheit gehangen hatte. Da Georgia ihn nicht zu einem Haus am Meer überreden konnte, schlug sie ihm gegen Ende der zwanziger Jahre vor, mit dem Geld, das sie durch ihre Bilder verdient hatte, ein eigenes Haus am See zu bauen. Aber auch daran war Stieglitz nicht interessiert. Statt dessen richtete er sich im Sommer 1927 einen ehemaligen Töpferschuppen auf dem Familiengut als Dunkelkammer ein.

Im Sommer 1928 war die Beziehung zwischen Georgia und Alfred gleich durch mehrere Ereignisse belastet. Zum einen hatten die Presseberichte über den Verkauf der Lilienbilder nach Frankreich für Spannungen gesorgt. Zum anderen war Stieglitz gegen einen Besuch Georgias bei ihren Verwandten in Wisconsin. Darüber hinaus trafen sich dann auch noch Georgia und andere angeheiratete Ehepartner aus dem Stieglitz-Clan sowie Georgia Engelhard in Georgias Schuppen, um sich über die Familie lustig zu machen.

Schließlich gab Stieglitz nach und ließ Georgia im Juli für einen Monat nach Wisconsin fahren. Dort lebten noch Ollie und Lola, ihre beiden älteren Tanten aus dem Familienzweig der Tottos. Sie hatten Georgia mit auf den Weg zur Kunst gebracht und betrachteten sie jetzt als den Stolz der Familie. Georgias Bruder Alexius war inzwischen verheiratet und wohnte in Madison. Trotz seiner schlechten gesundheitlichen Verfassung war er als Ingenieur im Straßenbau tätig. Außerdem lebte ihre inzwischen 33jährige Schwester Catherine in Portage. Sie hatte den Bankier Raymond Klenert geheiratet und eine Tochter zur Welt gebracht. In jenem Sommer malte Georgia eine rote Scheune und einen Silo in der Nähe von Portage. Es sah so aus, als versuche sie, sich an ihre glückliche Kindheit in Sun Prairie zu erinnern und sich so ihrer Identität zu vergewissern.

Der Unterschied zwischen ihrem Arbeitsstil und dem ihres Mannes kam Georgia jetzt klar zu Bewußtsein. Während sie lieber reiste, um neue Motive zu finden, hielt Stieglitz an der Achse New York–Lake George fest. Er liebte die vertrauten Wolken, den Regen, den Nebel und den Dunst in Lake George, während sie das alles allmählich als bedrükkend empfand. Er konnte sogar am Küchentisch arbeiten, sie jedoch konnte beim Malen niemanden in ihrer Nähe gebrauchen. Georgia hatte außerdem das Gefühl, als würde sie durch die ständige Kritik, die die anderen in Stieglitz' Gruppe und die New Yorker Feuilletonisten an ihr übten, immer mehr eingeengt. Und während gefuhlsbetonte Auseinandersetzungen Stieglitz anregten, empfand sie sie als nervenaufreibend.

Stieglitz klagte häufig über kleine Wehwehchen an den verschiedensten Stellen. Im Frühjahr 1923 war er in Lake George einmal vor Erschöpfung zusammengebrochen. Stieglitz war von Natur aus nervös und voll tatkräftiger Entschlossenheit. Aufgrund der übermäßigen Aufregung litt er dann unter Verdauungsstörungen. Mitunter kapitulierte sein etwas schmächtiger Körper auch einfach vor der zu starken Belastung. Stieglitz hatte zudem furchtbare Angst vor Bazillen. Während der Zugfahrt nach Lake George behielt er immer seinen Koffer auf dem Schoß, weil er glaubte, dadurch einer Infektion entgehen zu können.

Als Georgia aus Wisconsin zurückkam, hatte sich Stieglitz' Gesundheitszustand deutlich verschlechtert. Im September 1928 erlitt er – nach seinen eigenen Worten – zum ersten Mal einen Herzinfarkt. Sein Bruder Lee, der ihn das ganze Leben lang ärztlich betreute, sprach dagegen von einer Angina pectoris. Er ordnete vollkommene Bettruhe für drei Wochen an, untersagte ihm jegliche Aufregung und stellte einen genauen Ernährungsplan auf. Georgia ließ ihn von Krankenschwestern versorgen, blieb jedoch letztlich für seine Pflege verantwortlich.
Mit einem Patienten in ihrer Obhut war Georgia nicht in der Lage, sich während ihrer eigentlichen kreativen Zeit im Herbst auf das Malen zu konzentrieren. Lästige kleine Pflichten lenkten sie ständig ab. So mußte sie entscheiden, welche Besucher zu Stieglitz vorgelassen wurden, welche Briefe er lesen und welche Anrufe er entgegennehmen durfte. Sie mußte sich von ihm auch seine Briefe diktieren lassen, da er zum Schreiben zu schwach war. Manchmal hatte Stieglitz ein schlechtes Gewissen, weil er sie zu sehr vom Malen abhielt, dann wieder ärgerte er sich, weil sie in seinen Augen nicht genügend Mitgefühl mit ihm zeigte. Georgia indessen war der Überzeugung, daß sie zu nichts anderem mehr käme, wenn sie auf alle seine Wünsche einginge. Immerhin gelang es ihr, ein Bild von einem Hickoryblatt und einem Gänseblümchen zu malen, was sie als einen Triumph über all die Schwierigkeiten empfand.
Im Frühjahr 1927 schrieb Lewis Mumford in der *New Republic*, Georgia O'Keeffe verfüge über die größte Originalität in Amerika, da sie eine Künstlerin sei, die ständig neue Formen finde. Das war zwar ein großes Lob, aber die hohen Erwartungen, die nun in sie gesetzt wurden, erwiesen sich auch als eine starke Belastung. »Es fällt mir heute viel

schwerer als früher, meine Arbeit fortzusetzen«, erklärte Georgia und fügte hinzu: »Jedes Jahr muß ich mit dem, was ich mache, ein Stückchen weitergehen, um die Leute erneut zu überraschen.« Henry McBride stimmte mit Georgia völlig überein. Eine alljährliche Ausstellung betrachtete auch er als eine echte Prüfung für jeden Künstler. Sie setzte schließlich voraus, so McBride, daß der oder die Betreffende jedes Jahr etwas Neues vorzuweisen habe. Georgia war aber auch noch etwas anderes vollkommen klar: Um die Künstlerin zu sein, die Stieglitz gemacht und gefördert hatte, mußte sie ständig ihr Bewußtsein erforschen und es bis an die Grenzen ihrer Vorstellungskraft ausdehnen. So hatte sie sehr viel Freude an ihren Bildern, wenn sie gerade fertig geworden waren. Mit zunehmendem zeitlichen Abstand wurde dieses Gefühl jedoch immer schwächer, bis sie schließlich den Antrieb verspürte, wieder etwas Neues in Angriff zu nehmen.

Inzwischen fand Georgia allmählich auch außerhalb des Stieglitz-Kreises Anerkennung, was wiederum ihrer Unabhängigkeit zugute kam. Das Brooklyn Museum, das sich ebenfalls zu Georgias Werk bekannte, widmete ihr anläßlich einer Ausstellung von Gemälden und Plastiken im Sommer 1927 einen eigenen Raum. Darüber hinaus bot ihr das neu errichtete Museum of Modern Art an, gemeinsam mit den 18 bedeutendsten Künstlern Amerikas an der für 1929 geplanten zweiten Ausstellung teilzunehmen. Spätestens zu diesem Zeitpunkt muß Georgia gewußt haben, daß ihr ein Platz in dieser Generation von Künstlern sicher war.

Nicht nur unter ihresgleichen, sondern auch beim breiten Publikum fand Georgia immer größere Aufmerksamkeit und Beliebtheit. An ganz verschiedenen Stellen konnte man im Alltag auf ihre großen Blumenbilder stoßen. Sie wurden als Reproduktionen in Kaufhäusern angeboten, sie standen in den Schaufenstern der Blumengeschäfte und tauchten schließlich sogar in der Werbung für Parfüm und für Damenunterwäsche auf. Auch Georgias finanzieller Erfolg war entsprechend groß.

In dem Winter nach Stieglitz' Herzattacke malte Georgia sehr wenig. Auf Bekannte machte sie einen recht melancholischen Eindruck. So fiel ihre alljährliche Ausstellung im Frühjahr 1929 unglücklicherweise in eine Zeit, als die Erwartungen höher waren als je zuvor und ihre neuen Bilder so schwach wie seit Jahren nicht mehr. Die 35 ausgestellten Werke waren auch nicht alle, wie bisher immer, im Vorjahr entstanden. Ein Bild ließ gleichzeitig bitteren Humor und ein Gefühl des Eingesperrtseins erkennen: Es zeigte eine kunstvolle rosa Vase in einem Fenster mit Blick auf eine rauchverhangene städtische Kulisse. Der Kritiker der *New York Times* merkte wohlwollend an, daß sich die Künstlerin in einer Übergangsphase befinde. Ihr Werk sei »in einem fließenden Zustand, wechselhaft, lebendig und voller Entwicklungsmöglichkeiten«. In einer anderen Rezension hieß es, es gebe über sie nicht mehr viel zu sagen, weil schon alles gesagt worden sei. Georgia mußte mit derartig zurückhaltenden Reaktionen gerechnet haben, denn sie hatte zuvor schon Henry McBride anvertraut, daß sie nun für lange, lange Zeit nicht mehr ausstellen wolle.

Stieglitz hatte schon vor der Hochzeit gewußt, daß der See Georgia nicht besonders inspirierte und daß sie weiterhin vom Westen träumte. Als dem schärfsten Beobachter ihres Werkes mußte ihm aufgefallen sein, daß dieses triumphierende Gefühl der Freiheit, das von ihren texanischen Landschaften ausging, in ihren späteren Bildern nicht mehr vorkam – weder in den räumlich verengt wirkenden Gemälden aus der New Yorker Zeit noch in den Motiven von Lake George, die eine sehr gedämpfte Stimmung verrieten. Georgias alter Wunsch, in den Westen zurückzukehren, wurde wahrscheinlich jedesmal neu entfacht, wenn Freunde vom Urlaub in New Mexico oder anderen Staaten des Westens zurückkamen. Darüber hinaus war es schließlich auch die Zeit, in der sich immer mehr Amerikaner Autos zulegten und die gerade eröffneten Nationalparks im Westen des Landes erkundeten.

Schon seit Jahren hatte Stieglitz immer wieder davon gesprochen, einmal einen Sommer mit Georgia in »ihrem Amerika« zu verbringen, wie er es nannte. Bei seinen Reisen als junger Mann hatte er sich vor allem für die alten Zivilisationen in Europa interessiert. Auch damals war er in seinem Wesen bereits ein Stadtmensch. Nur einmal hatte er sich in den USA westlich des Hudson River gewagt, als er im Jahr 1900 eine Reise nach Chicago unternahm. Je älter er wurde, desto weniger lag ihm jedoch an Veränderungen. Überhaupt zog er es vor, die Welt im Gespräch mit den vielen Leuten zu entdecken, die ihn besuchten. Aufgrund seiner Herzattacke mußte Georgia nun jeden Gedanken an eine gemeinsame Reise in den Westen aufgeben. Dabei hatte sich der Anfall zu einer Zeit ereignet, als Stieglitz ohnehin nicht viel mehr tun konnte, als die Galerie zu führen, während Georgia auf dem Höhepunkt ihrer Schaffenskraft war.

Im Winter 1928/29 besuchte Dorothy Brett zusammen mit Mabel Dodge Luhan und deren indianischem Ehemann Tony New York. Alle drei lebten sonst in dem kleinen Ort Taos in New Mexico. Brett hatte einmal sieben ihrer in indianischem Stil gemalten Bilder an Stieglitz geschickt. Sie wurden zwar nicht ausgestellt, aber Stieglitz ermutigte sie in ihren Bemühungen, und so schlossen sie allmählich Freundschaft. Dorothy Brett war eine hübsche Frau mit großen braunen Augen. Sie war schüchtern, sehr empfindsam und sehr schwerhörig. In jenem Winter verbrachte sie viele Stunden in Stieglitz' Galerie, in der Georgia einen Weihnachtsbaum aufgestellt hatte. In eine rote Decke gehüllt, saß sie oft in dem kleinen Raum, beobachtete aufmerksam die Besucher und bewunderte die aufgehängten Bilder. Da sie ebenfalls in einem der oberen Stockwerke des Shelton-Hotels ein Zimmer genommen hatte, frühstückte sie oft gemeinsam mit Georgia und Alfred in der Cafeteria. Sonntags ging sie mit ihnen zum Mittagessen ins Longchamps. Vor ihrer Abreise im Frühjahr drängte sie die beiden noch heftig, sie doch auch einmal in Taos zu besuchen.

Wie zu erwarten war, begann Georgia immer ernsthafter über einen Sommer im Westen nachzudenken. Dabei nahm sie in Kauf, daß sie eventuell ohne Stieglitz fahren mußte. Aber schließlich hatte sie schon in den vergangenen elf Jahren die Sommermonate mit ihm und seiner Familie in Lake George verbracht und war zwischendurch nur selten einmal woandershin gefahren. Während sie also nichts dagegen hatte, ohne ihn zu verreisen, war Stieglitz nicht so schnell einverstanden. Zwar beunruhigte ihn ihre wachsende Unzufriedenheit, doch machte er sich mitunter schon Sorgen, wenn sie nur einmal allein einen etwas längeren Spaziergang am See unternahm.

Eines Tages zog Georgia Bilanz. Sie war jetzt 41 Jahre alt, die Zeit verflog, und auf dem »Hügel« hatte sie nichts mehr zu malen. Den ganzen Winter über hatte sie kein Bild zustande gebracht. In aller Stille faßte sie ihren Entschluß, und schließlich willigte auch Stieglitz ein. Vielleicht sah er ihrer Reise etwas gelassener entgegen, nachdem Georgia Paul Strands Frau Rebecca überredet hatte mitzukommen. Stieglitz kannte die 38jährige »Beck« schon seit den frühen zwanziger Jahren.

Während ihre enttäuschende Ausstellung zu Ende ging, begann Georgia, die Koffer zu packen. Sie nahm so viele Farben, Pinsel und Leinwände mit, daß sie ihr für ein paar Monate reichten. Am 1. Mai 1929 machte sie sich schließlich mit Beck Strand auf die Reise nach New Mexico.

TAOS

Nach einer mehrtägigen Zugfahrt kamen Georgia und Beck Strand in Santa Fe an. Die Stadt hatte sich seit Georgias erstem Besuch im Jahr 1917 nicht viel verändert. In den hübschen Lehmziegelhäusern am Fuß der Rocky Mountains lebten inzwischen 11 000 Menschen spanischer, indianischer und anglo-amerikanischer Abstammung. Santa Fe war bekannt für seine abwechslungsreiche Geschichte, sein Kunstmuseum, seine Höhenlage und seine Boheme. Gleichzeitig galt es als Mekka für Touristen, Erholungsbedürftige, Künstler und all diejenigen, die dem bürgerlichen Amerika entkommen wollten.

Schon am ersten Tag ihres Aufenthalts nahmen die beiden Frauen an einem Ausflug teil, um den Maistanz der Indianer in San Felipe, gute 60 Kilometer südlich von Santa Fe, mitzuerleben. Bei ihren gemeinsamen Unternehmungen gaben Georgia und Beck immer ein interessantes Paar ab: Beide hatten strahlend blaue Augen, weiße Strähnen zogen sich bereits durch ihre Haare, und starke Wangenknochen gaben ihren Gesichtern markante Züge. Darüber hinaus kleideten sie sich gern nach Art der Männer.

Als sie im Pueblo ankamen, entdeckte Georgia Tony Luhan in der Menge und winkte ihm vom Busfenster aus zu. Mabel kam sofort zu ihnen herübergelaufen und lud sie ein, den Maistanz mit ihnen zusammen vom schattigen Flachdach eines indianischen Wohnhauses aus zu verfol-

gen. Als die Feier zu Ende war, fuhren sie schließlich gemeinsam in Mabels großem Wagen zurück nach Santa Fe.
Mabel, die in jenem Jahr bereits ihren 50. Geburtstag gefeiert hatte, war relativ klein und breit gebaut. Sie hatte hellgraue Augen und eine sanfte, melodiöse Stimme. Ihre dichten, kastanienbraunen Haare waren wie bei einer Squaw zum Pony geschnitten, und oft trug sie dazu noch ein Band im Stil junger Mädchen. Während Georgia in New York noch Kunst studiert hatte, hatte Mabel als reiche Erbin in dem Salon, den sie in Greenwich Village unterhielt, schon berühmte Leute »gesammelt«. Nachdem sie dann nach Taos gezogen war, lud sie weiterhin Künstler und Schriftsteller zu sich ein. So waren unter anderem auch D. H. Lawrence und Willa Cather unter ihren Gästen. Stieglitz und Georgia hatte sie schon seit Jahren eingeladen – bisher allerdings vergeblich. Nun bestand sie darauf, daß Georgia und Beck mit ihr nach Taos kämen, einer Künstlerkolonie etwa 100 Kilometer nördlich von Santa Fe.
Georgia und Beck zögerten jedoch zunächst, die Einladung anzunehmen, nachdem sich die Strands bei einem Besuch drei Jahre zuvor über Mabels kleine Eifersüchteleien und ihre herrische Art geärgert hatten. Auf der einen Seite war Mabel eine großzügige Gastgeberin, aber sie mischte sich offenbar auch gern in das Leben anderer Leute ein. Darüber hinaus bereitete Georgia noch ein weiterer Gedanke Unbehagen. Vor Jahren hatte sie einmal den Vorschlag gemacht, Mabel könne doch sicher einfühlsamer über die Gemälde einer Frau schreiben als die männlichen Kritiker. Das Ergebnis war ebenso peinlich wie enttäuschend gewesen: Mabel hatte in ihrem Essay Stieglitz als einen Effekt-

hascher angegriffen, der die Sexualität seiner Frau in aller Öffentlichkeit vorführe. Georgias Bilder hatte sie außerdem als das »schmutzige« Resultat ihrer sexuellen Frustration bezeichnet.

Es war typisch für Mabel, daß sie sich von dem Zögern der beiden Frauen nicht weiter beeindrucken ließ. Den Berichten zufolge tauchte Mabel am nächsten Morgen in Georgias Hotel auf und erklärte, sie habe das Gepäck der beiden bereits nach Taos vorausgeschickt und deshalb *müßten* sie jetzt einfach mit ihr kommen. Es bleibt zwar rätselhaft, wie Mabel unbemerkt in den Besitz der Koffer gelangen konnte, aber jedenfalls saßen sie alle wenig später in ihrem Auto und fuhren durch das Tal des Rio Grande in Richtung Taos.

Georgia und Beck wurden in einem kleinen Gästehaus untergebracht, das von Mabels großem Haus durch ein Alfalfa-Feld getrennt wurde. Georgia erhielt außerdem ein aus Lehmziegeln gebautes Studio, das in der Nähe eines Baches und einiger riesiger Pyramidenpappeln lag. Nach Norden hin hatte es große Fenster, von denen aus man auf eine grüne Wiese blickte, auf der Indianerponys grasten. Jenseits der Wiese konnte man silbergrauen Beifuß erkennen, und in der Ferne erhoben sich die großen, alles überragenden Berge von Taos. Georgia war von dem hübschen, abseits gelegenen Studio sofort begeistert und stellte auch gleich ihre Staffelei auf.

Während der ersten Tage in Taos fühlte sich Georgia ziemlich benommen. Vielleicht lag es an dem grellen Licht der Steppenlandschaft oder an dem Widerspruch in ihr zwischen der neuen Unbeschwertheit und der durch den Höhenunterschied bedingten Müdigkeit. Kurze Zeit danach war sie aber bereits in Hochstimmung. Die Sonne hatte ihre Haut gebräunt, sie war unternehmungslustig und lachte viel. Sie entdeckte, daß New Mexico noch wesentlich mehr Naturwunder bereithielt als die Canyons und die texanische Hochebene. Es gab Höhenunterschiede von bis zu viertausend Metern, und die Vegetation umfaßte unzählige Pflanzenarten von den Kakteen bis zu den Gebirgsblumen. Außerdem konnte man im Umkreis von wenigen Kilometern eine unglaubliche Vielfalt an geologischen Formationen entdecken – von heißen Quellen bis zu schneebedeckten Berggipfeln. Taos selbst lag inmitten einer ausgedehnten, halbtrockenen Wüstengegend. Die Trockenheit ließ nur die schlichtesten Pflanzen- und Tierarten zu und erinnerte dabei an Georgias Stil der instinktiv vereinfachten Bildinhalte. Daher stimmte die Gegend auch haargenau mit Georgias ästhetischem Selbstverständnis überein. Später erklärte sie einmal, in New Mexico werde »einem die Hälfte der Arbeit abgenommen«. Von Georgias ersten Wochen in Taos berichtete Mabel denn auch, das Wort »wunderbar« sei fast in jedem zweiten Satz vorgekommen. Die Sonne strahlte in New Mexico ein wesentlich helleres Licht aus als auf Meereshöhe und vermittelte Neuankömmlingen häufig das Gefühl, als würden ihnen hier zum ersten Mal die Augen geöffnet. Künstler, die wie Georgia von ihrer visuellen Wahrnehmung ausgingen, waren dafür natürlich besonders empfänglich. In dieser Helligkeit erschienen ihr die Wüste, die Blumen und die Berge in völlig neuen Farbtönen.

Aufgrund der dünnen, trockenen Luft konnte man noch auf große Distanz Dinge unterscheiden, und Georgia kam es so vor, als hätten ihre Augen plötzlich die Schärfe von Ferngläsern. Vom Hochland um Taos aus konnte sie manchmal erkennen, wie am Horizont ein halbes Dutzend

Gewitter gleichzeitig den Sommertag zerrissen. Nach dem Abendessen nahm sie sich gern Mabels Schimmel und ritt hinaus in die Ausläufer der Berge. Dabei saß sie so aufrecht und graziös im Sattel wie ein Indianer. An verschiedenen Aussichtspunkten hielt sie dann an und beobachtete, wie das Licht gegen neun Uhr schwand.

Zu den Mahlzeiten verließ Georgia ihr Studio und ging hinauf in Mabels weiträumiges, exzentrisch eingerichtetes Lehmziegelhaus. Auf dem Weg kam man über eine kleine Brücke und schlug dann einen von Malven gesäumten Pfad ein, der über eine saftig grüne Wiese führte. Nach einem kleinen Anstieg betrat man das dunkle, kühle Eßzimmer des Hauses. Mabel thronte stets am Kopfende des Tisches in einem florentinischen Lehnstuhl mit herrlichen Holzschnitzereien. Unterdessen huschte ihr indianisches Hausmädchen, die hübsche Albidia, in ihren Mokassins um den Tisch und bediente die Gäste. Trotz der anregenden Gesellschaft und des wunderbaren Studios hätte es Georgia vermutlich nicht lange bei ihrer launischen Gastgeberin ausgehalten, wenn diese im Juni nicht plötzlich das Haus verlassen hätte, um sich wenige Wochen nach Georgias Ankunft einer größeren Operation an der Ostküste zu unterziehen. So blieb Georgia schließlich bis Anfang August in Taos.

Seit dem Ende des 19. Jahrhunderts waren immer wieder Künstler nach Taos gekommen, um hier zu malen. Von 1914 an zeigte der Künstlerverband von Taos die Werke seiner Mitglieder, bevor sie an der Ostküste ausgestellt wurden. In dem Ort, der nur halb so groß war wie Santa Fe, gab es 1929 bereits eine gutgehende Galerie, ein Geschäft für Malartikel und eine Sommerschule für Bildende Kunst.

Fast jeder in den Cliquen dieser unkonventionellen Künstlerkolonie kam aus einer anderen Stadt. Die Beschreibung des Kritikers Edmund Wilson war deswegen auch nur unmerklich übertrieben. Er erklärte, die Stadt sei voll von »reichen Leuten, Schriftstellern und Künstlern, die sich als Indianer, Cowboys, Goldsucher, Desperados, Mexikaner und Angehörige anderer, fast ausgestorbener Rassen ausgeben«. Es gab auch eine kleine Zeitung mit dem Namen *Laughing Horse*. Sie enthielt eine Menge Klatsch und wurde von Willard »Spud« Johnson noch mit einer Handpresse hergestellt. Das Blatt veröffentlichte regelmäßig kleinere Geschichten und Gedichte der ansässigen Schriftsteller und druckte gelegentlich auch die Holzschnitte der Künstler. Einmal erschien sogar eine köstliche Parodie auf das gesellschaftliche Leben von Taos, die D. H. Lawrence geschrieben hatte.

Bei den Partys in Mabels Haus lernte Georgia zahlreiche Leute aus Taos kennen. Unter ihnen waren auch viele Maler, die das Leben der Cowboys und der Indianer in romantisierenden Bildern darstellten. Georgia unterhielt sich gern mit dem schlanken, ruhigen Spud Johnson, der zehn Jahre jünger war als sie. Johnson verfaßte Gedichte und arbeitete mitunter als Mabels Sekretär. Georgia machte außerdem die Bekanntschaft eines jungen Mannes namens Ansel Adams, eines ehemaligen Pianisten, der jetzt als Photograph für den Sierra-Club arbeitete.

Da die Frauen in dieser Gegend fast alle die bunten mexikanischen Gewänder mit zusätzlicher Spitze trugen, fiel Georgia in ihren schwarzen Kleidern immer wieder auf. Eines Abends konnte der junge Daniel Rich seine Augen nicht mehr von ihr abwenden. Er war als Tourist aus dem Mittleren Westen nach Taos gekommen und arbeitete am

Art Institute of Chicago. Trotz Georgias asketischer, unnahbarer Erscheinung empfand er sie als eine Frau von bezwingendem Äußeren. Mabel machte die beiden miteinander bekannt, und Rich war so beeindruckt, daß er diese eine flüchtige Begegnung nie wieder vergaß. Genau 14 Jahre später erinnerte er sich noch an diesen Tag. Er arbeitete noch immer am Art Institute of Chicago und richtete dort für Georgia die erste Retrospektive in einem größeren Museum ein.

In jenem Sommer unternahm Georgia viele große Ausflüge mit Gepäck und Verpflegung, darunter auch einen Ritt zu der Ranch, die Mabel D. H. Lawrence geschenkt hatte. Begleitet wurde Georgia auf der sechstägigen Tour von Miriam und Charles Hapgood, zwei der Kinder von Hutchins Hapgood, einem Journalisten und langjährigen Bekannten von Stieglitz. Mit von der Partie war außerdem noch Charles Collier, der Sohn des einflußreichen Direktors des Amtes für indianische Angelegenheiten. Alle drei waren knapp über 20 Jahre alt. Auf der Kiowa-Ranch lebte zu jener Zeit Dorothy Brett, während das Ehepaar Lawrence in Europa unterwegs war. Die Ranch lag 24 Kilometer nordwestlich von Taos in einer Höhe von 2400 Metern und bestand aus drei Holz- und Lehmziegelhütten, die von hohen, sanft rauschenden Ponderosakiefern eingerahmt waren. Als Gegengeschenk hatte Mabel von Lawrence das Manuskript zu *Söhne und Liebhaber* erhalten.

Brett war als Tochter eines englischen Lords adliger Abstammung und hieß mit vollem Namen Dorothy Eugenie Brett. In ihrer Jugend hatte sie gemeinsam mit Angehörigen der königlichen Familie Tanzunterricht bekommen. Nach ihrer Einführung bei Hof hatte sie sich jedoch ihre braunen Haare zu einem Bubikopf geschnitten, hatte sich

Hosen und bunte Kleider zugelegt und war nach London gegangen, um Kunst zu studieren. Dort hatte sie dann Frieda und D. H. Lawrence kennengelernt. Später war sie ihnen nach New Mexico gefolgt und hatte als eine stille Verehrerin des großen Schriftstellers begonnen, seine Manuskripte abzutippen. Da sie schwerhörig war, benutzte sie stets ein Hörrohr aus Messing. Dieses Leiden behinderte sie sehr, und es kam vor, daß sie fast gar nichts mehr hörte. Mitunter legte sie dann auch ein etwas sonderbares Verhalten an den Tag. Doch Georgia befand sich ganz gern in der Gesellschaft der wortkargen Engländerin. Eines Nachts auf der Kiowa-Ranch hatte sich Georgia auf eine Hobelbank gelegt und beobachtete die Sterne am Himmel, wie sie durch die Äste einer riesigen Pinie funkelten. Später malte sie den Baum aus dem Gedächtnis und genau unter diesem Blickwinkel. Das Bild bekam den Titel *The Lawrence Tree* (Der Lawrence-Baum), und es gefiel Georgia auch noch nach vielen Jahren.

Während Mabel im Krankenhaus war, zeigte Tony Luhan Georgia den Pueblo von Taos, wo er geboren war. Georgia kam schließlich noch öfter in das Dorf, um hier zu malen. Dann stellte sie jeweils in der Nähe der braunen, kastenförmigen Lehmhäuser ihre Staffelei und den Sonnenschirm auf und arbeitete so lange, bis die Indianer schweigend auf den Dächern erschienen, um den Sonnenuntergang zu beobachten.

Georgia und Tony waren beide ihrem Wesen nach schweigsame Menschen. Beide verband auch die Liebe zur Natur – eine Haltung, die Georgia noch mit vielen anderen Indianern teilte. Während die anspruchsvolleren unter Mabels Freunden über Tonys Schweigsamkeit und über seine Vorliebe für Pferde, Steaks und bunt lackierte Autos lästerten, bewunderte Georgia seine Würde.

Um die herrliche Gegend noch besser erkunden zu können, kaufte Georgia in Taos einen schwarzen Ford und lernte Autofahren. In den ersten Monaten ihres Aufenthalts brauchten Touristen damals noch keinen Führerschein, wenn sie die wenig befahrenen, nicht asphaltierten Straßen des Bundesstaates benutzen wollten. Zunächst versuchte Tony, Georgia den Umgang mit Zündung, Kupplung, Gaspedal und Bremse zu erklären. Eines Tages fuhren sie los, Georgia am Steuer, doch der Wagen ruckte in einer Tour. Als sie sich dem verschlossenen Gatter in Mabels Zaun näherten, warf Georgia, anstatt zu bremsen, die Arme in die Luft und schrie: »Was soll ich denn jetzt machen?« Zwar konnten sie das drohende Unglück gerade noch abwenden, aber dafür gab Tony als Fahrlehrer auf. Noch sichtlich mitgenommen von dem Schock, erklärte er feierlich, Georgia werde niemals fahren lernen. In den Tagen nach diesem Erlebnis schien sie selbst manchmal zu verzweifeln, doch sie war entschlossen, den Wagen eines Tages zu beherrschen.

Als nächster nahm Charles Collier neben ihr Platz, um sie in die Geheimnisse der Fahrkunst einzuweihen. Er kannte die Gegend gut und fuhr mit ihr einmal bis Abiquiu, das etwa hundert Kilometer südwestlich von Taos lag. Dort wollte er ihr die sogenannte Ghost Ranch (Geisterranch) zeigen, weil er glaubte, sie würde Georgia gefallen. Sie wählten eine Straße oberhalb der Ranch, um das Gebiet in Augenschein zu nehmen. Allerdings konnten sie keinen Weg finden, der hinabführte. Georgia erinnerte sich später, daß sie damals dachte: »Das ist meine Welt, aber wie komme ich hinein?«

Vor ihrer Rückreise versuchte sich auch Beck als Fahrlehrerin. An ihre Bemühungen erinnerte sich Mabel wie folgt:

»Beck Strand hatte das zweifelhafte Vergnügen, ihr Fahrunterricht erteilen zu dürfen, und wir konnten beobachten, wie ihr schönes silbergraues Haar jeden Tag grauer wurde, während Georgia die nichtsahnende Maschine immer schneller und schneller an den Abgründen entlangsteuerte... Nach mehreren Stunden des wilden Rasens kehrte Georgia dann stets zurück und fühlte sich zehn Jahre jünger..., während Beck, deren edle Freundschaft trotz allem niemals ins Wanken geriet, verzweifelt und völlig außer sich hereinkam, sich in den nächsten Sessel fallen ließ und ausrief: ›Also, ich weiß nicht, was Stieglitz dazu sagen würde!‹ Daraufhin entgegnete Georgia mit Begeisterung in der Stimme: ›Wieso, er fliegt doch schließlich, oder?‹«

Stieglitz flog tatsächlich. Obwohl er wegen seines Herzens jede Aufregung vermeiden sollte, hatte er ein kleines Flugzeug gemietet und ließ sich um den See herumfliegen. Er schwankte hin und her zwischen extremen Gefühlen. Georgias Abwesenheit ließ ihn oft verzweifelt resignieren, dann hoffte er wieder auf ihre baldige Rückkehr. Gleichzeitig konnte ihn der Gedanke in Panik versetzen, daß sie sich nicht wieder an das Leben im Osten gewöhnen würde. Er wußte, daß der Südwesten immer ihre geistige Heimat gewesen war, und er fürchtete, daß ihre Sehnsucht nach New Mexico letzten Endes stärker sein würde als ihre Treue zu ihm.

Stieglitz verbrachte in jenem Sommer einen großen Teil seiner Zeit damit, an Georgia, Beck, Brett und John Marin zu schreiben, den Mabel auf Georgias Vorschlag hin ebenfalls eingeladen hatte. Sie und alle anderen, denen er schrieb, versuchten, ihn hinsichtlich Georgias Gesundheit, ihrer Sicherheit und ihrer Stimmung sowie hinsichtlich der Leute zu beruhigen, die sie traf. Bis zum Juli hatte Stieglitz mit seinen besorgten Briefen und Telegrammen Georgia derart in Aufruhr versetzt, daß sie bereits an eine vorzeitige Rückkehr dachte. Nachdem sie ihm jedoch versichert hatte, jederzeit zurückzukommen, schickte er sofort ein Telegramm und erklärte großzügig, sie solle erst fahren, wenn sie soweit sei.

In der Zwischenzeit fand Georgia sich auf unangenehme Weise in die Schwierigkeiten einer anderen Ehe verstrickt. Da Tony Analphabet war, bat er sie, ihm Mabels Briefe vorzulesen und seine Antworten aufzusetzen. Beim Diktieren saß er dann, in seine Decke gehüllt, da, während sein dunkles Gesicht einen geheimnisvollen und etwas traurigen Ausdruck annahm. Weit weg von zu Hause, hatte Mabel einmal einen schweren Anfall von Eifersucht. Sie hatte erfahren, daß Tony erneut in sein Pueblo zurückgekehrt war, um dort einige Zeit bei seiner indianischen Frau zu verbringen, mit der er viele Jahre in eheähnlicher Gemeinschaft gelebt hatte. Argwöhnisch beobachtete Mabel auch die Beziehung zwischen Tony und Georgia, über deren erotische Veranlagung sie ja bereits geschrieben hatte. Außerdem beneidete sie Georgia um deren seelisches Gleichgewicht und die Fähigkeit, anderen Vergnügen zu bereiten, während von ihr selbst oft eine destruktive Kraft ausging.

In Georgias Augen richteten einige Briefe von Mabel ganz unnötigerweise Schaden an. Unter anderem drohte Mabel Tony, sich scheiden zu lassen. Dabei wußten alle in Taos, daß sich Tony ernsthaft um Mabel sorgte, und noch Jahre später erinnerte sich Georgia, daß er mitunter »mehrere Tage regungslos auf ihrem Bett lag, weil er sie so vermißte«. Georgia schrieb Mabel lange Briefe des Mitgefühls für sie und Tony und bat sie, ihn zu verstehen.

Als Georgia Anfang August von einer Zelttour wiederkam, stellte sie fest, daß Mabel in der Zwischenzeit zurückgekehrt war. In ihrer Begleitung befand sich Georgias Schwester Ida, die sie als Krankenschwester engagiert hatte. Georgia fühlte sich indessen aus verschiedenen Gründen immer unbehaglicher in Taos. Unter anderem war Mabel gereizt, weil der junge Collier bei einigen Ausflügen anstelle von Tony die Führung übernommen hatte. Tony hatte pro Tag für den Führer und jedes Pferd fünf Dollar berechnet, was einigen Gästen zu teuer gewesen war. Hinzu kamen Mabels ständige Verdächtigungen bezüglich eines vermeintlichen Verhältnisses zwischen Georgia und Tony. Eine andere Besucherin namens Neith Boyce erklärte später, Georgia sei in dem Augenblick schwierig geworden, als Mabel zurückkam. Dies habe aber daran gelegen, daß Georgia »schrecklich egoistisch sei und immer im Vordergrund stehen müsse«.

Nachdem Georgia noch einmal Stieglitz' Briefe und Telegramme gelesen hatte, entschloß sie sich plötzlich zurückzufahren. Sie brachte ihre Gemälde auf den Weg und packte ihre Sachen zusammen, darunter zwei Andenken, eine korallenrote indianische Decke und einen silbernen indianischen Armreif. Dann schrieb sie einen Scheck für die Benutzung des Studios und einige andere Dinge aus und verließ das Haus, ohne sich zu verabschieden. Am 25. August kam sie schließlich in Lake George an.

Anfang September hatten Alfred und Georgia das Haus am See ganz für sich allein. Georgia war glückstrahlend aus Taos zurückgekehrt und fand nun auch hier einen weiteren Grund zur Freude. Stieglitz war mit seinen 65 Jahren wieder in guter gesundheitlicher Verfassung, er begegnete ihr mit zärtlicher Aufmerksamkeit und beschäftigte sich überraschenderweise mit ganz neuen Dingen, die auch auf ihr Interesse stießen. Abgesehen von seinen Flügen hatte er ein Grammophon gekauft und ließ jetzt die Musik von Beethoven, Brahms und Bach im Farmhaus erklingen. Nach all den Jahren der Unruhe fühlte sich Georgia zum ersten Mal wieder vollkommen zufrieden. Vielleicht hatte ihr auch das kurze Gastspiel als Eheberaterin für Mabel und Tony vor Augen geführt, was zwei so verschiedene Leute wie sie und Stieglitz tun konnten, um besser miteinander auszukommen. Zusammen mit Stieglitz fuhr sie für ein paar Tage nach Maine an die Küste, und so fanden die beiden allmählich heraus, inwieweit sie sich verändert hatten. Auf jeden Fall schien die Trennung ihre Beziehung wieder gefestigt zu haben.

Georgia hatte auch Glück mit dem Oktoberwetter und bestand nach einiger Übung sogar die Führerscheinprüfung für den Staat New York. Margaret Prosser kam noch weiterhin ins Haus, um den beiden das Mittagessen zu machen, so daß Georgia ungestört malen konnte. Offenbar war sie so zufrieden mit ihrer Rückkehr nach Lake George, daß sie sich wieder den gewohnten Motiven zuwandte: den Herbstblättern und auch dem Farmhaus. Daneben arbeitete sie an den Bildern weiter, die sie in Taos begonnen hatte, und versuchte sich an neuen Themen.

Die Zeitungen brachten allerdings weniger gute Nachrichten in diesen Garten Eden. In jenem Sommer hatte das Finanzministerium kleinere Banknoten ausgegeben, und fast sah es so aus, als ob diese Änderung symbolischen Charakter bekommen sollte. Ende Oktober hatte New York seinen großen Börsenkrach, die Aktienkurse fielen ins Bodenlose. Ende 1929 betrug der Verlust bereits 15 Milliarden Dollar.

Es ist nicht sicher, ob Georgia ihr beträchtliches Einkommen aus den vorangegangenen drei Jahren in Wertpapieren angelegt oder auf ein Konto eingezahlt hatte. Freunde vermuteten, daß sie wie mit vielem anderen auch mit Geld klug umzugehen wußte, zumal sie in ihren Schwägern sachkundige Finanzberater hatte. Ob ihre Ersparnisse nun aber sicher waren oder nicht, die allgemeine Krise dürfte auch bei ihr Zweifel hinsichtlich weiterer günstiger Bilderverkäufe geweckt haben.
Anfang November wurde der Himmel immer dunkler, schwere Wolken zogen auf, und es begann zu regnen. Währenddessen hüllten sich die Berge in ihr spätherbstliches Grauviolett. Georgia stopfte die Löcher in den Taschen von Stieglitz' Kleidern und bereitete sich auf die Rückkehr ins Shelton-Hotel vor. Seit April war sie nicht mehr in New York gewesen, so daß ihr das Tempo von Manhattan bei ihrer Ankunft ziemlich verrückt vorkam. Obwohl sie sich geschworen hatte, in diesem Winter nicht auszustellen, bestand Stieglitz darauf, nachdem er die Bilder aus New Mexico gesehen hatte.
Im Winter 1929/30 gingen aufgrund des Börsenkrachs viele Unternehmen bankrott. Doch Brett, die wieder in New York war, traf Georgia und Stieglitz in relativ gelöster Stimmung an. Dabei waren die beiden noch eine große Stütze für Brett, als im März 1930 die Nachricht kam, daß ihr geliebter D. H. Lawrence in Europa gestorben war.
Im Frühjahr 1929 hatte die Intimate Gallery nach vier Jahren schließen müssen, da das Gebäude verkauft wurde. Stieglitz' Freunde konnten sich indessen mit dem Gedanken trösten, daß ihr Mentor sicher eine neue Galerie eröffnen würde. Tatsächlich wurden kurze Zeit später im 17. Stockwerk des Hochhauses Madison Avenue 509, Ecke

53rd Street, einige Räumlichkeiten angemietet. Das Gebäude lag nur wenige Straßenzüge vom Shelton-Hotel entfernt. Im Dezember 1929 war es dann soweit: Die Galerie »An American Place« (Ein amerikanischer Ort) öffnete ihre Pforten. Sie war Teil eines Bürokomplexes und hatte die Zimmernummer 1710. Hinter der dicken Glastür stieß man auf einen quadratischen Ausstellungsraum, der durch eine türlose Öffnung mit einem weiteren für die Öffentlichkeit bestimmten Raum verbunden war. Außerdem gab es noch ein kleines Büro sowie einen Lager- und einen Arbeitsraum.

Auch in diesem Fall zeichnete Georgia wieder für die Inneneinrichtung verantwortlich. Als erstes verzichtete sie auf Tapeten und Teppiche. Vor den großen Westfenstern wurden weiße Rollos angebracht. Sie konnten hochgelassen werden, wenn das volle Licht die Räume durchfluten sollte. Die Wände wurden weiß gestrichen. Henry McBride, der sie einmal im grellen Sonnenlicht der Stadt zu Gesicht bekam, nannte sie »stechend weiß«. Im Laufe der Jahre wurden einige Wände, der Zementboden, die über Putz verlegten Rohre sowie die Heizkörper mit einem hellen Grau gestrichen, das Georgia selbst anrührte. Alle Besucher schwärmten davon, wie diese spezielle Farbe die Photographien und die Gemälde scheinbar im Raum schweben ließ.

Anfang Februar wurde Georgias Ausstellung eröffnet und sollte fünf Wochen dauern. Zwei Drittel der Bilder waren durch die Landschaft New Mexicos inspiriert und zeigten Ansichten des malerischen Pueblos von Taos, eine in Holz geschnitzte mexikanische Jungfrauenstatue und die aus dem 18. Jahrhundert stammende Missionskirche von Ranchos de Taos. Auch die schweren, primitiv gestalteten

Kreuze, die auf manchen baumlosen Hügeln in der Umgebung von Taos zu sehen waren, hatten Georgia fasziniert. Ihr Ursprung war ungewiß, und selbst die Einheimischen hatten verschiedene Theorien über sie. Einige glaubten, sie stünden überall dort, wo ein Katholik gestorben sei; andere meinten, daß an diesen Stellen die Sargträger auf dem Weg zum Friedhof gebetet hätten. Manche flüsterten auch, daß die Kreuze von der Geheimsekte »Los Hermanos Penitentes« aufgestellt worden seien, die im Mittelalter in Spanien gegründet worden sei und deren Mitglieder sich geißelten und Scheinkreuzigungen vornähmen.

Mit ihren neuen Themen gelang es Georgia, die New Yorker Kritiker zu überraschen und ihre Aufmerksamkeit aufs neue zu erregen. Auf den Kunstseiten der Sonntagsausgabe der *New York Times* widmete Edward Alden Jewell den neuen O'Keeffe-Werken einen zweispaltigen Artikel an prominenter Stelle. Jewell schrieb, dies sei die aufregendste Ausstellung gewesen, die er je gesehen habe. Dann fügte er noch hinzu, daß die Wüstenbilder in der ganz weiß gestrichenen Galerie besonders gut zur Wirkung kämen. Einige Kritiker sprachen jedoch auch von touristischen Themen, schreienden Farben und einer »Hysterie« bezüglich der großen Kreuze.

Nachdem sie den ganzen Winter mit Stieglitz gut harmoniert hatte, fuhr Georgia im April nach Maine und verbrachte eine Woche in einem Haus am Meer. Sie malte jeden Tag von morgens bis abends und wanderte stundenlang im kühlen Wind den Strand entlang. Abends machte sie es sich dann auf dem Boden des Häuschens bequem und starrte gedankenverloren ins Kaminfeuer. Sie war von der Frage hin und her gerissen, ob sie ihren Mann im Sommer wieder in Lake George zurücklassen und nach Taos gehen sollte oder nicht. Als sie in die Stadt zurückkehrte, hatte sie sich für Taos entschieden. Mit ruhiger Entschlossenheit räumte sie auch Stieglitz' Bedenken aus, der von ihrer Absicht keineswegs begeistert war. Bevor sie sich nach Taos aufmachte, fuhr sie noch nach Lake George, um die ersten Frühlingsboten zu begrüßen und das Haus für Stieglitz herzurichten. Außerdem entstanden noch sechs gefühlvoll gemalte Ölbilder von Arazeen. Während sie beobachtete, wie sich an den Bäumen im Wald das erste Grün zeigte, räumte sie in ihren Briefen ein, daß sie wieder einen herrlichen Mai in New England erlebe. Aber es wurde ihr auch klar, daß Lake George nicht mehr ihre Welt war.

KNOCHEN

Als Georgia den zweiten Sommer in Taos verbringen wollte, zeigte Stieglitz schon mehr Verständnis. Schließlich ging es um die Kunst, und sie war für ihn gewissermaßen die oberste Instanz. Dennoch fühlte er sich niedergeschlagen. Abgesehen von Georgias Plänen gab es für ihn damals auch noch andere Gründe, unglücklich zu sein. Die Folgen der wirtschaftlichen Depression wurden immer gravierender. Tausende von Fabriken waren stillgelegt, und fast zehn Millionen Amerikaner hatten keine Arbeit mehr. Die Menschen glaubten zunehmend, einem schlecht funktionierenden Apparat aus Wirtschaft und Industrie ausgeliefert zu sein. Stieglitz' Kult um die Empfindsamkeit des Individuums schien bedeutungslos zu werden in einer Zeit, in der es immer mehr auf kollektives Handeln ankam.

Die allgemeine Stimmungslage schlug sich auch in der Kunst nieder. Maler wie Thomas Hart Benton setzten auf nostalgisch verbrämte Motive aus dem ländlichen Raum. Unterdessen gaben die Künstler der sich rasch ausbreitenden Linken dem politischen Protest Ausdruck und kamen zum sozialen Realismus.

In jener Zeit war ein Regierungsprogramm zur Unterstützung der Künstler im Gespräch, das später als Works Progress Administration zu einem Begriff wurde. Dieses Programm drohte jene Form der Kunstförderung zu unterlaufen, wie sie beispielsweise Stieglitz stolz einigen auserwählten Künstlern zukommen ließ. Stieglitz kritisierte die Einmischung der Regierung in die Kunst und erklärte, auf diese Weise würden zweifellos auch unbedeutendere Künstler unterstützt. Aber auch er selbst geriet in die Schußlinie und wurde als altmodischer Individualist bezeichnet. In diesem Klima der Auseinandersetzung warf man Georgia vor, ihre riesigen Blumen seien hinsichtlich der brennenden sozialen Fragen bedeutungslos und zeugten nur von einem übersteigerten Individualismus.

Vor Georgias Abreise nach Taos hatte sie sich im März 1930 bereit erklärt, für Stieglitz' kleine Schar der Aufrechten Partei zu ergreifen und sich einer Podiumsdiskussion mit Michael Gold, einem Redakteur des linksgerichteten Magazins *New Masses,* zu stellen. Möglicherweise hatte sie sich zu diesem Schritt entschlossen, weil sie glaubte, daß die Gemälde aus dem häßlichen, rauhen Alltag der amerikanischen Städte nichts mit der Wirklichkeit in ihrem Land zu tun hatten. Als Georgia im Speisesaal des Hotels Brevoort ankam, sah sie so heiter und gelassen aus wie immer. So berichtete es später der Reporter der *New York World* in großer Ausführlichkeit.

»Sie scheinen aufgeregter zu sein als ich«, begrüßte Georgia ihren Kontrahenten lächelnd. »Dabei hatte ich gedacht, Sie wären so unerschrocken.« Gold zog nervös an seiner Zigarre, stürzte eine Tasse Tee hinunter und begann seine Ausführungen mit halb erstickter Stimme. Der größte Kampf dieser Epoche sei der Kampf der Arbeiterklasse, erklärte er und fügte hinzu: »Wenn es eine lebendige Kunst gibt, dann ist das das einzig mögliche Thema für sie.« In aller Ruhe nahm Georgia einen Schluck Tee und fragte: »Wenn Sie von Unterdrückten reden, meinen

Sie dann auch die Frauen?« Gold antwortete, er spreche in diesem Zusammenhang nur von Arbeiterfrauen. Dann setzte er hinzu: »Ich fürchte, es scheint mir nicht besonders wichtig zu sein, ob eine verwöhnte Dame aus dem Bürgertum in ihrem rosarot tapezierten Boudoir gleiche Rechte erhält oder nicht.« Georgia entgegnete, die Lage aller unterdrückten Frauen aus allen Klassen müsse von Bedeutung sein. So habe sie sich als Malerin beispielsweise Männer zum Vorbild nehmen müssen, weil es aufgrund der gesellschaftlichen Unterdrückung zu wenige große Frauen in der Kunstgeschichte gebe. »Bevor ich den ersten Pinselstrich mache«, fuhr Georgia fort, »frage ich mich: ›Bin das wirklich ich?… Hat mich hier vielleicht ein Gedanke beeinflußt, den ich von einem Mann übernommen habe?‹… Ich versuche mit allen mir zur Verfügung stehenden Mitteln, ein Bild so zu malen, daß es ganz allein eine Sache der Frauen und gleichzeitig ganz allein meine Sache ist.«

Im Verlauf der Diskussion erklärte Georgia aber auch, es sei nicht nötig, die Probleme der Frauen in realistischen Bildern darzustellen. Form, Farbe und Komposition seien wichtiger als der Inhalt. Georgia wies auch darauf hin, daß Schönheit jedermanns Leben bereichern könne. Gold kritisierte ihr Interesse an den abstrakten Fragen der technischen Ausführung und bezeichnete diese als »kleine Spielereien« und als das »psychologisierende Blöken einer Gruppe von dekadenten, selbstbezogenen Leuten«.

Ein wenig später fragte Georgia: »Sie mögen wohl keine Blumen, Herr Gold, oder?« Als Gold erklärte, er wisse Blumen durchaus zu schätzen, antwortete Georgia: »Also, ich verstehe wirklich nicht, wie Sie für sie eintreten können, wo Sie doch von allen Dingen verlangen, daß sie nützlich sind… Es mag sein, daß es Ihnen um die Freiheit der Menschen geht, aber Sie wollen die Kunst zu Ihrem Werkzeug machen – und das Schlimmste ist, daß Sie die Kunst in ihrem Anspruch herabsetzen müssen, damit sie der Masse gefällt, und so werden Ihre Massenkünstler zwangsläufig schlechte Künstler sein.« Gegen Ende der Diskussion meinte Georgia versöhnlich: »Wissen Sie, ich glaube, daß Sie ein ganz netter Mensch sind und daß all diese Vorurteile, Abwehrhaltungen und Haßgefühle Sie nur sehr verwirrt haben. Wir haben auch noch nicht einmal die Hälfte von dem gesagt, was zu sagen wäre. Ich glaube, ich werde Sie mitnehmen, um Ihnen meine Ausstellung zu zeigen, und dann lade ich Sie zum Essen bei mir zu Hause ein und stelle Ihnen Stieglitz vor.«

Etwa um diese Zeit war die Zahl derer, die sich um Stieglitz scharten, kleiner geworden. Einige seiner Jünger waren enttäuscht von ihm, weil er das Regierungsprogramm für Künstler ablehnte, selbst jedoch nicht von seiner Hände Arbeit leben mußte. Manche wandten sich anderen Zielen zu. Der Schriftsteller Waldo Frank schloß sich verschiedenen Bewegungen der Linken an, und Paul Strand zog nach Mexiko, nachdem seine Ehe mit Beck 1932 gescheitert war. In Mexiko begann er, das Leben der Armen mit seinen Photographien zu dokumentieren. Er stellte nie wieder unter der Schirmherrschaft von Stieglitz aus.

Stieglitz fühlte sich von der Entwicklung übergangen. Während der Sommermonate verwandte er jetzt mehr Zeit für seine Korrespondenz. Die Briefe, die er in seiner Hütte am See schrieb, klangen jedoch oft verdrossen. Gelegentlich tauchte er dann auf, aber nur, um mit seinen wenigen Getreuen ein paar bittere Worte über das schlimme Schicksal der zeitgenössischen Künstler auszutauschen.

Für ihren zweiten Sommer in New Mexico nahm sich

Georgia vor, einen weiten Bogen um Mabel zu machen und in deren Studio ein unabhängigeres Leben zu führen. Zum Frühstück ging sie nach Taos in das Don-Fernando-Hotel, mittags aß sie ein Stück Brot, und wenn sie abends mit dem Malen fertig war, bereitete sie sich selbst etwas zu. Sie arbeitete hart und mied jede Gesellschaft. Mabel wollte nicht, daß Georgia mit Tony Reiten oder Zelten ging, und hatte ihr das auch deutlich gesagt. Gegenüber Brett erklärte Georgia ihren Hang zur Einsamkeit einmal mit den Worten, die Arbeit sei das Wichtigste im Leben. Für sie sollte man seine ganze Energie einsetzen und dabei »die menschlichen Probleme« außer acht lassen.

Immer faszinierender fand Georgia die trockenen, weißen Tierskelette, die überall in der Savanne umherlagen, und so begann sie, einzelne Stücke zu sammeln. Neugierigen erklärte sie immer wieder, daß sie in den von der Sonne ausgedörrten und gebleichten Knochen nichts weiter als die schöne Form sehe. »Ich habe immer die Wüste malen wollen, aber ich wußte nicht, wie«, schrieb sie 1939 für ihren Ausstellungskatalog. »Die Knochen schienen mir genau zum Zentrum dessen zu führen, was in der Wüste so stark zum Vorschein kommt, obwohl sie doch weit und leer und unberührbar ist – und bei aller Schönheit keine Güte kennt.« Ein andermal erklärte Georgia, der Gedanke, Knochen zu malen, habe ihr deswegen gefallen, weil es unwahrscheinlich gewesen sei, dabei so oft nachgeahmt zu werden wie mit den Blumen.

Ende August hatte Georgia schließlich eine ganze Menge Knochen gesammelt. Spontan entschloß sie sich, einige Teile mitzunehmen, um in Lake George weiter mit ihnen arbeiten zu können. Sie verstaute die Knochen in einem Holzfaß und schickte sie nach Lake George. Als sich Stieglitz mit einer Frachtgebühr von 16 Dollar konfrontiert sah, legte er heftigen Protest ein. Das sei in diesen schweren Zeiten immerhin eine Menge Geld für ein paar alte Knochen, murrte er. Gegen Ende des Jahres photographierte er dann aber doch Georgias braune Hände, wie sie über die Augenhöhlen und die Zähne eines ausgebleichten Pferdeschädels fuhren. Georgia nahm sich unterdessen einen weißen Bekkenknochen, legte ihn wie ein kostbares Schmuckstück auf ein schwarzes Tuch und malte das Stilleben mit großer Sorgfalt.

Georgia war Anfang September nach Lake George zurückgekehrt. In diesem Jahr gelang es ihr und Stieglitz aber nicht mehr so recht, dieselbe Herzlichkeit und Hochstimmung zu erreichen wie nach ihrer Ankunft im Vorjahr. Nur ungern hörte sie sich seine Klagen über den kulturellen Verfall an. Die üppige Vegetation auf »dem Hügel« kam ihr inzwischen »fremd« vor und machte ihr Platzangst. Das viele Grün empfand sie geradezu als niederdrückend.

Unterschiede zwischen Georgia und Stieglitz machten sich aber auch noch auf anderen Gebieten bemerkbar. Während der Zirkel um Stieglitz immer kleiner wurde, versuchte Georgia, ihren Freundeskreis zu erweitern. So nahm sie beispielsweise im Dezember 1930 eine Einladung zu einer Party bei Carl Van Vechten an, sagte dann aber wegen Stieglitz wieder ab. Vechten war Schriftsteller und Photograph und interessierte sich besonders für die sogenannte Renaissance der Schwarzen-Kultur in den zwanziger Jahren. Mit seiner Frau, einer hübschen russischen Schauspielerin, lebte er in einer Wohnung in der West 55th Street. Dort gab er häufig Gesellschaften, zu denen er die führenden Schriftsteller und Künstler sowohl des weißen Viertels in der Innenstadt als auch des schwarzen Viertels in Harlem einlud.

Trotz der Kritik aus bestimmten Kreisen der Linken hielt Georgias künstlerischer Erfolg an. Einige ihrer Bilder aus New Mexico gefielen auch einem breiteren Publikum, das sich jetzt zunehmend für die »American scene« interessierte. Ihre Werke waren in zahlreichen Gruppenausstellungen zu sehen, und sie wurden von den Museen fast zu denselben hohen Preisen angekauft, die Stieglitz in den wilden zwanziger Jahren festgesetzt hatte. Im Jahr 1930 zahlte das Cleveland Museum 4000 Dollar für ein Gemälde, das in Taos entstanden war: eine große weiße Blume mit einem »Goldenen Herzen«, wie Georgia es nannte. Das gerade eröffnete Whitney Museum of American Art in New York erwarb im Jahr 1931 von den Reinhardt Galleries ein kleineres Bild aus dem Jahr 1922, *Skunk Cabbage* (Stinktierbusch), und zeigte es in seiner ersten Ausstellung. Im folgenden Jahr kaufte das Whitney zwei Gemälde. Das eine stellte eine weiße Stoffblume dar, das andere einen roten Hügel in New Mexico. Beide stammten aus dem Jahr 1931. Das Museum holte sich die Bilder aus Stieglitz' Galerie »An American Place« und zahlte auch direkt an O'Keeffe. Es war ein deutliches Zeichen des Vertrauens in die Künstlerin und ihre neuen Themen.
Stieglitz blieb weiterhin stur bei seiner Meinung, daß der wahre Künstler es nicht nötig habe zu reisen. »Warum sollte ich nach Taos fahren?« fragte er einmal. »Ich habe die ganze Welt hier bei mir auf dem Hügel.« In den vierziger Jahren erklärte er: »Wenn ich jemals bei einem Selbstmord noch meine gute Erziehung beweisen wollte, dann würde ich zu O'Keeffe in die dünne Höhenluft von New Mexico fahren. Mein Herz würde es nicht aushalten.« Als Georgia im hohen Alter gefragt wurde, ob Stieglitz überhaupt einmal in New Mexico gewesen sei, mußte sie laut

lachen. »Was? Stieglitz hier draußen, wo im Umkreis von 80 Kilometern kein Arzt ist, und dann noch nicht einmal einer, der sich mit so etwas auskennt?«
Aber Stieglitz machte sich nicht nur um sich selbst Sorgen. Ständig fürchtete er um Georgias Sicherheit, wenn sie mit ihrem Auto unterwegs war. Dabei haßte er Autos und hatte noch nicht einmal Fahren gelernt. Außerdem zeigte er sich stets besorgt um Georgias Gesundheit, während eigentlich er immer mehr zum Hypochonder wurde. Schon seit längerer Zeit hatte er Angst vor Bazillen, aber inzwischen wischte er sich auch noch fortwährend mit einem Taschentuch aus Leinen über Mund und Nase. Um sich im Winter vor den Krankheitserregern zu schützen, trug er unter seinem schwarzen Cape noch einen Mantel mit Fischgrätmuster, einen Pfeffer-und-Salz-Anzug, eine graue Weste sowie ein weißes Hemd mit schwarzer Krawatte und unter all dem noch Baumwollunterwäsche. Diese gesamte Montur einschließlich seines flachen Hutes hatte er an sehr kalten Tagen auch im Hause an. Seine Sorge um Georgia war zu einem gewissen Teil Wunschdenken. In späteren Jahren sagte sie selbst dazu: »Alfred hat einmal zugegeben, daß er am glücklichsten war, wenn ich krank im Bett lag, dann wußte er nämlich, wo ich war und was ich tat.«
Sein ganzes Leben lang konnte Stieglitz aufbrausend reagieren, wenn man seine Worte nicht für die reine Lehre hielt. So hatte er zuletzt gegen Georgias Reisepläne eingewandt, daß sie es nicht nötig habe, irgendwo anders hinzufahren, und daß es schließlich auch gefährlich sei. Als sie sich jedoch weigerte, seine Argumente einzusehen, wurde er ausgesprochen wütend und bezeichnete ihre zunehmende Selbständigkeit als Untreue. Stieglitz war ein alternder, verletzlicher Ehemann, der seine Besitzansprüche

geltend machte. Es beunruhigte ihn zutiefst, daß er Georgias Bedürfnisse nicht so erfüllen konnte, wie dies in New Mexico geschah.

Der Kampf der beiden fand auch seinen Ausdruck in den Photographien, die er weiterhin von Georgia machte. Früher hatte er sie zusammen mit ihren Gemälden und Zeichnungen aufgenommen, jetzt photographierte er sie öfter vor glitzerndem Metall. Von 1929 an zeigen seine Bilder Georgia und ihr schwarzlackiertes, chromblitzendes Automobil. Unter anderem ist sie mit ihrem silbernen Indianerschmuck zu sehen, die Hand am Lenkrad und mit einem in die Ferne schweifenden Blick. Die Veränderungen in ihrer Ehe lassen sich aber vielleicht doch nicht so einfach auf einen Nenner bringen, denn 1932 machte Stieglitz eine Serie von sinnlichen Aufnahmen, bei denen ihm Georgias nackter Po Modell stand. Die ganze Komposition erinnerte dabei an die Form eines Herzens: eine dunkle Mitte, umgeben von weißer Haut. Die Bilder, die Stieglitz im Sommer 1932 schoß, zeigten Georgia teils mit hartem, finsterem Blick, teils mit gequältem Gesichtsausdruck. Die Malerin und der Photograph näherten sich einer ernsthaften Konfrontation.

Unterdessen nahm Stieglitz' Interesse an Dorothy Norman zu. Sie war eine hübsche und ernste junge Frau mit glatten, dunklen Haaren. Stieglitz hatte sie 1926 kennengelernt, als sie einmal seine Galerie besuchte. Sie war damals 21 Jahre alt und bekam gerade ihr erstes Kind. Vor ihrer Ehe hatte sie in Philadelphia Kunst studiert. Verheiratet war sie mit einem gutaussehenden, temperamentvollen Sears-Roebuck-Erben. In ihrer Ehe gab es jedoch häufig Schwierigkeiten, und Dorothy fühlte sich geschmeichelt, daß der große Stieglitz ihr seine Zeit widmete. Stieglitz wiederum befand sich immer noch sehr gern in weiblicher Gesellschaft. Schließlich hatte er einmal erklärt, er sei ständig in irgendeine Frau verliebt, einschließlich seiner eigenen Nichten und Großnichten. Da seine leibliche Tochter in einer Nervenheilanstalt lebte und seine zweite Frau öfter auf Reisen war, sah er in Dorothy vielleicht so eine Art Ersatztochter. Jedenfalls genoß er ihre Anhänglichkeit, ihr Mitgefühl und ihre Bewunderung.

Nach der Geburt von Dorothys zweitem Kind im Jahr 1930 wurde ihre Freundschaft noch enger. Dorothy wohnte mit ihrem Mann und den Kindern in der Park Avenue, und so konnte sie Stieglitz täglich in der Galerie besuchen. Nur im Sommer sahen sie sich nicht. Dorothy verbrachte die wärmste Zeit des Jahres mit ihrer Familie in ihrer Heimat in Cape Cod, und Stieglitz fuhr nach Lake George. Er hatte begonnen, sie zu photographieren – meistens in der Galerie, aber wenn Georgia nicht da war, gingen sie mitunter auch ins Shelton.

Dorothy half Stieglitz auf eine Art und Weise, wie es Georgia nie getan hatte. Sie übernahm die Aufgaben einer Sekretärin und Buchhalterin und setzte sich stark für ihn ein. Dabei befreite sie ihn von solchen Dingen wie dem Bezahlen der Telefonrechnungen, dem Drucken der Kataloge und der Kontoüberwachung. Noch wichtiger wurde für Stieglitz allerdings ihre Fähigkeit, Geld aufzutreiben. Während der Zeit der Depression gab es so gut wie keinen Markt für Kunstwerke, und so reichten die Mittel aus dem Galeriefonds oft nicht, um die Miete zu bezahlen. Noch bevor der auf drei Jahre abgeschlossene Mietvertrag 1932 auslief, schickte Dorothy Bittbriefe an Bekannte und Freunde und wandte sich auch an die Zeitungen, um »An American Place« zu retten. Bis zum Mai 1932 hatten beinahe hundert Leute kleinere Summen beigesteuert, so daß die Hälfte des benötigten Betrages bereitstand. Kurz darauf wurde ein neuer Mietvertrag für weitere drei Jahre unterschrieben, nachdem die Miete für das erste Jahr in Höhe von 5500 Dollar garantiert war. Stieglitz, der ständig um die Zukunft der Galerie fürchtete, empfand ihr Fortbestehen als das Wunder des Jahres. Aus Dankbarkeit gegenüber Dorothy ließ er den Mietvertrag in ihrem Namen ausfertigen und machte sie 1933 offiziell zur Geschäftsführerin.

Georgia ärgerte sich immer mehr über die Beziehung zwischen Stieglitz und Dorothy. Sie hatte eine starke Abneigung gegen die um einige Jahre jüngere Frau und betrachtete sie als einen Eindringling, der nicht in den Kreis um Stieglitz gehörte. Schließlich war Dorothy keine Künstlerin. Auf der anderen Seite fühlte sich Dorothy in Georgias Gegenwart gehemmt, da sie deren feindselige Haltung deutlich zu spüren bekam. Im Winter 1930/31 war Georgia so gereizt, daß sie nicht malen konnte. Sie kämpfte darum, den Mut aufzubringen und zum drittenmal nach Taos zu fahren. In diesem Jahr schien sie allerdings zu fürchten, daß sich Stieglitz von ihr entfremdete. Letztlich beschloß sie, nur zwei Monate in New Mexico zu bleiben und schon im Juli nach Lake George zurückzukehren.

In New Mexico hatte Georgia mitunter in den kahlen Sandhügeln bei Alcalde gemalt, einem Dorf etwa 65 Kilometer südlich von Taos. Im Jahr 1931 fuhr sie wieder dorthin und mietete ein kleines Ferienhäuschen auf der H-und-M-Ranch. Eigentümerin der Ranch war die etwa 60jährige Marie Garland, eine Dichterin und Malerin, die aus New England kam. Georgia verbrachte hier sehr viel Zeit mit ausgedehnten Spaziergängen in dem trockenen

Felsengelände. Stundenlang konnte sie auch in ihrem Ford sitzen und malen. Den Beifahrersitz ließ sie dann in ihrem Häuschen zurück, drehte ihren Sitz herum und stellte die Leinwand auf die Rückbank. Da das Auto sehr hoch war, konnte sie sogar eine 75 mal 100 Zentimeter große Leinwand unterbringen. Außerdem ließen die großen Wagenfenster jede Menge Licht zum Malen durch.

Während dieser Zeit schrieb Stieglitz zahlreiche Briefe an Dorothy, die seine Gedanken inzwischen ganz in Anspruch nahm. Einmal sogar verließ er seine vertraute Umgebung und verbrachte ein paar Tage mit ihr in Woods Hole. Dort photographierte er sie auch nackt in einer von Blumen übersäten Wiese. Es sah so aus, als sollte es zwischen ihnen zu einer kreativen Partnerschaft kommen wie einst zwischen Stieglitz und Georgia. Stieglitz brachte Dorothy das Photographieren bei, und so gelangen ihr einige schöne Aufnahmen von ihm und seinem »American Place«. Im Jahr 1932 half er ihr schließlich, ihre Gedichte über Liebe, Religion und Judentum im Eigenverlag herauszugeben.

Mitte Juli erschien Georgia, wie versprochen, auf dem »Hügel«. In diesem Sommer 1931 geschah es, daß sie eines Tages einen Pferdeschädel von der Küche ins Eßzimmer brachte, wo sie ihn für sicherer hielt. Dort hatte ein anderer Gast schon seinen blauen Pyjama zurückgelassen. Sie legte den Schädel auf einen Tisch und ging ins Bett. Am nächsten Morgen war sie gerade mit ihren hübschen Stoffblumen beschäftigt, als sie zur Tür gerufen wurde. Mit einer rosaroten Rose in der Hand, ging sie hinunter. Unterwegs kam sie sich mit der Stoffblume dann aber doch etwas albern vor. Später erinnerte sie sich, wie ihr Blick im Eßzimmer schließlich auf den Schädelknochen fiel: »Beinahe ohne zu überlegen, was ich tat, steckte ich die Blume in das

Auge des Pferdes und ging zur Tür. Als ich zurückkam, war ich von der wundervollen Wirkung der Rose in dem Pferdeauge so beeindruckt, daß ich sofort wußte, dieses Motiv mußte gemalt werden.«

Anfang Oktober kehrte Stieglitz nach New York zurück, wo er unter anderem wieder Nacktaufnahmen von Dorothy machte. Unterdessen war Georgia mit der Köchin noch in Lake George und malte bis in den November hinein Tierschädel. Ihre Beziehung zu Stieglitz war nach acht Jahren Ehe offenbar sehr gespannt. Einmal war sie nach Manhattan gefahren, um einige Gemälde abzugeben. Bei dieser Gelegenheit muß sie Stieglitz irgendwie überrascht oder in Verlegenheit gebracht haben, als sie so unangekündigt in der Galerie oder im Hotel aufkreuzte. Jedenfalls fuhr sie wieder nach Lake George zurück und blieb so lange, bis es Zeit war, ihre 33 neuen Bilder für ihre alljährliche Ausstellung zu rahmen. Die Eröffnung sollte zwei Tage vor Weihnachten stattfinden.

Die Kritiker waren wieder einmal höchst erstaunt und nannten die Bilder, auf denen ein Schädel mit Blume zu sehen war, geheimnisvoll. Einige Rezensenten bezeichneten sie als surrealistisch. Wer Georgia gut kannte, sah in den Bildern eine düstere Todesphantasie und war besorgt oder erblickte in ihnen zumindest Anzeichen für einen zutiefst makabren Humor. Die brüchigen Höhlen, in die eine heitere Hand die Stoffrosen gesteckt hatte, waren schließlich einmal die Ohren, Augen und Nüstern eines Tieres gewesen. Außerdem dienten die Blumen, die Georgia benutzte, in New Mexico in der Regel als Grabschmuck. Henry McBride nannte ihre Ausstellung »Trauer muß Georgia tragen«. Ferner schrieb er, ihr »Mittel gegen die Depression ist, die Depression zu genießen«. Es sah tatsächlich so aus, als ob ihre Lebensfreude nachgelassen hätte, auch wenn sie weiterhin darauf bestand, daß ihr nur der *Anblick* der ausgedörrten Knochen und der künstlichen Blumen Freude bereite und sie keinen anderen Gedanken dabei gehabt habe als den an die Wüste. Sie wies auch darauf hin, daß die Stoffblüten nicht verwelken konnten, während sie mit ihnen arbeitete. Richtige Blumen seien dagegen lebendig und veränderten sich beim Malen.

Nachdem ihre Ausstellung im Februar zu Ende gegangen war, wurden in der Galerie mehr als hundert Photographien von Stieglitz gezeigt. Unter ihnen waren Bilder von dem öden Manhattan der Krisenjahre, einige Aufnahmen von Georgia aus den zurückliegenden zehn Jahren sowie die neuen Photographien von Dorothy Norman. Die Ausstellung brachte deutlich zum Ausdruck, daß der Vater der modernen Photographie ein Gesicht und zwei Hände gefunden hatte, die ihm so wichtig waren wie die von Georgia.

Im Anschluß an ihre Ausstellung von 1932 machte sich Georgia wieder an die Arbeit, aber sie hatte große Mühe und kam nur langsam voran. Der Konflikt zwischen ihrem Privatleben und ihren künstlerischen Ambitionen war größer denn je. Wieder einmal quälte sie die Frage, ob sie im Sommer nach New Mexico gehen sollte oder nicht. Schließlich waren alle überrascht, als Georgia erklärte, sie werde nicht fahren.

Als der Winter vorbei war, machte sie sich auf den Weg nach Lake George, um das Haus für den Sommer vorzubereiten und ihren Schuppen zu reparieren. In jenem Jahr kam auch Stieglitz' lebenslustige Nichte Georgia Engelhard wieder an den See. Die blonde Georgia war mit ihren 27 Jahren eine ausgezeichnete Bergsteigerin und Reiterin.

Die beiden Frauen vertrieben sich zusammen die Zeit und lachten viel. Mit forschem Schritt erwanderten sie sich die Gegend um den See. Sie hatten denselben Geschmack beim Essen und sie malten sogar gemeinsam. Für kurze Zeit war Georgia Engelhard O'Keeffes Schützling und übernahm viel von deren Stil.
Auch bei den Spritztouren mit Georgias Ford hatten die beiden Frauen ihren Spaß. Mitunter fuhren sie bis in das 240 Kilometer entfernte Montreal. Dort kauften sie dann den Alkohol, der in den USA aufgrund der Prohibition noch immer verboten war. Einmal wurden sie von der Polizei an der Grenze erwischt und mußten Strafe zahlen. Seit Georgia in New Mexico Whiskey probiert hatte, trank sie hin und wieder einen Schluck, obwohl Stieglitz dagegen war. Kaum hatten die beiden Frauen Gefallen am Abenteurerdasein gefunden, beschlossen sie, einen Ausflug in den französischen Teil Kanadas zu machen und auf der Gaspé-Halbinsel nach neuen Motiven zu suchen.
Trotz der Bedenken von Stieglitz packten die beiden ihre Malsachen zusammen und fuhren los in Richtung Norden. Sie wählten eine Strecke entlang des Sankt-Lorenz-Stroms und kamen durch herrliche Landschaften mit üppigem Grün. Hin und wieder hielten sie an, um eine weiße Scheune zu malen oder ein paar Stallungen. Über Nacht stiegen sie in den häßlichen viktorianischen Farmhäusern ab. Schließlich erreichten sie die Felsenküste von Gaspé, wo goldene Klippen aus dem Meer ragten, wo Sträucher und Bäume bis in die Brandung hineinwuchsen und das aufgepeitschte Wasser durch die Buchten wirbelte.
Für Georgia O'Keeffe bedeutete es die erste Reise ins Ausland, und sie war von der Schönheit der zerklüfteten Küste so hingerissen, daß sie damals noch erklärte, die Gegend

rege sie ebenso stark zum Malen an wie New Mexico. Während dieser Reise entstanden Bilder von grünen Bergen, brechenden Wogen und von Kreuzen, die zur Erinnerung an ertrunkene Seeleute aufgestellt worden waren. Die Kreuze wirkten irgendwie trostlos, aber sie waren gleichzeitig auf eine rührende Weise geschmückt.

Allerdings mußten die Frauen unterwegs mit dürftigen, unbequemen Unterkünften vorliebnehmen. Außerdem war das Klima im Osten Kanadas wesentlich unfreundlicher als in New Mexico. Oft fühlten sie sich so müde, ausgekühlt und hungrig, daß sie kaum noch malen konnten. Schließlich machten sie sich früher als geplant auf die Heimreise. Falls Georgia wirklich den Drang verspürt hätte, das Nordmeer noch häufiger zu malen, dann hätte sie sicher eine Möglichkeit gefunden. Sie fuhr allerdings nie wieder nach Kanada und malte nur noch selten das Meer.

Einige Künstlerinnen, die seit Jahren eher im verborgenen gearbeitet hatten, kamen Anfang der dreißiger Jahre in New York bereits häufiger zu Ausstellungen. Andere fanden zum erstenmal öffentlich Anerkennung. Zwischen 1930 und 1932 wurden fünf Künstlerinnen in das renommierte National Institute of Arts and Letters (Nationales Institut für Kunst und Literatur) aufgenommen. Dem Institut hatte zuvor nur eine einzige Künstlerin angehört: Anna Hyatt Huntington. In den Jahren 1932 und 1933 wurden dann zunächst Huntington und nach ihr die 78jährige Portraitmalerin Cecilia Beaux zu Mitgliedern der noch exklusiveren American Academy of Arts and Letters ernannt. Die Zeitungen in New York feierten daraufhin Cecilia Beaux als die bedeutendste Künstlerin Amerikas. Henry McBride und andere Kritiker favorisierten eher Florine Stettheimer. Im Verlauf der dreißiger Jahre hatten dann auch noch viele andere Künstlerinnen die Möglichkeit, zu Ansehen zu gelangen, indem sie im Rahmen der verschiedenen Kunstförderungsprogramme des New Deal Kunstwerke für öffentliche Einrichtungen und Plätze schufen. Bei der Vergabe der Gelder achtete die Regierung auf Gleichberechtigung, so daß zu einem bestimmten Zeitpunkt sogar einmal die Hälfte der geförderten Künstler Frauen waren. Zu ihnen gehörten unter anderem die noch jungen Alice Neel und Lee Krasner.

Angeregt durch Georgias Erfolg, begann auch ihre Schwester Catherine zu malen, obwohl sie keinerlei künstlerische Ausbildung hatte. Ende 1932 schickte sie ihre Bilder von Wisconsin aus nach New York, wo sie in den Delphic Studios ausgestellt werden sollten. Die erste Reaktion war allgemeine Betroffenheit. Catherine hatte in erster Linie vergrößerte Blumen gemalt, Winden und verschiedene andere Arten. Die Gemälde sahen aus wie Kopien von Georgias Werken. Nach der Eröffnung der Ausstellung im Frühjahr 1933 erschien die *New York Times* mit der Überschrift »Eine zweite O'Keeffe ist aufgetaucht«. Was auch immer Catherine mit diesem Vorstoß beabsichtigte, Georgia war außer sich vor Wut und brach jeglichen Kontakt zu Catherine ab, bis diese vier Jahre später die Malerei aufgab.

Auch Georgias Schwester Ida hatte sich über die Jahre hinweg weiter mit Kunst beschäftigt. 1932 machte sie im Alter von 42 Jahren ihr Magister-Examen für Bildende Kunst am Columbia University Teachers College. Idas Arbeiten zeichneten sich durch ihren klaren, unverwechselbaren Stil aus, und so kam sie in den dreißiger Jahren zu einem halben Dutzend Ausstellungen.

Georgia sah sich zu Beginn des Jahrzehnts also plötzlich einer Vielzahl von Bildern anderer Frauen gegenüber. Bis zu

jenem Zeitpunkt war sie unter den Künstlerinnen der Moderne die berühmteste gewesen. Es hieß sogar, sie spreche in ihren Gemälden für alle Frauen. Aufgrund der zunehmenden Anerkennung anderer Malerinnen mußte sie indessen ihre Stellung als Ausnahmeerscheinung bedroht sehen.
Etwa um diese Zeit schlug ein Architekt vor, Georgia mit der Ausführung eines Wandgemäldes zu beauftragen. Bis dahin hatten Frauen nur selten derartige Aufträge erhalten, die mit einem hohen Prestige verbunden waren. Die Künstlerinnen hatten folglich nur wenig Gelegenheit gehabt, im größeren Maßstab zu arbeiten. Während der Zeit der Depression wurden dann Hunderte von Aufträgen für Wandbilder in öffentlichen Einrichtungen vergeben. Künstlerinnen, die wie O'Keeffe große Formate bevorzugten, hatten an der Wandmalerei begreiflicherweise ein besonders starkes Interesse. Auch Georgia war jahrelang jedem Hinweis nachgegangen, der sie diesem Ziel einen Schritt näherzubringen versprach.
Anfang der dreißiger Jahre befand sich gerade die Radio City Music Hall im Rockefeller Center im Bau. Als die Öffentlichkeit 1932 erfuhr, daß der Mexikaner Diego Rivera und noch einige andere ausländische Künstler für die Wandbilder engagiert worden waren, ging ein Aufschrei durch das Land. Als Reaktion auf diese Nachricht lud das Museum of Modern Art umgehend 65 amerikanische Künstler und Photographen ein, Skizzen für eine spezielle Wandmalerei-Ausstellung in jenem Frühjahr einzureichen. Unter den Künstlern, die angeschrieben wurden, war auch Georgia O'Keeffe. Obwohl es dabei nicht um eine Ausschreibung für die Radio City Music Hall ging, hofften doch viele der teilnehmenden Künstler, einen Ver-

trag mit dem Bauherrn zu ergattern. Schließlich galt der riesige Theaterbau als das Nonplusultra in modernem Design.

Für die Ausstellung sollte jeder Künstler eine Zeichnung für ein dreiteiliges Wandgemälde einreichen und einen der Teile mit den Maßen 2,30 Meter auf 1,30 Meter fertigstellen. Georgia beeilte sich, die Aufgabe innerhalb der kurzen, sechswöchigen Abgabefrist zu bewältigen. Ihr Wandbild mit dem Titel *Manhattan* zeigte schließlich einen von Wolkenkratzerformen und Rauchwolken verstellten Blick auf den Himmel über New York. Es hatte einige Ähnlichkeit mit ihren früheren New-York-Bildern, war insgesamt aber etwas phantasievoller. In einem Teil des Wandgemäldes trieb ein tief stehender Mond auf ein Gebäude zu, in einem anderen tanzten große Rosen durch die Luft. Der ausgeführte Mittelteil bestand aus einem großen Bürohochhaus, das sich in einem anderen Wolkenkratzer spiegelte und dadurch ein faszinierendes Wechselspiel geometrischer Formen erzeugte.

Die Ausstellung stieß bei der Presse jedoch auf ein vernichtendes Urteil. Die Kritiker schrieben das enttäuschende Resultat der Unerfahrenheit der Künstler mit Wandmalerei sowie dem durch die Abgabefrist entstandenen Zeitdruck und dem politischen Gehalt einiger Werke zu. Dennoch erwähnten mehrere Kritiker Georgias Arbeit als einen der wenigen vielversprechenden Beiträge. Kurze Zeit später meldete sich der für die Music Hall verantwortliche Innenarchitekt, Donald Deskey, bei Georgia. Er bot ihr an, die Wände und die niedere Decke des Schminkraums der Damentoilette im zweiten Zwischengeschoß auszumalen. Begeistert unterzeichnete Georgia den Vertrag, der eine für die Krisenjahre übliche Gage von 1500 Dollar vorsah.

Stieglitz wandte sich ganz entschieden gegen Georgias Absicht. Er mißbilligte die »Demokratisierung« der Kunst und bezeichnete die damalige Bewegung als »jene mexikanische Krankheit, die sich Wandmalerei nennt«. Er hatte sich in jenem Frühjahr ohnehin schon gegen die Errichtung des Rockefeller Centers ausgesprochen. Sie war in seinen Augen nicht zu rechtfertigen, solange die Museen mit äußerst knappen Mitteln auskommen mußten. Stieglitz hatte sich außerdem in den vergangenen sechzehn Jahren darum bemüht, den Preis für ein einziges Ölbild von Georgia so hoch zu schrauben, daß er ein Vielfaches über dem lag, was sie jetzt für das Wandgemälde erhalten sollte. Stieglitz befürchtete, daß die gebotene Summe ihren mühsam erkämpften Marktwert ruinieren könnte. Georgia ließ seine Einwände jedoch nicht gelten. Sie hatte sich schon lange danach gesehnt, einen ganzen Raum gestalten zu können.

Im Sommer 1932 fuhr Georgia mehrere Male von Lake George nach New York, um sich ihren Entwürfen zu widmen. Da die Bauarbeiten nicht vorankamen, wurde die Zeit, die sie bis zur Eröffnung des Theaters hatte, immer knapper. Die Einweihung sollte gegen Ende des Jahres stattfinden, während ihr Arbeitsbeginn auf August festgesetzt worden war. Zehn Wochen hatte Georgia für sich veranschlagt, und so wartete sie voller Ungeduld darauf, daß die Leinwand für sie angebracht wurde.

Erst im November war es dann soweit. Sechs Wochen vor der geplanten Eröffnung der Radio City Music Hall am 27. Dezember konnte sie den fertigen Raum zusammen mit Deskey besichtigen. Die für sie vorbereitete Leinwand war gerade erst angebracht worden. Während sie noch vor einer der Rundwände standen, löste sich ein kleiner Teil der

O'Keeffe vor einem Blumen-Bild
das die Kosmetikfirma Elizabeth Arden
in Auftrag gab (1937)

Georgia O'Keeffe
mit einem ihrer Schädel-Bilder (1931)

O'Keeffe mit einem Ananas-Bild,
einer Auftragsarbeit der Dole Pineapple Company

Georgia O'Keeffe und
Alfred Stieglitz (1936)

O'Keeffe und Stieglitz in der Galerie »An American Place«
(das Foto stammt aus den 40er Jahren)

Bespannung vom Untergrund ab. Nach Monaten des Wartens war Georgia mit den Nerven am Ende. Laut Deskey hatte sie einen hysterischen Anfall. Sie wurde wütend, dann begann sie zu schreien und lief schließlich, in Tränen aufgelöst, davon. Am nächsten Tag rief Stieglitz Deskey an und erklärte ihm, Georgia habe einen Nervenzusammenbruch gehabt. Sie befinde sich zur Zeit in einem Sanatorium und könne daher den Vertrag nicht einhalten. In Wirklichkeit war sie bei ihm in Lake George. Deskey übertrug die Aufgabe schließlich dem aus Japan stammenden Maler Yasuo Kuniyoshi.

Kurz nach ihrem 45. Geburtstag kehrte Georgia Anfang Dezember 1932 allein nach New York zurück. Sie war nervlich überreizt, erschöpft und niedergeschlagen. Sie litt unter heftigen Kopfschmerzen und reagierte überempfindlich auf jede Art von Lärm. Sie befürchtete sogar, daß sie beim Gang durch die überfüllten Straßen den Verstand verlieren könnte. Vier Tage vor Weihnachten verließ sie ihre Suite im Shelton-Hotel und zog zu ihrer Schwester Anita. Anita lebte mit ihrem Mann und ihrer zehnjährigen Tochter in einer luxuriös ausgestatteten Wohnung in der Park Avenue. Ihr Mann war Teilhaber einer Firma in der Wall Street. Ende Januar 1933 ging es Georgia immer noch nicht besser. Sie litt inzwischen unter Atemnot und Appetitlosigkeit. Sie war unfähig, ein paar Schritte zu gehen, und schlief nachts nicht mehr. In der Abenddämmerung des 1. Februar wurde sie ins Doctors-Krankenhaus eingeliefert

Nach dem ersten Sommer in Taos und in Erinnerung an die glücklichen Tage dort hatte Georgia schon geglaubt, daß nichts mehr sie wirklich tief verletzen könnte. Nun hatte eine Kombination aus verschiedenen Problemen sie in eine schwere Depression gestürzt. Zum einen war sie bereits Mitte vierzig, in einem Alter also, in dem viele Frauen unter den Wechseljahren zu leiden haben. In ihr tobte ein Kampf zwischen unterschiedlichen Interessen und Bedürfnissen. Dieser innere Konflikt wurde darüber hinaus noch durch ihre Auseinandersetzungen mit Stieglitz verstärkt. Sie verfiel in eine Art passiven Widerstands, nachdem er ihr einige Wege versperrt hatte. Mit dieser Reaktion schien sie andeuten zu wollen, daß sie eher zugrunde gehen werde, anstatt sich zu beugen.

Auch im Krankenhaus mußte Georgia noch einige Zeit das Bett hüten. In den ersten Tagen wurde nur eine ihrer Schwestern zu ihr vorgelassen. Wahrscheinlich war es Anita. Später durfte auch Stieglitz sie für zehn Minuten pro Woche besuchen. Schließlich fand sie wieder Schlaf, nahm allmählich auch wieder zu und spazierte in den Gängen auf und ab. Eines Tages wagte sie sich dann wieder allein nach draußen.

Noch bevor sie ganz aus dem Krankenhaus entlassen wurde, sah sie sich schon ihre Ausstellung in »An American Place« an, obwohl Stieglitz sie für sie photographiert hatte. Da wegen der Vorbereitungen für das Wandgemälde und Georgias Krankheit viel Zeit verlorengegangen war, enthielt die Ausstellung nur dreizehn neue Arbeiten. Mit Ausnahme zweier weißer Blumen, die für den Schminkraum bestimmt gewesen waren, stammten die meisten dieser Werke von dem Abstecher nach Kanada. Wie gewöhnlich bedachten die Kritiker Georgia mit sehr viel Lob, und Stieglitz druckte einiges davon in einer Broschüre zur Ausstellung nach.

Nach sieben Wochen im Krankenhaus wurde Georgia am 25. März 1933 entlassen. Franklin D. Roosevelt hatte gerade seinen Amtseid als neuer Präsident der USA abgelegt und hundert Tage des wirtschaftlichen Aufschwungs angekündigt. Noch bevor Georgia das Krankenhaus verließ, rief sie Marjorie Content an. Die 38jährige war eine Freundin der Familie Stieglitz und lebte nach ihrer Scheidung mit ihrer Tochter Sue zusammen. Georgia erklärte ihr, sie müsse sich nach ihrer Entlassung unbedingt außerhalb der Stadt erholen. Marjorie lud sie daraufhin ein, auf die Bermudas mitzukommen, wo sie mit ihrer Tochter den Osterurlaub verbringen wollte. Georgia nahm das Angebot an, und so holten die beiden sie direkt vom Krankenhaus ab, um sich noch am selben Tag einzuschiffen.

Auf den Bermudas wohnten sie in einem Bungalow in Cambridge Beach; das Essen nahmen sie im Hotel ein. Während Marjorie und Sue die Insel mit dem Fahrrad erkundeten, erholte sich Georgia langsam in der bereits warmen Sonne. Auf den ruhigen, von tropischen Pflanzen gesäumten Wegen ging sie viel spazieren und sammelte am Strand winzige Muscheln. Schließlich verlängerte sie ihren geplanten Aufenthalt noch um zwei Wochen und kehrte erst Ende Mai zurück.

Während dieser ganzen Zeit war Stieglitz außer sich vor Sorge. Er ahnte, daß Georgia noch lange bräuchte, bevor sie wieder malen konnte. Obwohl ihre letzte Ausstellung es auf die stattliche Zahl von 6000 Besuchern gebracht hatte, konnte Stieglitz kein einziges Bild von ihr verkaufen. Die Wirtschaft des Landes war auf dem Tiefpunkt angelangt. Gerade zu dieser Zeit brauchten Stieglitz und Georgia das Geld am dringendsten, da sie die hohen Arzt- und Krankenhausrechnungen bezahlen mußten. Aus diesem Grund empfand Stieglitz auch die Kosten, die ihm die Lagerung seiner privaten Kunstsammlung verursachte, damals als besonders große Belastung. Eines Tages drohte er, Tausende von Aufnahmen aus der Pionierzeit der Photographie in die Mülltonne zu werfen. Ein Freund von Stieglitz wandte sich daraufhin sofort an das Metropolitan Museum of Art, das die Photographien als Geschenk annahm und sie in seine ständige Sammlung eingliederte. So waren die Aufnahmen endlich doch dort gelandet, wo sie nach Stieglitz' Auffassung von Anfang an hingehört hatten.

Sofort nach ihrer Rückkehr von den Bermudas fuhr Georgia mit Stieglitz nach Lake George. Ihr Arzt hatte ihr absolute Ruhe verordnet und jeden Besuch untersagt. Damit war wenigstens in jenem Sommer genau die Situation geschaffen, nach der sich Georgia immer gesehnt hatte und die an der Seite von Stieglitz so schwer zu erreichen war. Stieglitz fügte sich in sein Schicksal, da er sah, daß Georgia immer noch schnell ermüdete und zu schwach zum Malen war.

Im Spätherbst schaffte es Georgia, New York einen kurzen Besuch abzustatten. Erleichtert stellte sie fest, daß sich ihre Ängste vom Vorjahr gelegt hatten. In New York kam sie auch mit dem gutaussehenden schwarzen Schriftsteller Jean Toomer zusammen, der für sie zu den interessanteren Freunden von Stieglitz zählte. Auf Toomers Bitten hin gab sie ihm die Briefe zurück, die seine junge, rothaarige Frau Margery Latimer an Georgia geschrieben hatte. Georgia war mit der Schriftstellerin aus Wisconsin seit den zwanziger Jahren befreundet gewesen, bis Margery 1932 bei der Geburt ihres Kindes starb. Georgia erneuerte ihre Bekanntschaft mit Toomer, als dieser sie im Dezember in Lake George besuchte. Georgia verbrachte dort den Winter nur in Gesellschaft von Margaret Prosser, um jede Belastung durch ihre Ehe oder den Aufenthalt in Manhattan zu vermeiden. Toomer war früher schon einige Male in Lake George gewesen und hatte es immer für einen Ort gehalten, der viele Möglichkeiten zur künstlerischen Entfaltung bot.

Toomer war damals 39 Jahre alt, ein schlaksiger Mann, dessen Hautfarbe ihn fast wie einen Inder aussehen ließ. Er war ein Schüler des russischen Mystikers Gurdjieff mit sehr viel Humor und Feingefühl. Er hatte eine lyrische Erzählung über den amerikanischen Süden geschrieben, die 1923 unter dem Titel *Cane* veröffentlicht worden war. Mit den meisten seiner späteren Werke fand er jedoch keinen Verleger mehr und hörte schließlich ganz auf zu schreiben.

In Lake George fuhren Georgia und Jean gern mit ihrem Ford über den gefrorenen See oder machten auf der großen, weißen Eisfläche einen längeren Spaziergang, bis sie der kalte Wind und die niedrigen Temperaturen wieder ins Haus zurücktrieben. Am Abend saßen sie zusammen, lachten und erzählten und ließen sich von den herumtollenden Katzen unterhalten. Manchmal las Toomer auch etwas von dem vor, was er tagsüber geschrieben hatte. So entwickelte sich schließlich eine für Georgias Verhältnisse ungewöhnlich enge Beziehung zwischen den beiden.

Einige Tage nach Weihnachten reiste Toomer ab nach Chicago. Georgia schrieb ihm daraufhin in den ersten beiden Januarwochen sieben lange, gefühlvolle und sehnsüchtige Briefe. Es war offenkundig, daß sie ihn sehr vermißte – vor allem aber den plötzlichen Schwall von Wärme, Lachen und Männlichkeit, dem sie zu einer Zeit begegnete, als sie noch außergewöhnlich verletzlich war und sich sehr um das Wiedererlangen ihrer Lebenskraft bemühte. Aber sie wußte auch, daß in ihrem Leben fast nur für die Kunst

Platz war und daß sie es nicht riskieren wollte, sich zu verlieben, solange sie zum Malen zurückzukehren versuchte. So schrieb sie an Jean: »Es sieht so aus, als ob ich in meinem Innern lieber vollkommen leer bliebe, als irgend etwas hineinpflanzen zu lassen, das nicht bis zur vollen Reife gelangen kann.«

Über Weihnachten war Stieglitz für zwei Tage nach Lake George gekommen. Sein 70. Geburtstag am 1. Januar 1934 stand unmittelbar bevor. Er war ein alter Mann geworden mit einem blassen, kantigen Gesicht, dessen weiße Haare bis über den Kragen seines schwarzen Capes fielen. Im Jahr 1923 hatte Georgia einmal gesagt, sie fühle sich wie eine kleine Pflanze, die ihr Wasser von Stieglitz erhalte. Auch zehn Jahre später hatte sich dieses Gefühl trotz aller ehelichen Auseinandersetzungen noch nicht verflüchtigt. Ihre Ehe entwickelte sich zu einer stillen, von gegenseitigem Respekt getragenen Beziehung, obwohl sie oft getrennt waren und viele verschiedene Kontakte hatten.

Ende Januar wagte sich Georgia noch einmal für ein Wochenende nach Manhattan, um bei der Auswahl ihrer Bilder für die Ausstellung des Jahres 1934 mitzuhelfen. Dann floh sie wieder zurück an den See, um am darauffolgenden Wochenende nochmals zum Aufhängen der Gemälde nach New York zu fahren. Obwohl Georgia 1933 so gut wie nichts gemalt hatte, zeigte Stieglitz in treuer Erfüllung seiner Pflichten eine Retrospektive von 45 Bildern, die aus den Jahren 1915 bis 1927 stammten.

Die Ausstellung zog noch mehr Besucher an als die des Vorjahres. Insgesamt wurden 7000 gezählt. Im Gegensatz zu 1933 ging auch das Geschäft gut. Vielleicht hatte Stieglitz seine strengen Maßstäbe hinsichtlich der Käufer etwas gelockert, so daß immerhin einige Fremde in den Besitz von O'Keeffe-Bildern kamen. Im März ging eines der in Taos entstandenen Gemälde an das Metropolitan Museum of Art: *Black Flower and Blue Larkspur* (Schwarze Blume und blauer Rittersporn). Es war der erste O'Keeffe, den das angesehene New Yorker Museum erwarb. Mit dem Verkauf der Bilder verringerten sich auch die finanziellen Sorgen des Paares. Außerdem konnte der Mietfonds für die Galerie wieder aufgestockt werden.

Doch Georgia hatte immer noch nicht wieder mit dem Malen begonnen. Sie spürte eine so große Distanz zu ihrer künstlerischen Tätigkeit, daß sie sich vorstellen konnte, ihre eigenen Bilder zu verleugnen. »Und wenn man einmal so weit gekommen ist, dann muß man wieder ganz von vorne anfangen«, erklärte sie bitter gegenüber einem Reporter, der sie im März besuchte. Aber sie befand sich dennoch auf dem Weg der Besserung. Zurück in Lake George, hatte sie plötzlich genug von der Kälte und der Einsamkeit. Da ein Leben in New York für sie damals nicht in Frage kam, entschloß sie sich, wieder auf die Bermudas zu fahren. Vom Schiff aus schrieb sie an Toomer, sie fühle sich von der sommerlich warmen Sonne »am ganzen Körper gestreichelt«, während sie in einem neuen Badeanzug an Deck lag. Sie riet ihm, sich nach einer anderen Art von Frau umzusehen, und erklärte, sie bewege sich unaufhaltsam und »immer mehr auf eine Art von Einsamkeit zu – nicht, weil ich es so will, sondern weil es keinen anderen Weg zu geben scheint«.

Georgia wohnte in einer großen alten Villa in Somerset, deren Besitzer sie im Jahr zuvor kennengelernt hatte. Von ihrem Bett aus konnte sie sogar das Meer sehen. Sie nahm Sonnenbäder, schlief lange und ging barfuß spazieren. Es war ein Hochgenuß für sie, einen ganzen Ozean zwischen sich und ihrem alten Leben in New York zu wissen. Obwohl sie Farbtuben eingepackt hatte, kam sie nur zu einigen Bleistift- und Kohlezeichnungen. Aber es war immerhin ein Anfang.

Als Georgia die Bermudas Ende April wieder verließ, fuhr sie zunächst für drei Tage nach New York und kehrte dann nach Lake George zurück. In New York traf sie Jean Toomer, der vom Mittleren Westen herübergekommen war. Bei dieser Gelegenheit konnte sie miterleben, daß er inzwischen eine Romanze mit Marjorie Content begonnen hatte, mit der sie im Vorjahr auf den Bermudas gewesen war. Mitte Mai schrieb sie Toomer dann von Lake George aus, sie freue sich aufrichtig für ihn und Marjorie. In ihrem Brief kam sie endgültig zu dem Schluß: »Es ist für uns beide ganz richtig so, wie es jetzt ist.«

Georgia wußte, daß sie bald wieder in den Südwesten fahren würde. Wenn von Stieglitz auch keine Begeisterung für diesen Plan zu erwarten war, so würde er doch wenigstens tolerant sein. Stieglitz wußte inzwischen, daß sein Widerstand sowohl ihrer Gesundheit als auch ihrer Kreativität schadete. Zu Georgias allmählicher Besserung hatte zuletzt auch Stieglitz' kontinuierliche und großzügige Unterstützung ihrer künstlerischen Arbeit beigetragen. Sie äußerte sich in kleinen Gesten wie zum Beispiel darin, daß er ihr zur Anregung eine Lilie oder eine Kamelie mitbrachte. Er bewies seine Loyalität aber auch dadurch, daß er ihre Arbeiten in Retrospektiven ausstellte, so lange, bis sie wieder mit dem Malen beginnen konnte. Wie hoch auch immer der Preis sein würde, er hatte sich der Aufgabe verschrieben, Georgia wieder vollständig der Malerei zurückzugeben.

AUF GHOST RANCH

Fast drei Jahre nachdem sie New Mexico schweren Herzens verlassen hatte, befand sich Georgia wieder auf dem Weg in Richtung Westen. In Begleitung von Marjorie Content war sie im Juni 1934 mit dem Wagen losgefahren. Marjorie hatte eine Schwäche für das Photographieren und das Zelten in New Mexico. Die beiden Frauen bezogen Quartier auf der H-und-M-Ranch in Alcalde, wo Georgia schon 1931 eine Hütte gemietet hatte. Tagsüber gingen sie dann getrennt ihrer Wege und kamen erst abends wieder zusammen, um sich auf ihrem Holzfeuer die Tauben zuzubereiten, die sie vom Verwalter der Ranch erhielten. Georgia machte verschiedene Zeichnungen, unter anderem von einer schwarzen Adlerklaue und einer Bohnenhalskette, die sie in Colorado gekauft hatte. Unterdessen war Marjorie in Gedanken ganz woanders. Ihre Beziehung mit Jean Toomer hatte sich rasch bis zur Verlobung weiterentwikkelt. Jetzt erwartete sie ihn in New Mexico, wo er einige Zeit mit ihr zusammen verbringen und schreiben wollte.
In New York hatten Freunde Georgia von einem Mann erzählt, der auf dem Gelände der Ghost Ranch zu bauen beabsichtigte, und überhaupt sei das der schönste Fleck auf der ganzen Welt. Während aber die einen erklärten, in der Gegend gebe es Geister und die Ranch sei nur schwer zu erreichen, sagten die anderen, es gebe einige Cowboys, die dort lebten. Anstatt Georgia zu entmutigen, machten die

Geschichten sie nur noch neugieriger. Als sie eines Tages in einem kleinen Geschäft einkaufen wollte, entdeckte sie vor dem Haus ein Auto, das die Initialen GR trug. Sie wartete auf den Fahrer und erfuhr schließlich von ihm, daß er tatsächlich von der Ghost Ranch kam. Sie fragte den Cowboy nach dem Weg dorthin, und er erklärte ihr, daß sie von Espanola aus der Straße nach Nordwesten folgen und dann an einem Tierschädel neben der Straße abbiegen müßte. Am nächsten Tag machte sie sich auf den Weg, um die nach ihrer Schätzung etwa 65 Kilometer entfernte Ranch zu suchen. Nachdem sie bei Espanola eine lange Holzbrücke über den trüben Rio Grande überquert hatte, folgte sie einer schmalen, ungeteerten Straße an dem Fluß Chama entlang in Richtung Abiquiu. Nach einem guten Dutzend Kilometern wurde die Straße so schlecht, daß sie nur noch mit einem Radweg Ähnlichkeit hatte. Dann kam Georgia auf eine weite Ebene, die zur Linken von einem dunkel aufragenden Berg begrenzt wurde. Vor ihr und zur Rechten standen korallenfarbene Felspfeiler wie Wachtposten in der Landschaft. Schließlich fuhr Georgia einen steilen Weg hinunter und erreichte eine zweite grasbewachsene Ebene, in der einige Pinien, Zedern und Wacholderbäume ein kümmerliches Dasein fristeten. An einem Felsen entdeckte sie hier plötzlich den Schädel und bog nach rechts ab. Vorsichtig fuhr sie über eine Brücke aus Holzstämmen. Nachdem sie dem Weg noch eine Weile gefolgt war, stieß sie endlich auf die niederen Gebäude einer Ranch. Unmittelbar hinter diesen erhob sich ein einsamer, golden glänzender Tafelberg. Georgia war von dem herrlichen Tal, in dem sie sich befand, hellauf begeistert. Später erklärte sie, sie habe sofort gewußt, daß sie eines Tages dort leben würde.

Es stellte sich heraus, daß die Gebäude zu einer noch betriebenen Ranch gehörten, die gerade verkauft worden war. Der neue Besitzer hieß Arthur Newton Pack. Er war ein reicher Mann von der Ostküste und gab als einer der ersten Naturschützer die Zeitschrift *Nature* heraus. Pack hatte das Anwesen zu einer Luxus-Ferienranch mit kleinen Bungalows und Reitpferden für zwanzig Gäste ausgebaut. In der näheren Umgebung gab es noch wilde Pferde, Esel und Bergschafe. Auch Kojoten und Klapperschlangen waren keine Seltenheit. Um zum nächsten Telefon oder zur nächsten Telegraphenstation zu gelangen, mußte man erst die 65 Kilometer bis Espanola auf einer ungeteerten und gefährlichen Straße zurücklegen. Aber mitten in dieser von der Außenwelt fast völlig abgeschnittenen Gegend bot Pack seinen Gästen den größtmöglichen Komfort. Kurze Zeit später legte er noch eine Landebahn für sein leichtes Fairchild-Flugzeug an. Das Gemüse für die Mahlzeiten im Haupthaus kam aus dem fruchtbaren Umland, und die Fleischversorgung war durch eigene Tierhaltung gewährleistet. Darüber hinaus kamen die Gäste oft in den Genuß von Wild und Wildenten.

Georgia erkundigte sich, ob sie in nächster Zeit einmal eine Nacht auf der Ranch verbringen könnte. Die Antwort lautete, am nächsten Tag werde ein Zimmer im sogenannten Geisterhaus, dem ältesten Gebäude der Ranch, frei. Sie könne es für eine Nacht haben. Der Überlieferung zufolge war in dem Haus eine Familie ermordet worden. Weiter hieß es, daß dort jetzt hin und wieder eine Frau mit einem Kind auf dem Arm umgehe. Vermutlich verdankte die Ranch dieser Geistererscheinung ihren Namen. Sie hieß auf spanisch »El Rancho de los Brujos«, die Ranch der Magier. Im Englischen war daraus Ghost Ranch geworden.

Am nächsten Tag war Georgia wieder zurück. Jede weitere Stunde, die sie jetzt auf der Ranch verbrachte, war wie eine Bestätigung ihres ersten Eindrucks. In der Nacht reiste plötzlich eine Familie ab, weil sich bei ihrem Sohn Anzeichen einer Blinddarmentzündung eingestellt hatten. Georgia übernahm sofort die freigewordenen Zimmer und fuhr nur kurz auf die H-und-M-Ranch zurück, um ihre Sachen zu holen. Am 1. September wurden Marjorie und Jean in Taos von einem beschwipsten Friedensrichter spanischer Abstammung getraut. Georgia und der Künstler Paul Jones aus Espanola waren Trauzeugen.
Während der ersten Wochen auf Ghost Ranch wanderte Georgia jeden Tag mehrere Kilometer. Wenn es ihr unterwegs zu warm wurde, nahm sie ein Bad in einem der schmalen Bewässerungsgräben. Auf der Suche nach geeigneten Plätzen zum Malen fuhr sie mit dem Auto in einsame Seitencanyons oder bis dicht an die unbezwingbaren Felswände heran. Von ihren Streifzügen durch die Wüste brachte sie auch wieder alle möglichen Fundstücke mit: seltene Steine, knorrige Äste und Tierknochen. Nach dem Abendessen stieg sie gern auf eine der hohen Mesas (Tafelberge). Von hier aus sah sie dann zu, wie die untergehende Sonne die wärmsten Farben des weiten Tals hervorzauberte.
Die meiste Zeit war Georgia allein und malte. Gegen sieben Uhr morgens zog sie los, solange es noch kühl war. Am Ziel angekommen, stellte sie ihr schwarzes Auto an einer Felswand oder neben einem der vielen roten Hügel ab und kam erst wieder gegen fünf Uhr nachmittags auf die Ranch zurück. Sie war vor allem von den Farben beeindruckt, die es auf der Ranch zu entdecken gab. An Arthur Dove schrieb sie, die Farben seien genauso wie jene, die sie beide

öfter benutzten – neben den verschiedenen Braun- und Orangetönen kämen sehr viel Gelb, Violett und ein sanftes Grün vor.
In der Nähe der Farm erstreckten sich zahlreiche niedrige Hügel, die wegen ihrer Unfruchtbarkeit »Badlands« (Schlechtes Land) genannt wurden. Sie bestanden aus stark erodiertem Schiefer und Sandstein. Wind und Regen hatten sie zu runden Hügeln geformt, auf denen jeder Fußabdruck schnell wieder verwischte. Wenn Georgia an einer der steilen Seiten hinaufgeklettert war, konnte sie das Gefühl haben, inmitten einer noch vollkommen unberührten Welt zu stehen. Sobald eine Wolke vorüberzog, leuchteten die Hügel blutrot, dann wechselten sie wieder zu einem fleischigen Blaßrosa. Georgia war von diesen sanften Erhebungen jedenfalls ganz entzückt.
Die Künstler von der Ostküste dachten zumeist, daß die roten Hügel leicht darzustellen seien, da sie bereits wie gemalt aussahen. Georgia fand jedoch bald heraus, daß das ein Irrtum war. Die Erosionskräfte und die Wolken am Himmel machten die Hügel veränderlich und wechselhaft. Von 1934 an versuchte Georgia, ihrem Wesen künstlerisch auf die Spur zu kommen. Manchmal malte sie die Senken wie die Mulden, Kurven und Falten des menschlichen Körpers. Im Jahr 1935 entstand das Bild eines kleinen, korallenroten Hügels, an dem sich eine alte, kümmerliche grüne Kiefer festklammert, und darüber wölbt sich der azurblaue Himmel. In den folgenden Jahren malte Georgia die kahlen Hügel in leidenschaftlichem Orange, ließ sie wie heiße Kohlen erglühen und kombinierte sie mit einem Baumstumpf, einer Mesa, einer Wolke, Blumen oder Knochen unter einem blauen oder bedeckten Himmel.
Als der Sommer vorbei war, bat sie Spud Johnson, sie nach

Lake George zurückzufahren. Spud war einverstanden, zumal er seit sechs Jahren nicht mehr in New York gewesen war. Der hagere Mann hatte ein intelligentes, schmales Gesicht und ausdrucksvolle braune Augen. Er wohnte in einem hübschen, kleinen, weiß verputzten Haus in Taos, in dem er auch seinen unveröffentlichten Roman, seine Gedichte, sämtliche Bücher und seine Sammlung von Spielzeugpferden aufbewahrte und wo er sogar noch eine Handpresse aufgestellt hatte. Nach sechs Tagen Autofahrt und einem Zwischenaufenthalt bei den Doves im Norden des Staates New York erreichten Georgia und Spud Lake George. Stieglitz kam eigens aus der Stadt, um sie am See zu begrüßen.

Bis zu Stieglitz' Tod wich Georgia nur noch selten von dem festen Schema ab, das sie 1934 gefunden hatte. In jedem Frühling brach sie jetzt mit ihren Farbtuben und mehreren Rollen Leinwand nach New Mexico auf. Im Herbst kam sie dann mit den fertigen Bildern auf dem Rücksitz wieder, so daß Stieglitz sie der Welt vorführen konnte. Manchmal ließ sie sich von einem Freund fahren, oder sie machte sich allein auf die Reise. Unterwegs übernachtete sie auf Auto-Campingplätzen; mitunter mietete sie sich auch ein Zimmer. Es machte ihr großes Vergnügen, Amerika auf diese Weise kennenzulernen, und so wählte sie jedesmal eine andere Strecke. Im Alter von 90 Jahren konnte sie dann zufrieden feststellen, daß sie fast jeden Winkel der USA gesehen hatte.

Gelegentlich besuchte sie noch ein paar Freunde in Taos, in der Regel mied sie den Ort jedoch, den sie wegen Mabel Dodge-Luhans hervorgehobener Stellung auch »Mabeltown« nannte. Vor allem hatte Georgia keinerlei Interesse an den vielen kleinen Reibereien und Dramen, die dort an

der Tagesordnung waren. Statt dessen freundete sie sich auf Ghost Ranch mit Arthur Pack an, der im gleichen Alter war wie sie. Arthur hatte die besten Ivy-League-Schulen besucht, er war liebenswürdig und mochte den Umgang mit Menschen. Während Georgias erstem Sommer auf der Ranch brannte Arthurs Frau mit dem Hauslehrer durch, den die Packs für die Erziehung ihrer Kinder eingestellt hatten. Enttäuscht und vereinsamt verließ Arthur das eheliche Domizil und quartierte sich in einem kleinen Häuschen ein, das näher am Hauptgebäude der Ranch lag.
In seinen Erinnerungen an das Leben auf der Ranch schrieb Arthur: Georgia »versuchte wie ein Freund zu sein und brachte mir eines Tages sogar ein Geschenk, die perfekte Zeichnung eines Kuhschädels, den ich auf der Stelle zum Symbol und Markenzeichen der Ghost Ranch erklärte«. Seine private Krise fand im Sommer des folgenden Jahres ein glückliches Ende, als er eine junge, rothaarige Besucherin namens Phoebe kennenlernte und später heiratete. In all den Jahren, die Georgia auf der Ranch verbrachte, ging sie gern zu Arthur, wenn sie in Gesellschaft sein wollte, und unterhielt sich stundenlang mit ihm über alles mögliche von der Religion bis zum Rancherdasein. Georgia zog es vor, schon eine Stunde bevor die Glocke ertönte, zu Abend zu essen, und zwar zusammen mit den Cowboys, Dienstmädchen und Gärtnern. Deren Schweigen bei Tisch war ihr allemal lieber als das »Lärmen« der Gäste. Dennoch lernte Georgia einige der anderen prominenten Besucher kennen, unter anderem den berühmten Piloten Charles Lindbergh und seine Frau Anne. Viele kamen aus Packs Heimatstadt Princeton in New Jersey, so zum Beispiel der Meistersegler und Fuchsjäger Robert Wood Johnson mit seiner immer fröhlichen, begeisterungs-

fähigen Frau Maggie. Die Johnsons waren so hingerissen von der Ranch, daß sie sich sogar ein zweistöckiges Sommerhaus dort bauten. Maggie hatte gemeinsam mit Steichen schon in der Modephotographie gearbeitet und mit Pack Naturaufnahmen gemacht. Fasziniert von Georgias Kunst, beobachtete sie sie manchmal beim Malen.

Georgia war auch gern in Gesellschaft des wohlhabenden, um zehn Jahre jüngeren David McAlpin, der sich gerade erst hatte scheiden lassen. McAlpin hatte sich seit seiner Studentenzeit an der Princeton University als Kunstsammler betätigt und wirkte später auch an der Gründung der Photographie-Abteilung am Museum of Modern Art mit. In den Jahren 1935 bis 1938 war er im Sommer jeweils auf Ghost Ranch. Bei Sonnenaufgang und am Abend ritt er mit Georgia öfter aus oder unternahm Spaziergänge mit ihr.

Noch in New York lernte Georgia im Jahr 1935 auch die 31jährige geschiedene Margaret Adams-Bok kennen, die mit ihren drei Kindern in Philadelphia lebte. Dave McAlpin hatte sie zu einem Abendessen bei Georgia und Stieglitz im Shelton-Hotel mitgebracht. Georgia fand die um einige Jahre jüngere Frau sehr sympathisch. Im Sommer des darauffolgenden Jahres besuchte Peggy Bok Georgia auf Ghost Ranch, und schließlich wurde daraus ein traditionelles Treffen, das sich jedes Jahr wiederholte. Aufgrund ihrer Ausbildung als Sängerin teilte sie Georgias Interesse an der Musik und lernte von ihr einiges über die Kunst der Wahrnehmung. Zwischen den beiden Frauen entstand eine herzliche Beziehung, wobei Georgia Peggy mitunter wie eine Tochter zu behandeln schien.

Auch Ansel Adams, den Georgia gemeinsam mit seiner Frau in Taos kennengelernt hatte, verbrachte einige Zeit

auf der Ranch. Der große, schlanke Photograph mit seinem dunklen Bart war fünfzehn Jahre jünger als Georgia und hatte ein angenehmes, umgängliches Wesen. Im Frühjahr 1933 hatte er Stieglitz einige seiner frühen Photographien gezeigt und bekam schließlich im Jahr 1936 eine Ausstellung in »An American Place«. Zwischen den beiden Photographen entwickelte sich ein enges Verhältnis voll gegenseitiger Bewunderung, und Adams räumte später ein, daß er viele seiner technischen Kenntnisse Stieglitz zu verdanken habe. Auf Ghost Ranch lieh Georgia Adams öfter ihren Wagen, wenn er auf eine Photo-Exkursion gehen wollte.
Für seine Gäste organisierte Pack auch gern Expeditionen. Gelegentlich nahm Georgia an den Ausflügen teil, ohne allerdings etwas zu malen, da dafür meist nicht genügend Zeit zur Verfügung stand. Von besonderem Interesse waren für sie die verschiedenen Zeremonien der Indianer. So erlebte sie den Schlangentanz der Hopi ebenso wie den Maistanz der Santo-Domingo-Indianer mit, bei dem sich Hunderte von Männern und Frauen den ganzen Tag zum Gesang und zum rhythmischen Stampfen der Füße bewegten. Georgia war so sehr eins mit sich selbst, daß sie sich in der Gesellschaft eines Indianers genauso wohl fühlte wie in der eines reichen Mannes aus der Oberschicht.
Im Sommer 1937 machten Ansel Adams, Dave McAlpin und Georgia einen gemeinsamen Ausflug durch die Indianergebiete im Westen New Mexicos und in Arizona und besuchten auch eine alte Goldgräberstadt im Süden Colorados. Ihr Führer war Orville Cox, der indianische Vorfahren hatte und über ein großes Wissen verfügte. Adams machte viele Aufnahmen von Georgia, die ein schwarzes Tuch um ihre Schultern gelegt hatte und einen schwarzen Sombrero trug. Seine Bilder zeigen eine lachende, ent-

spannte, ausgelassene Georgia, die so vollkommen anders war als auf den düsteren Portraits, die Stieglitz einige Jahre zuvor in Lake George gemacht hatte. Georgia war im Westen der USA ganz offensichtlich in ihrem Element.
Im Frühjahr 1938 erlitt Stieglitz eine weitere Herzattacke mit anschließender Lungenentzündung. Georgia engagierte eine Krankenschwester und blieb bis Anfang August bei Stieglitz in Lake George. Allerdings konnte sie damals kaum noch etwas davon abhalten, jedes Jahr eine gewisse Zeit in New Mexico zu verbringen. Als sie schließlich aus Lake George wegkam, war es zum Malen schon recht spät. Aus diesem Grund gab es bei der Ausstellung im darauffolgenden Winter nur wenige neue Ölbilder zu sehen. Im Oktober war sie mit Adams, McAlpin und Godfrey Rockefeller, einem jungen Geschäftsmann aus New York, für einen mehrtägigen Reitausflug nach Carmel in Kalifornien gefahren. In Yosemite Valley erhielten sie Pferde sowie einige Packesel mit Proviant für siebzehn Tage. Zu jener Jahreszeit war das unberührte Hochland mit seinen üppigen Wiesen, klaren Seen und den Berggipfeln aus Granit bereits mit einer dünnen, im Sonnenschein glitzernden Schneeschicht überzogen. In einem Brief an eine Freundin beschrieb Georgia, wie das Laub der Zitterpappeln vor dem harten Blau des Himmels und der grellweißen Schneefläche wunderbar gelb leuchtete.
In seine zweite Einzelausstellung in »An American Place« hatte Stieglitz Ende 1934 keine Photos von Dorothy Norman aufgenommen. Anstatt dessen zeigte er ein halbes Dutzend neuerer Aufnahmen von Georgia, als wollte er damit beweisen, daß seine Ehe immer noch in Ordnung war. In jener Zeit begann sich die Wirtschaft des Landes zu erholen. Die Bilder von O'Keeffe und Marin verkauften sich

wieder besser als in den Jahren zuvor. Es war nicht mehr soviel Aufwand nötig, um neue Quellen für den Mietfonds der Galerie zu erschließen, und Dorothy Norman erschien seltener im Büro. Voller Begeisterung verfolgte sie indessen den Plan, eine Zeitschrift herauszugeben. Im Jahr 1937 erschien schließlich die erste Nummer ihres *Twice a Year: A Journal of Literature, the Arts, and Civil Liberties*. Das Magazin für Literatur, Kunst und Bürgerrechte behauptete sich immerhin gut zehn Jahre auf dem Markt. Da Dorothy immer noch viel für Stieglitz empfand, widmete sie ihm die Zeitschrift. Im Sommer schrieb sie ihm Briefe nach Lake George, und im Winter kam sie häufig in die Galerie. Im Jahr 1939 schenkte sie ihm sogar ein Klappbett, das er in seinem Büro aufschlagen konnte.

Für Georgia war Dorothy Norman auch weiterhin ein rotes Tuch. Sie gestattete nicht, daß Dorothy in die Galerie kam, solange sie dort eine Ausstellung vorbereitete oder ihre spezielle Farbmischung zum Streichen der Wände zusammenstellte. Einmal erschien Georgia mit Dave McAlpin bei einer großen Party in der New Yorker Wohnung von Nancy und Beaumont Newhall, den beiden Photographie-Kuratoren des Museum of Modern Art. Als Georgia Dorothy erblickte, machte sie auf dem Absatz kehrt und fuhr wieder nach Hause. Obwohl Stieglitz auch weiterhin gern mit jungen Damen Bekanntschaften schloß, wurde keine dieser Beziehungen je wieder so eng wie die mit Dorothy Norman.

Als Georgia Anfang 1935 nach New York zurückkehrte, beschloß sie, die beiden kleinen Zimmer im Shelton aufzugeben. Ihr künstlerisches Augenmerk war inzwischen ganz auf den Südwesten ausgerichtet, und so hatte sie auch das Interesse an dem herrlichen Ausblick verloren, den das

Shelton bot. Georgia brauchte außerdem mehr Platz zum Arbeiten. Vor allem aber war eine Küche notwendig geworden. Stieglitz lag jetzt öfter krank zu Bett und mußte von einer Haushälterin versorgt werden, wenn Georgia nicht da war. Nachdem sie auch wieder mit dem Malen begonnen hatte, konnten sie sich ohnehin eine richtige Wohnung und etwas mehr Komfort leisten.

Stieglitz haßte immer noch jede Veränderung. Georgia bestand hingegen auf einem Wohnungswechsel, und so zogen sie im Herbst 1936 in eine Penthouse-Wohnung in der East 54th Street 405, nur einen Häuserblock vom East River und dem vornehmen Sutton Place entfernt. Die Wohnung lag in einer ruhigen Gegend. Sie hatte ein paar große, helle Räume und eine Dachterrasse, die rundherum verlief und einen wunderbaren Blick auf den East River und die Queensboro Bridge ermöglichte.

Da Stieglitz den Umzug nicht hatte verhindern können, tat er so, als habe es sich um eine extravagante Laune Georgias gehandelt. Er beklagte sich darüber, daß die Wohnung kalt sei, daß Georgias einfacher Geschmack sie ziemlich teuer komme und daß er ein Taxi nehmen müsse, um zu seiner fünf Häuserblocks entfernten Galerie zu gelangen. Uneinigkeit gab es auch bei der Gestaltung der Terrasse. Während Georgia nichts zwischen sich und dem Himmel haben wollte, verlangte Stieglitz ein Geländer als Ergänzung zu der Ligusterhecke und dem Palisadenzaun, die rund um die Terrasse herum verliefen. Alles deutete aber darauf hin, daß es ihr Apartment war. Die Telefonnummer lautete auf ihren Namen, während unter »Stieglitz« nur der Apparat in der Galerie eingetragen war. Seine Verwandten nahmen wohl zu Recht an, daß Georgia die Miete bezahlte, da sein Einkommen nach wie vor nur bei

ein paar tausend Dollar pro Jahr lag. Die Beziehung zwischen Georgia und Stieglitz hatte längst die Vorzeichen geändert: So wie er ihr früher geholfen hatte, griff sie nun ihm unter die Arme.
Die Wohnzimmerfenster gingen nach Norden und Osten. Sie blieben ohne Gardinen und ließen daher ein angenehm weiches Licht herein. Durch die weißen Wände, die schwarzen Schonbezüge auf den wenigen Sitzmöbeln, den dunkelbraun glänzenden Boden, die niederen Tische und die Navajo-Läufer erhielt der Raum eine betont einfache Note, die an japanische Einrichtungen erinnerte. Der äußerst reizvolle Anblick des Zimmers wurde um die Osterzeit noch verstärkt, wenn es sich mit allen möglichen Frühlingsblumen füllte. Die Ziergegenstände auf den Möbeln wurden ständig ausgetauscht. So tauchten jeweils für ein paar Tage ein Stein, ein Knochen oder eine Muschel auf und verschwanden dann wieder. Wenn Besuch kam und Georgia ihre Arbeit nicht allzu lange unterbrechen wollte, warf sie einfach ein weißes Tuch über ihre Staffelei, die Palette und die anderen Malutensilien.
Samstagabends brachte Stieglitz gewöhnlich ein paar Freunde und Bekannte mit, die am Ende noch in der Galerie gewesen waren. Oft schlossen sich Emil Zoler, Louis Kalonyme, Carl Zigrosser und Jerome Mellquist an. Manchmal kamen auch Marin, Dove und Hartley mit, wenn sie gerade in der Stadt waren. Zunächst gingen die Männer dann zusammen in Stieglitz' deutsches Lieblingsrestaurant, oder sie bekamen in der Wohnung etwas zu essen. Da die Galerie erst wieder am Sonntagnachmittag öffnete, saßen sie oft bis spät in die Nacht zusammen und unterhielten sich. Nachdem die Nazis sich Ende 1938 Österreich und einen Teil der Tschechoslowakei einverleibt hat-

ten, scharten sich die Freunde meistens um das Radio, um die jüngsten Schreckensmeldungen aus Europa mitzubekommen. Georgia saß in der Regel schweigsam abseits in einer Ecke. Die Besucher hatten zwangsläufig den Eindruck, daß sie von den »Abenden« nicht besonders begeistert war. Diese Beobachtung traf zweifelsohne besonders an den Tagen zu, wenn Stieglitz früh müde war und sich zurückzog, während sie aufbleiben und den Gesprächen lauschen mußte, bis der letzte gegangen war.

In jenen Jahren lernte Georgia William Einstein kennen, einen jungen Maler, der 1932 von Paris nach New York gezogen war. Obwohl der kleine Mann keinen bedeutenden Eindruck machte, verfügte er über ein großes Wissen. Er war zudem sehr einfühlsam und ein charmanter Gesprächspartner, der sich für die Menschen, die er mochte, gerne Zeit nahm. Stieglitz war so angetan von ihm, daß er ihm die Arbeit mit den Gemälden in der Galerie anvertraute, ihm 1936 eine Ausstellung gab und ihn auch in seinem Testament berücksichtigte. Einstein hatte Georgia ebenso gern wie Stieglitz und gab sich große Mühe, ihre »Schüchternheit« zu überwinden, wie er es nannte. Einstein wollte Georgia unbedingt mit seinem Freund, dem Bildhauer Alexander Calder, bekannt machen, und so brachte er ihn eines Abends mit. Kurze Zeit nach dieser ersten Begegnung sandte ihr Calder eine große Messingbrosche, die er zu den Buchstaben »OK« geformt hatte. Georgia war von dem Schmuckstück ganz begeistert und trug es fortan zu allen Kleidern.

Georgia wußte sehr gut, daß Stieglitz von ihren Arbeiten immer noch fasziniert war, vielleicht sogar mehr als irgendein anderer. Er blieb ihr wichtigster Fürsprecher, der ihr Werk (»die Grundlage ihrer Ehe«, wie es einmal ein

Freund nannte) jederzeit verteidigte und in der Öffentlichkeit gebührend hervorzuheben verstand. Außerdem stellte er einmal im Jahr oder auch öfter Bilder von ihr aus. Aber während die Gesamtzahl der Besucher der Galerie abnahm, zeigte sich auch, daß Georgia sein Trumpf-As war. Sie war diejenige, die die meisten Interessenten anlockte und die meisten Bilder verkaufte. Aus diesem Grund legte er ihre Ausstellung oft auf den Februar, in eine Zeit, in der die Besucherzahlen sonst sehr niedrig gewesen wären.

Georgia und Alfred hatten beide noch immer dieselben künstlerischen Interessen, die sie vor Jahren zusammengeführt hatten und für sie auch weiterhin Quelle der gegenseitigen Anregung waren. Wenn sie sich in der zweiten Hälfte der dreißiger Jahre zusammen in Lake George aufhielten, photographierte er sie häufig. Er gab ihr Farn, Gänseblümchen, Äpfel oder Erdbeeren in die Hand, so als ob sie die Mutter Erde symbolisierte. Erst im Jahr 1938 war er schließlich so schwach geworden, daß er seine schweren Kameras für immer aus der Hand legen mußte.

An manchen Tagen, wenn sie allein waren und Harmonie zwischen ihnen herrschte, war Georgia versucht, Lake George nicht zu verlassen – doch dann ging wieder das Telefon, es kamen Besucher, Stieglitz geriet in Aufregung und vertiefte sich in lange Gespräche, und letzten Endes war sie froh, sich wieder in die ruhige, vom Sonnenschein durchtränkte Wüste zurückziehen zu können.

Georgia hatte jedes Jahr große Mühe, alle Vorbereitungen für die Reise zu treffen. Der Abschied fiel dann oft beiden schwer. Georgia muß sich manchmal gefragt haben, ob sie Stieglitz bei ihrer Rückkehr überhaupt noch lebend wieder antreffen wurde. Auf die Frage, warum sie nicht bei ihrem kränklichen Mann bliebe, erklärte sie gewöhnlich nüchtern, sie könne nicht malen, wenn sie an seiner Seite sitze und seine Hand halte. Sie bezweifelte auch, daß es ihm überhaupt helfen würde. Schließlich wußte sie, daß sein Gefühl der Verlassenheit noch andere Ursachen hatte. Ohne Rücksicht auf ihre Gefühle für ihn mußte sie auch das enorme Arbeitspensum bewältigen, das er ihr in den ersten gemeinsamen Jahren auferlegt hatte und das alles andere in den Hintergrund drängte. Wenn er ihr schrieb, daß er sich einsam fühle, antwortete sie ihm gelassen, sie wünschte, er könnte hier bei ihr in New Mexico sein. Gegenüber Freunden erklärte sie oft: »Ich war in Lake George, aber Stieglitz ist nie nach New Mexico gekommen.«

In Georgias Abwesenheit bezeichnete sich Stieglitz gern als Märtyrer für »die Kunst«. Mit finsterer Miene erklärte er vor anderen, die wahrhaft gute Ehe – also die Ehe, die auf der Selbstverwirklichung beider Partner beruhe – sei eine tragische Verbindung, weil sie die Gatten oft trenne. Dann seufzte er gewöhnlich und gab zu, daß er lieber nur sechs Monate im Jahr mit Georgia zusammen sei als zwölf Monate mit jemand anderem. Jeden Morgen las er in Lake George als erstes ihren täglichen Brief und beantwortete ihn. Bis zu seinem Tod hatten die beiden mehr als 3400 Briefe und Telegramme ausgetauscht. Oft saß er im Farmhaus allein für sich neben dem Telefon, abseits der anderen, in die Jahre gekommenen Mitglieder des Stieglitz-Clans. Er las, schrieb Briefe oder ließ das Grammophon laufen. Wenn die Sonne schien, machte er gelegentlich auch einen kleinen Spaziergang. Einige der älteren aus seiner Familie kritisierten Georgia und nannten sie egoistisch, während die jüngeren eher die Tatsache akzeptierten, daß sie als Künstlerin ihre Freiheit brauchte.

In New Mexico sprach Georgia nur selten so von Stieglitz, wie andere Frauen von ihren Männern reden. Sie sagte zum Beispiel nie »mein Mann«. Sie zeigte sich nur selten besorgt um seine Gesundheit und witzelte dagegen gern über seine Eigenarten. Die meisten ihrer Bekannten nahmen an, er sei ihr gleichgültig, und konnten sich nicht erklären, warum die beiden verheiratet waren. Die Ehe schien ihnen einer Beziehung zwischen Geschwistern ähnlicher zu sein als der zwischen Mann und Frau. Aufgrund von Georgias strengem Habitus konnten sie sie sich weder als Stieglitz' Geliebte noch als die eines anderen Mannes vorstellen. Mit ihren fast fünfzig Jahren pflegte sie zwar viele Freundschaften mit jüngeren Männern, aber diese waren zumeist sehr viel jünger, glücklich verheiratet oder homosexuell, so daß Gerüchte über Affären meist gar nicht erst aufkamen.

Im ersten Sommer, den Georgia nach ihrer Krankheit wieder in New Mexico verbrachte, hatte sie nur wenig gemalt. Ihre Ausstellung im Jahr 1935 enthielt daher nur neun neue Zeichnungen und Gemälde. In der darauffolgenden Saison hatte sie dann schon fast ihre alte Form wiedergefunden. Zu den siebzehn neuen Bildern von 1936 gehörten auch eine gelbe Sonnenblume, eine weiche Truthahnfeder, die aus einem glänzenden indianischen Topf ragte, und einige kleinere, verspielte Ölbilder von den Kachina-Puppen der Hopi-Indianer. Die amüsanten Portraits, die Georgia darüber hinaus noch malte, waren für ihre Freunde ein Zeichen, daß sie sich wieder in blendender Verfassung befand.

Auch Blüten und Knochen tauchten wieder auf. Doch die Blumen waren nicht mehr unecht, und die Schädelknochen sahen aus wie reine Sinnestäuschungen, vor allem in dem Bild *Ram's Head, White Hollyhock, Hills* (Widderkopf, weiße Malve, Hügel). Lewis Mumford schrieb darüber am 18. Januar 1936 in *The New Yorker:* »Der Mittelpunkt der ganzen Ausstellung ist das Gemälde eines Widderkopfes, der vor grauen, windzerzausten Wolken schwebt und dessen Hörner wie Flügel zu schlagen scheinen; daneben befindet sich eine weiße Malvenblüte. Sowohl in der Komposition als auch in der Ausführung ist dies eines der großartigsten Bilder, die O'Keeffe je gemalt hat.«

Einige Leute interpretierten den Widderschädel und die Malve als die gegeneinander ankämpfenden Kräfte des Lebens und des Todes, die auch die Künstlerin während ihrer Krankheit zu spüren bekommen hatte. Für sie waren die Bilder Ausdruck ihrer »triumphalen Genesung«, wie es Jerome Mellquist formulierte. In der für Georgia typischen Weise erklärte sie später immer wieder, die Komposition sei »einfach irgendwie zusammengewachsen«. Sie widersprach auch der Interpretation der Symbole und wies darauf hin, daß eine leicht welkende Blüte eher den Tod und ein harter Knochen eher das Leben darstellen müßte.

Georgia kam immer besser in Schwung, und schließlich waren außer einem alle einundzwanzig Bilder ihrer nächsten Ausstellung neu. Die Ausstellung fand Anfang 1937 statt, im selben Jahr also, in dem Georgia ihren 50. Geburtstag feierte. Unter den gezeigten Werken war auch *Summer Days* (Sommertage), das Bild eines Hirschschädels, der zusammen mit einem Strauß roter und gelber Sommerblumen scheinbar federleicht zwischen weißen Wolken schwebt und wie eine Fata Morgana wirkt.

Im darauffolgenden Sommer malte sie *From the Faraway Nearby* (Aus der nahen Ferne), ein riesiges Elchgeweih, das in die Luft aufgestiegen zu sein schien und dann vor einer

Morgendämmerung aus zarten Rosa- und Blautönen zum Stillstand gekommen war. Darunter lagen schneebedeckte Berge in außerordentlich klarer Sicht. Ebenso wie die anderen Bilder von schwebenden Schädeln schien auch dieses von einem höhergelegenen Punkt aus gemalt worden zu sein – so, als ob die Künstlerin selbst von einem flimmernden Hitzeschwall über die Wüste getragen worden sei. Einige Betrachter erinnerte das Werk an die christliche Lehre von der Wiederauferstehung und ihre frohe Botschaft vom ewigen Leben. Verglichen mit früheren Werken waren die Farben in diesen Gemälden weniger kräftig und die Formen weniger aufdringlich, so daß die gesamte Stimmung wesentlich heiterer und gelassener wirkte. Auf Georgias Leinwand breitete sich mehr Licht aus als je zuvor, und sie hatte ein neues Gefühl für die Weiträumigkeit entwickelt. Einen Mittelgrund gab es in ihren Bildern nicht: die Gegenstände schienen in der kristallklaren Wüstenluft entweder ganz nah oder ganz fern zu sein. Der Schmetterlingsperspektive ihrer Blumenbilder stand jetzt eine Adlerperspektive gegenüber.

Georgia hatte schon seit langem die Angewohnheit, jeweils nur wenig über ihre unmittelbaren Pläne zu verraten. So ergab es sich Ende Juli 1937, daß sie auf Ghost Ranch ankam und kein Quartier mehr frei war, da sie Arthur Pack nicht benachrichtigt hatte. Zunächst schlug sie vor, eines der Ferienhäuschen räumen zu lassen. Doch dann bot ihr Pack an, in dem Rancho de los Burros zu übernachten, in dem Haus also, das er zusammen mit seiner ersten Frau fünf Kilometer vom Hauptgebäude der Ranch entfernt gebaut hatte. Georgia war einverstanden, und so begleitete er sie, um ihr das kleine hufeisenförmige Lehmziegelhaus aufzuschließen. Die weiß verputzten Räume des Gebäudes waren um einen Innenhof herum gebaut, und von dem riesigen Schlafzimmerfenster aus fiel der Blick direkt auf eine wilde Felsformation. »Als ich es sah, wußte ich sofort, das mußt du haben«, erinnerte sich Georgia später. »Ich kann die Leute nicht verstehen, die etwas unbedingt haben wollen, aber dann nicht zugreifen. Ich griff zu.« Georgia verbrachte den ganzen Sommer in dem Haus. Sie hatte eine junge spanische Haushälterin namens LaVerna und sah ansonsten nur wenig Leute. Die reiche Ausbeute an Gemälden enthielt 1937 auch einige Huldigungen an das Haus, zum Beispiel eine Außenansicht unter dem Titel *The House I Live In* (Das Haus, in dem ich wohne).

Die Packs hatten sich diesen Platz zum Bauen ausgesucht, weil man von hier einen herrlichen Blick auf einen Tafelberg im Jemez-Höhenzug hatte, der »Pedernal« hieß. Er lag etwa sechzehn Kilometer entfernt, in südöstlicher Richtung, jenseits einer Grassteppe mit niedrigen Bäumen und einer kleinen Hügelkette. »Sehen Sie nur meinen Vorgarten!« rief Georgia stolz, wenn sie Besuchern diesen Blick zeigte. Sie begann, ihn zu malen, und gab den Bildern dieselbe Bezeichnung: *My Front Yard*. Die Erosion hatte den oberen Teil des Tafelbergs in einem bizarren Winkel fast ganz abgetragen. Georgia nannte ihn einmal einen »vollkommenen blauen Berg« und begann, ihn als Motiv zu benutzen. Sie malte sein zur Seite geneigtes Haupt und seine Schräghänge zusammen mit roten Hügeln, Blumen, mit Mond und Sternen, manchmal unter einem blauen und manchmal unter einem grauen Himmel. »Es ist mein ganz privater Berg«, scherzte Georgia in hohem Alter. »Er gehört mir. Gott hat zu mir gesagt, wenn ich ihn oft genug male, kann ich ihn behalten.«

Im Norden erhoben sich zerfurchte Felsenberge bis in eine

Höhe von etwa 200 Metern. Sie endeten in gezackten Spitzen und Türmen und sahen aus wie die Sandburg eines Riesen. Georgia entdeckte rasch, daß sich die Farben der Felswand je nach dem Stand der Sonne leicht veränderten. Sie schwankten zwischen hellen Gelbtönen, zwischen Pfirsich- und Korallenfarben, zwischen Rosarot und Braunrosa sowie zwischen Grau und Schwarz. Wenn die Sonne unterging oder hinter einer Wolke verschwand, wurden sie kräftiger und dunkler. Den ganzen Tag spielten Schatten über die Felsen, wurden länger und kürzer. Georgia wußte, daß alles, was sie sah, Wirklichkeit war. Gleichzeitig hatte die Szenerie aber etwas so Außergewöhnliches, daß sie sich im nächsten Moment wieder wie in einem Traum fühlte. »Ein ganz netter Hinterhof!« flachste sie gern mit den Gästen und erklärte stolz, einen solchen Anblick gebe es in ganz New Mexico kein zweites Mal.

Mit der Zeit wurde es zu einem regelrechten Ritual, daß sie Freunde mit auf das flache Dach des Hauses brachte und es wie eine Terrasse benutzte. Dann holte sie eisgekühlten Obstsaft in Krügen nach oben, verteilte Decken und stellte eine Leuchte auf. Im Verlauf der Jahre ging sie dazu über, in einem Schlafsack auf dem Dach zu übernachten. So hatte sie immer gleich den von Sternen übersäten Himmel über sich, wenn sie nachts einmal aufwachte. Außerdem konnte sie die fahlen Schatten des Mondlichts beobachten, wie sie über die Felsen wanderten, und am Morgen sah sie die Sonne über der Gegend aufgehen, die sie »meine wunderbare Welt« nannte.

Im Innern des Hauses, wo sie sich ungestörter fühlte, arbeitete Georgia sehr intensiv. Während ihres ersten Sommers auf dem Rancho de los Burros beschrieb sie auch ihre fortgesetzten Bemühungen, einen verwachsenen Zedernbaum zu malen, den sie von ihrem Fenster aus sehen konnte. In ihrem Brief vom 29. Juli 1937 berichtete sie Stieglitz: »Ich male gerade eine alte, abgestorbene Zeder vor einem Hintergrund aus jenen violetten Hügeln, die ich schon so oft gemalt habe. Es ist derselbe Baum, von dem ich vor längerer Zeit bereits eine Zeichnung gemacht habe, als ich zum ersten Mal hier war – ich habe gestern und heute daran gearbeitet – es sieht vielversprechend aus. Es ist eine jener Sachen, mit denen ich mich in meinem sogenannten Geiste schon länger herumtrage...« Eine Version nannte Georgia *Gerald's Tree* (Geralds Baum), da der irische Intellektuelle Gerald Heard öfter im Sand an der Zeder auf und ab gegangen war und dort geschrieben hatte. Heard konnte aufregende Geschichten erzählen und besaß sehr viel Humor.

In jenem Sommer machte Georgia auch Bekanntschaft mit dem britischen Schriftsteller Aldous Huxley und dessen Frau. Huxley kannte das Ehepaar Lawrence aus Europa und war damals zu Besuch bei Frieda und ihrem Angelito in Taos. Huxley war ein großer, schlanker Mann. Er ging leicht nach vorne gebeugt und trug dicke Brillengläser. Georgia war indessen auf ihre guten Augen immer stolz gewesen und maß dieser Tatsache als Künstlerin auch große Bedeutung bei. Eine Sonnenbrille lehnte sie ab, weil sie dadurch in der Wahrnehmung der Farben behindert worden wäre. Sie dachte auch nur mit Schrecken daran, daß sie im Alter möglicherweise eine Lesebrille bräuchte. Eine Zeitlang führte Georgia jedenfalls sehr sorgfältig die Übungen aus, die der New Yorker Arzt Dr. W. H. Bates für die Augen entwickelt hatte. Von ihm stammte auch das 1920 erschienene Buch *Perfect Sight Without Glasses* (Perfekt sehen ohne Brille). Möglicherweise auf Georgias Empfehlung hin ging Huxley von 1938 an zu einem Bates-Experten. Im Jahr 1942 erschien dann ein Buch von Huxley, in dem dieser erklärte, seine Sehkraft habe sich aufgrund der Bates-Methode so stark verbessert, daß er keine Brille mehr bräuchte. Zwar verachtete Georgia Huxley, weil der blasse Engländer die Wüste um Taos nicht mochte und sie als »feindlich« bezeichnete, aber sie schenkte sein Buch mindestens einer ihrer kurzsichtigen Freundinnen oder Freunde.

Georgias Befürchtungen, sie könnte eines Tages von einer anderen Künstlerin in den Schatten gestellt werden, hatten sich bisher als unbegründet erwiesen. Die meisten Kritiker der späten dreißiger Jahre beschrieben ihr Werk immer noch als meisterhaft und verglichen es mit einem Wunder. Georgia war außerdem an zahlreichen Gruppenausstellungen von San Francisco bis Paris beteiligt. Während zu den sonstigen Ausstellungen in »An American Place« hauptsächlich die gebildeten Kunstliebhaber erschienen, lockten ihre Bilder auch das breite Publikum an. Sehr zu Georgias Verlegenheit waren auch Gesundbeter und andere Spiritisten darunter, die vor allem an den okkulten Schädeln Interesse fanden.

In den Kreis der Mäzene war inzwischen auch die Zarin der Kosmetikbranche, Elizabeth Arden, eingetreten. Sie hatte ein Petunienbild von Georgia erworben und es zum Mittelpunkt ihrer Art-deco-Wohnung in der Fifth Avenue gemacht. Bereits im Jahr 1936 hatte sie ein großes Gemälde mit vier weißen Blüten und grünen Blättern für den Arden-Lehrsalon in New York gekauft. Stieglitz, der ebenso wie Frau Arden eine Schwäche für Rennpferde hatte, war es gelungen, einen Preis von 10000 Dollar auszuhandeln.

Dem Kunstkritiker Ralph Flint fiel insbesondere der stechende Kontrast zwischen Georgias spartanischem Äußeren und der gut erhaltenen Erscheinung der um zehn Jahre älteren Sammlerin auf, die reichlich Schmuck trug und kunstvoll frisiert war. Während Elizabeth Arden ihre Haut mit Cremes und Lotionen verwöhnte, setzte Georgia ihr Gesicht unbeeindruckt der aggressiven Sonne des Südwestens aus, die laut Flint Georgias »fast den Eingeborenen gleiche« Schönheit zum Vorschein gebracht hatte.

Berichte über Georgia erschienen inzwischen nicht mehr ausschließlich in New Yorker Zeitungen, in Kunstzeitschriften und Publikationen der geistigen Elite, sondern auch in Massenblättern. Georgias Bekanntheitsgrad wurde immer größer. Anfang 1938 veröffentlichte das Magazin *Life* einen photographischen Essay über sie und druckte gleichzeitig eine Reproduktion des Bildes von dem Pferdeschädel mit der rosaroten Rose. Als Georgia kurz danach ihr Auto in der Werkstatt in New York abholen wollte und dem Mechaniker ihren Namen nannte, rief dieser: »Was! Aber ich kenne Sie doch!« Zu ihrer Überraschung erklärte er, er habe das Bild aus dem Magazin ausgeschnitten und in seinem Wohnzimmer aufgehängt.

Es war für Georgia auch eine große Freude, als ihr der Präsident des College of William and Mary in Williamsburg, John Stewart Bryan, den Ehrendoktor für Bildende Kunst anbot. Seit ihrem High-school-Zeugnis bedeutete dies den ersten akademischen Titel für Georgia. Sie antwortete daher, daß sie sehr angenehm überrascht sei und daß sie zur Verleihung gern an den Ort ihrer Jugend zurückkehren werde.

Anläßlich der Verleihungsfeier im Mai 1938 kamen auch drei von Georgias Schwestern noch einmal in die Stadt, in die ihre Eltern sie Anfang des Jahrhunderts so voller Hoffnung mitgenommen hatten. Anita, die viele Bilder von Georgia besaß, nahm mit ihr den Nachtzug von New York nach Virginia. Ida und Claudia, von denen die eine in New York, die andere in New Jersey lebte, kamen einen Tag später an. Claudia sollte im darauffolgenden Jahr nach Kalifornien ziehen und dort einen Kindergarten eröffnen. Alexius, der ein schwaches Herz hatte, war 1930 im Alter von 37 Jahren gestorben und hatte eine kleine Tochter und eine schwangere Frau hinterlassen. Nachdem sie fast ein halbes Jahrhundert als Lehrerin gearbeitet hatte, war kurz zuvor auch Tante Lola gestorben. Georgias älterer Bruder Francis hatte sich scheiden lassen und war von New York aus nach Havanna gezogen, um dort als Architekt zu arbeiten. Im Jahr 1936 heiratete er eine reiche Kubanerin.

Georgia lehnte es ab, bei der Feier eine Rede zu halten, aber sie hatte dafür gesorgt, daß acht ihrer Ölbilder gezeigt werden konnten. Nach der akademischen Prozession über einen von Ulmen beschatteten Rasen hielt Bryan im ehrwürdigen Sir-Christopher-Wren-Gebäude die Laudatio. Darin erklärte er unter anderem: »In dieser ruhigen Atmosphäre erhielten [Georgias] visuelle Begabung und Kunstfertigkeit die erste Gelegenheit zu reifen.« In Wirklichkeit hatte sich ihr Talent *trotz* Williamsburg entfaltet. Solange sie dort mit ihren Eltern gewohnt hatte, waren nämlich nur ihre Brüder zum Studium in dem reinen Männer-College zugelassen worden.

Aufgrund ihres Bekanntheitsgrades erhielt Georgia Ende der dreißiger Jahre mehrere Angebote von Wirtschaftsunternehmen. So gehörte sie unter anderem zu einem Kreis von einigen Dutzend Künstlern auf der ganzen Welt, die von der Firma »Steuben Glass« angeschrieben und um ein

Design gebeten wurden. Georgia zeichnete eine zarte, weit geöffnete Lilie, die schließlich den Boden von sechs großen, niederen Kristallschalen zierte.
Im Sommer 1938 wandte sich die Werbeagentur N. W. Ayer an Georgia. Einer ihrer Werbekunden, die »Dole Pineapple Company«, lud damals Künstler zu einem Aufenthalt auf Hawaii ein. Als Gegenleistung sollte Georgia für den Ananasproduzenten zwei Bilder von Hawaii malen, damit diese dann für Werbezwecke benutzt werden konnten. Nachdem Georgia einige Reiseprospekte von der Inselgruppe studiert hatte, nahm sie das Angebot an. Vielleicht war sie von der Tatsache fasziniert, daß dort Hunderte von Pflanzenarten wuchsen, die nirgendwo sonst auf der Welt vorkamen. Nachdem Georgia ihre jährliche Ausstellung gehängt und Stieglitz in die Obhut von Margaret Prosser übergeben hatte, fuhr sie Anfang Februar 1939 mit dem Zug an die Westküste und ging dort an Bord eines Schiffes nach Honolulu.
Georgia schrieb begeisterte Briefe aus Hawaii und berichtete von einem Paradies aus unübersehbaren grünen Blätterwäldern und seltenen, fremdartigen Blüten. Nach kurzer Zeit schon war sie in ihre Arbeit vertieft. Sie malte gelbe Hibiskusblüten mit offen daliegenden Staubgefäßen, weiße Lotusblüten, goldene Hundsgiftgewächse, glühend rote Heliconia und sogar Ferokakteen – aber keine Ananas.
Und dafür gab es einen Grund. Nachdem Georgia bereits einige Wochen in Honolulu verbracht hatte, entdeckte sie die Ananasplantagen der Firma Dole auf der anderen Seite der Insel. Am folgenden Tag erklärte sie dem jungen Mann von der Werbeagentur, der ihr als Helfer zur Seite gestellt worden war, daß sie in der Arbeitersiedlung am Rande der Plantagen leben wolle, da es zu weit sei, die Strecke jeden

Tag zu fahren. Die Firma fühlte sich jedoch den gesellschaftlichen Regeln auf Hawaii und der damit verbundenen Klassentrennung verpflichtet und untersagte daher ihrem Gast aus New York, bei den Pflückern zu wohnen. Als der Agenturangestellte Georgia die Entscheidung mitteilte und ihr erklärte, daß nur Arbeiter Zutritt zur Siedlung hätten, gab Georgia verärgert zurück, daß sie auch eine Arbeiterin sei. Es kam noch zu einem heftigen Wortwechsel, so daß der junge Mann später versuchte, die Wogen zu glätten, indem er der Künstlerin eine Ananas vorbeibrachte. Georgia erklärte jedoch, die Frucht sei inzwischen »von Menschenhand berührt«, und wies sie empört zurück.

Als Georgia nach einem dreimonatigen Aufenthalt wieder in New York war, entschloß sie sich, Dole zwei Gemälde zu schicken: eine rote Ingwerpflanze und einen grünen Papaya-Baum. Die Firma antwortete daraufhin, sie sei entzückt von dem ersten Bild, aber nicht von dem zweiten. Schließlich benutze eine Konkurrenzfirma Papayas für ihre Anzeigen. Man bitte daher um ein Bild von einer Ananas. In gereiztem Ton schrieb Georgia zurück, sie hätte die Einladung nach Hawaii nie angenommen, wenn sie vorher gewußt hätte, daß sie eine Ananas malen müßte. Unterdessen hatte sich der Art Director der Agentur Ayer, Charles Coiner, telefonisch mit Honolulu in Verbindung gesetzt. Auf seine Anweisung hin wurde innerhalb von 36 Stunden eine riesige, blühende Ananasstaude per Luftfracht nach New York geschafft und in Georgias Wohnung abgeliefert – kein leichtes Unterfangen für die damalige Zeit. Georgia gab zu, daß die langen, dornigen Blätter mit dem Blütenstand in der Mitte überraschend schön aussähen. Daraufhin malte sie eine Ananasknospe für Dole, und die Firma benutzte das Bild ebenso wie einige andere O'Keeffes für

ihren Jahresbericht und für ihre Anzeigen in den überregionalen Zeitschriften.
Georgias nächste Ausstellung enthielt auch Bilder von einigen exotischen Pflanzen aus Hawaii. Henry McBride rühmte die Ausstellung und schrieb: »Die Welt liegt Georgia O'Keeffe zu Füßen.« Dennoch muß sie gewußt haben, daß ihre Tropenbilder qualitativ nicht mit denen aus New Mexico mithalten konnten. Keines der Bilder fand auf Anhieb einen Abnehmer, und sie zeigte sie auch nur noch selten in der Öffentlichkeit.
Während Georgia auf Hawaii war, hatte Stieglitz einige Bedenken hinsichtlich des Unternehmens und ahnte schon im voraus, daß sie sich noch für einen weiteren Ort begeistern würde. Aber er wartete auch gespannt darauf, ihre neuen Bilder sehen zu können. Als sie schließlich im April 1939 zurückkehrte, mußte er jedoch mit Bestürzung feststellen, daß sie gereizt, nervös und erschöpft war. Nicht nur die Auseinandersetzung um die Ananas hatte diesen Zustand verursacht; es gab auch noch andere Gründe. Sie hatte Mühe mit dem Essen und litt außerdem unter Schlaflosigkeit und ständigen Kopfschmerzen. All diese Symptome erinnerten an die Alarmzeichen, die ihrem ersten Zusammenbruch vorausgegangen waren. Die häufigen Ortswechsel des zurückliegenden Jahres – New York, New Mexico, Kalifornien, Hawaii – hatten offenbar zu einer Überreizung ihrer hochempfindlichen Nerven geführt. Im Mai ordneten ihre Ärzte strikte Bettruhe an und untersagten für die nähere Zukunft jegliche Reise. Im Sommer machte ihre Erholung langsam Fortschritte. Sie lag auf einer Klappliege auf der Dachterrasse ihrer Penthouse-Wohnung, umgeben von der grünen Hecke und geschützt von dem weißen Palisadenzaun, und ließ sich von der Sonne wärmen. Als es

ihr wieder besser ging, machte sie öfter einen einsamen Spaziergang im Morgengrauen, vorbei an den rußbedeckten Häusern der Stadt. Sie mied allerdings gesellschaftliche Kontakte und sah nur ihren Arzt und Stieglitz, der ohne sie nicht nach Lake George fahren wollte.

Von einem Komitee der New Yorker Weltausstellung wurde Georgia damals unter die zwölf bedeutendsten Frauen der zurückliegenden fünfzig Jahre eingereiht. Auf der Liste standen auch so klangvolle Namen wie Eleanor Roosevelt und Helen Keller. Außerdem wurde Georgias Bild *Sunset, Long Island* (Sonnenuntergang, Long Island) ausgewählt, um den Staat New York bei der Weltausstellung zu repräsentieren. Es zeigte eine rotglühende Sonne über einer hügeligen Dünenlandschaft.

Ende August 1939 hatte sich Georgia so weit erholt, daß sie nach Lake George fahren konnte, und im Oktober begann sie wieder zu malen. Ihre im Vergleich zu 1933 relativ rasche Genesung verdankte sie zum Teil vielleicht auch der Tatsache, daß sie inzwischen die berühmteste und erfolgreichste Malerin Amerikas war.

ABIQUIU

Nachdem sich Georgia von ihrem anstrengenden Hawaii-Aufenthalt erholt hatte, war sie nicht mehr in der Stimmung, sich noch weitere exotische Gegenden zu erschließen. Folglich kehrte sie im Sommer 1940 wieder auf die Ghost Ranch zurück. Bei ihrer Ankunft entdeckte sie zudem, daß »ihr« weites Tal noch genauso schön war wie in den Jahren zuvor. Allerdings mußte sie feststellen, daß andere in dem Rancho de los Burros eingezogen waren, obwohl sie das Haus schon fast als ihr rechtmäßiges Eigentum angesehen hatte. Also machte sie den Packs das Angebot, es zu kaufen. Da sich das Haus wegen seiner isolierten Lage nur schwer vermieten ließ, war das Ehepaar auch ohne weiteres einverstanden.

In der Übertragungsurkunde vom 30. Oktober 1940 stand, daß die rund drei Hektar, die nun Georgia gehörten, im Norden, Westen und Süden vom Ranchland der Packs und im Osten vom Carson National Forest begrenzt wurden. Georgia ging davon aus, daß all diese Gebiete aufgrund ihrer Trockenheit auch in Zukunft nicht erschlossen würden. Gerüchten zufolge bezahlte Georgia für ihre Wüstenranch 6000 Dollar – den Gegenwert eines bedeutenderen O'Keeffe-Gemäldes. Aber sie wußte, daß das nur ein Bruchteil des wirklichen Wertes sein konnte. Das Haus war ein solider Bau aus Lehmziegeln und besaß handgeschnitzte Fensterstürze sowie einige andere schöne Schmuckdetails.

Georgia genoß das Gefühl, daß sie jetzt immer wieder an den Ort zurückkehren konnte, der ihr so viel bedeutete. In jenem Sommer malte sie hauptsächlich Bilder von ihrem ersten eigenen Heim. Eines der liebevoll ausgeführten Gemälde zeigt ein Stück der Ziegelwand, einen Pfeiler des Innenhofs und einen Kamin. Kaum war das Haus in ihren Besitz übergegangen, ließ sie das Eisentor entfernen und ein oder zwei Wände herausreißen, um Platz für ein geräumiges Atelier zu schaffen. Das Haus erhielt einige zusätzliche kleine Räume; außerdem wurden hohe, schmale Feuerstellen eingebaut. Die Decken bekamen einen weißen Anstrich. Bis zum Jahr 1943 hatte Georgia in jedem Raum mindestens eine Wand herausbrechen und durch Glasscheiben ersetzen lassen. Die Nord- und die Westwand ihres Schlafzimmers waren vollkommen aus Glas. Damit hatte sie nun endgültig ihr Traumhaus realisiert.

Einige Besucher erinnerte das Haus wegen seiner kargen Einrichtung an ein Kloster. Ihnen erklärte Georgia voller Zufriedenheit, daß es in ihrem Haus nur die Dinge gebe, die sie unbedingt zum Leben bräuchte. Auch nach einigen Jahren enthielten die Räume nicht viel mehr als massive Holztische zum Arbeiten, einfache weiße Baumwollvorhänge und Tagesdecken sowie mehrere, von den Navajos handgewebte Läufer und hier und da ein leuchtend rotes Kissen. Dafür hatte sie überall ihre Knochen, Steine, Tierschalen, Federn, Kiefernzapfen und Holzstücke ausgelegt.

In ihrem Patio, dem Kern ihres hufeisenförmigen Hauses, ließ Georgia wildes Grammagras, graugrünen Beifuß und Stechapfel wachsen. Da sie der Meinung war, der Mensch könne die Natur nicht verbessern, durften sich die Pflanzen in alle Richtungen ausbreiten. Nur einmal legte sie rote

Steine um den Stechapfel herum. Das giftige Unkraut besaß eine weiße Blüte, die sich abends öffnete und die sie gerne malte. Vögel bauten ihre Nester im Schutz des überhängenden Daches, und auf den Baumstümpfen, die Georgia als Sitzgruppe im Innenhof aufgestellt hatte, sonnten sich Eidechsen und Schlangen.

Als sie drei Jahre vor der Übernahme zum erstenmal in dem Haus einquartiert war, hatte sie noch viele Mahlzeiten im Hauptgebäude der Ranch eingenommen. Nun begann sie jedoch, neben ihrer Arbeit noch zusätzlich einen Haushalt zu führen, um ihre geliebte Privatsphäre nicht verlassen zu müssen. Diese neue Betätigung war indessen alles andere als ein Kinderspiel. Ihr Wasser mußte sie sich selbst pumpen, und es gab auch keinen Strom. Außerdem bot der Boden keine ausreichende Grundlage für einen eigenen Garten, und so mußte man die 65 Kilometer bis Espanola auf schlechten Straßen zurücklegen, um wenigstens an Obst- und Gemüsekonserven heranzukommen. Für frische Lebensmittel war sogar eine Strecke von 200 Kilometern bis Santa Fe hin und zurück zu bewältigen.

Manchmal war Georgia vollkommen von der Außenwelt abgeschnitten – eine gefährliche Situation ohne Telefon. Nach einem sommerlichen Wolkenbruch konnte es passieren, daß die Wassermassen über die Felsen hinter ihrem Haus herabstürzten. In den Trockentälern und den Bewässerungsgräben wurden sie dann zu reißenden Bächen, die mitunter auch die Straßen überfluteten. Außerdem gab es reichlich Gelegenheit, von einer Klapperschlange gebissen zu werden. Dennoch verabscheute es Georgia, diese lebensgefährlichen Tiere zu töten. In der Nähe des Hauses lebten eine oder zwei Klapperschlangen, die sich manchmal auf den warmen Steinen einer Feuerstelle niederließen. Georgia lud sie dann auf eine Schaufel und beförderte sie aus dem Innenhof hinaus. Wenn Bekannte aus New York sich überrascht zeigten, daß eine Künstlerin mit solchen Schwierigkeiten fertig werden konnte, erklärte Georgia ganz stolz, daß sie von Leuten abstamme, die mit den Händen gearbeitet hatten.

Bald war Georgia klar, daß sie jemanden für die zeitraubende Hausarbeit einstellen mußte. Im Jahr 1940 war Georgia einmal zum Mittagessen bei Mary Wheelwright auf deren Ranch im Tal von Alcalde eingeladen. Die gut 60jährige Frau besaß mindestens einen O'Keeffe. Bei ihr lernte Georgia Maria Chabot kennen, eine rauhe, braunäugige Texanerin zwischen zwanzig und dreißig Jahren, die für Mary Wheelwright die Ranch führte. Kurze Zeit später nahm Georgia Maria in ihre Dienste. Maria fühlte sich Georgia stark verbunden, zumal sie mit ihr die Freude an der Gegend und das Interesse an einem unabhängigen Leben teilte. Da sie auch von Georgias Werken begeistert war, reiste sie später im Winter häufig nach New York und Chicago, um Georgias Ausstellungen zu besuchen.

Die junge Frau kochte, putzte und kaufte für Georgia ein. Außerdem versorgte sie die Reitpferde, die Georgia jeweils für den Sommer auslieh, und kümmerte sich auch um die wilden siamesischen Katzen, die Georgia als Haustiere aufgenommen hatte. Als Georgia einen batteriebetriebenen Generator anschaffte, war Maria diejenige, die das unzuverlässige Gerät nach Einbruch der Dunkelheit in Gang setzen mußte. Damit hatte Georgia nun ausreichend Zeit zum Malen, im ganzen etwa elf bis zwölf Stunden pro Tag.

Wenn das Licht zum Malen zu schwach geworden war, ritten die beiden Frauen gern an hochgelegene, unberührte

Stellen, die mit dem Auto oder zu Fuß nicht zu erreichen waren. Die junge, furchtlose Maria verlieh der inzwischen über fünfzig Jahre alten Georgia zusätzlichen Mut. Manchmal fuhren sie auch mit dem Wagen los, um einen Wasserfall zu besichtigen, der sich nach einem plötzlichen Regenguß gebildet hatte. Hin und wieder übernachteten sie unterwegs, wenn sie einen Sonnenuntergang beobachten und am nächsten Morgen miterleben wollten, wie das erste, fahle Tageslicht eine bestimmte Mesa aus dem Dunkel treten ließ. Bei Abiquiu verbrachten sie mitunter mehr als einen Tag in der Nähe von bizarren grauweißen Lavaformationen aus der Vorzeit. Von 1940 an malte Georgia diese Formationen verschiedene Male sowohl im Licht als auch im Schatten und nannte sie »the White Place«, den weißen Ort.

Einige Jahre zuvor war Georgia auf mehrere dunkle Hügel mit sandbedeckten Schliffen gestoßen, die etwa 240 Kilometer nordwestlich der Ranch im Gebiet der Navajos lagen. Sie sah die Hügel als schwarze und silberne Formen, über die weiße, rosa und goldene Linien hinwegliefen, und war begeistert von ihnen. Für diese trockene, trostlose Gegend fand sie schließlich den Namen »the Black Place«, der schwarze Ort.

Oft luden Georgia und Maria Brennholz, Wasserkanister, Lebensmittel, Leinwände, Seile, Liegen, Werkzeuge, Farbtuben, eine Staffelei und manchmal sogar eine Katze in den Kombiwagen und fuhren zu den dunklen Hügeln. Dort angekommen, lief Georgia gewöhnlich eine Weile umher, um das Gebiet zu erkunden. Anschließend begann sie zu malen. Wenn es heiß war, mußte sie öfter eine Pause machen, um einen Schluck Wasser zu trinken oder um sich ein paar Minuten in den Schatten zu legen. Sobald die

Sonne unterging, aßen sie zu Abend. Dann spießten sie sich manchmal einige mit Schinkenspeck umwickelte Rehfleischstücke auf lange Stecken und brieten sie über dem Feuer.

Im Winter 1942 stellte Georgia drei frühe Bilder dieser Gegend aus: sanfte, unscharf und realistisch gemalte Hügel in grauer und weißer Tönung zwischen einem Stück blauem Himmel und der hellbraunen Erde. Einige Jahre später malte sie dann mit sparsam eingesetzten Mitteln das meisterhafte Bild *Black Place III* (Schwarzer Ort III), ein Spiel aus scharfen senkrechten Zickzacklinien und fließenden waagrechten Formen. Dafür verwendete sie ein tiefes Schwarz, Blutrot und Schneeweiß. Fünf Jahre danach malte sie noch einmal dasselbe Motiv, allerdings in den Farben Rosa und Grün.

In einem der ersten Sommer, die Georgia auf dem Rancho de los Burros verbrachte, stellte sie zufrieden fest, daß nur solche Besucher bis zu ihr vorstießen, die sich bei der Suche große Mühe gaben. Wenn Freunde sie dann schließlich gefunden hatten, blieben sie in der Regel aber auch ein oder zwei Tage oder noch länger. Im Herbst 1940 leistete ihr zum Beispiel der in seiner Art unterhaltsame William Einstein Gesellschaft. Es war das Jahr, bevor die USA in den Zweiten Weltkrieg eintraten. Einstein hatte Paris schon lange vor dem Einmarsch der Nazi-Truppen verlassen. Im November 1940 neigte sich Georgias Saison im Südwesten wieder dem Ende zu. Nachdem sich das Meldendickicht an den Straßenrändern golden eingefärbt hatte und wilde, violette Astern aufgeblüht waren, riß sie sich von ihrer Ranch und dem kreativen, ruhigen Leben in New Mexico los und kehrte nach New York zurück.

Etwa ein Jahr später, am 7. Dezember 1941, bombardier-

ten die Japaner Pearl Harbor, und die USA traten in den Krieg ein. Im darauffolgenden Sommer gestaltete sich auch das Leben auf Ghost Ranch immer schwieriger. Die Hilfskräfte wurden zum Militär eingezogen, so daß weniger Männer für die schwere körperliche Arbeit zur Verfügung standen. Da das Benzin rationiert war und es in dem abgelegenen Tal auf jeden Tropfen ankam, wurden Pferde für die Fortbewegung unentbehrlich. Außerdem mußte jeder seine Butter- und Fleischmarken sorgfältig einteilen.
Ein Jahr zuvor hatte Georgia noch geglaubt, sie sei in New Mexico weit vom Krieg entfernt. Doch im Sommer 1942 gab es dann genügend Gründe, um ihn bereits in beunruhigender Nähe zu vermuten. FBI-Agenten begannen, auf der Ranch herumzuschnüffeln, und nachdem Arthur Pack als sicherheitsunbedenklich eingestuft worden war, tauchten seltsame Männer auf, denen keine Fragen gestellt werden durften. Sie kamen von dem 65 Kilometer entfernten Atomversuchsgelände von Los Alamos und blieben zur Erholung meist über die Wochenenden.
Im Frühjahr 1942 bot die University of Wisconsin Georgia einen Ehrendoktor der Literatur an. Sie sollte die Auszeichnung zusammen mit dem Oberbefehlshaber der alliierten Streitkräfte im Pazifik, General Douglas MacArthur, erhalten. MacArthur war damals bereits in Australien stationiert. Nachdem sie in Texas 1917 wegen ihrer wenig begeisterten Haltung gegenüber dem Krieg kritisiert worden war, wunderte sich Georgia, daß ihr nun diese Ehre zuteil werden sollte. In einem Brief an die Universitätsverwaltung erklärte sie ihre Bereitschaft, die Auszeichnung anzunehmen. Schließlich fügte sie noch hinzu, es lasse sie für Amerika hoffen, wenn ein Künstler zu Kriegszeiten gemeinsam mit einem General geehrt werde.

Seit ihrer ersten Begegnung in Taos im Jahr 1929 hatte Daniel Catton Rich Georgia für ein Talent von außerordentlicher Originalität gehalten und ihre Laufbahn als Künstlerin genau verfolgt. Im Jahr 1942 traf er Georgia dann bei einer Party in der New Yorker Wohnung eines bekannten Kunsthändlers wieder. Zu diesem Zeitpunkt war Rich bereits Kurator für Malerei am Art Institute of Chicago und zeigte viel Geschick beim Organisieren guter Ausstellungen. Rich und O'Keeffe setzten sich zusammen auf ein Sofa und begannen, sich über die Naturlandschaft New Mexicos zu unterhalten – ein Thema, bei dem Georgia rasch warm wurde. Schließlich wagte Rich einen Vorstoß und erklärte, es wäre doch schön, wenn Chicago eine O'Keeffe-Ausstellung bekommen könnte. Georgia sagte einen Augenblick lang gar nichts. Dann erwiderte sie zu Richs Überraschung, daß sie derselben Meinung sei. Die beiden vereinbarten, sich am nächsten Tag noch einmal zu treffen, um sich ausführlicher darüber zu unterhalten.
Als Rich schließlich verkünden konnte, daß das Art Institute of Chicago die erste große O'Keeffe-Retrospektive zeigen werde, sprach man in der Kunstszene von einem regelrechten Handstreich. Bisher hatte es geheißen, Stieglitz würde nie zulassen, daß Georgia eine wichtige Ausstellung irgendwo anders als in »An American Place« hätte. Zweifelsohne muß es für sie schwer gewesen sein, das Thema überhaupt anzuschneiden, da Stieglitz die Ausstellung angesichts seines fortgeschrittenen Alters von 79 Jahren nicht einmal würde sehen können. Vielleicht wies sie ihn darauf hin, daß auch John Marin und andere Künstler aus seinem Kreis Museumsausstellungen gehabt hatten. Außerdem erklärte sie ihm möglicherweise, wie wichtig es für sie war, einmal doppelt soviel Bilder von sich hängen zu sehen, als

es in seiner kleinen Galerie möglich gewesen wäre. Jedenfalls stimmte Stieglitz dem Vorhaben ohne großes Wenn und Aber zu. Er machte lediglich zur Bedingung, daß das Museum ein größeres Gemälde von Georgia kaufen müsse und daß sie ihre Ausstellung selbst hängen dürfe. Man kam ferner überein, daß Stieglitz im Anschluß an die Chicagoer Ausstellung die neuesten O'Keeffes wie gewöhnlich in New York zeigen würde.

Als Georgia im Januar 1943 in Chicago eintraf, machte sie sich sofort an die Arbeit. Zunächst war sie unzufrieden mit den hellvioletten Wänden der drei Osträume, die für die Ausstellung vorgesehen waren. Sie bestand darauf, daß die Wände weiß gestrichen wurden, und verlangte auch noch einige andere Veränderungen.

Am 31. Januar 1943 wurde die Ausstellung eröffnet. Sie enthielt 61 O'Keeffe-Gemälde und fand in demselben Museum statt, in dem Georgia 1905 als pflichtbewußte Kunststudentin ihre Kurse besucht hatte. Die Bilder, die jetzt zu sehen waren, reichten von einer 1915 entstandenen Kohlezeichnung bis zu dem 1941 gemalten *Turkey Feathers and Indian Pot* (Truthahnfedern und indianischer Topf). Auf die Besucher müssen die klaren, reinen Farben der Blumen, Früchte, Landschaften und Knochen, die da mitten in der Kriegszeit in den weißen Räumen aufleuchteten, eine wunderbar belebende Wirkung gehabt haben. Mit dem für sie typischen Selbstbewußtsein zweifelte Georgia keine Sekunde daran, daß ihre Ausstellung gut war, ganz unabhängig davon, wie sie im einzelnen aufgenommen wurde. Außerdem konnte sie darauf bestehen, daß das Museum seiner Verpflichtung nachkam und eines ihrer Bilder erwarb. Die Wahl des Art Institute fiel schließlich auf das 1929 entstandene *Black Cross, New Mexico* (Schwarzes Kreuz, New Mexico).

Als Georgia im Alter von 41 Jahren ihren ersten Sommer in New Mexico verbrachte, war sie bereits eine vollkommen professionelle, erfolgreiche Künstlerin. Folglich mied sie den Kontakt zu den örtlichen Galerien und Kunstmuseen, einschließlich des staatlichen Museum of Fine Arts in Santa Fe. Dessen Direktoren favorisierten in den vierziger Jahren die sentimentale Kunst des Westens und gestatteten fast jedem Steuerzahler auszustellen, ohne sein Werk zuvor einer besonders kritischen Prüfung zu unterziehen. Georgia ignorierte die meisten anderen Künstler, die außer ihr noch in diesem Bundesstaat arbeiteten. Einigen Kollegen zufolge soll sie einmal gesagt haben, daß von den Hunderten von Malern in New Mexico überhaupt nur drei etwas taugten: Andrew Dasburg, Cady Wells und sie. Der mit Georgia gleichaltrige Dasburg hatte an der Art Students League studiert und war 1930 nach Taos gezogen, wo er seine vom Kubismus inspirierten Landschaften malte. Wells war sein Schüler und ein Freund von Georgia und malte ebenfalls herrliche Landschaftsbilder.
Georgia zeigte jedem offen und ohne Scheu, daß sie auf ihre Werke stolz war. »Mir ist die Art, wie ich die Dinge sehe, immer noch am liebsten«, sagte sie einmal zu dem Kritiker Ralph Flint, als die beiden gemeinsam das Metropolitan Museum von New York verließen. Diese Bemerkung von ihr wurde schließlich in der Zeitschrift *Town and Country* abgedruckt. Die Künstler in New Mexico nahmen Georgia ihre Unnahbarkeit natürlich übel und beneideten sie um ihren Erfolg. Diese Haltung fand auch Ausdruck in einem Artikel der Zeitschrift *The Santa Fean,* die Georgias Ehrgeiz 1941 indirekt kritisierte. Das Magazin räumte jedoch auch ein, daß »ihre Originalität so groß ist, daß es sogar aufregend wäre, wenn sie nur ein Stück schwarzes Papier malen würde«.

Aus Santa Fe ist aber auch noch eine andere Geschichte überliefert. So soll jemand eines Tages den Vorschlag gemacht haben, Georgia im Rahmen der von der Regierung finanzierten Kunstförderung ein Wandbild für das St.-Francis-Auditorium des staatlichen Museums anfertigen zu lassen. Der Museumsdirektor lehnte es jedoch ab, seine Wände für eine »von Knochen verschandelte Landschaft irgendeiner sogenannten Künstlerin« herzugeben. »Ich werde geliebt«, sagte Georgia 1943 zu einem Reporter, »aber ich vermute, ich werde auch in gleichem Maße gehaßt.«

Georgia wich jetzt nur noch selten von ihrem normalen Arbeitsrhythmus ab, und wenn, dann hauptsächlich für die mit dem täglichen Leben verbundenen Arbeiten. Unterbrechungen gestattete sie sich manchmal aber auch, um den Kontakt zu ihren rund ein Dutzend Freunden aufrechtzuerhalten. So pflegte sie die Freundschaft mit Cady Wells, einem charmanten, unterhaltsamen Mann, der von einer reichen Familie aus Massachusetts abstammte und in Georgias Augen auch nicht annähernd hart genug arbeitete. Hin und wieder kam Dorothy Brett für eine Nacht zu ihr. Immer seltener wurden Georgias Besuche in Taos, wo sie sich gern bei Beck Strand aufhielt. Beck hatte in der Zwischenzeit wieder geheiratet, und zwar den Rancher Bill James aus Colorado.

In jenen Jahren hatte ihr Ruhm einen weiteren Höhepunkt erreicht. Gleichzeitig verfestigte sich Georgias Selbstwertgefühl zu einem stählernen Panzer, der sie vor unwillkommenen Eindringlingen und Ablenkungen bewahrte. Sie war der Meinung, ihre Kunst – und damit auch sie selbst – habe ein unangreifbares Vorrecht. So schien es ihr merkwürdigerweise zu entgehen, welche schlimmen Auswir-

kungen diese egozentrische Haltung auf das Leben von anderen haben konnte. Zwar schätzte sie Maria Chabot, doch als die junge Frau begann, eigene Interessen zu entwickeln und Forderungen aufzustellen, entließ Georgia sie. Dabei hatte Maria bereits fünf Sommer lang während der schweren Kriegsjahre auf der Ranch gearbeitet. Nachdem Maria gegangen war, stellte Georgia ein bereitwilliges Mädchen spanischer Abstammung ein.
Im Sommer 1943 fand Georgia in den Bergen einen Bekkenknochen von vollkommener Form. Sie hatte eine außerordentlich große Freude an seinen sonderbaren Rundungen und der ovalen Öffnung, so daß sie ihn schließlich als Mobile in ihrem Haus aufhängte. Eines Tages hielt sie den Knochen einmal spontan in die Höhe, um ihn zu betrachten, und entdeckte ihn dabei als Motiv. Sie malte den Knochen ganz aus der Nähe und dann noch von verschiedenen Seiten, so wie sie früher mit den Blumen verfahren war. Sie benutzte ihn auch ähnlich einem Rahmen, so daß er in einigen Bildern wie ein Fernrohr wirkt, das den Blick auf die endlose Leere des Himmels oder – wie Georgia es nannte – das »blaue Loch« konzentriert. In einem einzigen Ausbruch von kreativer Energie und Vorstellungskraft malte sie den Knochen schnell hintereinander zusammen mit den gewohnten Motiven, dem Pedernal, dem Mond und verschiedenen Blumen. Es waren alles Versuche, die neue Form mit den alten zu kombinieren. Sie malte das Skelettteil auch rot gegen den blauen Himmel, und dann entstand intuitiv das Bild eines feuerroten Knochens vor einem glutheißen gelben Himmel – im selben Jahr, als amerikanische Atombomben über Hiroshima und Nagasaki explodierten.
Als Georgia 1944 zum erstenmal die Bilder mit dem Bek-

kenknochen ausstellte, erhielt sie von den Betrachtern, die an ihre barbarischen Symbole gewöhnt waren, großen Applaus. Es schien, als wolle sie sagen, daß der Tod mehr sei als nur Verfall. McBride nannte eines der Bilder mit Mond das beste, was sie je gemalt habe. Gleichzeitig warnte er seine Leser, daß die Arbeiten in Anbetracht der apolitischen Haltung der Künstlerin keine »Kriegsbilder« seien, sondern lediglich abstrakte Formen. Dennoch wurden sie als Georgias Stellungnahme zum Blutvergießen während des Krieges angesehen. Schließlich hatte sie in einem sehr ernsten Essay für den Ausstellungskatalog darauf hingewiesen, daß die Bilder im Bewußtsein des Krieges entstanden seien, der um sie herum tobte. Ihre Abhandlung war ein Versuch zu erklären, warum sie das malte, was sie »die Knochen und das Blau« nannte.

Während Georgia auf ihr 60. Lebensjahr zuging, äußerten sich die Leute immer häufiger über ihre vielen »männlichen« Eigenschaften: ihren großen Ehrgeiz, ihr stark entwickeltes Selbstbewußtsein, ihren kompromißlosen Willen, ihre einschüchternde Art und das völlige Aufgehen in der Arbeit. Stieglitz meinte dazu, sie habe sich mit jeder Faser ihres Wesens der Malerei verschrieben. Tatsächlich hatte sie nie das typische Leben so vieler Frauen geteilt – sie hatte nie für einen Mann und für Kinder gelebt. Ihr Verlangen nach einem Kind war inzwischen so tief in ihr vergraben, daß ihre Freunde sicher glaubten, sie habe nie an etwas Derartiges gedacht, sondern ihr auf eine künstlerische Tätigkeit gerichtetes Ziel immer klar und fest vor Augen gehabt. Einige der Bilder, die sie in der trockenen Wüste gemalt hatte, wirkten indessen kraftlos und steif, so als ob Georgia von einer Quelle der Gefühle abgeschnitten worden sei. Es bestand ein erschreckender Gegensatz zwischen den sanften, schwingenden Abstraktionen aus Rosa und Blau, die sie während der ersten gemeinsamen Zeit mit Stieglitz schuf, und dem leeren, von einem spröden Knochen umgebenen Geburtskanal in den Beckenknochen-Bildern, die sie zwanzig Jahre später malte.

Alles in allem war es daher nicht weiter überraschend, daß Georgia mit den meisten Frauen wenig gemeinsam hatte und immer häufiger erklärte, sie ziehe die Gesellschaft von Männern vor. Wenn hin und wieder einer ihrer jungen männlichen Bekannten heiratete, war sie von der Braut oft sichtlich enttäuscht. Georgia verachtete die herkömmlichen Geschlechterrollen. Daher verfaßte sie 1942 einen Beitrag für die Nationale Frauenpartei, die noch immer vergeblich versuchte, einen Verfassungszusatz zur Gleichberechtigung der Frau durchzusetzen. Beeinflußt von dem Beispiel der starken Mutterfiguren in ihrer Verwandtschaft, glaubte Georgia, daß Frauen in vielerlei Hinsicht fähiger seien als Männer. Folglich war sie enttäuscht darüber, daß ihr eigenes Geschlecht so wenig tat, um die Erziehungsmodelle zu überwinden, anhand deren die Frauen in Abhängigkeitsverhältnisse eingeübt wurden. »Ich meine, es ist schon recht merkwürdig, daß die Frauen in diesem Land immer wie Neger behandelt wurden und es nicht einmal gemerkt haben«, erklärte Georgia gegenüber einer Reporterin, als sie schon alt war. »Selbst wenn man es ihnen sagen will, hören sie nicht zu.« Georgia hatte wenig Achtung vor Frauen, die sie als albern oder pingelig empfand, und es war sehr wahrscheinlich, daß sie sie entweder kritisierte oder erst gar nicht zur Kenntnis nahm.

Seit Jahren schon hatte Georgia ein gewisses Interesse an einer verlassenen Hazienda in Abiquiu gezeigt. Das kleine Dorf lag vollkommen versteckt auf einem Hügel, 25 Kilometer von der Ranch entfernt. Eines Tages machte sie im Anschluß an einen Einkauf in Abiquius kleinem Gemischtwarenladen einen Abstecher zu dem verfallenen Anwesen. Da ein niedergestürzter Baum ein Loch in eine der Außenwände geschlagen hatte, konnte sie hineingelangen. Auf der anderen Seite der Mauer entdeckte sie die Überreste eines großen Gartens, einen Innenhof mit Brunnen, ein heruntergekommenes Gebäude mit einem durchgebrochenen Dach, im Wind schlagende Holztüren und zerbröckelnde Ziegelwände. In einer langen Wand des Innenhofs bemerkte sie auch eine besondere Tür, die sie faszinierte, ohne daß sie einen Grund dafür nennen konnte.

Georgia fragte im Dorf herum, ob das Gut der Familie Chavez zu verkaufen sei. Schließlich fand sie den alten Chavez, der ihr auch prompt ein Angebot machte. Das Gespräch fand statt, noch bevor sie das zur Ghost Ranch gehörende Haus gekauft hatte. Der genannte Preis schien ihr jedoch zu hoch. Zwar ging Jose Chavez einige Jahre später mit dem Preis herunter, dennoch entschied sich Georgia damals für das Ranchgebäude. Kurze Zeit danach starb Chavez, und sein Sohn verkaufte den Besitz für einen Dollar an die katholische Kirche. Die Kirche wiederum überließ es der Tierzuchtgenossenschaft von Abiquiu, damit diese dort ihre Kühe und Schweine unterbringen konnte.

Anfang der vierziger Jahre war es Georgia schließlich leid, sich auf ihrer Ranch von Konserven und halb verdorrten Lebensmitteln ernähren zu müssen. Also beschloß sie, sich noch einmal um das Chávez-Gut zu bemühen, da mit der Nutzung Wasserrechte verbunden waren und ein Garten bewirtschaftet werden konnte. Wegen des großen Altersunterschiedes zwischen Stieglitz und ihr dachte sie wohl auch schon daran, daß sie sich nach seinem Tod eventuell auf ein neues Leben ganz für sich allein einstellen müßte. Die Tatsache, daß das zweite Haus in Abiquiu nur wenige Kilometer von ihrem ersten entfernt lag, spielte für Georgia keine Rolle. Schließlich hatte sie von dem einen Haus einen Blick auf ein grünes Tal, während das andere inmitten einer roten, felsigen Landschaft stand.

Georgia ließ sich auch nicht davon abschrecken, daß die Leute in Abiquiu einem ganz anderen Kulturkreis angehörten und ihr voller Mißtrauen begegneten. Außerdem gab es in dem winzigen Dorf nicht viel mehr als eine heruntergekommene Kirche, einige unauffällige Häuser von Mitgliedern der Büßersekte »Los Hermanos Penitentes« sowie mehrere Bars. Zwei Jahrhunderte zuvor war Abiquiu noch ein Pueblo gewesen, in dem Ackerbau betreibende Indianer wohnten. Dann waren andere Indianer nach Abiquiu gekommen. Diese hatten sich zuvor bereits als Sklaven der Eroberer etwas von der spanischen Kultur angeeignet und vermischten sich nun mit den spanischen Siedlern. In den vierziger Jahren des 20. Jahrhunderts lebten nur noch fünfhundert ihrer unmittelbaren Nachkommen in Abiquiu. Die meisten waren Bauern oder Schafhirten. Es gab nur einen Weißen: Martin Bode, ein Deutscher, der in eine Familie am Ort eingeheiratet hatte. Er besaß ein Geschäft in Abiquiu und leitete gleichzeitig die Post.

Georgia begann nun, die katholische Kirche zu beknien, damit diese ihr das Grundstück verkaufe. Schließlich wurde ihr das Haus zusammen mit 12000 Quadratmetern Land am 31. Dezember 1945 überschrieben. Den Berichten zufolge betrug der Kaufpreis zehn Dollar. Die ganze Anlage, teils Pueblo, teils Villa inklusive Ställe, bestand aus fünf voneinander getrennten Gebäudeteilen. Laut Übertragungsurkunde grenzte das Grundstück auf den

vier Seiten an die Straße zwischen Espanola und der Ghost Ranch, an das Dorf Abiquiu, an ein kleines Trockental mit dem Beinamen El Ojito del Muerto (»Das kleine Auge des Todes«) und an einen Tierpferch.
Für die Organisation der Renovierung konnte Georgia die vor einiger Zeit entlassene Maria Chabot gewinnen. Während der Arbeiten kam Georgia gelegentlich mit dem Pferd vorbei und kampierte auf dem Hof, um die Aussicht schon einmal genießen zu können. Die Renovierung war eine mühsame Aufgabe, da die meisten Nägel und Bretter, die in der Gegend zu haben waren, für den Aufbau des Atombomben-Versuchszentrums von Los Alamos benötigt wurden. Daher ließ Georgia in den Bergen frisches Holz schlagen und beschaffte über ihren Bruder Francis, den Architekten, einige Schachteln mit Nägeln. Mit eigens angefertigten Lehmziegeln wurde hier und da ein Meter Wand an das Gebäude hinzugefügt, um die Raumaufteilung zu verbessern. Georgia ließ außerdem einige einen halben Meter dicke Wände durchbrechen und große Fensterscheiben einsetzen. Jeder Raum erhielt eine eigene Feuerstelle, und schließlich wurde auch noch ein ehemaliger Küchenraum für Pueblo-Essenszeremonien in seinen alten Zustand zurückversetzt.
Entlang der Wände im Wohnzimmer ließ Georgia Sitzbänke aus Lehmziegeln einbauen. Das kleine Eßzimmer wurde mit einem niederen Fenster versehen, damit man den Blick auf einen winzigen Innenhof hatte, in den die Dachbalken parallele Schatten warfen. Für den Verputz mischten die Arbeiter aus dem Ort große Mengen einer bräunlichen Erdmasse zusammen, die schließlich von den Frauen auf traditionelle Art mit der Hand aufgetragen wurde. Durch diesen Putz erhielten die Mauern eine rosa

rote, unebene Oberfläche, die in ihrer Beschaffenheit an menschliche Haut erinnerte.
Auch wenn Georgia behauptete, sie habe den Hof nicht wegen seiner herrlichen Aussicht gekauft, so konnte sie sie von ihrem großen Atelier und dem angrenzenden kleinen Schlafzimmer aus doch intensiv genießen. Sie hatte die breiten Fenster so anbringen lassen, daß man das hohe grüne Gras und die sanft geschwungene Linie der Pyramidenpappeln entlang des Flusses sehen konnte und dazu noch in der Entfernung die verschiedenfarbigen Mesas. In Zukunft konnte Georgia jederzeit von ihrem vollständig in Weiß gehaltenen Atelier aus auf das breite Tal des Chama-Rivers hinunterblicken, so als stünde sie auf der Spitze eines Berges.
Als das Haus 1948 nach dreijährigem Umbau fertig war, bezeichnete sie es als einen angenehmen Schildkrötenpanzer, der ihr hervorragend passe. Ihre Freunde sahen die bunte Mischung aus acht Zimmern, mehreren Innenhöfen und Durchgängen sowie einer Garage eher als Georgias privaten Pueblo an. In den Augen der Dorfbewohner glich das Gebäude einer riesigen Festung, von der aus man den besten Blick in ganz Abiquiu hatte.
Georgias Leben blieb auch weiterhin so unstet wie das von Persephone. Die eine Hälfte des Jahres, den Sommer, verbrachte sie im hellen Südwesten, die andere im finsteren New York. Während des Krieges schien das Stadtleben sie noch mehr Nerven zu kosten als vorher. Manhattan war nicht mehr das hell erleuchtete Häusermeer mit seinen zahlreichen optischen Reizen, das sie in den zwanziger Jahren gemalt hatte. Für die Fliegeralarmübungen wurden oft die Neonlichter abgeschaltet und die Fenster der Wolkenkratzer verdunkelt.

Georgia tauchte nur noch selten bei den gesellschaftlichen Anlässen oder zum Essen in einem der Restaurants auf. Gelegentlich ging sie ins Kino, weil das nach Bates ein gutes Augentraining war. In jener Zeit starben verschiedene Personen aus ihrem Freundeskreis, unter anderem Florine Stettheimer. Ein Segen waren für Georgia die langen Stunden, in denen sie malen konnte. Obwohl sie sich immer wieder darüber beklagte, daß New York hinsichtlich ihrer Arbeit ein »lähmender« Ort sei und sie oft krank gemacht habe, gelangen ihr hier einige ihrer schönsten Wüstenstilleben. Schließlich verbrachte sie nur noch die Zeit während ihrer jährlichen Ausstellungen in New York: rund vier Monate im Jahr.

Vor allem aber Stieglitz zuliebe kehrte sie jeden Winter in die Stadt zurück. Zwischen ihnen bestanden jetzt weniger Spannungen als früher. Stieglitz war auch jedesmal aufs neue verzweifelt, wenn sie ihn im Frühjahr wieder verließ. Georgia reagierte mit Bestürzung, als sie sah, daß seine Kräfte doch stark nachgelassen hatten und es ihn alle erdenkliche Mühe kostete, überhaupt nur in einem Sessel zu sitzen. An Henry McBride schrieb sie:

»Ich erlebe Alfred als einen alten Mann, den ich sehr gern habe – während er älter wird –, so daß es mich manchmal erschreckt und schockiert, wenn er besonders blaß und müde aussieht... Abgesehen von meiner Zuneigung zu ihm spüre ich auch, daß er sehr wichtig war für etwas ganz Bestimmtes, das mir zum Durchbruch verholfen hat – es freut mich, daß ich ihm das Gefühl vermitteln kann, daß ich seine Hand festhalte, um ihn auf seinem weiteren Weg zu stützen.«

Wenn sie jedoch einmal ihre Bereitschaft erkennen ließ, die Abreise aus New York zu verschieben, bat Stieglitz sie, auf jeden Fall zu fahren, damit sie mit neuen Bildern und mit der Kraft für einen weiteren Winter in New York zurückkehren könne. »Wie kann ich denn auf irgendeinen Ort eifersüchtig sein?« fragte er dann rhetorisch. Einmal erklärte er gegenüber einem Freund, Georgias Gesundheit habe Vorrang vor seinen Gefühlen, denn nur aus ihrer inneren Kraft entstünden neue Bilder. Da er sich inzwischen mit ihrer regelmäßigen Abwesenheit abgefunden hatte, konnte er auch mehr Zärtlichkeit für sie empfinden. »O'Keeffe ist *schön*«, sagte er 1945 zu einem Besucher in der Galerie. »Sie ist in jeder Hinsicht schön.«

In den unsicheren Monaten, nachdem die USA in den Zweiten Weltkrieg eingetreten waren, begann Georgia, sich in New York nach einer anderen Wohnung umzusehen. Sie suchte vor allem nach einem Schlafzimmer für Stieglitz, das so klein war, daß ein elektrisches Heizgerät genügte. Sie fürchtete, daß dies aufgrund der Brennstoffrationierung während des Krieges einmal notwendig werden könnte. Außerdem sollte die Wohnung näher an »An American Place« liegen. Falls die Taxis einmal knapper werden sollten, könnte Stieglitz von dort aus dann zu Fuß die Galerie erreichen. Da Stieglitz Veränderungen haßte, suchte Georgia etwas, das der Penthouse-Wohnung möglichst ähnlich war. Sechs Jahre nach ihrem letzten Wohnungswechsel zogen sie am 1. Oktober 1942 wieder um. Georgia hatte eine kleinere, billigere Bleibe in der East 54th Street 59 gefunden, die allen ihren Ansprüchen genügte. Außerdem lag sie nur einen Häuserblock von »An American Place« entfernt. Im Gegensatz zu den Unterkünften, die sie bisher ausgesucht hatte, bot diese keinerlei Aussicht. Da es hier weder Teppiche noch Vorhänge oder Lampenschirme gab, machte sie auch einen irgendwie provisorischen, verlorenen Eindruck.

Am 1. Januar 1944 wurde Stieglitz 80 Jahre alt. Wegen seines schwachen Herzens konnte er nur noch sehr kurze Strecken zu Fuß zurücklegen. Wenn er die Wohnung verließ, dann auch nur, um an seinen Platz in der Galerie zu kommen. Voraussetzung war jedoch, daß es ihm überhaupt gelang aufzustehen. An jenen Tagen ging er dann einsam die Madison Avenue hinunter, den schwarzen Mantel um seine zerbrechliche Gestalt gehüllt und auf dem dünnen, schlohweißen Haar den alten Hut. Es waren noch dieselben Kleider, wie er sie zu seiner Berliner Studentenzeit getragen hatte. Damals sei die glücklichste Zeit seines Lebens gewesen, sagte er hin und wieder gern mit etwas Bitterkeit in der Stimme. Mit seinen dunklen Augen und der blassen Haut sah Stieglitz inzwischen »mehr einem Heiligen als einem Satyr« ähnlich, wie sein alter Freund Lewis Mumford einmal schrieb. Seine diebische Freude über eine Tüte mit Schokoladeneis und seine etwas störrische Art, wenn er zum Mittagessen Gemüse vorgesetzt bekam, verliehen ihm manchmal aber auch wieder kindliche Züge.

In den vierziger Jahren hatte Marsden Hartley den Kreis um Stieglitz verlassen, so daß dieser nur noch Bilder von Marin, Dove und O'Keeffe ausstellte. Auch in seinem Büro hingen einige Gemälde seiner wenigen Getreuen. Stieglitz' Schreibtisch war meist mit einem regelrechten Sammelsurium bedeckt. Umgeben von Büchern, standen in seinem Raum auch noch ein sinnlicher weiblicher Torso von Lachaise sowie ab und zu eine rote Blume in einem Glas Wasser. Wenn eine neue Ausstellung seiner letzten drei Verbündeten anstand, war immer noch er es, der die Eröffnungsrede hielt.

Nur noch wenige Besucher ließen sich indessen in der Galerie blicken, und Stieglitz nannte die stillen Räume schon sarkastisch »mein Grab«. Seine Situation beschrieb er häufig mit den Worten: »Man hat mich verlassen. Die Bilder an den Wänden sind Waisen.« Auch europäische Künstler wie Marc Chagall, Max Ernst und Fernand Léger, die während des Krieges ihre Heimat verlassen hatten und nach New York geflohen waren, kamen nicht vorbei, um den alten Mann einmal zu besuchen. Dabei war er es gewesen, der als erster die Arbeiten ihrer Landsleute in Amerika ausgestellt hatte. Allein in seinem nach Desinfektionsmitteln riechenden Kabäuschen, lag Stieglitz oft auf seinem Klappbett und war eingenickt. Sein schweres Cape benutzte er dann als Decke, während ein elektrisches Heizgerät zusätzliche Wärme spendete. Wenn dann einmal Freunde – oft auf Georgias Anregung hin – nach ihm sahen, war er oft zu schwach, um aufzustehen.

Georgia überließ ihm auch weiterhin ganz allein das Geschäft mit der Galerie, obwohl er inzwischen Sammlern gegenüber noch unberechenbarer war als früher. Sie schaltete sich auch nicht ein, als in der Galerie verschiedene Bilder abhanden kamen. So wurden im Frühjahr 1946 ein Dutzend ungerahmte Aquarelle von Marin gestohlen. Im März verschwand ihr Gemälde *The Cliffs* (Die Felsklippen), und einige Wochen später gingen noch einmal zwei ihrer Bilder verloren. Georgia konzentrierte sich weiterhin auf die Malerei. Sie war sich der Tatsache bewußt, daß es mehr an glücklichen Umständen als an einem geschäftstüchtigen Management lag, wenn sie von ihren Werken leben konnte. Stieglitz verlangte für ein Gemälde von Georgia zwischen drei- und viertausend Dollar.

Kurz nach der Retrospektive in Chicago bot ihr das New Yorker Museum of Modern Art eine weitere große Ausstellung an. Es sollte die erste bedeutende Ausstellung werden, die das Museum einer Künstlerin einräumte. Eine zweite zum Gedenken an Florine Stettheimer sollte einige Monate später folgen. Für Stieglitz war es sehr viel schwerer, diese Schau zu akzeptieren als jene in Chicago. Er begegnete dem Museum immer noch mit Skepsis, schließlich lag es nur anderthalb Häuserblocks von »An American Place« entfernt, wo Georgia eigentlich »zu Hause« war. Aber nach einem kurzen Meinungsstreit setzte sich Georgia durch und gab dem Museum ihre Einwilligung. Obwohl Stieglitz noch vor der Eröffnungsveranstaltung vierzehn neue O'Keeffes hatte zeigen können, stimmte ihn das bevorstehende Ereignis melancholisch. Es erfüllte ihn mit Genugtuung, daß er das Talent des Mädchens aus Texas der Öffentlichkeit vorgestellt und sie von Georgias Fähigkeiten überzeugt hatte. Doch andererseits fühlte er sich jetzt ausgebootet, denn er wußte, daß er nichts mehr für sie tun konnte.

Da Stieglitz abends nicht mehr ausging, nahm Georgia ohne ihn an dem Galadinner und dem Empfang teil, der am 14. Mai 1946 zu ihren Ehren gegeben wurde. Sie hatte ihr grau werdendes Haar sorgfältig frisiert, aber sie weigerte sich im Gegensatz zu den anderen Damen, in einem schulterlosen Abendkleid zu erscheinen, und trug statt dessen ein einfaches Kleid aus schwarzer Seide. Über dem Eingang zu den Ausstellungsräumen hing ein Schild mit der vergrößerten Reproduktion von Georgias unverwechselbarer, steiler Unterschrift. Die 57 Werke aus der Zeit zwischen 1915 und 1945 hingen in chronologischer Folge und mit großen Zwischenräumen an den weißen Wänden. Die unprätentiöse Aufmachung der Ausstellung entsprach ganz dem Stil von »An American Place«.

Henry McBride fügte in seine Kritik einen langen Rückblick auf den Werdegang der Künstlerin ein, die er nun schon seit mehr als drei Jahrzehnten kannte. Er schloß seine Besprechung mit der Bemerkung, die Retrospektive verschaffe Georgia »eine sichere Spitzenstellung unter den Künstlerinnen«. Ausnahmsweise ärgerte sich Georgia einmal über eine Kritik von McBride, vor allem aber über das Etikett »Künstlerin«. Eine geradezu feindselige Haltung nahm der Kritiker Clement Greenberg in *The Nation* ein. Als Anwalt der aufkommenden abstrakten Expressionisten kreidete er der frühen amerikanischen Moderne das Fehlen einer schlüssigen theoretischen Grundlage an. Weiter schrieb er, die Bedeutung von O'Keeffes »pseudo-moderner Kunst ist fast ausschließlich historischer und symptomatischer Art«. Ihr Werk nannte er »wenig mehr als kolorierte Photographie« und fügte hinzu: »Die enorme Geduld, die sie auf das Zurechtmachen, das Anhauchen und das Polieren dieser Stücke undurchsichtigen Cellophans verwandt hat, zeugt von einer inneren Anteilnahme, die weniger mit Kunst zu tun hat als mit einem privaten Kult und mit dem Aufwerten privater Fetische anhand versteckter und willkürlicher Bedeutungen.«
Anfang Juni 1946 benutzte Georgia für ihre Reise nach Abiquiu zum ersten Mal ein Flugzeug. Stieglitz ließ sie in der Obhut einer Haushälterin in New York zurück. Er blieb noch mehrere Wochen in der Stadt und ging weiterhin in seine Galerie, obwohl die Bilder von der letzten Ausstellung der Saison bereits abgehängt und nur noch die kahlen Wände zu sehen waren. Wie üblich machte ihm die Umstellung zu schaffen, die notwendig war, um der Sommerhitze von New York zu entkommen und sich in Lake George einzuquartieren. Seine Kiste aus Zedernholz war

bereits gepackt, doch auch am Samstag, den 6. Juli, ging er noch einmal in die Galerie. Dort fühlte er plötzlich einen scharfen Stich über dem Herzen und legte sich auf sein Klappbett. Am Nachmittag, als Beaumont und Nancy Newhall mit einer Tüte Eiskrem für Stieglitz vorbeischauten, lag er immer noch da. Er bat sie, ihm noch einmal die Besprechung vorzulesen, die James Thrall Soby zu Georgias jüngster Retrospektive verfaßt hatte. Soby war leitender Angestellter des Museum of Modern Art und hatte geschrieben, die Ausstellung habe seine letzten Zweifel an der Künstlerin Georgia O'Keeffe ausgeräumt. Nachdem sie den Artikel vorgelesen hatten, brachten die Newhalls Stieglitz nach Hause.

Ein Arzt linderte Stieglitz' Schmerzen mit einer Morphiumspritze. Auch in den folgenden Tagen blieb Stieglitz noch im Bett. Am Dienstag abend war er wieder soweit hergestellt, daß er in Bademantel und Hausschuhen mit seinem Freund Jerome Mellquist zu Abend essen konnte. Am Mittwoch morgen stand er ungewöhnlich früh auf – es war noch vor sieben – und machte sich fertig, um in die Galerie zu gehen. Auf dem Weg vom Bad zum Wohnzimmer brach er jedoch bewußtlos zusammen. Er versuchte noch, sich an der Wand im Flur abzustützen, aber vergebens. Später fand man auf dem Putz die grauen Abdrücke seiner Finger. Gegen Mittag entdeckte ihn Andrew Droth auf dem Boden liegend. Der ältere Mann war Stieglitz' rechte Hand in der Galerie und hatte ihm an diesem Tag die Post bringen wollen. Mit einem Krankenwagen wurde Stieglitz um 13.05 Uhr ins Doctors-Krankenhaus eingeliefert.

In New Mexico hielt ein Junge, der in der Telegraphenstation von Espanola arbeitete, Georgias Wagen an. In dem Telegramm an sie hieß es, Stieglitz liege mit einer Gehirnthrombose im Krankenhaus, sein Zustand sei kritisch. Georgia fuhr sofort zum Flughafen von Albuquerque und nahm die nächste Maschine in Richtung Osten. Als sie im Krankenhaus ankam, lag Stieglitz in einem tiefen Koma. Die Ärzte erklärten ihr, aufgrund seines fortgeschrittenen Alters von 82 Jahren stünden die Chancen schlecht. Am Freitag abend ließen seine Kräfte dann rasch nach. Nur wenige Stunden später, am Samstag, den 13. Juli 1946, morgens um 1.25 Uhr, hörte sein Herz auf zu schlagen. Letzten Endes hatte jedoch nicht sein seit Jahren schwaches Herz zum Tod geführt, sondern die Blutung in seinem Gehirn.

Noch am selben Tag unterzeichnete Georgia die Papiere für die Feuerbestattung und machte sich auf die Suche nach einem Kiefernsarg. Obwohl es Samstag war und die meisten Geschäfte im sommerlichen New York geschlossen hatten, fand sie, was sie suchte. Am Sonntag kam eine kleine Gruppe von Trauergästen zur Bestattungsfeier in die Frank-E.-Campbell-Begräbniskirche in der Madison Avenue. Es war Stieglitz' Wunsch gewesen, daß keine Musik gespielt und nichts gesprochen werden sollte. In einer schönen feierlichen Geste legte Edward Steichen schweigend einen grünen Kiefernzweig auf den mit einem schwarzen Tuch eingehüllten Sarg. Während der ganzen Zeit nahm Georgia eine ruhige, würdevolle Haltung ein und blieb auch noch gefaßt, als sie mit dem Sarg ins Krematorium nach Queens fuhr. Am Tag der Beerdigung erschienen die Nachrufe in den New Yorker Zeitungen. In den Untertiteln wurde Alfred Stieglitz verschiedentlich als »der Mann von Georgia O'Keeffe« bezeichnet. So war Georgias Name bis zum Todestag ihres Mentors ebenso bekannt geworden wie der ihres berühmten Mannes. Aber

O'Keeffe in ihrem Atelier
in Abiquiu (um 1953)

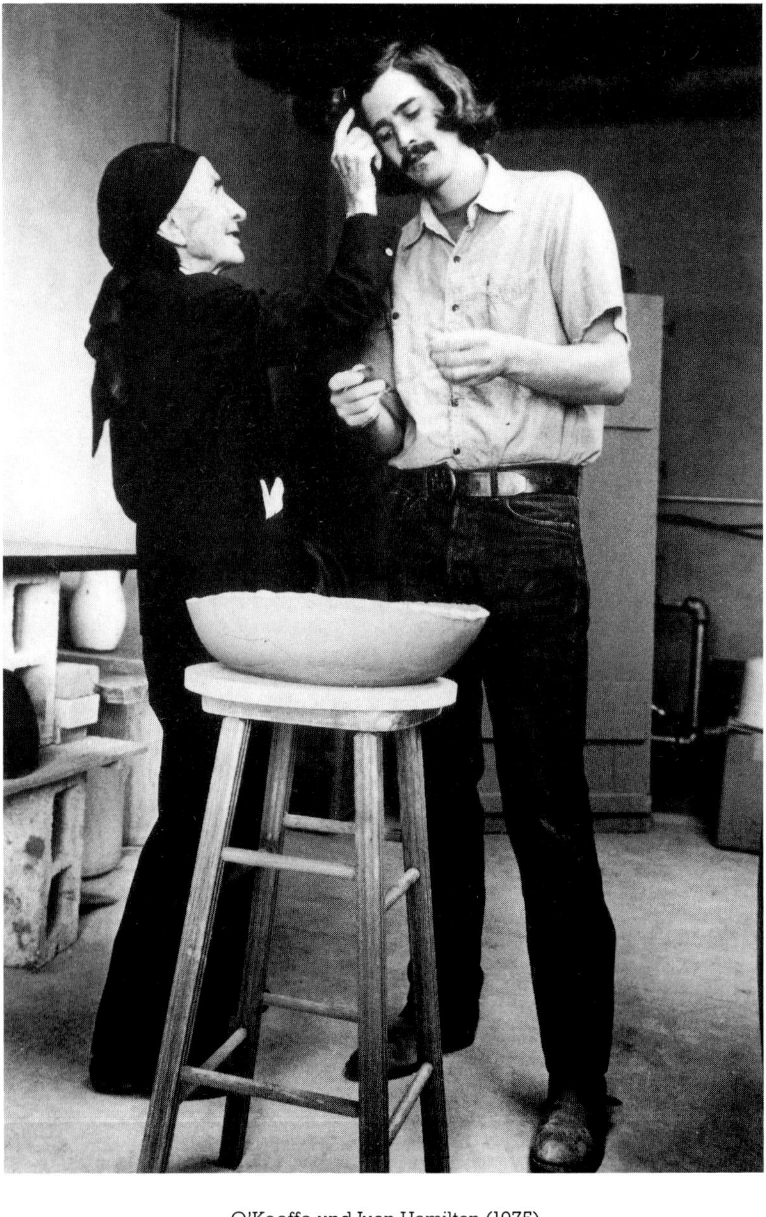

O'Keeffe und Juan Hamilton (1975)

O'Keeffe im Alter
von einundachtzig
auf der Ghost Ranch

O'Keeffe und
Alexander Calder bei
dessen Retrospektive
im Whitney Museum (1976)

O'Keeffe im Alter von
neunundsiebzig
auf der Ghost Ranch

inzwischen hingen schließlich auch ihre schönsten Bilder an den Wänden des Museum of Modern Art.
Georgia nahm die Asche ihres Mannes mit nach Lake George und vergrub sie am Fuße einer großen alten Kiefer am See. Dann fuhr sie nach Newport, wo ihre Schwester Anita mit ihrem Mann den Sommer in ihrem Haus »Fairholme« verbrachte. Anita wußte, was es bedeutete zu trauern, nachdem sie fünf Jahre zuvor ihre einzige Tochter Eleanor im Alter von 23 Jahren bei einem tragischen Flugzeugabsturz verloren hatte. Da Georgia von Natur aus eher still war, erkannten nur ihre engsten Freunde und Verwandten, wie sehr sie um Stieglitz trauerte. Immerhin hatte sie fast dreißig Jahre mit ihm zusammengelebt. Auf Mitleidsbekundungen entgegnete sie meist nur, daß es für sie eine Zeit der Veränderungen sei und daß sie lernen müsse, auf eine bisher ungewohnte Art allein zu sein. Ihre Jahre mit Stieglitz waren immer eine bittersüße Mischung aus Anregung und Enttäuschung gewesen. Doch lange nachdem er »gegangen war«, wie sie es nannte, gestand sie gegenüber Freunden ein, wie sehr sie ihn vermißte und daß sie wünschte, er könnte bei ihr in ihrer wunderbaren Welt leben.
In jener Zeit stürzten noch weitere Pfeiler ihrer Welt ein. John Marin hatte im Frühjahr im Alter von 76 Jahren einen Herzschlag erlitten, und wenige Monate nach Stieglitz starb Arthur Dove, der bereits seit längerem krank gewesen war. Um wieder zu sich zu finden, fuhr Georgia im Herbst 1946 nach Abiquiu und blieb dort bis Ende November. Sie machte lange Spaziergänge zwischen den roten Hügeln, auf denen jetzt schon Schnee lag. Schließlich malte sie eine große Amsel, die vor einem blauen, wolkenlosen Himmel einsam über die Berghänge streicht.

Noch zu Stieglitz' Lebzeiten hatten er und Georgia darüber gesprochen, was aus seiner Kunstsammlung werden sollte, ohne sich jedoch einigen zu können. Vor allem nachdem ein großer Teil seiner Sammlung 1944 in Philadelphia ausgestellt worden war, wußte Stieglitz, daß er eine hervorragende, kostbare Auswahl von Werken der ersten künstlerischen Avantgarde in Amerika besaß. In seinen Augen gehörten alle Stücke zusammen. Außerdem waren sie ein einzigartiger Beleg für seine Vision von einer eigenständigen amerikanischen Kunstszene. Georgia dagegen war sich sicher, daß ihm keine Institution in diesen Überlegungen folgen würde. Falls überhaupt ein Museum bereit sein sollte, die gesamte riesige Sammlung zu übernehmen, so mußte man nach Georgias Ansicht damit rechnen, daß die Bilder eher in einem Magazin verschwinden und nur wenige der Öffentlichkeit zugänglich gemacht würden. In der Auseinandersetzung mit Stieglitz nahm Georgia eher den Standpunkt des Künstlers ein und erklärte, es würden mehr Menschen die zeitgenössischen Gemälde und Skulpturen sehen können, wenn man sie auf verschiedene Museen aufteilte. Sollte er ihrer Ansicht nicht folgen können, so meinte sie abschließend, dann müßte er sich für den Verkauf der Sammlung ohnehin jemand anderen suchen.
In seinem Testament aus dem Jahr 1937 hatte Stieglitz schließlich doch Georgia als alleinige Erbin und Verfügungsberechtigte über sein gesamtes Vermögen eingesetzt. Mit seinem Tod fiel Georgia also die gewiß nicht leichte Aufgabe zu, 850 moderne Kunstwerke, Hunderte von Photographien und 50000 Briefe wegzugeben. In den drei Wintern nach Stieglitz' Tod kehrte Georgia jeweils in die kleine New Yorker Wohnung zurück, um ihrer letzten Ver-

pflichtung ihm gegenüber nachzukommen. Unterstützt von der jungen, eifrigen Doris Bry, achtete sie darauf, daß jedes einzelne Kunstwerk photographiert und nach einer bestimmten Methode sorgfältig katalogisiert wurde.

Nachdem sich Georgia mit einigen Museumskuratoren beraten hatte, sonderte sie die weniger wichtigen Arbeiten aus und fertigte Listen an, welche der übrigen Sachen an welches Museum gehen sollten. Sie entschloß sich, den größten Teil der Sammlung dem Metropolitan Museum zu vermachen, da es zu der Stadt gehörte, die Stieglitz als seine Heimat bezeichnet hatte. Das zentral gelegene Art Institute of Chicago, dessen Kunstschule sie besucht und das ihre erste Retrospektive veranstaltet hatte, erhielt den zweitgrößten Posten. Für Stieglitz' umfangreiche Brief- und Dokumentensammlung wurde ein eigenes Archiv innerhalb der Sammlung zur amerikanischen Literatur der Yale University angelegt. Später wurde es dann in die Beinecke Rare Book and Manuscript Library übergeführt. Andere Institutionen erhielten noch einige kleinere Teile. Zu ihnen gehörte auch die Fisk University, die in Tennessee für schwarze Studenten gegründet worden war. Georgia überließ ihr einige schöne primitive Schnitzfiguren aus Afrika sowie rund einhundert Gemälde. Aufgrund dieser Schenkung war die Universität in der Lage, in einer renovierten Turnhalle eine Kunstgalerie zu eröffnen, die schließlich über eine der besten zeitgenössischen Sammlungen im Süden der USA verfügte.

Außer mit dem Nachlaß mußte sich Georgia im ersten schweren Jahr nach Stieglitz' Tod noch mit vielen anderen Sachen befassen und kam daher wenig zum Malen. Im Juni 1947 fand dann eine Stieglitz-Retrospektive im Museum of Modern Art statt. In jenem Sommer beeilte sich

Georgia auch, das Haus in Abiquiu fertigzubekommen und die endgültige Umsiedlung nach New Mexico zu vollziehen. Ende August drehte Henwar Rodakiewicz in Abiquiu einen kurzen Schwarzweißfilm über sie. Der Film gehörte zu einer vom Außenministerium in Auftrag gegebenen Serie über Künstler und ihre Umwelt.

Der Sommer des Jahres 1948 war für Georgia in jeder Hinsicht leichter. Starke Niederschläge im Frühjahr hatten dazu geführt, daß die heimischen Yucca-Palmen ihren großen, weißen Blütenstengel zeigten. Wenn Georgia auf ihren Spaziergängen in der Abenddämmerung auf eine der Pflanzen stieß, mußte sie unwillkürlich daran denken, daß diese ihren Beinamen wohl verdient hatte: »Kerzenhalter des Herrn« hatten die Missionspriester sie getauft. In jenem Sommer kam Georgia auch wieder häufiger zum Malen.

Zusammen mit den Schriftstellern E. E. Cummings und Christopher Isherwood, der Künstlerin Gertrude Lathrop sowie einigen anderen wurde Georgia im Frühjahr 1949 in das National Institute of Arts and Letters aufgenommen, eine Institution für Kunst und Literatur, die sich ihre Mitglieder selbst aussuchte. Stieglitz war nie gewählt worden, da es keine Kategorie für Photographen gab. Für Georgia bedeutete die Aufnahme eine große Ehre, zumal in jener Zeit nur zehn Prozent der Mitglieder Frauen waren. Abgesehen von ihren akademischen Ehrentiteln war es das erste Mal, daß ihre Arbeit von einer bedeutenden Institution anerkannt wurde, in der sowohl Männer als auch Frauen mitwirkten.

Nach dem dritten Winter, den Georgia mit der Regelung von Stieglitz' Nachlaß verbracht hatte, wartete sie bereits ungeduldig darauf, daß diese zeitraubende Arbeit ein Ende

fand, daß sie sich wieder ganz der Malerei widmen und für immer nach New Mexico umziehen konnte. Kurz bevor sie New York verließ, malte sie noch ein Bild von der Brooklyn Bridge, so als hätte sie das immer vorgehabt, ohne jemals dazu gekommen zu sein. Im Alter von nunmehr 61 Jahren gab sie die Wohnung in der East 54th Street auf und machte sich noch rechtzeitig auf den Weg nach Abiquiu, um dort die Ankunft des Frühlings mitzuerleben.
Nach Stieglitz' Tod hatten Marin und O'Keeffe den Versuch unternommen, »An American Place« weiterzuführen. Aber sie mußten bald einsehen, daß sie Stieglitz nicht ersetzen konnten. Im Herbst 1950 stellte Georgia noch einmal dort aus. Gezeigt wurden ihre besten Arbeiten aus den zurückliegenden fünf Jahren. Insgesamt waren es aber nur 31 Bilder, da die Nachlaßfrage sehr viel Zeit in Anspruch genommen hatte. Es war ihre erste Ausstellung in der Galerie seit Stieglitz' Tod, und es sollte zugleich die letzte in »An American Place« werden. Aus diesem Anlaß hatten sich noch einmal die restlichen Mitglieder aus dem Stieglitz-Kreis versammelt. Schließlich galt es auch Abschied zu nehmen von einer bedeutenden Epoche in der amerikanischen Kunstgeschichte.

STRASSEN

Die nicht sehr lebhaften fünfziger Jahre brachten für Georgia eine Zeit der künstlerischen Stagnation und der Abgeschiedenheit. Zunächst einmal mußte sie, auf sich allein gestellt, herausfinden, wie sie am besten mit der Öffentlichkeit und den Kunsthändlern umgehen konnte. Bisher hatte Stieglitz sie von der kommerziellen Seite des Künstlerdaseins abgeschirmt und ihr beigebracht, diesen Dingen mit einer gehörigen Portion Mißtrauen zu begegnen. Folglich entschloß sich Georgia, zur New Yorker Kunstszene auf Distanz zu gehen und alles zu ignorieren, was an »verdrehten Sachen« über sie berichtet wurde. Sie machte noch nicht einmal den Versuch, Irrtümern entgegenzutreten oder falsche Darstellungen zu dementieren, da diese sonst noch mehr Aufmerksamkeit erregt hätten. Vielmehr deutete sie mitunter an, daß sie die Mythenbildung in der Presse sogar mit Freude zur Kenntnis nehme. Dadurch werde schließlich in der Öffentlichkeit ein Bild von ihr erzeugt, hinter dem sie ihr wirkliches Ich ganz gut verstecken könne.

Gleichwohl sah sie sich nach der letzten Ausstellung in »An American Place« mit der unangenehmen Aussicht konfrontiert, einen Agenten für sich suchen zu müssen. In den dreißiger Jahren hatte Stieglitz Arbeiten »seiner« Künstler an eine gewisse Edith Gregor-Halpert ausgeliehen, die in ihrer Downtown Gallery Gruppenausstellungen organisierte. Die Galerie war in einem schmalen braunen Sandsteingebäude an der East 51st Street in der Nähe der Fifth Avenue untergebracht. Ihre bescheidenen Anfänge reichten zurück bis ins Jahr 1926. Damals hatte sie ihren Sitz noch in Greenwich Village. Edith Halpert, eine gebürtige Russin, war eine bekannte Kunsthändlerin und angesehene Geschäftsfrau. Mit dem Ausleihen der Bilder hatte Stieglitz bewiesen, daß er ihr vertraute. Für Georgia war es daher nur natürlich, daß sie sich von ihr vertreten ließ. In der Galerie hingen die Werke der inzwischen verstorbenen Künstler Arthur Dove und Charles Demuth. Auch John Marin gehörte dazu: Er war mit der Zusage angelockt worden, einen eigenen Raum mit einer ständigen Ausstellung zu bekommen. Damit war Georgia wieder einmal die einzige Frau in einer Gruppe von Männern.

Nach Stieglitz' Tod mußte Georgia nicht mehr jedes Jahr ausstellen, um von den verkauften Bildern leben zu können. In den fünfziger Jahren hatte sie nur drei Einzelausstellungen – alle unter der Regie von Edith Halpert. Aber nur auf einer dieser Ausstellungen waren neue Arbeiten zu sehen. Diese Zahlen verdeutlichen, daß Georgia relativ wenig malte und keine besonders bedeutenden Werke entstanden.

Georgias erste Ausstellung in der Downtown Gallery fand im Jahr 1952 statt. Sechs Jahre später, im April 1958, wurden dann 53 kleinformatige Aquarelle gezeigt, die Georgia rasch und spontan zwischen den Unterrichtsstunden während ihrer Lehrtätigkeit in den Jahren 1916 und 1917 gemalt hatte. Die meisten gaben das üppige Grün der Berge Virginias oder die glutroten texanischen Himmel wieder und grenzten in ihren wenigen kühnen und einfachen Pinselstrichen an abstrakte Bilder. Die Mehrzahl der führenden Künstler in den fünfziger Jahren, wie zum Beispiel Jackson Pollock oder Willem de Kooning, malten mit raschen, kräftigen Strichen und gelegentlichen lebhaften Farbeinsprengseln und kamen dabei dem Stil der jungen O'Keeffe sehr nahe. Folglich versuchte die Downtown Gallery, eine Verbindung zwischen Georgias Aquarellen und den Wurzeln der abstrakten Expressionisten herzustellen. Die meisten Leute konnten diese Verbindung allerdings nicht nachvollziehen, möglicherweise, weil die jüngsten abstrakten Bilder der Männer wesentlich größer und chaotischer waren als die zarten O'Keeffe-Werke. Im Gegenteil: Die abstrakten Expressionisten stachen die erste Gruppe der amerikanischen Moderne weitgehend aus, und Georgia O'Keeffe wurde gewöhnlich als eine Erscheinung abgetan, die nur noch von historischem Interesse war. Eingedenk der Tatsache, daß ihr Stil nicht mehr aktuell war, schrieb sie an Henry McBride, sie erwarte nicht, daß ihr Werk sehr geschätzt werde. Dennoch wolle sie an ihrem bisherigen Stil festhalten.

Voller Begeisterung schrieb Georgia an eine Freundin, sie habe zu ihrer Überraschung festgestellt, daß ihre ersten Winter in New Mexico noch schöner gewesen seien als die Sommer. Von ihrem Atelier in Abiquiu aus konnte sie die Kühe und Pferde zwischen den gedämpften, sanften Grau- und Brauntönen der Pyramidenpappeln beobachten, wie sie im Tal des Chama River grasten. Während einiger weniger Wochen in der Mitte des Winters fiel das Thermometer nachts bis auf zwanzig Grad unter Null. Georgia bekam den Eindruck, daß diese Zeit der strengen Kälte sie auf eine angenehmere Art anregte, als es die Winterwochen in New York je vermocht hatten. Ihrer Freundin Frances Steloff berichtete sie: »Manchmal ist mein Nordfenster morgens bis oben hin ein einziger weißer Frostwald.« Schnee bedeckte die hohen Mesas und setzte den Melden am Wegrand weiße Kronen auf. In Georgias Studio knackte dann ein Feuer aus Kiefernholz und verbreitete einen starken Duft, während über ihre ausgezeichnete Stereoanlage Musik von Monteverdi und Bach erklang.

Nachts las sie gern im Bett. Die Sonntagsausgabe der *New York Times*, die sie abonniert hatte, blieb jedoch oft unberührt. Im März wirbelten die stürmischen Frühlingswinde den Staub auf, so daß die Luft ganz rosa aussah. Mit ironischem Unterton bemerkte Georgia dann, daß die oberste Erdschicht von ihrem Nachbarn in ihren Garten und ihre wiederum in einen anderen Garten getragen werde.

In jenen Jahren leitete Frances Steloff das Buchgeschäft Gotham Bookmart in New York. Bei ihr bestellte Georgia ihre Bücher und schickte ihr aus New Mexico Päckchen mit Chilipfeffer. Oft orderte Georgia für sich und andere schwer erhältliche Titel, wie zum Beispiel einen Smithsonian-Bericht über die Zuni-Indianer, griechische Dramen, Lyrik und Bücher über Gartenbau, Spanien, Südamerika, Asien, den Nahen Osten und über das Kochen.

Georgia war froh, als sie im Herbst 1952 eine taube Haushälterin fand, mit der sie nichts reden mußte. Aus dem gegenseitigen Schweigen entstanden einige schöne neue Gemälde, die von Georgias Leben in New Mexico inspiriert waren. Sie malte den Kopf und die Hörner einer schönen, halb zahmen Antilope, die Arthur Pack großgezogen hatte. Das Tier mußte jedoch erschossen werden, nachdem es die Hauslehrerin der Packs mit seinen Hörnern tödlich verletzt hatte. Einmal wählte Georgia auch das kahle, wirre Geäst der winterlichen Pyramidenpappeln als Motiv und probierte dabei einen neuen Stil mit größeren Unschärfen aus. Nachdem Stieglitz nicht mehr da war, um eine ihrer Neuerungen zu begutachten, bat sie McBride, die Bilder vor ihrer nächsten Ausstellung anzusehen. Sie hatte sie an die Downtown Gallery geschickt, wo sie 1955 gezeigt wurden. Wie auch immer McBrides Reaktion ausfiel, Georgia verfolgte das Thema nach der Ausstellung nicht weiter.

In der ersten Zeit ihres Zusammenlebens mit Stieglitz hatte dieser sich jedesmal Sorgen gemacht, wenn sie nicht malte. Sie hatte ihn jedoch immer beruhigt, denn sie war sich ihres eigenen Rhythmus sicher. Sie lernte mit der Zeit, Wochen oder auch Monate zu warten, bis eine Idee in ihr keimte und das Bild vor ihrem geistigen Auge entstand. »Ich weiß, was ich machen werde, bevor ich anfange, und wenn sich in meiner Vorstellung nichts abzeichnet, dann mache ich nichts«, erklärte sie. Sie wußte, daß sie letzten Endes nur die Leinwand zerstören und wieder von vorne anfangen würde, wenn sie mit dem Malen begann, bevor das Bild in ihr reif war. Sie lernte auch, über die jeweils ins Auge gefaßten neuen Bilder zu schweigen, aus Angst, anderenfalls ihren Schwung zu verlieren.

Die Ideen für ihre Bilder kamen ihr auf ganz unterschiedlichen Wegen. »Ich habe so eine Art Verstand, der diese Formen sieht«, erklärte sie einmal. »Ich weiß, wo einige von ihnen herkommen. Vielen liegt eine realistische Landschaft oder sonst etwas aus der Natur zugrunde, andere sind dagegen einfach nur schöne Formen, die ich in meiner Phantasie sehe.« Nicht ganz sicher war sie sich allerdings bezüglich der Anregung zu einigen ihrer aussagekräftigsten Abstraktionen. Die Formen, die sie aus einem Traum oder aus ihrem Gedächtnis hatte, empfand sie im Vergleich zu den wirklichen Gegenständen oft als realer. Einige Formen, wie bestimmte Spiralen zum Beispiel, kamen während ihrer gesamten Schaffenszeit vor, so als seien sie eine private Künstlersprache.

Wenn Georgia einmal eine Form nicht in ihrer eigenen Vorstellung finden konnte, dann war ihr die Natur mit all ihren tiefen Geheimnissen und ihrem unerschöpflichen Reichtum eine nie versiegende Quelle der Anregung. Sie malte aufgrund ihres leidenschaftlichen Gefühls für den Himmel, den Mond, das Sonnenlicht, die Berge, die Wüste und die vielen kleinen Blumen, Steine und Knochen, die sie darin fand. Diese malte sie dann nach den Worten McBrides aus lauter Begeisterung größer, als sie in Wirklichkeit waren. »Ich nehme an, man könnte mich zu Recht eine romantische Malerin nennen«, erklärte Georgia einmal. Mitunter betrachtete sie ihre Bilder auch als Gegengeschenke für das, was ihr die Natur so großzügig überließ.

Wenn Georgia erst einmal begonnen hatte zu malen, dann ging es fast nur noch darum, das Bild aus ihrem Kopf systematisch auf die Leinwand zu übertragen. Obwohl ihr eine Idee meist intuitiv kam, überließ sie bei ihrer Umsetzung nur noch ganz wenig dem »Zufall«. In der Regel machte sie erst eine Skizze. Anschließend ging sie ihre Farbmuster durch, die sie sorgfältig auf Pappkarten festgehalten hatte. Sobald sie die richtigen Vorlagen gefunden hatte, mischte sie die Farben und übertrug sie auf ihre große Palette. Dann malte sie das Bild in raschem Tempo, aber dennoch sehr genau, und nahm sich zwischendurch nur Zeit, um etwas zu essen. Gewöhnlich war sie mit einem kleinen Bild fertig, noch bevor das Tageslicht schwand. Das waren dann ihre besten Zeiten. Wenn eine Leinwand jedoch sehr groß war und das Malen mehr als einen Tag beanspruchte, dann traf sie sich selten mit jemandem und ging auch nirgendwo hin, bevor das Bild fertig war. Wenn das Ergebnis ihrer Arbeit sie nicht zufriedenstellte, malte sie mit Unterbrechungen über Monate hinweg am selben Bild. Dann überdeckte sie die alten Farbschichten mit immer neuen, obwohl sie wußte, daß es voraussichtlich sinnlos war. Schließlich entstanden ihre besten Bilder in der Regel immer dann, wenn sie am schnellsten malte.

Lange Zeit schlief Georgia gern im Patio ihres Hauses in Abiquiu. Seine hohen Mauern gaben ihr das Gefühl, in einer Schachtel zu liegen mit dem Sternenzelt als Deckel. Noch immer war Georgia von dieser einen besonderen Tür des Innenhofs fasziniert, und so begann sie, sie zu malen. Diese strenge, klare, lichtdurchtränkte Serie von Patio-Bildern, die sie über einen Zeitraum von fünfzehn Jahren malte, spiegelte das schweigsame, einfache Leben wider, das sie innerhalb der Patiomauern führte. Die fest verriegelte, ebenso undurchdringliche wie rätselhafte schwarze Patiotür wies auf die Verschlossenheit der Künstlerin hin. Die Ironie des Schicksals wollte es jedoch, daß die Öffentlichkeit aufgrund der Bilder nur noch neugieriger wurde und wissen wollte, was sich hinter der Tür verbarg und wie die Künstlerin lebte. (Die Tür führte zu dem Raum, in dem Georgia ihre Bilder aufbewahrte.) Obwohl Georgia 1954 kurz entschlossen *My Last Door* (Meine letzte Tür) malte, verfolgte sie das Motiv noch einmal sechs Jahre. »Es ist wie ein Fluch – dieses Gefühl, daß ich immer weiter diese Tür malen muß«, erklärte Georgia einmal gegenüber der Kunsthistorikerin Katharina Kuh.

Viele Betrachter fragten sich, warum ihre Gemälde immer von unbelebten Dingen sprachen und menschliches Leben darin nicht vorkam. Georgia malte nie lebende Wesen, abgesehen von wenigen Ausnahmen, Vögeln beispielsweise, die über den Palo-Duro-Canyon, über die Berge von Lake George oder über die Hügel New Mexicos flogen. Georgia meinte dazu: »Ich habe für so viele Künstler Modell gesessen, daß ich niemals irgendeinen Menschen bitten würde, dasselbe für mich zu tun.« Dem wahren Grund kam sie aber wohl näher, wenn sie mitunter hinzufügte: »Ich war immer der Meinung, all dies auf indirektem Weg in einem Bild andeuten zu können. Ich meine das Leben, das sich an einem bestimmten Ort abgespielt hat.«

Obwohl Georgia in ihrer Jugend sehr treffende Bleistiftportraits gezeichnet hatte, um anderen eine Freude zu machen, gab sie diese Richtung schließlich auf, da sie nicht genügend an den Menschen interessiert war. Eine Ausnahme bildete der Künstler Beauford Delaney, der öfter Modell saß, um aus seiner ungeheizten Atelierwohnung im New Yorker Stadtteil Soho herauszukommen. Von ihm war Georgia so angetan, daß sie seinen Kopf in einigen Bleistift- und Pastellzeichnungen festhielt. Ansonsten schien sie sich jedoch auf ihre Reaktion anderen gegenüber nicht verlassen zu können. In ihrem Buch schrieb sie, daß einige Leute, die sie gern mochte, sie nicht zum Malen anregten. Andere wiederum, die sie weniger leiden konnte, hätten in ihr Bilder von bestimmten Formen ausgelöst. Selbst ihre engsten Freunde überkam manchmal ein seltsamer Schauder, wenn sie vor einem Bild standen, das keinerlei Hinweise auf menschliches Leben enthielt. Manche hatten sogar das Gefühl, daß ihre Bilder mit zunehmendem Alter immer kälter und berechnender wurden.

Georgia machte nie eine so klare Unterscheidung zwischen realistischer und abstrakter Kunst, wie es andere taten. Vielmehr wechselte sie zwischen den beiden Richtungen ständig hin und her. Was ihr manchmal gegenständlich erschien, galt anderen als abstrakt, und umgekehrt. Außerdem wandte sie abstrakte Prinzipien auf die Darstellung der Wirklichkeit an, so wie es Arthur Wesley Dow gelehrt hatte. Viele fragten sich indessen, ob sie jenes Denken des 20. Jahrhunderts übernommen hatte, das die Existenz einer absoluten Wahrheit zunehmend in Frage stellte. Stieglitz und seine Freunde hatten diesen Gedanken häufig diskutiert, zumal er sowohl in Einsteins Relativitätstheorie als auch in Freuds Lehre vom Unbewußten vorkam. Auch wenn Georgia diesen Gesprächen nicht viel Aufmerksamkeit schenkte, so muß sie doch etwas von der Unsicherheit gespürt haben, die ihnen zugrunde lag.

Von Jugend an hatte Georgia in Serien gemalt. Wie sie einmal selbst sagte, bot ihr das die Möglichkeit, ein Motiv langsam zu erforschen und es aus verschiedenen Perspektiven und in unterschiedlichem Licht zu betrachten. Oft vereinfachte sie ihren Gegenstand immer weiter, bis er jegliche Ähnlichkeit mit der Wirklichkeit verloren hatte. Aus dem Jahr 1922 stammt das Zitat von ihr: »Nichts ist weniger real als der Realismus – Einzelheiten sind verwirrend. Nur durch Auswahl, Weglassung und Betonung stoßen wir zur wahren Bedeutung der Dinge vor.« Gerade das letzte Bild einer Serie verkörperte oft das, was Georgia als den Kern eines Gegenstandes ansah. Daraus folgte bei anderer Gelegenheit der Satz: »Es kann nur abstrakt sein, aber für mich ist es auch der Grund, warum ich male, glaube ich.«

Die Wiederholungen entstanden ebenfalls aus dem Drang, dieselbe Vision immer neu auszudrücken, und aus Georgias Wunsch, alles möglichst perfekt zu machen. So wird ihr auch der Satz zugeschrieben: »Ich mag die Bilder von keinem anderen, und die Hälfte der Zeit mag ich noch nicht einmal meine eigenen.« Anstatt den Mut angesichts

ihrer »Fehlschläge« sinken zu lassen, wurde sie von ihnen eher angespornt und dazu gebracht, es mit einem neuen Ansatz noch einmal zu versuchen.
Georgia dachte in Farben, so wie andere in Worten dachten. In den späten dreißiger Jahren scherzte sie einmal sogar, daß sie mit Hilfe von Telefon, Diktaphon und Radio das Lesen und Schreiben eines Tages ganz aufgeben werde. Obwohl sie in einem ausdrucksstarken, lebendigen und klaren Stil schrieb, erklärte sie gelegentlich, daß die Worte oft falsch, bedeutungslos und nur begrenzt verwendbar seien. Die Farben waren für sie dagegen ein verläßliches, wenn auch noch weitgehend unerforschtes Gebiet, in dem sich immer noch neue Variationen und Abstufungen finden ließen. Grundsätzlich war sie der Meinung, daß ihre Farbensprache dem Englischen etwa überlegen sei. Daher weigerte sie sich oft sehr hartnäckig, ihre Arbeiten mit Worten zu beschreiben. »Für mich gibt es keinen Grund, etwas zu malen, das man auch auf irgendeine andere Art ausdrücken könnte«, sagte sie einmal. Ihren eigenen Worten zufolge zog sie es auch vor, ihre Gefühle über irgend etwas in einem Bild wiederzugeben, anstatt darüber zu reden. Enttäuschten Reportern hielt sie im allgemeinen entgegen, daß sie nicht gerne in Worten denke und daß Wörter »unelastisch« seien. Als sie einmal gefragt wurde, warum sie Schädelknochen male, antwortete sie, daß sie das nicht in Worten beschreiben könne. Um es zu erklären, müßte sie wiederum ein Bild malen. Mit einem Lächeln fragte sie in solchen Fällen zurück: »Wahrscheinlich müßte ich noch ein Bild mit einem Schädel malen, und was hätten wir dann davon?« Manchmal konnte sie angesichts derartiger Fragen aber auch ihren Humor verlieren. Im Jahr 1968 fuhr sie einmal die Kunstkritikerin Edith Evans-As-

bury an: »Die Bedeutung ist dort auf der Leinwand. Wenn Sie sie nicht verstehen, dann ist das Ihr Pech. Ich habe nichts weiter zu sagen als das, was ich gemalt habe.« Georgias ausgeklügelte, bewußtseinsverändernde Geheimsprache, die von ihrer beachtlichen Phantasie noch ständig angereichert wurde, konnte den Betrachter ihrer Werke sehr wohl auf der Ebene der Gefühle ansprechen. Daher mochte sie es auch nicht, wenn ihre Symbolik mit dem Verstand seziert wurde. Außerdem konnte ein derartiges Vorgehen ihrer Meinung nach die emotionale Wirkung eines Bildes abschwächen.

Von Anfang an war Georgias technische Virtuosität, deren Höhepunkt sie vermutlich im Alter zwischen 40 und 50 Jahren erreichte, bemerkenswert. Da sie im übrigen wie ein Perfektionist zu Werke ging, testete sie auch die Beständigkeit ihrer Farben. So verfügte sie am Ende ihrer Laufbahn über einige Muster, die sie schon dreißig Jahre lang der Sonne ausgesetzt hatte. Aber sie unternahm auch noch einen anderen, höchst ungewöhnlichen Schritt: Bilder, die bereits verkauft waren, ließ sie von Restauratoren überarbeiten und bezahlte dafür aus ihrer eigenen Tasche. So ließ sie Farbrisse, Fingerabdrücke und solche Spuren ausgleichen, die von verzogenen Rahmen verursacht worden waren.

Vielleicht lag es an dem hohen Anspruch, den sie an sich selbst stellte, daß sie ihre erste große Retrospektive nur mit gemischten Gefühlen betrachtete. »Also, eine Ausstellung ist eine merkwürdige Sache«, erklärte sie damals. »Es endet damit, daß man sich gleichzeitig liebt und haßt.« Georgias strenge Maßstäbe führten auch dazu, daß sie nach Stieglitz' Tod etwa vierzig minderwertige O'Keeffes zerstörte. Zu ihrer Verteidigung sagte sie daraufhin: »Natürlich habe ich meine alten Bilder vernichtet. Bewahren Sie vielleicht ihre ganzen alten Hüte auf?«

Während all dieser Jahre hatte Georgia gern mit Rahmen experimentiert. Die verschiedenen Ausführungen reichten von auffällig bunt bis zu schlicht und schnörkellos. Die einfachsten Rahmen entwarf sie gewöhnlich selbst, und diese gefielen ihr meistens auch am besten. Manchmal ließ sie einen schmalen Chromrahmen verkupfern, damit die benutzten warmen Farben des Südwestens nicht durch ihn abgekühlt wurden. Mitunter verzichtete sie auch ganz auf einen Rahmen. Statt dessen malte sie auf der um die Seiten geklappten Leinwand weiter – eine Technik, die in den sechziger Jahren in Mode kam, lange nachdem sie sie in den vierziger Jahren schon benutzt hatte.

Aufgrund ihrer Gleichgültigkeit gegenüber Worten ließ sie im allgemeinen andere einen Titel für ihre Bilder finden. Dennoch klingen einige Benennungen eindeutig nach ihrer Ausdrucksweise. Im Gegensatz zu anderen Künstlern signierte sie ihre Gemälde auch nicht gern auf der Vorderseite. Es war ihr lieber, wenn die Handschrift des Künstlers ganz in seinen unsichtbaren Pinselstrichen aufging und nichts die perfekte Oberfläche eines Bildes beeinträchtigte. Ihr prägnanter Stil, so meinte sie, reiche aus, um ihre Werke erkennbar zu machen. Einmal wurde sie gefragt, warum sie ihre Bilder nicht signiere. Daraufhin entgegnete sie unwillig: »Warum signieren Sie nicht Ihr Gesicht?« Wenn ein fertiges Bild ihren Ansprüchen genügte, zeichnete sie manchmal einen kleinen Stern auf die Rückseite und schrieb »OK« hinein.

Hin und wieder bekam Georgia Besuch von ihren Freunden, vor allem am Thanksgiving Day, an Weihnachten oder an den Feiertagen zum Jahresbeginn. Am Thanksgiving Day 1950 zum Beispiel waren Spud Johnson und Dorothy Brett die anderthalb Stunden von Taos nach Abiquiu mit dem Wagen gefahren, um mit ihr um fünf Uhr zu Abend zu essen. Georgia aß meist sehr früh, da sie nicht gern mit vollem Magen ins Bett ging. In bester Stimmung verspeisten die drei alten Freunde eine neunpfündige, mit Kastanien gefüllte Pute. Dazu gab es Preiselbeeren, frische Kresse, selbstgezüchtete Erdbeeren und einen roten Bordeaux-Wein. Über das Festessen schrieb Spud dann einen genießerischen Beitrag mit allen Einzelheiten und veröffentlichte ihn in seiner Zeitschrift *Laughing Horse* (Lachendes Pferd).

Georgia hatte mit ihnen auch einen Spaziergang zu ihrem »Weißen Ort« gemacht, wo wetterbeständige Felsen auf weicheren, erodierten Gesteinspfeilern mühsam das Gleichgewicht hielten. Ebenso wie seine Gastgeberin war Spud ein eifriger Wanderer und verfügte über eine sehr genaue Beobachtungsgabe. Bei der Rückkehr hatte er dann oft die Taschen voller bizarr geformter Steine und anderer Fundstücke, die sogar Georgias Aufmerksamkeit entgangen waren. Anschließend schrieb Spud in seiner Zeitschrift: »Georgia ist so einfach und natürlich – so hellwach und interessiert an den wichtigen Dingen wie zum Beispiel Steinen und Nahrung, Menschen und Bergen, Farben und Klängen sowie Geschmack und Gefühlen. Ihre Gesellschaft ist anregend und erfüllend.«

Der gemeinsam verbrachte Tag hatte allen so viel Freude gemacht, daß Brett und Spud einige Wochen später wiederkamen, um Weihnachten bei ihr zu verbringen. Georgia hatte in ihrem Patio in Abiquiu einen großen Weihnachtsbaum aufgestellt und einen weiteren neben dem Kamin im Wohnzimmer plaziert. Am Heiligabend zündeten sie auf einem Felshang die neun traditionellen Freudenfeuer an, tranken Glühwein und besuchten in der kleinen katholischen Kirche in Abiquiu die Mitternachtsmesse. Den Gebräuchen entsprechend ging man anschließend noch auf einen *Posole* in die Häuser der einzelnen Gemeindemitglieder. Am 1. Weihnachtsfeiertag fuhren sie nachmittags gemeinsam zum Hirschtanz der Pueblo-Indianer nach Taos. Für diese Zeremonie legten die Tänzer komplette Tierfelle an einschließlich der Köpfe und Geweihe und benutzten zusätzlich noch Stöcke, um die Vorderbeine der Tiere darzustellen.

Gelegentlich kamen auch Besucher von weiter her. Unter ihnen waren Doris Bry, Anita Pollitzer, Peggy (Bok) Kiskadden und Georgias Schwester Claudia, die inzwischen als Lehrerin in Los Angeles arbeitete. Wer länger blieb, wurde in einem ihrer Häuser untergebracht, und Georgia wohnte im anderen. Damit sollte verhindert werden, daß man sich gegenseitig ständig auf die Füße trat, erklärte Georgia ganz offen. So quartierte sie im Herbst 1952 ihren langjährigen Freund William Einstein und dessen französische Frau in ihrem Haus in Abiquiu ein, während sie auf der Ranch malte.

Einige spontane Besucher erlebten Georgia damals als eine beeindruckende Persönlichkeit, unnahbar und selbstgenügsam. Später schilderten sie dann Georgias Art, das graue Haar in einem festen Knoten zu binden, ihre schneidende Schlagfertigkeit und das antiseptische Weiß ihrer aus New Mexico stammenden Baumwollkleider. Wenn überhaupt, dann fanden sich in ihren unter schweren Lidern liegenden Augen gewisse Anzeichen für eine innere Unbeschwertheit. Ganz gleich, wie sehr sie sich über den Besuch von Freunden freute, so konnte sie sich doch auch sehr gut mit der Tatsache abfinden, daß sie nach einiger Zeit wieder allein zurückbleiben würde. Nach einer kurzen Phase des Übergangs gewöhnte sie sich erneut an ihre Einsamkeit und war damit zufrieden. Sie fühlte sich nie ganz allein unter dem weiten Himmelsgewölbe, das sie eher wie einen guten Gefährten ansah. Sie räumte ein, daß die Abgeschiedenheit ihres Lebens in New Mexico sie eines Tages vielleicht merkwürdig machen könnte. Solange sie sich dabei wohl fühlte, so meinte sie, würde ihr das aber auch nicht sehr viel ausmachen.

Schließlich sollte Georgia doch noch Gesellschaft bekommen. Im Jahr 1952 schenkte ihr ein Freund zur Weihnachtszeit zwei junge Chow-Chows. Angeblich kamen sie vom Häuptling des nahegelegenen Indianerpueblos San Juan. Obwohl sie immer erklärt hatte, sie bräuchte keine Wachhunde, machten ihr die beiden Tiere doch sehr viel Spaß. Mit ihrem weichen Fell, ihren Buschelschwänzen und ihrem zuversichtlichen, kojotenhaften Gang schienen sie ganz genau in die winterliche Landschaft zu passen. Bald war Georgia wie vernarrt in die beiden. Tagsüber lagen sie vor ihrem Atelier, und nachts kamen sie in ihr Schlafzimmer. Auch bei den Spaziergängen folgten sie ihr auf Schritt und Tritt. Den Hunden zuliebe baute sie einen Schlangenzaun um ihre Ranch und begann, die in unmittelbarer Nachbarschaft lebenden Klapperschlangen zu töten – sie schlug ihnen mit einer Hacke die Köpfe ab. Wegen der Chow-Chows hörte sie sogar auf, unterwegs im Auto zu malen. Wie sie 1960 selbst zugab, hatte sie nicht das Herz, ihre vierbeinigen Begleiter zurückzulassen, aber sie konnte auch nicht malen, wenn sie dabei waren. Und obwohl diese Frau alles andere als ein Vereinsmeier war, begann sie eines Tages, Beiträge an die Internationale Chow Chow Gesellschaft zu entrichten.

Freunde befürchteten zunächst, daß die Hunde Georgia angreifen könnten. Georgia wollte diese Möglichkeit nicht leugnen, aber sie fand auch großen Gefallen an der wilden Art der beiden Tiere. An beiden Häusern stellte sie erst einmal Schilder auf: »Vorsicht vor den Hunden.« »Sie beißen sehr wohl«, sagte sie bei einer Gelegenheit und fügte hinzu: »Ich habe schon mehr als einmal erlebt, daß sich ein Paar Schuhe mit Blut gefüllt hat.« (Und dieser Satz kam von derselben Frau, die sich geweigert hatte, länger in Lake George zu bleiben, als Stieglitz' Schwester Selma einmal ihren aggressiven kleinen Hund mitgebracht hatte.) Der Pfarrer von Abiquiu nannte die Hunde »bösartige Ungeheuer«, nachdem sie eine Frau aus dem Dorf gebissen hatten, die ihr Kind vor ihnen schützen wollte. Im Lauf der Jahre zog Georgia noch einmal zwei wilde Chow-Chow-Welpen groß, Bobo und Chia. Diesen folgten wiederum zwei weitere, Jingo und Inca, die ebenso gefährlich waren.

Unterdessen bedrohten verschiedene Veränderungen Georgias Frieden in New Mexico. Nach dem Ende des Zweiten Weltkrieges waren die Packs häufiger in Tucson/Arizona, wo ihre Kinder leichter zur Schule gehen konnten. Zwangsläufig wurde es jedoch schwieriger, die Ranch von dort aus zu führen. In den fünfziger Jahren entschlossen sie sich dann, die Ranch an die United Presbyterian Church abzutreten, ohne allerdings Georgia etwas davon zu sagen. Eines Abends im Jahr 1955 waren die Vertreter der Kirche bei den Packs, um den Vertrag abzuschließen, als Georgia von der Sache Wind bekam. Georgia war zunächst verblüfft, dann wurde sie wütend, weil sie glaubte, Pack habe ihr Jahre zuvor schon ein Vorkaufsrecht eingeräumt. Im Handumdrehen saß sie in ihrem Wagen und fuhr die paar Kilometer zu dem Haus der Packs hinüber.

»Arthur«, rief sie laut, als sie ins Wohnzimmer platzte, »was höre ich da, du willst die Ranch aus der Hand geben? Wenn du das willst, warum hast du sie dann nicht mir gegeben?« Ihrem ungestümen Auftritt folgte ein kurzes Schweigen. Schließlich versuchte Arthur, ihr die verdutzten Kirchenvertreter vorzustellen und ihr klarzumachen, daß er die Ranch einem guten Zweck zuführen wollte. »Hm«, brummte Georgia, als sie hörte, daß der Handel schon abgeschlossen war. »Ich nehme an, jetzt wird es an diesem herrlichen Ort bald vor Leuten nur so wimmeln, und dann ist jeder Reiz dahin. Ich konnte sowieso noch nie etwas mit Presbyterianern anfangen.« Mit diesen Worten machte sie kehrt und stürmte hinaus. Die Ranch wurde letztlich ein Konferenzzentrum, und Georgia entschloß sich, die einfallenden Presbyterianer allesamt wie Luft zu behandeln.

Auch über die steigende Zahl von Autos, Lastwagen, Flugzeugen und Touristen in »ihrem« ruhigen Tal begann Georgia zu klagen. In den fünfziger Jahren wurde die Straße zur Ranch asphaltiert, elektrische Leitungen wurden verlegt, und bald standen Telefonmaste in den roten Hügeln, wo früher die unbearbeiteten Holzkreuze die einzigen Zeichen menschlicher Zivilisation gewesen waren. Jahrelang hatte sich Georgia geweigert, einen Telefonanschluß legen zu lassen. Wenn sie jemanden anrufen wollte, dann reichte ihr der Münzfernsprecher am Eingang zu Bodes Laden vollkommen aus. Als sie schließlich dem Druck von Freunden und Nachbarn nachgab, ließ sie ihren Apparat jedoch versteckt in einem Schränkchen anbringen.

Besonders wütend war sie, als unweit ihres Hauses in ihrem Blickfeld nach Süden ein kleines, niedriges Gebäude

errichtet wurde, in dem Tiere, Pflanzen und Steine der Gegend ausgestellt werden sollten. Im Zuge der Planungen für einen Hochwasserschutzdamm wurde außerdem noch die alte Straße entlang des Chama River durch eine vierspurige Schnellstraße ersetzt, die näher an ihrem Haus vorbeilief. Zum erstenmal konnte sie jetzt den Verkehr hören, und wer gute Augen besaß, konnte ihr Haus von der Straße aus erkennen.
Auch in Georgias Freundeskreis und ihrer Verwandtschaft gab es schwerwiegende Veränderungen: 1953 starb John Marin, 1955 Ettie Stettheimer, 1958 folgten ihnen Mary Wheelwright, Tante Ollie Totto mit fast 102 Jahren und schließlich noch ihr Schwager, Robert Young, der Mann ihrer Schwester Anita. In jener schweren Zeit fand Georgia unter anderem Trost in ihrem Garten, den sie bei ihrem Haus in Abiquiu angelegt hatte. Während der ersten Jahre stand sie regelmäßig bei Tagesanbruch auf, um im Garten zu arbeiten. Genauso hatte sie es als Kind bei ihrem Vater auf der Farm in Wisconsin gesehen. Im Lauf der Zeit entwickelte sie ein Schema, wonach sie den Winter und den Frühling in Abiquiu verbrachte, bis alles im Garten angepflanzt war. Anschließend zog sie auf die Ranch, wo sie den Sommer und den Herbst über blieb. Zuerst baute sie nur die gewöhnlichen Gemüsesorten an, später erweiterte sie ihr Spektrum um einige ausgefallenere Arten. Den Schatten für die noch jungen Triebe spendeten Feigen-, Mandel- und Maulbeerbäume. Östlich ihres Hauses legte sie auch einen Obstgarten in Terrassenform an, in dem Aprikosen-, Pfirsich- und Apfelbäume wuchsen.
Wie alles, was sie in die Hand nahm, gelang ihr auch der Garten prächtig. Da sie sich für biodynamischen Anbau entschieden hatte, kaufte sie eines Tages anstatt Insekten-

bekämpfungsmittel Truthähne, damit diese die eingedrungenen Heuschrecken fraßen. Stundenlang konnte sie sich mit ihren Nachbarn über verschiedene Böden, Samen, Dünger, Vitamine und Mineralien unterhalten. Außerdem lernte sie alles über die diversen Möglichkeiten, die geernteten Nahrungsmittel zu trocknen, einzufrieren, einzulegen, einzumachen oder anderweitig zu lagern. Georgia war sehr stark daran interessiert, wie man die Nährstoffe in den Lebensmitteln erhalten konnte, und ging beim Zusammenstellen ihres Speiseplans sehr überlegt zu Werke. Bei Tagesanbruch trank sie zunächst eine Tasse Tee und nahm dann ein großes Frühstück zu sich, zu dem auch Fleisch gehörte. Später am Morgen aß sie ein selbstgemachtes Joghurt oder trank ein Glas Magermilch. Das Mittagessen bestand meist aus einem lockeren Auflauf mit Salat oder einem ähnlich leichten Gericht. Zum Abendessen gab es selten mehr als ein paar Früchte und Käse. Die Folge war, daß Georgia ihr Gewicht von 115 Pfund konstant hielt und es ihr gesundheitlich besser ging als in früheren Jahren.

Ihr Essen schmeckte im allgemeinen köstlich, denn schließlich las sie nachts vor dem Einschlafen gern Kochbücher. Sie hatte immer den starken Geschmack von Knoblauch und rohen Zwiebeln gemocht. Eine ganz besondere Schwäche hatte sie für die Süße der Chilipfefferschoten, die man schmeckt, kurz bevor ihre Schärfe durchdringt. Sie suchte häufig nach wild wachsenden Küchenkräutern, während sie Basilikum und Majoran ihrem eigenen Garten entnahm. Beides aß sie gern zusammen mit süßer Butter auf selbstgemachtem Brot. Die Eier bekam sie von einem Bauern, Milch und Rahm von einem anderen. Das ausgezeichnete Beef des amerikanischen Südwestens wurde nach ihren speziellen Angaben für sie vom Metzger aufbereitet.

Kurz nachdem Georgia Weihnachten 1950 mit Spud und Brett verbracht hatte, beschlossen sie und Spud, Eliot und Aline Porter im Frühjahr auf ihrer Reise nach Mexiko zu begleiten. Georgia hatte die Porters Mitte der dreißiger Jahre in New York kennengelernt, als Eliot seine Photographien Stieglitz einmal zur Beurteilung vorlegte. Eliot unterrichtete damals nach einem abgeschlossenen Medizinstudium Biochemie in Harvard. Nachdem Stieglitz Porters Natur-Photographien 1938 ausgestellt hatte, gab dieser seine Dozentenstelle an der Universität auf und zog nach New Mexico, um sich ganz der Photographie zu widmen.

Ebenso wie fast alle anderen, die Spud kannten, hatte auch Georgia Mitleid mit ihm. Da er nur wenig Geld besaß, bot sie ihm an, die Reise für ihn zu bezahlen, falls er sie fahren würde. Als Begleiter war Spud ideal, immer gutmütig und tolerant. Außerdem kannte er Mexiko gut. Für die inzwischen 63jährige Georgia war die Reise, zu der sie im Februar 1951 aufbrach, ein richtiges Abenteuer. Mit Spud hatte sie beschlossen, anstelle ihres normalen Autos ihren Geländewagen zu nehmen, um mehr Platz für das Gepäck zu haben: ihre Koffer mit Kleidern und Schuhen, die Malutensilien, die Kühltasche für die Lebensmittel und den kleinen Camping-Gaskocher für die Picknicks unterwegs.

Mit den Porters kam es bereits zu Spannungen, noch bevor die Reisegruppe eine größere Strecke zurückgelegt hatte. Georgia hatte vergessen, sich einen Kfz-Schein ausstellen zu lassen. Daher fuhren die Porters, die sich schon von ihren drei kleinen Söhnen verabschiedet hatten und nicht länger warten wollten, am ersten Tag ein Stück voraus. Nachdem Georgia die Papiere in Santa Fe erhalten hatte,

kam sie mit Spud in ihrem Wagen nach. Am Ende eines Tages bestand Georgia dann jeweils darauf, daß alle mit ihr zusammen um fünf Uhr zu Abend aßen, obwohl die anderen sich zuerst gerne umgezogen und einen Drink zu sich genommen hätten. Als sie schließlich nach mehrtägiger Fahrt in Mexiko City ankamen, verloren sie sich im Straßenverkehr aus den Augen. Zufällig trafen sie sich zehn Tage später in einer anderen Stadt wieder, beschlossen jedoch, sich auf dem Rückweg erneut zu trennen.
Von Mexico City aus fuhren Spud und Georgia nach Cuernavaca und dann noch ein Stück weiter südlich bis Oaxaca, einem von mehreren Vulkanen eingeschlossenen Tal. Georgia machte einige Skizzen in den herrlichen Gärten einer alten Hazienda, die außerhalb der Stadt lag, in der sie übernachteten. Außerdem unternahmen sie mehrere Ausflüge in die indianischen Dörfer der näheren Umgebung. Georgia war fasziniert von den Märkten und kaufte Kattun, Körbe, Blumentöpfe, grüne Tonwaren mit Rillenmustern, schwarze Teetassen und allerlei anderes Kunstgewerbe. Auf dem Rückweg nach Mexico City besuchten sie das Künstlerehepaar Rose und Miguel Covarrubias, das Georgia aus Taos und New York kannte. Gemeinsam mit Rose beschloß Georgia, noch einen spontanen Abstecher mit dem Flugzeug auf die Halbinsel Yucatan zu machen, dann kehrte sie mit Spud in die USA zurück. Über Guadalajara kamen sie nach Texas, wo sie den Big-Bend-Nationalpark besuchten. Nach einem weiteren Aufenthalt bei den Höhlen von Carlsbad im Süden New Mexicos erreichten sie Abiquiu. In sechs Wochen hatten sie 8000 Kilometer zurückgelegt, und Georgia war glücklich, daß sie all die breiten Flüsse, die zerklüfteten Berge und die dunkelhäutigen Kunsthandwerker gesehen hatte,

die zu dem Land südlich ihrer Wahlheimat gehörten. Es war der Beginn einer Reiselust, die Georgia auch in den folgenden zwölf Jahren nicht mehr verließ.
Nachdem Stieglitz gestorben war, gab es niemanden mehr, der sie am Reisen hätte hindern können. Meistens fuhr Georgia im Frühjahr los, wenn New Mexico fast regelmäßig von Sandstürmen heimgesucht wurde. Im Frühjahr 1953 machte sich Georgia mit 65 Jahren zum erstenmal nach Europa auf. Während ihrer Jugend war Frankreich das Mekka der Künstler gewesen und hatte seinen langen Schatten über die erste Generation der amerikanischen Moderne geworfen. Europa war die Heimat der ersten Avantgarde-Künstler. Stieglitz hatte hier viel auf dem Gebiet der Photographie dazugelernt. Auch Marin, Dove, Hartley und viele andere hatten sich hier auf dem Gebiet der Kunst weitergebildet.
In Paris besuchte Georgia den unvermeidlichen Louvre, in dem ihr die schlichten Werke Fra Angelicos und die in sich ruhenden buddhistischen Skulpturen am besten gefielen. An der Kathedrale von Chartres faszinierte sie die enorme Kraft der geistigen Ausstrahlung, vor allem in dem Augenblick, als sie mitten in den mehrfarbigen Lichtstrahlen stand, die durch die Kirchenfenster einfielen. In Aix-en-Provence, wo inzwischen William Einstein lebte, sah sie sich ungerührt Cézannes Mont Sainte-Victoire an, um den es in Stieglitz' Kreis in den zwanziger Jahren so erregte Diskussionen gegeben hatte. Georgia weigerte sich, den berühmten Picasso zu treffen, den die mit ihr befreundete Bildhauerin Mary Callery kannte. »Ich legte keinen großen Wert darauf, ihn mir anzusehen, und ich bin sicher, er legte auch keinen großen Wert darauf, mich anzuschauen. Ich spreche kein Französisch, also hätten wir uns nicht un-

terhalten können«, erklärte Georgia später. Da sie sich mit Hilfe eines Dolmetschers hätten verständigen können, sah es so aus, als habe sie immer noch vor schwierigen Begegnungen zurückgeschreckt, möglicherweise geschah es aber auch aus Verständnis für die Privatsphäre eines anderen Künstlers.

Kurz bevor Georgia Europa nach zweieinhalb Monaten wieder verließ, besuchte sie noch Spanien. Im allgemeinen betrachtete sie die Werke anderer Künstler nicht besonders gern, da sie dazu neigte, ihre Techniken zu entschlüsseln anstatt sich an ihrer Bildwelt zu erfreuen. Im Prado in Madrid war sie jedoch überrascht, daß es ihr soviel Spaß machte, die Gemälde von El Greco, Velázquez und vor allem die Werke Goyas anzuschauen. Sie sah mit Bewunderung, wie die düsteren Bilder Goyas aufgrund einer geheimnisvollen Kraft scheinbar hell erstrahlten. Auch an den Stierkämpfen fand sie großen Gefallen. Sie war von der Atmosphäre in Spanien sogar so angetan, daß sie im darauffolgenden Jahr wiederkam, um noch einmal drei Monate dort zu verbringen. Begleitet wurde sie 1954 von der jungen Betty Pilkington, der Tochter des Tankstellenbesitzers von Abiquiu.

Georgia war auch begeistert von dem wilden Peru, wo sie sich ebenfalls mit Betty Pilkington im Frühjahr 1956 zwei Monate aufhielt. »Nirgendwo sonst habe ich die Natur je so absolut furchterregend erlebt«, erklärte sie hinterher. »Die Berge, eingehüllt in einen unheilvollen grauen Dunst, und diese fremdartigen, unergründlichen Indianer mit den schrecklichen Geheimnissen in den Augen. Überall Naturkatastrophen.« Zusammen mit Mexiko und Spanien setzte sie Peru auf ihre Liste mit den interessantesten Reiseländern.

Nach ihrer Rückkehr versuchte Georgia, teils aus dem Gedächtnis, teils mit Hilfe von Arbeitsskizzen und Farbnotierungen, ihre Eindrücke auf der Leinwand festzuhalten. Es wurde ein zähes Ringen daraus, vermutlich schon allein deshalb, weil sie ihre eigene Regel über den Haufen warf und nicht mehr nur das malte, was sie am besten kannte. Viele dieser Bilder vernichtete sie wieder.
Anfang 1959 unternahm Georgia mit einer kleinen Reisegruppe eine dreieinhalbmonatige Weltreise. Damals war sie bereits 71 Jahre alt. Zunächst besuchte sie jedoch Blanche und Russell Matthias in San Francisco. Die beiden wohnten in einem Apartment auf einem Hügel und hatten einen herrlichen Blick über die Bucht. Da sie selbst viele Reisen gemacht hatten, konnten sie Georgia erklären, was sie auf keinen Fall auslassen durfte.
Die erste Station der Weltreise war Asien. Georgia sah Tokio, Hongkong, Taiwan und noch einige andere Städte und Länder. Dabei kam ihr der Ferne Osten auf seltsame Art vertraut vor. Immerhin hatte sie sich als junge Frau sehr für die japanischen Drucke interessiert, von denen Arthur Wesley Dow eine große Sammlung besaß. Aber auch in Abiquiu erinnerte einiges an asiatische Besonderheiten. So hatten etwa die verwachsenen Beifußsträucher mit ihrer uralt wirkenden Rinde und den knorrigen Zweigen eine gewisse Ähnlichkeit mit Bonsai-Bäumchen. »Manchmal trifft das Licht gleichzeitig von vorne und von hinten auf die Berge und läßt sie dann wie ein japanischer Druck aussehen, also, es ist wie geschichtete Entfernung«, beschrieb Georgia ihre Eindrücke. Außerdem hatte sie mit Vergnügen einige Werke der japanischen und chinesischen Literatur gelesen und ihre Liebe zur chinesischen Küche entdeckt. Nach und nach kam sogar ihre Kleidung den tradi-

tionellen japanischen Kimonos immer näher – mit einem Gürtel zusammengehaltene, vorn übereinandergeschlagene Gewänder mit weiten Ärmeln.
Wieder in den USA, machte sie verschiedene Reisen, um die asiatische Kunst in den Museen des ganzen Landes von San Francisco über Kansas City bis New York zu sehen. Die Würde, die Harmonie und das handwerkliche Geschick der chinesischen Malerei hinterließen nach wie vor eine starke Wirkung bei ihr, so daß sie sie schließlich zur besten Malerei der Welt erklärte. Zu der Weltreise gehörten auch Zwischenaufenthalte in Südostasien, in Saigon, Bangkok und Phnom Penh sowie eine siebenwöchige Tour durch Indien, wo sie vom dunstigen Bombay bis in das kühlere Kaschmir im Himalaya-Vorgebirge kam.
Als sie Anfang Mai von Asien aus in den Nahen Osten flog, war das Verlassen der einen und das Eintreten in eine andere Welt wie ein Schock für sie. Dieses Gefühl verstärkte sich noch bei ihrer Ankunft in Rom. Die christliche Monumentalkunst im Vatikan fand sie so abstoßend, daß sie ihren Besuch in der Ewigen Stadt verkürzte. »Die Cherubim an der Mauer des Vatikans – schrecklich«, lautete ihr Kommentar. »Diese großen, nackten Dinger. Größer als ein Mensch. Alles in Rom machte auf mich diesen Eindruck – es war ungewöhnlich geschmacklos.« Im Herbst 1960 flog sie noch einmal für sechs Wochen nach Asien, um in Japan die Chrysanthemen zu sehen und in Kambodscha die Ruinenstadt Angkor sowie einige andere Sehenswürdigkeiten, die ihr im Jahr zuvor entgangen waren. »Ich ziehe den Fernen Osten Europa vor«, erklärte Georgia und fügte scherzhaft hinzu: »Ich mag eben die schmutzigen Teile der Welt.«
Großes Vergnügen machte es Georgia auch, mit dem Flug-

zeug in dem pulsierenden New York mit seinen senkrecht in die Höhe schießenden Wolkenkratzern anzukommen. Schließlich hatte sie die Stadt früher von einem dieser Gebäude aus gemalt. Doch nachdem sie jetzt in zwei fest in der Erde ruhenden Lehmhäusern wohnte, konnte sie sich ein Leben in so schwankender Höhe oder an irgendeiner anderen Stelle in der Stadt nicht mehr vorstellen. Sie räumte ein, daß ihr das Tempo und die Aggressivität von Manhattan inzwischen Angst machten. Im allgemeinen blieb sie nur wenige Tage in New York, um in ein Museum zu gehen, sich um ihre Geschäfte zu kümmern und ein paar alte Freunde zu besuchen.

Georgia war immer wieder froh, wenn sie auf dem kleinen Flughafen von Albuquerque ankam. Nach dem Grund für ihre vielen Reisen gefragt, antwortete sie einmal, sie wolle sehen, ob sie am richtigen Ort lebe. Dabei kam sie zu der Erkenntnis, daß ihr geliebtes Abiquiu es mit jeder anderen Gegend dieser Erde sehr wohl aufnehmen könnte – trotz des zunehmenden Verkehrs und der steigenden Anzahl von Besuchern. »Es ist der schönste Fleck auf der ganzen Welt«, lautete im Jahr 1960 ihre rein sachlich gemeinte Einschätzung.

WOLKEN

In dem Jahrzehnt nach Stieglitz' Tod war es Georgia angenehm, nicht mehr so sehr im Rampenlicht zu stehen wie früher. Nach und nach geriet sie aus dem Blickfeld der Öffentlichkeit, viele ihrer alten Bewunderer wußten nicht, ob sie überhaupt noch malte, und die jüngste Generation wußte schon nicht mehr, wer sie war. Schließlich nahm sich 1957 *Newsweek* Georgias an und veröffentlichte in der Rubrik »Wo sind sie jetzt?« einen großen Bericht über die letzte noch lebende Vertreterin des Stieglitz-Kreises. Im Dezember 1958 schrieb dann ein Kunstsammler einen Artikel für *The Saturday Review*. Darin hieß es, die einstmals sehr hohen Preise für O'Keeffe-Gemälde hätten ganz unerwartet einen »katastrophalen Niedergang« erfahren.

In einem Leserbrief ergriff sofort Daniel Catton Rich Georgias Partei und trat dieser Behauptung entgegen. Rich hatte gerade erst seinen Posten am Art Institute of Chicago aufgegeben und die Leitung des Worcester Art Museum in Massachusetts übernommen. Dort hatte er Georgia auch eine neue Ausstellung angeboten. Georgia hatte sich daraufhin im Herbst 1958 das Museum angesehen, aber noch keinen Entschluß gefaßt. In seinem Leserbrief schrieb Rich unter anderem, das Interesse an O'Keeffes Werk sei gegen alle Schwankungen in der Mode seltsam gefeit und Georgia nehme in ihrer Generation eine einsame Stellung als die Künstlerin ein, deren Preise sich immer auf demselben Niveau gehalten hätten. Angesichts der Diskussion um ihr Werk entschloß sich Georgia dann doch, Richs Angebot anzunehmen und zum ersten Mal seit Stieglitz' Tod wieder mit einer größeren Museumsausstellung an die Öffentlichkeit zu treten.

Kurz nach der Bekanntgabe ihrer Entscheidung war Georgia dann zu ihrer Weltreise gestartet. In jener Zeit, Anfang 1959, fanden gerade die ersten Passagierflüge mit Düsenmaschinen statt. Das Zeitalter der Raumfahrt war angebrochen. Erst im Jahr zuvor hatte das Fernsehen in den Nachrichten gezeigt, wie Russen und Amerikaner begannen, Satelliten in eine Erdumlaufbahn zu schießen. Da Georgia noch zur Zeit der Pferdekutschen groß geworden war, hatte sie bei ihrem ersten Start in einem Düsenflugzeug ein entsprechend mulmiges Gefühl. Ihre Angst legte sich jedoch, nachdem sich die Maschine sicher in der Luft befand. Wenig später hatte Georgia schon alles vergessen und war nur noch fasziniert von dem phantastischen Anblick, den die Erde aus einer Höhe von zehntausend Metern bot.

Georgia war vor allem erstaunt über die vielen Flüsse, Nebenarme und Mündungen, die sich über die Erdoberfläche hinzogen. Mit einem Bleistift zeichnete sie winzige Skizzen auf Papierschnipsel, die nicht größer als vier Quadratzentimeter waren und die sie in ihrem Portemonnaie verwahrte. Nach ihrer Rückkehr benutzte sie diese dann als Vorlage für große Kohlezeichnungen, die an ihre bekannten Arbeiten in derselben Technik aus dem Jahr 1915 erinnerten, ohne jedoch deren innere Spannung zu erreichen. Schließlich ging sie dazu über, Ölbilder von den Flüssen zu malen, an die sie sich erinnerte. Angesichts der bevorstehenden großen Ausstellung in Worcester arbeitete sie wieder mit Ausdauer und qualitativ gut. Aufgrund der kühnen, ungewöhnlichen Farben erhielten die Flußbänder, die sich wie in einem Traum durch die flachen Landschaften wanden, Titel wie *It was Yellow and Pink* (Es war Gelb und Rosa) oder *It was Red and Pink* (Es war Rot und Rosa). Zu dem Farbenrausch gehörten satte, helle, einfallsreiche, mit Rosa, Grün und Grau kombinierte Blautöne ebenso wie Grüntöne, die Georgia neben Rosa, Gelb und Orange setzte.

Unterdessen machten die Vorbereitungen für die Ausstellung in Worcester Fortschritte. Rich schrieb Georgia mehrere Briefe, in denen er bei jedem weiteren Schritt um ihre Meinung und um Anregungen bat, während er ihr behutsam seine eigenen Vorschläge unterbreitete. Er sandte ihr Farbproben von den hellgrauen Wänden des Museums und einen Grundriß der beiden Räume, die für die Ausstellung vorgesehen waren. Anschließend fragte er nach, wie viele Bilder ihrer Ansicht nach aufgehängt werden sollten. Georgia schickte ihm Photographien von neunzehn neuen Gemälden, die in Frage kamen, und Rich nahm alle bis auf drei in die Präsentation auf. Im Juli 1960 besuchte er Georgia dann in Abiquiu zusammen mit seiner Frau und seiner Tochter. Bei dieser Gelegenheit suchten die beiden schließlich die restlichen der geplanten 43 Ausstellungsstücke aus, indem sie gemeinsam Georgias rund zwanzig Notizhefte mit den Dias und Photographien ihrer Werke durchgingen.

Im Frühjahr und Sommer 1960 verbrachte Georgia viel Zeit mit Briefeschreiben sowie mit dem Rahmen, Einpakken und Verschicken ihrer Bilder. Dabei konnte sie nur auf die Hilfe der mitunter recht unzuverlässigen Leute aus der näheren Umgebung zurückgreifen. Da die Arbeit sehr mühsam und eintönig war, schwor sie sich, daß dies ihre letzte Ausstellung werden sollte.

Zur Eröffnung kamen eine Reihe von Kunstkritikern aus New York eigens nach Worcester. Immerhin war es die erste große Ausstellung nach vierzehn Jahren. Außerdem enthielt sie zahlreiche neue Arbeiten. Mehr als ein Drittel der Bilder stammte aus der Zeit nach 1946, viele von ihnen waren sogar erst in den beiden zurückliegenden Jahren entstanden. Die scheinbar abstrakten Flußbilder gaben einigen Kritikern Rätsel auf, obwohl Georgia einem Betrachter erklärt hatte, es handle sich um fast photographisch genaue Darstellungen der Realität. Wie schon im Jahr 1943 machte Rich deutlich, daß Georgias Werk als ein organisches Ganzes anzusehen war. Daher hatte er die Idee unterstützt, frühe und späte Arbeiten zusammenzuhängen, um die durchgängigen Motive herauszustellen.

Obwohl Georgia weder für Zeitungsinterviews noch für Begegnungen mit ihrem Publikum etwas übrig hatte, nahm sie in Worcester beides bewußt in Kauf. Einen Tag bevor sie nach Japan flog, gab sie sogar ganz gelassen eine kleine Pressekonferenz für Kunstkritiker. In den Interviews gelang es ihr größtenteils, Aussagen über ihr Werk oder ihre Persönlichkeit zu vermeiden. Statt dessen schwärmte sie von ihrem Leben in Abiquiu und wiederholte alte Geschichten aus ihrer Vergangenheit, als hätte sie sie zuvor auswendig gelernt. Bei ihrer Rückkehr aus Asien freute sie sich darüber, daß ihr öffentlicher Auftritt ein Erfolg gewesen war: Ein halbes Dutzend überregionaler Zeitschriften hatten etwas über sie gebracht, in einigen waren sogar prächtige Farbreproduktionen ihrer Arbeiten erschienen. Außerdem hatte das Magazin *Newsweek* sie als »die große alte Dame der Malerei« gepriesen.

Im Dezember ging die Ausstellung in Worcester zu Ende. Wenig später, im Frühjahr 1961, wurden dann zwanzig ihrer neuesten Zeichnungen und Gemälde in der Downtown Gallery in New York gezeigt. Es sollte Georgias letzte Ausstellung in der Galerie werden. Schon seit längerer Zeit hatten die Spannungen zwischen Georgia und Edith Halpert ständig zugenommen. Georgia hatte sich darüber beklagt, daß ihre Bilder beschädigt und zu oft ausgeliehen würden, daß die Preise zu niedrig angesetzt würden und daß die von Edith Halpert ausgesuchten Holzrahmen aussähen wie »Zaunbretter«. Die Galeristin ihrerseits fand Georgia »schwierig«, vor allem, nachdem diese verlangt hatte, die Wände der Galerie müßten vor ihren Ausstellungen weiß gestrichen werden. Wer die beiden Frauen kannte, wußte auch, daß ein ernsthafter Zusammenstoß zwischen ihnen aufgrund ihrer unterschiedlichen Temperamente und ihres Dominanzstrebens unvermeidlich war. 1960 war Georgia bereits soweit, daß sie ihre besten Arbeiten bei sich behielt, anstatt sie der Galerie in Kommission zu geben. Einige Jahre später sollte schließlich Doris Bry in Edith Halperts Fußstapfen treten, nachdem sie Georgia bereits bei der Regelung von Stieglitz' Nachlaß geholfen hatte.

Es schien nur logisch, daß Georgias Begeisterung über die Flüsse, deren Anblick sie vom Flugzeug aus so gefesselt hatte, auch nach ihren Reisen noch andauerte. Jedenfalls entschloß sie sich, im August 1961 an einer Floßfahrt teilzunehmen. Organisiert wurde sie von Eliot Porter, einem berühmten Photographen. Porter war zwischen 60 und 70 Jahre alt und hatte eine braune Stirnlocke, die ihm ständig über seine scheuen braunen Augen und die Brille fiel. Die übrigen Teilnehmer waren Doris Bry, der Photograph

Todd Webb, eine Enkelin von Mabel Dodge-Luhan namens Tish Frank und noch sechs andere Leute.
Die Fahrt fand auf dem ruhigen oberen Teil des Colorado River statt, wo sich der Fluß sanft durch den Süden von Utah schlängelt. Während der 300 Kilometer langen Reise wurden die Ausflügler zehn Tage lang von der Sonne geschmort, von der Kälte durchgeschüttelt und von Gewittern durchnäßt. Georgia trug sportliche Freizeitschuhe und kletterte behende von den großen Gummiflößen herunter, wenn die Gruppe abends auf Sandbänken landete und Zelte für die Nacht aufschlug. Sie lehnte jede Hilfe beim Auspacken ihres Schlafsacks und der übrigen Ausrüstung ab und half sogar einmal beim Rudern. »Wenn ich es nicht selbst könnte, dann dürfte ich erst gar nicht dabeisein«, erklärte sie immer wieder.
Manchmal schien Georgia selbst ein Teil der Landschaft zu sein, vor allem, wenn sie ihr ockergelbes, der Farbe der Felsen ähnelndes Sommerkleid trug. Auch hatten sich in ihrem braunen Gesicht die Falten so tief eingegraben, daß sie an die dunklen Felsklüfte der Umgebung erinnerten. Mit geschärften Sinnen nahm sie die vielen einzigartigen Eindrücke auf, die sich unterwegs boten, und trug dazu bei, die Fahrt für die anderen zu einem noch intensiveren Erlebnis zu machen. Da keine Gelegenheit zum Malen bestand, bat Georgia Eliot Porter, sie gleich im Anschluß an die Tour auf eine weitere Floßfahrt mitzunehmen. Nach der Errichtung des Glen-Canyon-Dammes stieg die Flußhöhe in den folgenden Jahren immer weiter an und verdeckte zahlreiche Schönheiten der Natur. Bis dahin nahm Georgia aber noch an mehr als sechs Fahrten teil. In ihrem Atelier versuchte sie später, einige der erlebten Landschaftsszenen zu malen. Die Ergebnisse schienen ihr je-

doch nicht gut genug gewesen zu sein, um sie auszustellen.

Aufgrund der Touren wurden Georgia und Eliot, die sich schon seit dreißig Jahren kannten, enge Freunde. Sie ulkten viel miteinander und wetteiferten darum, wer die meisten runden, glattgewaschenen Steine im Fluß fand. Spaßeshalber fielen sie dann übereinander her und räuberten gegenseitig ihre Bestände. Georgia besaß schon eine Reihe von Kieselsteinen, die sie in Lake George, an der Küste oder in Gebirgsbächen gefunden und dann in ihrer New Yorker Wohnung ausgelegt hatte. In New Mexico lagen vor allem in der Nähe verlassener Minen eine Menge interessanter Steine herum, und so hatte Georgia großes Vergnügen daran, ihre Besucher mitunter auf ganztägige Suchexpeditionen mitzunehmen. Dabei interessierte sie weniger die Bestimmung der Steine nach ihrer geologischen Herkunft. Sie hatte einfach Spaß am Betrachten der harten, festen Formen und am Befühlen einer glatten Oberfläche. Ihre Fundstücke behandelte sie wie kostbare Edelsteine und verteilte sie im ganzen Haus. Gleich mehrere hundert lagen auf einer großen Steinplatte im Innenhof, andere hatte sie in einer Glasschale im Wohnzimmer aufgestellt. Ein paar bizarr geformte schwarze Steine zierten außerdem noch ein Kaminsims.

In den frühen fünfziger Jahren hatte Georgia einige realistische Bilder von der Landschaft New Mexicos und vom Highway U.S. 84 gemalt, der ihre Verbindung zur Außenwelt war. In der einen Richtung führte die Straße zu ihrem Haus in Abiquiu und zum Flughafen von Albuquerque, in der anderen zur Ghost Ranch und zum Sitz der Bezirksverwaltung in Tierra Amarilla. Vorbei an roten Felsen, über weite Ebenen und durch grüne Täler war Georgia ihr unzählige Male gefolgt, bis sie schließlich jede Kurve, jede Ansteigung und jedes Gefälle kannte. Im Jahr 1963 übertrug Georgia ihre Bewunderung von den Flüssen auf die geschwungenen Linien, die der Asphalt durch die Landschaft zog. In *The Winter Road* (Straße im Winter) genügte ihr eine einzige braune Pinselbewegung, um zu zeigen, wie der Highway eine kalte, weiße Gegend elegant durchschnitt. Über ihre neuesten Motive sagte Georgia einmal: »Flüsse und Straßen führen die Menschen weiter.«

Nachdem Georgia begonnen hatte, mit dem Düsenflugzeug um die Welt zu reisen, kam ihr Gefühl der Freiheit angesichts des sich endlos dehnenden Himmels wieder neu zum Ausdruck. Sie war tief ergriffen von dem unvergleichlichen Blick, den man vom Flugzeugfenster aus hatte. Folglich beschloß sie, diese herrlichen, in der dünnen, blauen Luft treibenden Wolken zu malen, die da immer wie Schneeberge im Sonnenlicht an ihr vorübergezogen waren. Eines der ersten Ölbilder zu diesem Thema zeigte eine dichte, weiße Masse von Wolken in den unteren beiden Dritteln der großen Leinwand und darüber den Himmel. In den folgenden Werken begann Georgia, die Wolkenschicht aufzubrechen und die einzelnen chaotisch verteilten Wolkenverbände miteinander kollidieren zu lassen. Als nächstes gab sie dem blauen Himmel mehr Raum zwischen kleineren Wolken, die schließlich so aussahen wie ein einladender, in die Unendlichkeit führender Steinpfad.

Die enorme Größe der Bilder schien ein wesentlicher Bestandteil der Vorstellung zu sein, die Georgia von der kosmischen Ordnung hatte. Vielleicht war es in einer Zeit der übergroßen Formate auch eine unwiderstehliche Herausforderung für sie, sich in diesen Maßen zu versuchen. Im Alter von 77 Jahren nahm sie 1965 das größte Bild in An-

griff, das sie je gemalt hat. Es hatte eine Gesamtfläche von 18 Quadratmetern und erweckte den Anschein, als sollte es der Ersatz für das lang erhoffte Wandbild werden. Seine Ausmaße waren letztlich durch die Doppelgarage von Georgias Ranch bestimmt, in der sie es malen wollte.
Nachdem der Entwurf für das Bild fertig und die eigens in New York bestellte Leinwand im Frühjahr eingetroffen war, wollte Georgia sofort mit der Arbeit beginnen. Anstatt auf einen Freund zu warten, der ihr im Sommer beim Aufspannen der riesigen Leinwand hätte helfen können, nahm sie die notwendigen Vorbereitungen umgehend in Angriff. Vier Tage lang kämpften sie und ihr Gehilfe, Frank Martinez, mit der Tücke des Objekts. Dann hatten sie es geschafft, und Georgia konnte die weiße Grundierung auftragen.
Etwa im Juni begann Georgia mit dem Malen. Sie stand jeden Tag schon im Morgengrauen auf und arbeitete dann, bis es zu dunkel wurde. Gegen neun Uhr abends wusch sie schließlich ihre Pinsel aus. Es war ein Rennen gegen die Zeit, da die Tage immer kürzer wurden und die Temperatur in der unbeheizten Garage immer weiter sank. Angetrieben von einer eisernen Willensstärke, nahm Georgia dieses Rennen bis an den Rand der psychischen Erschöpfung auf. Zunächst benutzte sie eine Leiter, um bis an den oberen Rand der Leinwand zu kommen. Dann wechselte sie über auf ein gut drei Meter hohes Gerüst, einen Tisch und eine Kiste, bis sie schließlich auf dem Boden stand. In einem kleinen mexikanischen Stuhl setzte sie die Arbeit fort und führte dann die letzten Pinselstriche auf dem Boden liegend aus, obwohl immer die Gefahr bestand, daß eine Klapperschlange in die offene Garage kriechen konnte. Im Verlauf der Arbeit ließ sie die fensterlosen Ga-

ragentüren herausnehmen und durch andere ersetzen, die Scheiben hatten. Auf diese Weise verschaffte sie sich mehr Licht zum Malen. Als es immer kühler wurde, spielte sie auch mit dem Gedanken, einen Holzofen in der Garage aufzustellen.

Als das Bild im Herbst 1965 endlich fertig war, hatte Georgia plötzlich das Bedürfnis, es noch am selben Tag jemandem zu zeigen. Ihre Wahl fiel auf die Halls, ein Presbyterianer-Ehepaar aus ihrer unmittelbaren Nachbarschaft. Georgias Beziehung zu den Presbyterianern hatte sich im Lauf der Zeit verbessert, nachdem Jim Hall, ein großer, schlaksiger, ökologisch orientierter Mann mit gewellten weißen Haaren und einer lakonischen Ausdrucksweise zum Leiter des Konferenzzentrums ernannt worden war. Als Georgia anrief, war Ruth Hall am Apparat. Jawohl, sie sei bereit und komme sofort. Der weite Horizont des riesigen Gemäldes schien sich bis in die Unendlichkeit zu erstrecken, und darüber schwebten in geordneter Formation die Wolken wie sanfte Wattebäusche. Amüsiert beobachtete Georgia, wie Ruth sprachlos vor dem Stück Himmel stand, das sie eingefangen und zur Landung in ihrer Garage gezwungen hatte. Das Werk erhielt schließlich den Titel *Sky Above Clouds IV* (Himmel über Wolken IV).

Vielleicht hatte es Georgia auch deswegen so schnell beenden wollen, weil eine weitere Retrospektive bevorstand – dieses Mal in Texas. Zwar war Georgia die ganze Arbeit und die Aufregung im Zusammenhang mit der Ausstellung in Worcester zuwider gewesen, aber sie mußte wohl doch zu der Ansicht gekommen sein, daß sich der Aufwand gelohnt hatte. Die für das Frühjahr 1966 geplante Ausstellung sollte außerdem die größte werden, die sie bis dahin gehabt hatte. Insgesamt 96 ihrer Arbeiten wollte das Amon

Carter Museum of Western Art in Fort Worth zusammentragen und hatte sich zu diesem Zweck an die etwa 40 Museen und zahlreichen Sammler gewandt, die O'Keeffes besaßen.

Georgia war inzwischen 78 Jahre alt. Am Abend der Eröffnung sah es so aus, als sei sie im Lauf der Jahre kleiner geworden. Dieser Eindruck verstärkte sich noch, wenn sie vor ihren gigantischen Wolken stand. Aber ihre gerade Haltung und ihr souveränes Auftreten deuteten auch auf ihre großartige Persönlichkeit und starke innere Kraft hin. Ihre dunklen Augenbrauen, die jetzt im Kontrast zu den weiß gewordenen Haaren noch deutlicher hervortraten, gaben ihrem Gesicht einen ernsten, mürrischen Ausdruck, wenn sie nicht gerade lachte. Und obwohl ihre Gesichtsknochen sich unter der gealterten Haut nicht mehr so klar abzeichneten, war die Linie ihres Kiefers noch immer so hart wie die Felsklippen von Abiquiu. Die meiste Zeit des Abends war sie von Frauen umgeben, die toupierte Hochfrisuren, geblümte Kleider, hohe Absätze, elegante Pelze und indianischen Schmuck trugen. In ihrem klassisch schwarzen Kostüm mit dem bißchen glitzernden Silber am Hals sah Georgia aus wie eine Äbtissin, die sich auf die falsche Feier verirrt hatte. Doch unter ihren schweren, stark gekrümmten Brauen blitzten Georgias Augen vor Vergnügen und verrieten einen Hauch von Triumph. An den Wänden hingen die stattlichen, geschwungenen Formen und unvergleichlich prallen Farben ihres Lebenswerkes – die ganze Pracht ihrer reichen Phantasie.

Georgias atemberaubendes Wolkenpanorama wurde allerdings mit einer gewissen Skepsis aufgenommen. Der Kunstkritiker Peter Plagens schrieb in dem Magazin *Artforum,* es habe ihn vor dem Bild gefröstelt, als ob die Wolken

Eisberge gewesen wären, die in einem arktischen Meer dahintrieben. Er habe sich auch gefragt, ob die Künstlerin die dramatischen visuellen Tricks der neuen Op-Art-Maler bewußt übernommen habe. Andere sahen in Georgias einsamem, abgeschiedenem Leben in der Wüste die Ursache für die unirdische Reinheit ihrer Bilder.

Plagens war am meisten davon überrascht, daß sich Georgia so lange als Künstlerin gehalten hatte, und fügte hinzu, aus ihrem Formalismus ließe sich auf das Alter der Arbeiten schließen. »Frau O'Keeffes Arbeiten haben trotz ihrer Ausmaße und ihrer Bandbreite eine altmodische Note: Es sind Objekte der Besinnung und des stillen Vergnügens«, schrieb er. Tatsächlich war sie in keiner der verfügbaren Schubladen unterzubringen. Georgia erzählte deshalb gern im Scherz, daß die Kritiker versucht hätten, sie jeder neuen Bewegung zuzuordnen, den Expressionisten, den Präzisionisten, den Regionalisten, den Surrealisten und all den anderen, bis schließlich die Pop Art entstanden sei, und da hätten sie aufgegeben.

Von Fort Worth aus wanderte die Ausstellung nach Houston, und später wurde noch ein Teil von ihr an der University of New Mexico in Albuquerque gezeigt. Es war das erste Mal, daß die Künstlerin in dem Bundesstaat eine Ausstellung hatte, aus dem sie schon seit fast vierzig Jahren ihre Anregungen bezog. Deshalb hatten bisher nur die Leute aus New Mexico ihre Arbeiten gesehen, die viel in der Welt herumgereist waren. Es kam somit für niemanden überraschend, daß die Ausstellung auf ein großes Interesse stieß. Mehr als zweitausend Besucher drängten sich bereits am Tag der Eröffnung durch die Räume. Jeden Tag kamen dann im Durchschnitt noch einmal zweihundert, bis am Ende der um eine Woche verlängerten Ausstellungszeit insgesamt 7000 Menschen die Gemälde gesehen hatten. Unterdessen war Georgia mit ihrer Schwester Catherine nach London geflogen, um die Museen in Großbritannien zu besuchen.

Als Georgia in das Haus mit der hohen Außenmauer in Abiquiu eingezogen war, hatten die Dorfbewohner zunächst etwas ängstlich auf sie reagiert. Nie zeigte die fremde Frau ein Lächeln, dafür sah man sie in ihrem schwarzen, knöchellangen Kleid und schwarzen Strümpfen häufig ganz unerschrocken ihrer Wege gehen, den Spazierstock in der Hand und gefolgt von zwei gefährlichen Hunden. Abergläubische Leute fragten sich gar, ob sie eine Hexe sei. Ihr Verdacht verstärkte sich noch, als sie von ihren furchterregenden Knochen und Tierschädeln erfuhren. Außerdem besaß Georgia ein zusammengerolltes Schlangenskelett, das sie in einer Nische ihres Hauses in einem Glaskasten aufbewahrte und das einen indianischen Besucher einmal zu der Bemerkung veranlaßt hatte, alles in ihrem Haus habe lebendig ausgesehen und sei wie von übernatürlichen Kräften beseelt gewesen.

Das Verhältnis zu den Dorfbewohnern wurde auch nicht gerade dadurch gefördert, daß sich Georgia von dem Leben in der katholischen Gemeinde fernhielt. Sie weigerte sich auch hartnäckig, Spanisch mit ihnen zu sprechen, so daß ihre Gesprächspartner gezwungen waren, sich in ihrem armseligen Englisch mit Georgia zu unterhalten. Einer ihrer langjährigen Angestellten hatte auch den Eindruck, daß sie die Einheimischen, die für sie arbeiteten, anders behandelte als Leute mit angelsächsischer Abstammung. Daraus zog er den Schluß, daß Georgia die Spanisch-Amerikaner nicht besonders mochte, sondern sie lediglich ganz nützlich fände.

Die Ablehnung, die Georgia erfuhr, war zu einem großen Teil aber auch auf den Neid der Einheimischen zurückzuführen. Schließlich mußten sie Georgia für eine unglaublich reiche Frau halten: Sie besaß zwei schöne Häuser und außerdem noch zwei Autos gleichzeitig. Meist hatte sie einen schwarzen Wagen und daneben noch eine weiße Luxuslimousine. In den sechziger Jahren fuhr sie beispielsweise einen weißen Lincoln Continental mit Klimaanlage und danach, während der siebziger Jahre, einen weißen Mercedes. Einige kleinere Ereignisse verstärkten noch das Gerede von Georgias Reichtum. So fand einmal ein Nachbar ein nicht besonders großes Bild von Georgia auf der örtlichen Müllhalde, nachdem sie es weggeworfen hatte. Er nahm es mit und konnte es schließlich als Sicherheit für einen Kredit über 12000 Dollar hinterlegen.
Am längsten von allen Haushälterinnen hat vermutlich Dorothea Martinez für Georgia gearbeitet. Die große, lebhafte, schwarzhaarige Frau kochte, wusch, putzte und bügelte insgesamt fast zwanzig Jahre lang in Georgias Haus in Abiquiu. Im Jahr 1951 war Georgia plötzlich während der Weihnachtszeit an ihrer Tür erschienen. »Kommen Sie zu mir herüber, und zwar gleich«, forderte Georgia die völlig verdutzte Dorothea auf und fügte als Erklärung hinzu, daß ihre Haushälterin sie trotz der Gäste, die gerade bei ihr seien, in einem Anfall von Wut verlassen habe. Dorothea gefiel die Idee, für Georgia zu arbeiten, da sie glaubte, dabei nicht nur Geld verdienen, sondern auch ihr Englisch verbessern und interessante Leute treffen zu können. Nachdem sie mit ihrem eigenen Abwasch fertig war, kam sie schließlich. Doch ihre neue Arbeitgeberin war so schwierig und anspruchsvoll, daß sie die Stelle nach drei Tagen fast schon wieder aufgegeben hätte. Bald merkte

Dorothea jedoch, wie sie sich gegen Georgias Forderungen mit einem zornigen Blick aus ihren funkelnden schwarzen Augen zur Wehr setzen konnte, und so schlossen die beiden Frauen eines Tages Burgfrieden. Mit diesem Blick, so erklärte Dorothea, sei es ihr gelungen, Georgia mitunter zur sofortigen Rückkehr in ihr Atelier zu bewegen. So weigerte sich Dorothea etwa, mit Georgia auf die »einsame« Ranch zu kommen, da sie dann mehrere Kilometer weiter von ihrem eigenen Haus und von ihrem Mann Frank, der auch für Georgia arbeitete, entfernt gewesen wäre.

Georgia versuchte indessen nicht, bei den Dorfbewohnern Verständnis für sich, ihre Kunst oder ihre strenge Arbeitseinteilung zu wecken. Sie bedauerte jedoch, daß sie eine Nachbarin davon abhalten mußte, sie häufiger morgens mit ihren Kindern zu besuchen, da es sie bei der Arbeit im Atelier störte. Im Lauf der Zeit merkte Georgia, daß sie die starken sozialen Unterschiede zwischen sich und den Dorfbewohnern nicht überbrücken konnte und daß verständnisvolle Beziehungen zu ihren Nachbarn unmöglich waren. Sie hoffte nur noch, daß sie weiterhin friedlich mit ihnen zusammenleben konnte. Obwohl die Leute sie im allgemeinen höflich behandelten, wurde sie doch von den meisten beharrlich ignoriert. So fühlte sie sich selbst nach zwei Jahrzehnten manchmal noch wie ein Neuankömmling in Abiquiu.

Auf ihre Weise versuchte Georgia jedoch, ein brauchbares Mitglied der Gemeinschaft zu sein. Als sie beispielsweise entdeckte, daß ihr Brunnen als einziger im Ort sauberes Wasser lieferte, stiftete sie mehrere tausend Dollar für eine Leitung, mit der man Wasser aus den Bergen nach Abiquiu pumpen konnte. Außerdem ermöglichte sie die Anschaffung einiger Zusatzgeräte für die örtliche Fernsehstation, so daß diese auch Sendungen des Schulfunks empfangen konnte. Oft kamen nach Einbruch der Dunkelheit die kleinen Jungs aus dem Dorf zu ihr, wenn sie den Nachmittag über auf der Plaza gespielt hatten. Dann klopften sie an das Tor, und Georgia ließ sie herein. Nachdem sie einige ganz gut kannte, kaufte sie ihnen Bälle, Schläger und Baseballtrikots. Gelegentlich ließ sie sie auch in ihrem Wagen zu Auswärtsspielen bringen.

Georgia hatte die Jungen bei verschiedenen Gelegenheiten immer wieder sehnsüchtig von einer eigenen Turnhalle reden hören, und so entschloß sie sich 1967, der Gemeinde ein Freizeitzentrum errichten zu lassen. Sie lud den gerade neu eingeführten Pfarrer Robert Kirsch zu sich ein und legte ihm ihren Plan dar. Kirsch war ein offenherziger, kräftiger Ire mit zwanglosen Umgangsformen. Ohne Umschweife erklärte sie ihm, daß sie die Mittel für ein öffentliches Gebäude in Abiquiu bereitstellen wolle und daß sie beabsichtige, es nach seiner Fertigstellung der Kirche zu schenken. Kirsch war nicht besonders begeistert. Er mußte vor allem daran denken, daß die Adobeziegel in seiner Kirche abbröckelten und ihm immer wieder der Staub beim Abendmahl in den Kelch fiel. Georgia machte ihm jedoch klar, daß sie nicht für Reparaturen an der Kirche zahlen werde, und so stimmte er schließlich zu, die Bauarbeiten an der von Georgia geplanten Einrichtung mitzuorganisieren. Unterdessen stellte sie ihm Räume in ihrem Haus zur Verfügung, so daß er sich außerhalb seiner kleinen, schlecht ausgestatteten Priesterwohnung ausruhen und lesen konnte.

Nach kurzer Zeit kam es zwischen den beiden jedoch zu einer Art Machtkampf. Einerseits wollte sie das Gebäude der Kirche aus Steuergründen zukommen lassen, andererseits aber hatte sie nach Kirschs Ansicht etwas dagegen, daß die Gemeinde über die Benutzung des Freizeitzentrums entscheiden konnte. Georgia wollte die Mitglieder des Verwaltungsrats selbst einsetzen, während Kirsch darauf bestand, daß die zu bestimmenden Ehepaare von der Gemeinde gewählt wurden. Auseinandersetzungen gab es auch wegen ein paar tausend Dollar für einen zusätzlichen Parkettfußboden, so daß Kirsch schließlich das Geld von der Arthur-Pack-Stiftung besorgte. Als das beigefarbene Gebäude dann endlich neben der Kirche stand, räumte der Pfarrer, wenn auch widerwillig, seine große Bewunderung für Georgia und ihre »außerordentlichen« Geistesgaben ein. Er sagte, die kleinen Rangeleien mit ihr hätten ihm Spaß gemacht; und er war der Meinung, daß sie sich auch gerne mit den Leuten anlegte. Am Ende soll er ganz froh gewesen sein, wenn sie ihn bat, sie samstags zu den Tanzabenden in der neuen Turnhalle zu begleiten.

In den sechziger Jahren wurden ihr die Auszeichnungen in immer schnellerer Abfolge zuerkannt, bis es schließlich eine pro Jahr war. Die bedeutendste dürfte im Jahr 1962 ihre Aufnahme in die aus fünfzig Mitgliedern bestehende American Academy of Arts and Letters gewesen sein, das höchste Ehrenorgan für Künstler und Schriftsteller in den USA. In dieser Akademie übernahm Georgia den Sitz, der durch den Tod von E. E. Cummings frei geworden war. Zusammen mit ihr wurden noch der Maler Thomas Hart Benton, der Bildhauer Jacques Lipshitz, der Historiker Bruce Catton und die Schriftstellerin Lillian Hellman gewählt, um die übrigen, durch den Tod verschiedener Mitglieder verwaisten Plätze einzunehmen. Unter anderem war Georgias ehemaliger Kommilitone Eugene Speicher gestorben.

In der Akademie stieß Georgia zu einer Gruppe von nur fünf weiblichen Mitgliedern, in der sie die einzige Malerin war und der auch noch Pearl S. Buck und Marianne Moore angehörten. In der Würdigung ihrer Verdienste hieß es, sie habe »für alte Erfahrungen neuartige Symbole geschaffen, die sich aufgrund ihres privaten Charakters einer weitergehenden Entschlüsselung gelegentlich entziehen. Jedem, der eines ihrer Gemälde betrachtet, verleiht sie eine Art Weitsicht – nicht nur im Sinne eines vollkommen klaren Blickes, sondern auch einer Wahrnehmung der Dinge, die weit jenseits der bemalten Leinwand liegen«. Als Jim Hall ihr gratulierte, sagte sie: »Also, ich glaube, zu diesem Zeitpunkt ist es einfach nur noch komisch.« Aber ganz gleich, wie sehr sie sich in Wirklichkeit über diese Anerkennung gefreut haben mag, in der Öffentlichkeit spielte sie derartige Ehrungen herunter und erklärte oft, es sei schon eine merkwürdige Sache, dafür geehrt zu werden, daß man einfach nur sein Leben lebe.

Nachdem Georgias Bilder wieder häufiger ausgestellt wurden, verfaßte der Kunstkritiker E. C. Goossen einen wohldurchdachten Artikel über Georgia. Der mit viel Lob versehene Beitrag erschien im März 1967 in der Zeitschrift *Vogue,* wenige Monate vor ihrem 80. Geburtstag. Im darauffolgenden Jahr veröffentlichte das Magazin *Life* eine Titelgeschichte über sie, die zahlreiche Bilder enthielt und vor allem auf ihren romantischen Lebensstil im Westen der USA einging. In der Öffentlichkeit entstand somit das Bild von einer älteren Künstlerin, die offenbar immer noch sehr kraftvoll zu Werke ging und in ihrer selbstgeschaffenen Welt ein sehr aktives Leben führte. Wer sie in ihrem Haus besuchte, bekam den Eindruck, noch nie einem glücklicheren Menschen begegnet zu sein.

Georgia war für ihr Alter noch ungemein beweglich. Sie kletterte ebenso leicht auf sämtliche Leitern, wie sie mit schnellen, sicheren Schritten Berge erklomm. Es war eine bekannte Tatsache, daß die alten Menschen in dem gesunden, trockenen Klima von New Mexico relativ lang aktiv blieben. Georgia schrieb indessen das Verdienst für die Bewahrung ihrer katzenartigen Gewandtheit eher der Behandlung durch Ida Rolf zu. Dr. Rolf war der Meinung, daß eine gute Figur chronische Verspannungen verhindere und ein Gefühl des Wohlbefindens erzeuge. Dies alles glaubte sie durch Massagen der schwächeren Bindegewebsteile erreichen zu können. Als Georgia in den vierziger Jahren Stieglitz' Nachlaß in New York regelte und von der Arbeit oft angespannt und müde war, begann sie, sich von Ida Rolf behandeln zu lassen. Später lud sie sie dann nach New Mexico ein, um in den Genuß ihrer anstrengenden Massagen zu kommen.

Während auf der einen Seite Georgias Gesicht einer weiteren Generation bekannt wurde, schützte sie andererseits ihre Privatsphäre noch entschiedener als je zuvor. So ließ sie sich in den sechziger Jahren eine Geheimnummer für ihr Telefon geben. Nach eigenem Bekunden hatte sie dem Anschluß ohnehin nur ihren Nachbarn in Abiquiu zuliebe zugestimmt, da diese noch einen Interessenten brauchten, bevor die Telefongesellschaft die Leitungen legen wollte. Wenn Fremde sie aufgrund der vielen Photographien von ihr in den Zeitschriften wiedererkannten, reagierte sie verlegen, gereizt und manchmal sogar unhöflich. Wenn unwillkommene Besucher sie fragten, was sie zur Zeit male, dann konnten sie leicht die bissige Antwort erhalten: »Nichts, weil ich gerade mit Ihnen rede!«

Einige ihrer alten Freundschaften gingen in die Brüche –

zum Teil wegen Georgias Unnachgiebigkeit. Sie konnte sich schnell über Freunde empören, die sich ihrer Meinung nach nicht selbst treu blieben. Als Dorothy Brett mit zunehmendem Alter immer dicker und exzentrischer wurde, verlor Georgia das Interesse an ihr, obwohl sie zu den wenigen alten Freunden zählte, die noch am Leben waren. Am traurigsten war vielleicht das Ende der Freundschaft mit Spud Johnson. Georgia und Spud hatten eines Tages darüber gesprochen, was einmal mit seinen ganzen Zeitungen und den übrigen Zeitdokumenten geschehen solle. Daraufhin stellte sie für ihn den Kontakt zu dem Kurator des Stieglitz-Archivs in der Beinecke-Bibliothek der Yale University her. Als der Kurator jedoch 1965 nach New Mexico kam, hatte Spud offenbar die Verabredung vergessen und war nach Nebraska gefahren. Georgia hat ihm wohl nie vergeben, und als er drei Jahre später starb, war er immer noch zutiefst verletzt darüber, daß Georgia nie wieder etwas von sich hatte hören lassen.

Natürlich blieb die Malerei weiterhin der Mittelpunkt ihres Lebens. »Aber sicher male ich noch«, rief die 75jährige bei einem Interview aus, das ein New Yorker Zeitungsmann mit ihr führte. »Ich bin weder alt noch erschöpft.« So etwas wie »Ruhestand« gab es für sie nicht, zumal Leben und Arbeit bei ihr sehr eng miteinander verflochten waren. Allerdings hatte sie nicht mehr so viel Stehvermögen wie früher. Daher ging sie auch an den Tagen, an denen sie malte, meist schon um sieben Uhr abends ins Bett. In jener Zeit beschrieb sie einmal ihr Leben gegenüber dem Schriftsteller Lee Nordness wie folgt:

»Man arbeitet, weil es vermutlich das Spannendste ist, was man tun kann. Die Tage, an denen man arbeitet, sind die besten. An den anderen Tagen beeilt man sich, alles übrige zu erledigen, was man für notwendig hält, damit alles weitergeht. Man arbeitet im Garten. Man läßt das Dach reparieren. Man geht mit dem Hund zum Tierarzt. Man ist einen Tag lang mit einem Freund zusammen. Man lernt, eine neue Sorte Brot zu backen. Man sucht Photographien raus, weil ein anderer glaubt, er bräuchte sie. Man muß natürlich etwas einkaufen. Vielleicht hat man sogar seinen Spaß an all diesen Dingen. Man meint, sie müßten getan werden. Man meint sogar, man müßte einmal ein paar Besucher einladen oder eine Reise machen, damit man nicht schrullig wird, wenn man immer nur mit zwei Chow-Chows alleine ist. Aber das alles muß immer sehr schnell gehen, und man empfindet eine gewisse Unlust, bis man wieder zum Malen kommt, denn das ist der eigentliche Höhepunkt – und in gewissem Sinn ist es auch der Grund, warum man all die anderen Sachen macht... Das Malen ist wie ein roter Faden, der sich durch sämtliche Gründe zieht, die man für all das andere hat, woraus das Leben sonst noch besteht.«

Im Anschluß an Georgias Ausstellungen im Südwesten der USA Mitte der sechziger Jahre wandte sich der Direktor des Whitney Museum, Lloyd Goodrich, an Georgia. In einem Brief voller Komplimente bot er ihr ebenfalls eine Ausstellung an. Das Whitney Museum hatte sich schon seit den frühen dreißiger Jahren zu ihrem Werk bekannt und in zahlreichen Jahresausstellungen Bilder von ihr gezeigt. Inzwischen bestand bereits seit längerem Interesse an einer größeren Ausstellung. Nachdem Doris Bry als Gastkuratorin verpflichtet worden war und Georgia die Zusicherung erhalten hatte, daß sie nichts mit der anstrengenden Vorbereitung zu tun haben würde, gab sie ihre Zustimmung. Es war ihre erste Retrospektive in der Kunst-

metropole New York, seit Stieglitz vierundzwanzig Jahre zuvor, im Juli 1946, gestorben war. Nach New York sollte die Ausstellung auch in Chicago und in San Francisco zu sehen sein.
Während die Pläne für die Ausstellung Gestalt annahmen, erwachte bei Georgia wieder das Interesse an Steinmotiven. Sie hatte Steine erstmals während ihrer Knochenperiode gemalt: braune, rote und rosafarbene. Kurz vor ihrer Retrospektive wählte sie jetzt einen fast runden, glänzenden schwarzen Stein aus. Auf dem fertigen Bild wirkte der kleine, ganz aus der Nähe gemalte Stein vor dem blauen Himmel riesengroß und mächtig wie ein Vulkan.
Goodrich kam nach Abiquiu, um Georgia in ihrer Umgebung zu erleben und um sich einige bestimmte Gemälde anzusehen. Die Retrospektive war zunächst für 1969 geplant gewesen, mußte jedoch um ein Jahr auf den Oktober 1970 verschoben werden, weil Georgia darauf bestand, für ihre 121 Gemälde den größten Stock des Museums, den vierten, zu bekommen. Sie verlangte außerdem, daß ein ausführlicher Katalog erstellt werden und einen Monat vor der Eröffnung fertig sein sollte, da so gut wie nichts Gedrucktes über sie vorlag.
Als die Ausstellung schließlich in San Francisco zu sehen war, fuhr sie mit Blanche Matthias hin, um ihr alles zu zeigen. Da die Augen ihrer Freundin nicht mehr so gut waren, erklärte sie ihr jedes einzelne Bild ganz genau. Als sie vor Georgias neuem Werk *Black Rock with Blue* (Schwarzer Stein mit Blau) standen, hielt Blanche inne und sagte dann in einem plötzlichen Augenblick der Erleuchtung, das sei von allen das schönste Bild. Georgia mußte unwillkürlich lächeln. Die ganzen Jahre über hatte sie behauptet, daß sie mit keinem ihrer späteren Gemälde ihre frühen Arbeiten

übertroffen habe. Doch mit dem Stein war ihr genau das gelungen, was sie beabsichtigt hatte. »Es ist mein jüngstes Bild«, sagte sie zu Blanche, »und mein bestes.«
Die Kritiker entdeckten Ähnlichkeiten zwischen Georgia und einer Gruppe von jüngeren Künstlern, wie zum Beispiel Kenneth Noland und Ellsworth Kelly, die mit reduzierten Formen und wenigen Farben arbeiteten und sich häufig auf einen einzigen Gegenstand beschränkten. Das Interesse der Kunsthistoriker und der Kritiker an deren minimalistischem Stil trug auch Georgias Werken neue Aufmerksamkeit ein. Es war überhaupt eine Zeit, in der die amerikanischen Künstler wie Helden der Kultur gefeiert wurden.
Verwundert stellte Georgia fest, daß ihre Retrospektive bei jungen Leuten auf besonders viel Zustimmung stieß. Die meisten waren noch so jung, daß man sie für ihre Urenkel hätte halten können. Auf ihrer »Wanderung« zum Art Institute of Chicago und zum San Francisco Museum of Art erzielten Georgias Bilder neue Besucherrekorde, die nur noch von Andrew Wyeth übertroffen wurden. Bei der Eröffnungsveranstaltung in San Francisco erhielt Georgia einen Blumenstrauß und wurde wie eine berühmte Persönlichkeit behandelt. Ihre Bildsprache hinterließ bei vielen Betrachtern offensichtlich wieder eine erheblich stärkere Wirkung, als es eine nur regional oder historisch bedeutsame Künstlerin vermocht hätte. Damit widerlegte Georgia auch ihre Kritiker aus den fünfziger Jahren. Georgia O'Keeffe hatte zweifelsohne wieder den Anschluß an die zeitgenössische Malerei gefunden.

SCHATTEN

Gegen Ende 1971 stellte Georgia plötzlich mit Entsetzen fest, daß sie nicht mehr scharf sehen konnte. In Panik stürzte sie zum Telefon und wählte die Nummer einer alten Freundin. Als diese abnahm, rief Georgia: »Ich sehe alles ganz verschwommen!« Dabei klang ihre Stimme so erregt, daß sich die Freundin sofort auf den Weg machte, um ihr beizustehen. Wütend über diese furchtbare Beeinträchtigung ihrer Wahrnehmung und über ihre plötzliche Hilflosigkeit, besuchte Georgia in den folgenden Monaten mehrere Augenspezialisten. Es stellte sich heraus, daß die inzwischen 84jährige ihre Sehkraft in der Mitte des Blickfeldes verloren hatte und nur noch an den Rändern etwas erkennen konnte – eine bei älteren Leuten typische Verfallserscheinung, gegen die es kein Mittel gab.
Georgias ganzes künstlerisches Leben hatte sich um optische Eindrucke gedreht; nun mußte sie es als eine gräßliche Ironie des Schicksals empfinden, daß sie gerade das verloren hatte, was für sie am wertvollsten war. Seit ihrer Kindheit hatte sie sich ihrer außergewöhnlich scharfen Augen rühmen können. Später hatte sie dann die Übungen von Bates gemacht, um ihr Sehvermögen zu stärken. Mit zunehmendem Alter waren die blitzenden, blau-grünen Augen zum Spiegelbild ihres weiterhin regen Geistes. Doch jetzt, wo sie hochbetagt war, gelang es ihr nicht mehr, die vielen Dinge noch deutlich zu erkennen, an denen sie in ih-

rem zurückgezogenen Dasein soviel Freude gehabt hatte, und so hörte sie auf zu malen.
Nach einiger Zeit begann sie, ein Vergrößerungsglas zu benutzen, das sie scherzhaft »mein Auge« nannte. An Blanche Matthias schrieb sie, Abiquiu sei zauberhaft oder zumindest das, was sie davon vor ihrem geistigen Auge habe, schließlich könne sie es jetzt am besten noch in der Erinnerung betrachten. Georgia ließ sich Sprechschallplatten schicken und abonnierte die Großdruck-Ausgabe der *New York Times*.
Eines Tages im Herbst 1973 hörte Georgia, wie jemand an die Küchentür ihrer Ranch klopfte. Es war ein großer, knapp dreißigjähriger Mann, der seine langen braunen Haare hinten zu einem Pferdeschwanz zusammengebunden hatte und einen Schnurrbart trug. Er arbeitete beim Konferenzzentrum der Presbyterianer und wollte wissen, ob sie Arbeit für ihn hätte. Georgia war es gewohnt, daß ab und zu Fremde bei ihr vorbeischauten und nach einem Job fragten, aber in der Regel schickte sie alle wieder weg. Auch diesem jungen Mann erging es nicht anders, und so machte er sich wieder auf den Weg. Plötzlich fiel Georgia ein, daß sie einige Bilder hatte, die zum Verschicken fertig gemacht werden mußten; deshalb rief sie ihn zurück. Sie fand heraus, daß er sich gut ausdrücken und Schreibmaschine schreiben konnte. Nach kurzer Zeit hatte sie sich bereits darauf eingestellt, daß er regelmäßig kleinere Arbeiten im Haus erledigte. »Er kam genau in dem Augenblick, als ich ihn brauchte«, erinnerte sie sich dankbar einige Jahre später.
Kurz nachdem Georgia Juan Hamilton in ihre Dienste genommen hatte, rief sie Jim Hall an. Sie bat ihn, auf einen Sprung zu ihr zu kommen, um etwas von ihm über Hamil-

ton zu erfahren. Vor allem wollte sie wissen, ob sie ihm trauen konnte. Hall kannte die Familie gut, und so machte er Georgia mit Hamiltons Herkunft vertraut. Juans Vater war ein presbyterianischer Lehrer und Missionar. Seine Kindheit hatte Juan daher in verschiedenen Ländern, nämlich in Ecuador, Kolumbien und Venezuela, zugebracht. Als er fünfzehn war, kehrten seine Eltern mit ihm nach New York zurück. Nachdem er in Nebraska seinen College-Abschluß gemacht hatte, studierte er Bildhauerei an der Claremont Graduate School in Kalifornien. Dann heiratete er eine Kommilitonin und zog mit ihr nach Vermont, wo er ein Haus baute und als Töpfer arbeitete. Als die Ehe zwei Jahre später in die Brüche ging, erkundigte sich ein Freund der Hamiltons bei Hall, ob Juan nicht auf der Ghost Ranch leben könne. Immerhin lag die Ranch in einem Gebiet, dessen spanischer Kulturhintergrund der früheren Umgebung Juans sehr nahekam. Hall war einverstanden. Im Frühjahr 1972 traf Juan ein und begann, in der Küche des Konferenzzentrums zu arbeiten. Hall schloß mit der Bemerkung, er glaube, daß Juan vertrauenswürdig sei.

Der inzwischen geschiedene Juan, der auch noch Schulden hatte, erinnerte Georgia an »ein welkes Blatt«. Nachdem sie erfahren hatte, daß Hamilton Töpfer war, erklärte sie ihm, daß er seine eigentliche Arbeit wieder aufnehmen müsse, wenn er in der Gegend bleiben wolle. Wenig später saß er an Georgias Küchentisch und formte Ton zu asymmetrischen Gefäßen, von denen einige eine schwarzbraune Glasur erhielten.

Allmählich entdeckte Georgia bei Hamilton dieselbe kreative Ader, die bei ihr und einst auch bei Stieglitz so stark ausgeprägt gewesen war. Bisher hatte die berühmte

Künstlerin noch nie einen richtigen Schüler aufgenommen, doch jetzt erwachte bei ihr zum ersten Mal das Interesse an der künstlerischen Entwicklung eines anderen. Sie spornte Hamilton an und stellte einige seiner schweren, mit einer winzigen Öffnung versehenen Gefäße zu ihren Tierschalen, den Steinen und all den anderen Schätzen auf die schwarzen Regale in ihrem weißen Studio.
Bald darauf kündigte Hamilton seine Stellung beim Konferenzzentrum und arbeitete nur noch für Georgia. Er kaufte sich ein Stück Land mit einem kleinen Lehmhaus, das zu Barranca gehörte, einem winzigen Nest zwischen der Ranch und Abiquiu. Georgia drängte ihn dazu, sich wieder stärker auf die Töpferei zu konzentrieren, und begann, eine Karriere für ihn aufzubauen so wie Stieglitz einst für sie. Fünf Jahre nachdem Hamilton Georgia kennengelernt hatte, bekam er schließlich seine erste Ausstellung in der Robert Miller Gallery in New York. Gezeigt wurden vierzehn Gefäße, die alle aus dieser Zeit stammten. Sämtliche Bekannte von Georgia erhielten eine Ankündigung der Ausstellung, und da diese wiederum über gute Beziehungen verfügten, wurden alle Stücke aus der Ausstellung verkauft. Zwei davon erwarb sogar das New Yorker Metropolitan Museum.
Georgia hatte bisher wenig Interesse an Keramiken gezeigt. Jetzt ließ sie sich jedoch von Hamilton in der Aufbautechnik unterweisen – es war eine vollkommene Änderung ihrer Grundhaltung. Der Ton gab ihr die Möglichkeit, wieder künstlerisch zu arbeiten, da es dabei mindestens ebensosehr auf das Gefühl in den Händen wie auf die Augen ankam. Bald stellte Georgia fest, daß ihr Bedürfnis, kreativ zu sein, noch genauso stark war wie eh und je. Aufgrund dieser Erkenntnis fühlte sie sich erleichtert und ließ

in ihrer ersten Begeisterung gleich einen Brennofen auf ihrer Ranch errichten. Sie war so fasziniert von ihrem neuen Medium, daß sie eine Zeitlang an Kartonmodellen für eine etwa drei Meter hohe weiße Plastik arbeitete, die sie mit Hamiltons Hilfe auf Ghost Ranch aufstellen wollte. Zuvor hatte sie sich schon den Skulpturenpark ihrer Freundin, der Sammlerin Harriet Bradley, in Milwaukee angesehen.

Mit der Zeit war Georgia jedoch enttäuscht, daß sie so wenig Fortschritte machte. »Der Ton beherrscht mich, aber ich kann ihn nicht beherrschen«, klagte sie. »Ich kann den Ton nicht so zum Sprechen bringen, wie Juan ihn sprechen läßt.« Außerdem bekam sie von der gekrümmten Haltung Rückenschmerzen, und dann hatte sie auch noch eine ihrer ersten Keramiken fallen lassen. Einem Mädchen, das auf der Ranch gerade mit einem Pinsel arbeitete, nahm sie das Werkzeug aus der Hand und rief: »Ich *muß* einfach einen Pinsel in der Hand haben.« Allmählich kehrte Georgia wieder zur Malerei zurück. Sie hatte gemerkt, daß sie trotz ihrer schlechten Augen besser mit Farbe als mit Ton umgehen konnte. Mit Aquarellen fing sie an, und nach einiger Zeit malte sie auch wieder mit Öl.

Im Oktober 1976 fuhren Georgia und Juan gemeinsam nach Washington D. C., wo Georgia einige geschäftliche Dinge zu erledigen hatte, die im Zusammenhang mit den der National Gallery of Art überlassenen Stieglitz-Photographien standen. Außerdem wollte sie einige Fragen hinsichtlich der eventuellen Einrichtung eines O'Keeffe-Museums in New Mexico unter der Schirmherrschaft der Smithsonian Institution klären. An einem herrlich sonnigen Herbsttag gingen sie dann einmal zu Fuß zur Freer Gallery, um sich die chinesischen Gemälde dort anzuse-

hen, und liefen anschließend noch den ganzen Weg bis zum Lincoln Memorial. Dort mußte sich die inzwischen fast 89jährige Georgia auf einem Stein in der Nähe des Wassers ausruhen. Als sie von da aus zu dem weißen Washington-Denkmal hochblickte, das sich deutlich von dem klaren, blauen Himmel abhob, hatte sie plötzlich ein Bild vor Augen. Aus dieser Anregung entstand eine Serie von Ölgemälden mit dem Titel *From a Day with Juan* (Von einem Tag mit Juan). Sie zeigten eindeutig den grauen Mittelteil eines Obelisken. Das dritte Bild in dieser Reihe entstand im Jahr 1977 und verweist in seiner kühnen Raumaufteilung auf eine heftige, trotzige Freude bei der Künstlerin.
Im Frühjahr 1977 besuchten Georgia und Juan Georgias Freundin Esther Underwood Johnson auf ihrer Farm in Oldwick/New Jersey. Dabei entdeckten sie auch ein unbenutztes Atelier in einer Scheune sowie die erstklassigen Malutensilien, die Esthers Sohn gehörten. »Könnten wir nicht etwas zusammen malen?« fragte Juan Georgia. Schließlich machten sie sich beide ans Werk und ließen mit großer Begeisterung einige Aquarelle entstehen. Georgia malte einige in Blau: runde Bälle und gut ausbalancierte Striche. Sie sahen überraschenderweise wie die etwas knapper gehaltenen Bilder aus, die sie im Sommer 1916 geschaffen hatte. Tatsächlich erhielt eines aus dieser Reihe den Titel *Like an Early Abstraction* (Wie eine frühe Abstraktion).
Georgias zäher Überlebenswille hatte ihr bei der tiefgreifenden Umstellung geholfen, die notwendig war, um trotz der Sehschwäche weitermalen zu können. Tapfer und mit ein wenig Stolz stellte sie sogar fest, daß die Art und Weise, wie sie jetzt Licht und Schatten sowie Farben und Formen sah, »interessant« sei und daß sie daraus bereits einige

neue Ideen für ihre Bilder gewonnen habe. Hamilton und viele andere ermunterten sie, alles zu tun, um weiterarbeiten zu können. Georgia ging dazu über, die Farbtuben zu ihrer Haushälterin zu tragen und sich von ihr die Bezeichnungen auf den Etiketten vorlesen zu lassen. Dann prägte sie sich die Namen der einzelnen Farben ein und verschwand wieder in ihrem Atelier. Sie griff auch auf die jahrhundertealte Tradition zurück, Assistenten zu beschäftigen, die nach ihren Anweisungen arbeiteten. Beispielsweise ließ sie einen Assistenten ein Stück Schnur oder einen Zollstock vor eine Leinwand halten, damit sie eine Form erkennen konnte. Dazu ging sie dann manchmal ans andere Ende ihres Ateliers und betrachtete sich das Ganze durch ein Fernglas. Anschließend ließ sie sich die Form mit einem Kohlestift vorzeichnen, mischte die Farben und malte einen Teil des Hintergrundes selbst.

Während der meisten Zeit schien Georgia jetzt freundlicher und weiblicher zu sein als je zuvor in ihrem langen Leben. Einige Freunde führten ihr sanfteres Auftreten auf ihr Alter zurück, das sie mit Würde trug und das ihr durch den zunehmenden Ruhm versüßt wurde. Andere sahen den Grund dagegen in ihrer engen Beziehung zu Hamilton. Auf sein Drangen hin vollzog sich auch in ihrer Kleidung ein bemerkenswerter Wandel. Sie legte das todernste Schwarz ab, dem sie seit ihrer Studentenzeit oft den Vorzug gegeben hatte, und begann, selbst in der Öffentlichkeit Farben zu tragen: Türkisgrün, Dunkelgrün und Kastanienbraun.

Georgia hatte Juan zu einem Zeitpunkt kennengelernt, als der Verlust ihrer Unabhängigkeit und die Unfähigkeit zu malen sie mutlos gemacht hatten. Inzwischen hatte sie mit seiner Hilfe wieder zu ihrer Arbeit zurückgefunden, und dafür war sie ihm so dankbar wie einst Jean Toomer, der sie während ihrer Depression in den dreißiger Jahren aufgemuntert hatte. Die Freundschaft mit Hamilton half ihr auch, die Einsamkeit ihres hohen Alters zu ertragen. Er brachte sie sogar dazu, über ihre Vergeßlichkeit und die immer zahlreicher auftretenden Gebrechen zu lachen. Indem er ihr wieder die Freude am Leben und an der Malerei zurückgab, schien er sie auch in ihrem Willen zum Weitermachen zu bestärken. Außerdem hatten die beiden einfach viel Spaß zusammen.

Die Freundschaft zwischen Georgia und Juan wies viele Elemente auf. Sie hatte etwas von der Beziehung zwischen Mann und Frau, zwischen Mutter und Sohn sowie der zwischen Künstlern. In all diesen Rollen begegneten sich die beiden mit aufrichtigem Respekt und echter Zuneigung. Oft machte sich Georgia zurecht, bevor Juan kam. In seiner Gesellschaft taute sie auf und freute sich über jeden seiner Sätze. »Sie ist in ihn verliebt«, kommentierte Jane Oseid das Verhältnis. Die College-Studentin aus Kalifornien hatte ein Jahr lang bis zum Sommer 1977 für Georgia den Haushalt geführt.

Georgias Kokettieren und Juans besitzergreifende Art sowie die offensichtliche Zuneigung zwischen den beiden führten schließlich zu dem Gerücht, sie seien verheiratet. Georgias engste Freunde erklärten, sie habe eben immer nur nach ihren eigenen Gesetzen gelebt, und wußten eine Zeitlang selbst nicht, was sie glauben sollten. Georgia amüsierte sich angeblich köstlich über die Klatschgeschichte. Als ein Reporter Hamilton im Herbst 1978 direkt danach fragte, antwortete dieser: »Kein Kommentar.« Damit goß er allerdings nur neues Öl ins Feuer. Einige Monate später trat er den Gerüchten schließlich doch öffentlich entgegen, nachdem Georgia sie bereits in ihrem privaten Kreis als gegenstandslos bezeichnet hatte. Zu einem Reporter der Zeitschrift *People* sagte Hamilton, was er wirklich brauche, sei eine 23jährige Georgia O'Keeffe. Einige Jahre später heiratete er dann tatsächlich eine junge Frau und hatte mehrere Kinder mit ihr. »Paßt mir gut auf meine Großmutter auf!« sagte er gelegentlich zu den Hausangestellten, wenn er die Ranch verließ.

Von Anfang an hatte Hamilton Georgia dazu angeregt, mehr Interviews zu geben und auch andere Angebote mit mehr Wohlwollen zu prüfen. Natürlich machte seine Hilfe es ihr leichter, sich mit den zahlreichen Ansinnen zu befassen, die immer wieder an sie gerichtet wurden. Nachdem Jerry Apodaca im Jahr 1975 das Amt des Gouverneurs von New Mexico übernommen hatte, machte sein Kulturbeauftragter Allan Pearson den Vorschlag, den Raum vor dem Büro des Gouverneurs in eine Galerie für die in New Mexico ansässigen Künstler zu verwandeln. Obwohl sich Georgia lange von der örtlichen Kunstszene ferngehalten hatte und in dem Ruf stand, selten Bilder auszuleihen, bot Pearson ihr an, als erste in der »Governor's Gallery« auszustellen. Zu Pearsons Überraschung rief Hamilton sechs Wochen später an und erklärte, er würde mit Georgia in Santa Fe vorbeikommen und sich den Raum ansehen. Schließlich waren beide, O'Keeffe und Hamilton, mit Pearsons Plan einverstanden. Allerdings fand Georgias zweite Ausstellung in New Mexico in einem sehr viel kleineren Rahmen statt und enthielt lediglich zwölf Bilder.

Im Lauf der Zeit gab Georgia ihre ablehnende Haltung gegenüber dem Schreiben in eigener Sache auf. Hamilton hatte ihr zugeredet, und ihr Interesse an Publicity war auch größer geworden. Schließlich erklärte sie sich einverstanden, ein Buch über ihre Kunst zu schreiben, mit dem ein größeres Publikum erreicht werden sollte. Obwohl Juan keinerlei Erfahrung auf diesem Gebiet hatte, bat sie ihn, an ihrer Stelle ein Auge auf die Produktion des Buches zu haben. Georgia gehörte zu den wenigen bedeutenden Künstlern, über deren Werk noch keine umfangreichere Darstellung vorlag. Daher gelang es ihr auch, sich bei Abschluß des Vertrages außergewöhnlich weitgehende Rechte zu sichern, was die Auswahl des Designs und der Farbplatten für die erste Auflage ihres Buches betraf. Der Titel sollte im Programm der Studio Books erscheinen, einer Tochter des New Yorker Verlagshauses Viking Press. Während der Herstellungsphase kamen die Viking-Lektoren zu Georgia nach Abiquiu, um jeweils ihre Zustimmung für die zu verwendenden Dias, das Layout und die Abzüge von den Druckplatten zu bekommen.

Georgias Nervosität legte sich erst, als im Herbst 1976 das erste Exemplar der limitierten Ausgabe von *Georgia O'Keeffe* in Abiquiu eintraf und ihr über Telefon die erste begeisterte Rezension aus New York vorgelesen wurde. Das Buch erschien zu einem Preis von 75 Dollar und enthielt mehr als einhundert Reproduktionen, wobei einige der wiedergegebenen Gemälde noch nie zuvor veröffentlicht worden waren. Bis Weihnachten hatte es sogar mehr Käufer gefunden als das jüngste Buch über Andrew Wyeth.

Noch während der Arbeit an dem Buch gestattete Georgia einem Fernsehteam, sie fünf Tage lang im Oktober 1975 mit der Kamera zu beobachten. Nachdem sie frühere Angebote von anderen Filmemachern abgelehnt hatte, war es schließlich Perry Miller-Adato vom National Education Television aus New York gelungen, eine Zusage von ihr zu bekommen. Bei den Dreharbeiten war es Georgia wie immer unangenehm, Fragen über ihre eigene Person beantworten zu müssen. So kam es, daß sie Fragen über Selbstverständlichkeiten oder über bereits bekannte Tatsachen manchmal mit kaum verhohlener Ungeduld beantwortete. Über die gesamte Länge des fertigen Films waren dann aber vor allem ihr Humor und ihr persönlicher Mut zu spüren. Gesendet wurde der auch mit einer Auszeichnung bedachte Streifen zwei Jahre nach Abschluß der Dreharbeiten, und zwar an Georgias 90. Geburtstag im Jahr 1977. Einen Tag zuvor war sie nach Washington D. C. geflogen, um sich den Film anzusehen und um anschließend an einem Empfang in der National Gallery of Art teilzunehmen. In dem Museum waren zu der Zeit gerade einige Bilder von ihr sowie verschiedene Photographien von Stieglitz ausgestellt. Der Film fand gleich bei seiner Erstausstrahlung allgemeine Zustimmung und wurde in den Jahren danach noch häufig wiederholt.

Im Herbst 1978 zeigte das New Yorker Metropolitan Museum 51 Photographien von ihr, die Stieglitz vor vielen Jahren aufgenommen hatte. Die Ausstellung enthielt auch einige Aktphotos, die hier zum ersten Mal der Öffentlichkeit zugänglich gemacht wurden. Der Kunstkritiker der *New York Times*, Hilton Kramer, nannte sie »ein außergewöhnliches Ereignis, so ziemlich die schönste und bewegendste Photo-Ausstellung der letzten Zeit«. Mit seinem Lob erinnerte Kramer an die Begeisterung, die die Ausstellung des Jahres 1921 ausgelöst hatte, als Stieglitz bereits einen Teil seiner O'Keeffe-Portraits zeigte. Georgia und Hamilton hatten die Auswahl gemeinsam getroffen, indem sie etwa 500 Photographien auf einem großen Tisch in Abiquiu ausbreiteten. Mit der so zustande gekommenen Ausstellung wurde schließlich noch einmal die berühmte Be-

ziehung zwischen der jungen Künstlerin und dem Meisterphotographen dokumentiert.
Zu der Ausstellung erschien auch ein prächtiges Buch, für das Georgia einen Beitrag schrieb. In dem kurzen, aber provokanten Text wies sie ebenso auf die starke Anziehungskraft hin, die zwischen ihr und Stieglitz geherrscht hatte, wie auf die heftigen Auseinandersetzungen, von denen die Photos ein gleichermaßen beredtes Zeugnis ablegten. Stieglitz' alter Freund Herbert J. Seligmann hatte sich zunächst verärgert gezeigt, weil Georgia in ihrem Buch und in dem Fernsehfilm kaum erwähnt hatte, wieviel sie Stieglitz verdankte. In dem Buch über Stieglitz schrieb Georgia daraufhin, daß sie auch dreißig Jahre nach seinem Tod noch dieselbe Achtung vor seinem Werk empfinde, die einst der Grundstein für ihre Beziehung gewesen sei.
Nachdem Georgia selbst das Alter von 82 Jahren überschritten hatte, in dem Stieglitz gestorben war, erinnerte sie sich oft mit sehr viel Zärtlichkeit an ihn. In jüngeren Jahren hatte sie immer wieder ihre Ungeduld angesichts der zahlreichen kleinen Gebrechen des sehr viel älteren Mannes zügeln müssen. Inzwischen klagte sie jedoch selbst über Brustschmerzen und empfand daher wohl nachträglich noch etwas mehr Mitgefühl mit ihrem verstorbenen Mann. Einige Jahre nach der Ausstellung im Metropolitan Museum gab sie ihre Einwilligung für eine Stieglitz-Retrospektive in der National Gallery of Art. Sie sollte im Frühjahr 1983 stattfinden und wurde von Hamilton und einer jungen Kunsthistorikerin namens Sarah Greenough vorbereitet. Die beiden leisteten auch die Vorarbeit zu einem begleitenden Buch mit herrlichen Reproduktionen und Auszügen aus Stieglitz' Briefen. In einer großartigen Geste des Respektes vor Stieglitz und seinem

Werk nahm dann seine inzwischen 95jährige Witwe die Reise von Abiquiu nach New York auf sich, um der Eröffnungsveranstaltung beizuwohnen.
Kurze Zeit nachdem Hamilton seine Stellung bei Georgia angetreten hatte, erledigte er schon ihre Post, nahm die Anrufe entgegen und kümmerte sich auch um ihre geschäftlichen und privaten Angelegenheiten. Ähnlich wie Stieglitz konnte Hamilton dabei mitunter auf recht undiplomatische Art zu Werke gehen und sich ebenso aufreizend und eigensinnig zwischen Georgia und die Öffentlichkeit stellen wie jener. Als er einmal auf seiten einer alten Freundin von Georgia eine gewisse Feindseligkeit gegen sich verspürte, sprang er in ihren schwarzen Volvo und brauste los in Richtung Colorado. Derartige Vorfälle riefen bei einigen von Georgias Freunden Befürchtungen hervor, Hamilton zwinge Georgia, zwischen ihm und ihnen zu wählen. Angeblich erklärte sie daraufhin, sie habe eben schon immer schwierige Männer gemocht.
Doris Bry war zweifelsohne das bedauerlichste Opfer der Beziehung zwischen Georgia und Hamilton. Sie kannte Georgia bereits seit dreißig Jahren und hatte ihr in den frühen fünfziger Jahren geholfen, Stieglitz' Nachlaß zu regeln. Im Anschluß daran hatte sie sich dann um Georgias Vermögensangelegenheiten und um ihre in New York eingelagerten Gemälde gekümmert. Einige Jahre nach Georgias Bruch mit Edith Halpert hatte sie auch die Rolle einer Agentin übernommen, hatte die Preise für Gemälde ausgehandelt und Georgia in der Öffentlichkeit vertreten.
Da Hamilton in Georgias Leben eine immer bedeutendere Position einnahm, begann er auch, ohne Brys Wissen Verkaufsgespräche über Gemälde zu führen. So verkaufte er 1975 zusammen mit Georgia zwei Bilder an einen Kunst-

händler aus Chicago. Nach Brys Überzeugung war der dabei erzielte Preis im einen Fall halb so hoch und im anderen Fall doppelt so hoch wie der eigentliche Wert des jeweiligen Bildes. Außerdem hatten Georgia und Juan weder die Reproduktions- noch die Rückkaufsrechte geregelt. All dies zusammen genommen bedeutete in Brys Augen eine ernsthafte Gefährdung des Marktes, den sie für O'Keeffe-Gemälde eingerichtet hatte. Die Spannungen zwischen den beiden Frauen nahmen ständig zu, bis Georgia Doris Bry im Frühjahr 1977 entließ. Gleichzeitig klagte sie auf die Herausgabe der Bilder und sonstiger Dinge, die Doris Bry in Verwahrung hatte.

Doris Bry legte Widerspruch ein und erklärte, sie habe mit Georgia eine unumstößliche Vereinbarung. Im August 1978 verwarf ein New Yorker Bundesrichter diese Begründung. Offen ließ er dagegen die Klärung des von Bry erhobenen Anspruchs, daß ihr mehr als die üblichen 25 Prozent Kommission zustünden, weil sie für Georgia mehr als nur eine Agentin gewesen sei. Im Herbst 1977 begann schließlich eine lange Zeit, in der zur Vorbereitung des Prozesses verschiedene eidesstattliche Erklärungen abgegeben wurden. Voller Bitterkeit meinte Bry, wenn sie noch einmal auf die Welt käme, würde sie ihr Leben nicht mehr Georgia O'Keeffe widmen. Fünf Jahre später erzielten die beiden Frauen eine private Einigung.

Bereits vor längerer Zeit hatte Georgia eingesehen, daß es für den Fall ihres Todes verschiedene Dinge zu regeln gab. Unter anderem mußte sie die Frage klären, was mit ihrem Vermögen, ihren beiden Häusern, ihren Büchern, ihrer Kunstsammlung und mit ihren eigenen Bildern geschehen sollte. Ihr Testament änderte sie dann noch einmal im Sommer 1979 zugunsten des jungen Hamilton, den sie

»meinen Freund« nannte. Ihm vermachte sie ihre Ranch, und er sollte auch anstelle von Doris Bry der Testamentsvollstrecker sein. Ferner wollte sie ihm eine größere Anzahl von Ölgemälden, Aquarellen und Zeichnungen hinterlassen. Weitere 52 Werke teilte sie auf acht Museen auf. Hamilton erhielt auch noch einige zusätzliche Vollmachten. So sollte er beispielsweise über die Vergabe der restlichen O'Keeffe-Bilder an die verschiedenen Wohlfahrtsorganisationen entscheiden. Ihm sollten außerdem ihre Bücher, Schallplatten und alle sonstigen persönlichen Dinge zufallen einschließlich der Unterlagen, die nicht an das Beinecke-Archiv der Yale University gingen, sowie aller Photographien und Abzüge, die nicht für die National Gallery of Art bestimmt waren. Ihren Nachbarn, Freunden und Angestellten hatte Georgia gewisse Geldbeträge zugedacht, nicht jedoch ihren Verwandten. Unterzeichnet hatte die 91jährige Künstlerin ihren Letzten Willen in einer für einen fast blinden Menschen typischen großen, kaum lesbaren Handschrift. Das Testament wurde noch zweimal geändert: im November 1983 und im August 1984. Dabei erhöhte sich jeweils Hamiltons Anteil an Georgias Vermögen, während ihre Unterschrift immer größer, zittriger und kindlicher wurde. Nach ihrem Tod fochten dann einige ihrer Verwandten die Testamentsänderungen an. Sie vertraten die Auffassung, daß es niemals Georgias wirkliche Absicht gewesen sein konnte, ihren restlichen Besitz mit Kunstschätzen allein im Wert von mehreren Millionen Dollar Hamilton persönlich zu vererben, anstatt ihn auf Museen, Universitäten und sonstige von der Erbschaftssteuer befreite Einrichtungen aufzuteilen.

Im Gefolge des Dokumentarfilms über Georgia und der Taschenbuchausgabe ihres Buches erschienen in Zeitungen und Magazinen zahlreiche Artikel über die Künstlerin. Außerdem tauchten überall Reproduktionen ihrer Bilder auf, unter anderem auf dem Einband eines Biologie-Schulbuches und auf einer UNICEF-Grußkarte. Im Winter 1978/79 flatterte sogar ein riesiges braunes Spruchband mit ihrem Namen über der Fifth Avenue. Es hing vor dem Metropolitan Museum und verwies auf die damalige Photographie-Ausstellung: »GEORGIA O'KEEFFE – A PORTRAIT BY ALFRED STIEGLITZ«.

Von 1973 an zierte jeweils ein anderes Gemälde von Georgia das Plakat für das alljährliche Kammermusik-Festival von Santa Fe. Darüber hinaus widmete ihr der junge Komponist John Harbison ein Klavierquartett, das er im Auftrag der Festivalleitung geschrieben hatte. Indessen fiel Georgia der Umgang mit dem Ruhm noch immer nicht leicht. Den Studenten von Bryn Mawr vertraute sie 1971 an, es mache sie verlegen, »groß« genannt zu werden. In jener Zeit begannen auch so berühmte Persönlichkeiten wie Andy Warhol und Joan Mondale, zu Georgia nach Abiquiu zu pilgern.

Um sich vor all den anderen Leuten zu retten, die sie sonst noch besuchen wollten, wechselte Georgia häufig die geheime Nummer ihres Telefonanschlusses, der so eingerichtet war, daß es in beiden Häusern gleichzeitig klingelte. Unangekündigte Besucher stellten fest, daß sie sowohl außerordentlich liebenswürdig als auch ungemein grob reagieren konnte. Besonders gern erzählte sie die Geschichte, als sie einmal die Tür öffnete und ein Fremder Georgia O'Keeffe zu sehen wünschte. »Vordereingang!« rief sie daraufhin und drehte sich um. Dann brüllte sie »Hintereingang!«, drehte sich wieder um, fügte ein »Auf Wiedersehen!« hinzu und warf die Tür ins Schloß. Ein anderes Mal

machte sie sich den Spaß und setzte sich mit dem Rücken zu zwei jungen Verehrern, während eine Freundin vorgab, die berühmte O'Keeffe zu sein.
Ihren Unmut erregte vor allem der Sack mit Post, der jeden Tag bei ihr abgeliefert wurde. Museen, Kunsthändler, Studenten und Historiker schrieben ihr, aber auch ganz einfache Leute, die in ihren Bildern etwas entdeckt hatten, was sie insgeheim anzog. Manchmal erklärte Georgia, am glücklichsten sei sie vor ihrem Umzug nach New York gewesen. Damals hätte sie noch die Freiheit der Anonymität genießen können. Schließlich stellte sie Teilzeitschreibkräfte ein, um überhaupt mit dem Stapel von Briefen fertig zu werden, der sich täglich einen halben Meter hoch über ihrem Tisch im Atelier auftürmte. Häufig beklagte sie sich, daß ihr Haus in Abiquiu aussehe wie ein New Yorker Büro. Meist machte sie sich die Mühe und beantwortete die verschiedenen Anfragen mit drei kurzen, höflichen Sätzen. Allerdings räumte sie ein, daß sie manchmal einen großen Teil der Post einfach in den Papierkorb werfe. In der übrigen Zeit war sie vielfach auf Reisen, um die zahlreichen Auszeichnungen entgegenzunehmen, die ihr jedes Jahr von so bedeutenden Einrichtungen wie den Universitäten von Harvard und Columbia verliehen wurden.
Eines Tages ging bei der Verwaltung der Nationalparks der Vorschlag ein, Georgias Haus in Abiquiu zu einem historischen Denkmal zu erklären. Die Anregung wurde jedoch zurückgewiesen. Ungeachtet dessen verfolgten Kongreßabgeordnete aus New Mexico die Sache weiter. Im September 1980 stimmte der Kongreß zu, Mittel wurden zur Verfügung gestellt, und der National Park Service erhielt die Anweisung, das Geschenk anzunehmen. Unterdessen zeigten sich die Dorfbewohner beunruhigt über die

Möglichkeit, daß die Einrichtung eines Museums zu einem erheblichen Anstieg des Verkehrs und zu einem Touristenstrom führen könnte und dadurch ihr friedliches Leben bedroht wäre. Es wurde ein Gutachten über die Umweltverträglichkeit eines begrenzten Zugangs für Touristen angefertigt, das die Bedenken der Dorfbewohner jedoch nicht ausräumen konnte. Da Georgia vollstes Verständnis für deren Wunsch nach Ungestörtheit hatte, setzte sie sich dafür ein, daß der Kongreß seine Entscheidung zurücknahm. Mit Juan Hamilton vereinbarte sie, daß er ihr Haus nach ihrem Tod an eine Wohlfahrtsorganisation oder eine ähnliche Einrichtung geben sollte. Fast vierzig Jahre hatte Georgia nun in Abiquiu gelebt, und so entschloß sie sich zu einer weiteren Geste der guten Nachbarschaft: An Weihnachten 1982 schenkte sie dem Dorf 50000 Dollar für eine neue Grundschule.

Schon seit einiger Zeit waren die Preise für Georgias Bilder ständig gestiegen. Als in den späten sechziger Jahren die Aktien anzogen und ihre Werke erstmals sechsstellige Summen erzielten, gab sie sich hinsichtlich der genauen Zahlen äußerst wortkarg. »Das werden Sie nicht aus mir herauskriegen!« erklärte sie einem Reporter, der sie 1968 dazu befragt hatte. »Ich habe die allgemeine Preisentwicklung mitgemacht. Ich glaube nicht, daß es noch viele andere gibt, die mehr bekommen. Aber der Markt ist einfach ein Witz zur Zeit, phantastisch!« Georgia erinnerte sich stets an Stieglitz' strenge Ermahnungen, daß sie sich in den preisbewußten USA nie unter Wert verkaufen dürfe, und lehnte es daher ab, über eine einmal genannte Verkaufssumme mit sich reden zu lassen.

Im März 1973 erzielten Georgias *Poppies* (Mohnblumen) einen neuen Auktionsrekord. Das Bild war im Jahr 1950 entstanden und stammte aus dem Besitz von Edith Halpert. Bei der Versteigerung durch die Sotheby Parke Bernet Galleries in New York wechselte es schließlich für 120000 Dollar den Besitzer. Auch in der folgenden Zeit kletterten die Preise unaufhörlich, bis Sotheby's zwölf Jahre später einen weiteren Rekord vermeldete: Das 1930 gemalte Bild *White Rose – New Mexico* (Weiße Rose – New Mexico) brachte es auf mehr als 1,25 Millionen Dollar. In der Reihe ihrer Ehrungen hatte ein Ereignis aus dem Jahr 1977 für Georgia einen besonderen Stellenwert: Präsident Gerald Ford verlieh ihr zusammen mit einundzwanzig weiteren Persönlichkeiten die höchste zivile Auszeichnung der USA, die Freiheitsmedaille.

Am Ende der sechziger Jahre hatte die Frauenbewegung in den USA eine neue, aktivistische Generation erfaßt. Die Künstlerinnen verschafften sich erhebliche Beachtung in der Öffentlichkeit, als sie gegen die Vernachlässigung ihrer Werke durch die Museen und Galerien protestierten. So verlangte etwa die militante Gruppe »Women Artists in Revolution« (WAR) im Jahr 1970 vom Whitney Museum, den Frauen bei den Jahresausstellungen genausoviel Platz einzuräumen wie den Männern. Um ihrer Forderung Nachdruck zu verleihen, verstreuten die Demonstranten Eier und Tampons rund um das Museum. Nach und nach begannen die Frauen, Galerien, Ausstellungen und Kunstschulen nur für Frauen einzurichten.

Georgia war aber schon lange nicht mehr die junge Lehrerin, die die radikalen Schriften ihrer Tage las, und auch nicht mehr die Suffragette, der es vor ihrem 32. Lebensjahr gesetzlich untersagt war zu wählen. Längst vorbei waren die Zeiten, in denen sie als Künstlerin vor der Nationalen Frauenpartei gesprochen oder in der Diskussion mit dem linken Redakteur Michael Gold den feministischen Standpunkt vertreten hatte. Inzwischen war sie eine hochbetagte Malerin, die von den gesellschaftlich etablierten Gruppen mit zahlreichen Auszeichnungen bedacht worden war, und diese Auszeichnungen verwahrte sie in Schachteln, die sauber aufeinandergetürmt in den Regalen ihres Hauses in Abiquiu lagen. Es bereitete ihr Unbehagen, wenn sie von dem »würdelosen« Benehmen der jungen Feministinnen erfuhr.

Aktivismus war auch niemals ihre Sache gewesen. Im Jahr 1926 hatte sie schon gegenüber Blanche Matthias erklärt, das Wichtigste sei, sich auf die eigene Arbeit zu konzentrieren. Einige Jahre später bekräftigte sie diesen Satz noch einmal in einem Gespräch mit Dorothy Brett. In den siebziger Jahren faßte sie ihre Meinung in dem oft wiederholten Satz zusammen: Wenn die jungen Künstlerinnen mehr arbeiteten und sich weniger beschwerten, dann würden auch mehr Gemälde und Plastiken von ihnen in den Museen und Galerien zu sehen sein. »Jeder hat die Chance, das zu bekommen, was er will, wenn er sich aufmacht und dafür arbeitet«, sagte sie bei verschiedenen Gelegenheiten. »Aber man muß richtig dafür arbeiten und nicht nur darüber reden.«

Georgia hatte nicht vergessen, daß die Bezeichnung »woman artist« in den zwanziger Jahren gleichbedeutend war mit Zweitklassigkeit. Daher hatte sie sich 1943 auch geweigert, an der historischen Ausstellung über Frauenkunst teilzunehmen, die Peggy Guggenheim in ihrer New Yorker Galerie »Art of This Century« veranstaltete. In den siebziger Jahren muß dann ein Ausspruch der feministischen Künstlerin Judy Chicago in Georgia unangenehme Erinnerungen an die Zeiten heraufbeschworen haben, als Stieglitz' Freunde ihr überzogene Freudsche Interpretationen unterlegten. Judy Chicago hatte O'Keeffes Blumen nämlich erneut als Symbole der Weiblichkeit bezeichnet. Jedenfalls hatte Georgia ein halbes Jahrhundert nach ihrem ersten Kontakt mit der feministischen Bewegung keinerlei Interesse daran, an Filmen oder Ausstellungen über Frauenkunst mitzuwirken.

Dennoch fand Georgia aufgrund von zwei Ereignissen starke Beachtung in der Generation der jungen Frauen: Im Jahr 1970 hatten die New Yorker ihre Retrospektive gesehen, und zwei Monate später wurden noch einmal Bilder von ihr in der Künstlerinnen-Ausstellung des Whitney Museum gezeigt. In den Augen der Jüngeren verkörperte Georgia eine faszinierende Rolle: Sie war eine alleinstehende, starke und produktive Frau, deren unabhängiges Leben in der Nähe zur Natur den damals populären antizivilisatorischen Wertvorstellungen in vielerlei Hinsicht entsprach. Darüber hinaus führte Georgias individueller Malstil vielen unerfahrenen Künstlern und Künstlerinnen vor Augen, inwieweit Kunst im Prisma der Persönlichkeit entstand, und er half ihnen, ihre eigenen, von ihrem Inneren gesteuerten künstlerischen Prozesse besser zu verstehen. Georgias Bild in der Öffentlichkeit hinterließ bei vielen jungen Leuten einen so starken Eindruck, daß es sie zu zahlreichen Portraits, Tänzen, Liedern und Gedichten anregte. Die Künstlerin Mary Beth Edelson etwa schuf ein Schwarzweiß-Plakat, das sie *The Last Supper* (Das Letzte Abendmahl) nannte. An die Stelle von Jesus hatte sie Georgia O'Keeffe gesetzt, die sie auch »die große Muttergöttin« der Künstlerinnen nannte.

Im Gegensatz zu ihrem geringen Engagement in der Öffentlichkeit zeigte Georgia durchaus Interesse an der Ent-

wicklung begabter junger Frauen, wenn sie sie persönlich kennenlernte. Als sie 1971 im Bryn Mawr College eine Auszeichnung in Empfang nahm, machte sie den Kunststudentinnen mit den Worten Mut: »Malen Sie, was Ihnen in den Sinn kommt, womit Sie vertraut sind. Selbst wenn Sie das Gefühl haben, daß das nicht zählt – und bei einigen von Ihnen zählt es ja vielleicht wirklich nicht –, so kann es doch schon sehr aufregend sein, nur etwas zu tun, das man ganz für sich alleine hat.«
Gegenüber Arthur Pack hatte Georgia einmal erklärt, sie betrachte sich als eine vollkommen autonome Persönlichkeit und glaube daher nicht an Gott. Zur gleichen Zeit ging ihre Spiritualität aber offensichtlich sehr tief. Viele Christen spürten beispielsweise in ihren Bildern eine gewisse Gottesnähe. Georgia behauptete auch gern, daß sie ohne weiteres jemanden zum Katholizismus bekehren könnte, da sie dessen Anziehungskraft sehr wohl verstehe. Andererseits, so fügte sie dann meist noch hinzu, könne sie selbst nicht glauben, dafür habe sie zu viele intellektuelle Vorbehalte, vor allem hinsichtlich der Stellung der Frau innerhalb der Kirche. Georgia entwickelte auch eine gewisse Neugier, was das Benediktinerkloster in der Nähe ihrer Ranch betraf. Die Mönche hatten 1966 in der Stille des Canyons in einer fast biblischen Umgebung eine hinreißende kleine Kapelle errichtet. Beeindruckt von ihrer Schönheit, begann Georgia, hin und wieder die Gottesdienste dort zu besuchen.
Auch mit ihren über 90 Jahren stand Georgia weiterhin bei Tagesanbruch auf und machte die von Ida Rolf übernommenen Übungen. Nach dem Frühstück ging sie in ihr Atelier und kam nach einiger Zeit mit Briefen oder Artikeln wieder, um sie sich von ihrer Haushälterin vorlesen zu las-

sen. Wenn sie auf der Ranch war, machte sie gelegentlich Spaziergänge mit ihrer Haushälterin und den Hunden. In Abiquiu ging sie oft mehrere Runden in ihrem Garten oder in der Einfahrt und hielt die zurückgelegte Strecke mit Hilfe eines Kieselsteins fest, den sie nach jeder Runde ein Stückchen weiter vorrückte. Ihr fester Schritt strafte ihr Alter Lügen, und wenn sie sich dann wieder etwas ausgeruht hatte, sah sie zur Überraschung der anderen oft um Jahrzehnte jünger aus. Ab und zu setzte sie sich ganz regungslos in die warme Wüstensonne und ließ sich von ihren Begleitern die vorbeiziehenden Wolken beschreiben.

Von Juan Hamilton und den anderen jungen Leuten, die bei ihr arbeiteten, erfuhr Georgia, was die jüngere Generation bewegte. Sie ließ sich die Theorien von Buckminster Fuller erklären und erkundigte sich nach der Wirkung von Marihuana. Sie betonte allerdings auch, daß sie kein Interesse daran habe, Gras zu rauchen und damit ihren sehr genau justierten Sinn für die Realität ins Schwanken zu bringen. Bei einem alten Freund in Taos entdeckte sie einmal ein beheizbares Wasserbett und war so fasziniert davon, daß sie es unbedingt ausprobieren wollte – und prompt dabei einschlief.

Im Sommer wie im Winter ging sie regelmäßig bei Sonnenuntergang ins Bett, zumal sie aufgrund ihres hohen Alters häufig sehr erschöpft war. Vor dem Einschlafen las ihr eine der Haushälterinnen noch für ein bis zwei Stunden aus einem Buch oder aus einer der Zeitschriften vor, die sie abonniert hatte, beispielsweise aus dem *Smithsonian*, der *New West* oder der *Prevention*. Sie lag dann mit geschlossenen Augen da und schien zu schlafen. Am nächsten Tag konnte sie sich jedoch fast Wort für Wort an ganze Passagen erinnern. Infolge ihres Alters schlief sie nachts meist nur noch zwei bis drei Stunden.

Von Zeit zu Zeit besuchte sie alte Freunde in New Mexico oder in anderen Teilen des Landes. So war sie einmal auch bei Ansel Adams, um seine Photographie-Ausstellung in Tucson/Arizona zu sehen. Eine Einladung für Alexander Calders Retrospektive im Whitney im Herbst 1976 lehnte sie zuerst ab, dann änderte sie jedoch ihre Meinung, nachdem sie unerwartet geschäftlich in New York zu tun hatte. Später war sie froh, daß sie die Ausstellung besucht hatte, denn Calder starb kurze Zeit danach. Da sie die Angewohnheit hatte, Freunde nach langen durchwachten Nächten bereits bei Tagesanbruch anzurufen, und Besucher oft in lange Gespräche zog, gewannen viele den Eindruck, sie fühle sich einsam. Allerdings hätte die stolze Georgia so etwas nie zugegeben. Auf die Frage eines Journalisten, ob sie einsam sei, antwortete sie, sie rede mit ihrem Hund und mit ihrer Haushälterin und in der übrigen Zeit arbeite sie oder gehe spazieren. »Was soll ich sonst noch machen?« lautete ihre Gegenfrage. Bei einem anderen Gespräch sagte sie einmal: »Alles, was ich zu machen habe, kann ich hier am besten machen, weil mich niemand dabei stört. Menschen stören mich.«

Im Herbst 1978 kamen alle vier noch lebenden O'Keeffe-Geschwister in Abiquiu zusammen: Georgia, Anita, Catherine und Claudia. Zwar waren alle vier ausgeprägte Individualisten, doch schließlich fühlten sie sich auch durch die gemeinsamen Kindheitserinnerungen miteinander verbunden. Georgias Beziehungen zu ihren Schwestern waren oft stürmisch verlaufen, zum einen, weil die anderen sie beneideten, zum anderen, weil Georgia sie mitunter als Konkurrentinnen sah. Das hatte vor allem für die vielseitig begabte Ida gegolten, die sich bis zu ihrem Tod 1961 im kalifornischen Whittier als Malerin bezeichnet hatte. Catherine räumte ein: »Wir waren niemals eine Familie mit engen Bindungen.« Sie war die einzige Großmutter von den vieren, und ihre Enkelin hieß Georgia. Die temperamentvolle Catherine, deren blaue Augen Funken sprühen konnten, lebte mit ihrem Mann, einem pensionierten Bankangestellten, in Portage/Wisconsin. Ihr Fazit zu den familiären Banden der O'Keeffes lautete: »Wir haben uns ganz gut vertragen, wenn wir uns nicht zu oft sahen.«

Die stolze, strenge Anita war eine reiche Witwe und kam nur selten nach New Mexico. Bis zu ihrem Tod im Jahr 1985 verbrachte sie den Winter gewöhnlich auf »Montsorrel«, ihrem Gut in Palm Beach, während sie im Sommer in ihrer Villa »Fairholme« in Newport wohnte. Ihre Häuser, ihre Kunstsammlung und den größten Teil ihres Zwanzig-Millionen-Dollar-Vermögens vermachte sie der Robert R. Young Foundation. Mit Georgia war sie übereingekommen, daß sie sich in ihren Testamenten gegenseitig nicht berücksichtigen wollten. Als Anita schließlich neben ihrem Mann und ihrer Tochter auf Rhode Island beigesetzt wurde, war Georgia bereits 97 Jahre alt und zu schwach, um das Begräbnis zu besuchen.

Der jüngsten Schwester, Claudia, stand Georgia bis zu deren Tod im Herbst 1984 am nächsten. Seit ihren gemeinsamen Tagen in Texas, als Georgia sich nach dem Tod der Mutter um Claudia kümmern mußte, war ihre Beziehung eine Mischung aus gegenseitiger Zuwendung und Auseinandersetzungen. »Familien sind ein Werk des Teufels!« hatte Georgia vor langer Zeit einmal wütend ausgerufen, als ihre noch minderjährige Schwester ausgeritten war, ohne ihr Bescheid zu sagen. Claudia wurde eine sehr beliebte Kindergärtnerin, die zeit ihres Lebens alleine blieb und in ihrem Haus in Beverly Hills in Kalifornien lebte.

Als Rentnerin kam Claudia schließlich jedes Frühjahr nach Abiquiu, um Georgias großen Gemüsegarten zu versorgen. Oft tauchte sie in einem weißen Cadillac auf, begleitet von ihrem wuscheligen Schoßhündchen und ihrem kubanischen Hausmädchen, das sie von dem inzwischen verstorbenen Bruder Francis übernommen hatte.

Wenn Georgia berühmte Leute zu Besuch hatte, erschien Claudia manchmal sehr schüchtern und wortkarg, und nicht immer waren ihre Aufenthalte bei Georgia unproblematisch. Von Zeit zu Zeit machte sie sogar den Eindruck, als wolle sie ihre Schwester absichtlich provozieren. Da sie glaubte, Ida habe nie die ihr gebührende Beachtung als Künstlerin gefunden, half sie zum Beispiel mit, eine Ausstellung von Idas Werken in Santa Fe zu organisieren. Selbst wenn Claudia bei Georgia war, lebten die beiden Schwestern die meiste Zeit getrennt: die eine auf Ghost Ranch, die andere in Abiquiu. Mitunter bedrückte Claudia der Gedanke, daß sie ihrer Schwester wenig bedeutete, abgesehen von ihrer gärtnerischen Tätigkeit. Dennoch zog es sie immer wieder nach Abiquiu, weil sie gegenüber Georgia eine tiefe Verbundenheit und unausgesprochene Zuneigung empfand.

Im Rückblick auf ihr Leben sagte Georgia häufig, sie habe immer das getan, was sie für richtig hielt, und es sei jedes Mal gutgegangen. Es klang so, als habe sie einfach nur Glück gehabt mit der Entdeckung des Südwestens, mit Stieglitz und mit ihrem unmittelbaren Erfolg. Doch diese Erklärung und die Schlußfolgerung, Georgia habe eine passive Rolle gespielt, wären zu einfach. Ihr Erfolg als Künstlerin erforderte neben einer großen Begabung schließlich auch Klarsichtigkeit, Entschlossenheit und Willensstärke. Sie selbst sagte dazu: »Ich habe immer gewußt, was ich wollte – und die meisten anderen wissen es nicht.«

Gelegentlich dachte Georgia auch darüber nach, ob der Schlüssel zum Erfolg nicht in einer gewissen Aggressionsbereitschaft gelegen haben könnte oder jedenfalls darin, »alles ergriffen zu haben, was sich mir bot und was ich wollte«. In ihrer Jugend hatte sie sich schon entschieden, was für eine Art Mensch sie einmal werden wollte, und nachdem der Entschluß gefaßt war, ordnete sie bewußt alles diesem Ziel unter. Dabei ging sie immer mit großer Sorgfalt und einem unbeugsamen Willen zu Werke. Dieses laserstrahlartige Bündeln aller Kräfte auf die Malerei erforderte auch einige Sublimierungen, mit deren Hilfe sie ihre intensiven Gefühle zu einer künstlerischen Aussage umschmelzen konnte. Schon von 1915 an hatte sie versucht, der sprunghafteren Anita Pollitzer die Vorzüge der Selbstdisziplin nahezubringen. Ebenso wie sie jedes Mal ihr Atelier aufräumte, bevor sie jemanden hereinließ, präsentierte sie sich auch gegenüber der Öffentlichkeit als ein unkomplizierter Mensch. Anstatt über künstlerische Selbstbeobachtungen zu reden, wandte sie sich lieber allgemeineren Themen zu.

Als Georgia in jungen Jahren erstmals nach Manhattan kam, war sie sich ihrer noch nicht so sicher wie später unter Stieglitz' Anleitung. Sie brachte jedoch genügend Selbstvertrauen mit, um das anzunehmen, was Stieglitz ihr geben konnte: ein positives Selbstbild. Ihr starkes Ich, das für ihre künstlerische Stilfindung notwendig war, steigerte sich später zu einem Narzißmus, wie er bei Künstlern nicht ungewöhnlich, sondern vielleicht sogar erforderlich ist. Ihr Selbstbewußtsein, das manchmal sogar noch eine Spur von fast pubertärer Arroganz und Unbeholfenheit hatte, ließ

darauf schließen, daß ein wichtiger Teil ihrer Persönlichkeit bereits fest geformt war zu der Zeit, als sie Wisconsin mit fünfzehn Jahren verließ. In den dreißiger Jahren geschah es einmal, daß sie nach New York zurückgekehrt war und vergessen hatte, eine bestimmte Freundin anzurufen. Als sie sie dann unerwartet auf einer Party traf, sagte sie zu ihr: »Oh, ich habe dich nicht angerufen, weil ich nichts von dir wollte.« Ihre Aufrichtigkeit war aber andererseits auch einer ihrer größten Vorzüge. Selbst diejenigen, die sich über ihre egozentrische Art ausgesprochen ärgerten, respektierten die Tatsache, daß auch diese Eigenschaft bei ihr unverhüllt zutage trat und ebenso extrem ausgeprägt war wie ihre anderen Charakterzüge. Einige Zeit nach dem vergessenen Anruf faßte die inzwischen etwas abgeklärtere Freundin Georgias Persönlichkeit mit den Worten zusammen: »Wenn man bedenkt, daß sie ein Genie ist, so ist sie doch ein erstaunlich guter und aufrichtiger Mensch, der seine Fehler hat wie wir anderen auch.«
Abgesehen von ihrem großen Talent, ihrem Ehrgeiz, der vielfältigen Hilfe, die sie erfuhr, und der Tatsache, daß sie so gut wie nie an der Gültigkeit ihrer Vorstellungen zweifelte, war Georgia auch intelligent genug, ihre künstlerische Veranlagung umzusetzen und sie weiterzuentwickeln. Simone de Beauvoir hat einmal geschrieben, daß man nicht als Genie zur Welt kommt, sondern daß man zum Genie wird – und daß das Leben der meisten Frauen diese Entwicklung verhindert. Georgia hatte ihr Leben immer mit sehr viel Bedacht geplant, damit nichts ihren künstlerischen Werdegang aufhalten konnte. Obwohl Georgia mehrmals im Leben ins Stocken kam und das Malen verschiedentlich aufgab, »hatte jede Unterbrechung ihren guten Grund«, wie Georgias alte Freundin Blanche Matthias

einmal sagte. Den Grund für ihren Erfolg sah Georgia weniger in ihren angeborenen Fähigkeiten als vielmehr in der Tatsache, daß sie hart arbeitete und den Mut hatte, Risiken einzugehen. Ihr Leben verglich sie mit einem Balanceakt auf der dünnen Kante eines scharfen Messers. Dennoch war sie schon früh zu der Einstellung gelangt, daß ein kleiner Fehltritt nichts schaden konnte, solange sie ihren Spaß dabei hatte.

Georgias Begeisterung für die Ghost Ranch war im hohen Alter noch genauso groß wie vor fast vierzig Jahren, als sie sie zum ersten Mal entdeckt hatte. Daran änderte auch der Eindruck nichts, daß die roten Sandhügel im Laufe der Zeit irgendwie kleiner geworden waren und die Erosion scheinbar ein winziges Stück der goldenen Felsklippen abgetragen hatte. Ihr Leben hier beschrieb Georgia einmal mit den Worten: »In Abiquiu habe ich alle meine Sachen, dort arbeite und schlafe ich, aber meine eigentliche Wohnung ist die Ranch.« Noch immer kletterte sie mit der Leiter aufs Dach, um den Ausblick auf das herrliche Tal zu genießen, das sie so oft zu Fuß und mit dem Pferd durchquert hatte. »Dort zu leben, das war einfach gleichbedeutend mit glücklich sein«, sagte sie einmal und fügte noch hinzu, sie könne gar nicht genug davon bekommen. »Manchmal habe ich das Gefühl, als sei ich halb verrückt vor Liebe zu diesem Ort.« Auch weiterhin sprach sie gern von der Vergangenheit, von den aufregenden zwanziger Jahren in Manhattan oder der ersten Zeit auf Ghost Ranch. Dabei versuchte sie jedoch immer, sich nicht in den Erinnerungen zu verlieren oder irgendwelchen Dingen nachzutrauern. Wenn sie klagte, dann vor allem über die rasch fortschreitende Erschließung New Mexicos. Sie haßte die grotesken Hochspannungsmasten, deren Leitungen ihre geliebten

Mesas und die Täler überspannten und die die Telefonmaste ebenso wie die kleinen Kreuze der letzten Penitentes-Brüder zu Zwergen degradierten.

Todesangst verachtete Georgia aufs heftigste. Eine ihrer ältesten Freundinnen meinte jedoch, der Gedanke an den Tod als solcher sei ihr im Grunde genommen ganz unerträglich gewesen. Für jemanden, der eine derartige Lebenskraft besaß, muß es zweifelsohne schwer gewesen sein, sich mit der Tatsache abzufinden, daß eines Tages die eigene Asche über die sanften rosafarbenen Hügel verstreut würde und daß die Freude an dieser einzigartigen Gegend ein Ende finden mußte.

Da Georgia immer gebrechlicher wurde, half ihr Juan Hamilton, ein Haus in Santa Fe zu kaufen, um medizinisch besser versorgt zu sein. Nur widerstrebend zog sie schließlich dort ein. Am Morgen des 6. März 1986 begannen ihre Kräfte stark nachzulassen, und sie wurde in das nahegelegene Saint-Vincent-Krankenhaus gebracht, wo sie wenige Stunden später um 12.20 Uhr starb. Selbst mit 98 Jahren war Georgia noch immer in relativ guter körperlicher Verfassung gewesen, bis sie den altersbedingten Schwierigkeiten plötzlich erlag. Als die Nachricht von ihrem Tod kurz vor der Abenddämmerung in Abiquiu eintraf, begann ein Dorfbewohner, die Glocken der kleinen Adobekirche von St.-Thomas-der-Apostel zu läuten. Lang hallte ihr Klang durch das Tal, dem der Frühling gerade sein erstes Grün anlegte. Auf ihren eigenen Wunsch wurde Georgia am folgenden Tag ohne Begräbnis- oder Gedenkgottesdienst verbrannt, und ihre Asche wurde über die Landschaft verstreut, mit der sie in der Erinnerung immer verbunden sein wird.

STAMMBAUM DER FAMILIE O'KEEFFE

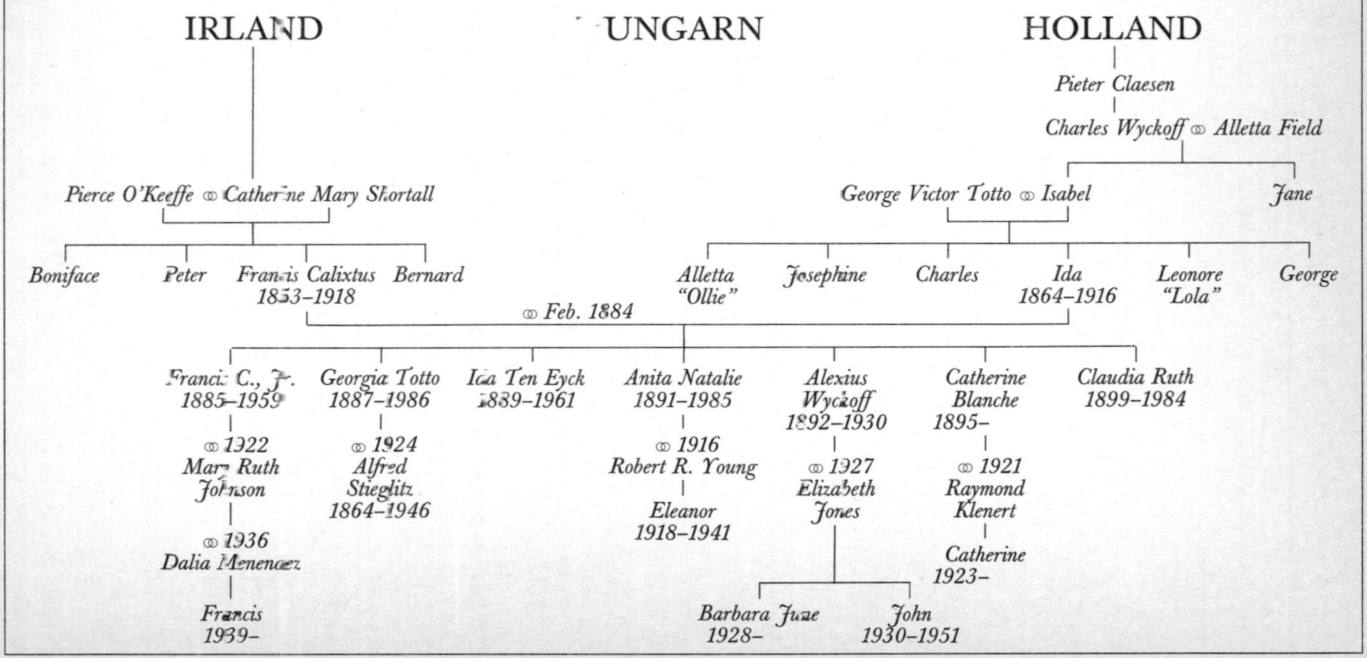

ZEITTAFEL

1887	Georgia O'Keeffe wird am 15. November als Farmerstochter in Sun Prairie/Wisconsin geboren.
1903	Umzug der Familie nach Williamsburg/Virginia.
1905	High-School-Abschluß am Chatham Episcopal Institute in Chatham/Virginia.
1905/06	Besuch der Kunstschule des Art Institute of Chicago.
1907/08	Besuch der Art Students League in New York.
1908	Erste Begegnung mit dem Photographen Alfred Stieglitz in dessen Galerie »291«.
1908–1910	Arbeit als Werbegrafikerin in Chicago.
1911–1918	Arbeit als Kunstlehrerin an verschiedenen Schulen in Chatham, Amarillo/Texas, Columbia/South Carolina und Canyon/Texas.
1912	Umzug der Eltern nach Charlottesville/Virginia.
1913–1916	Assistentin von Alon Bement an der Sommerschule der University of Virginia.
1914–1916	Studium am Columbia University Teachers College in New York.
1916	Erste Gruppenausstellung in Stieglitz' Galerie.
1917	Erste Einzelausstellung bei Stieglitz, im selben Jahr Schließung der Galerie.
1918	Beginn der festen Beziehung zu Stieglitz.
1923	Zweite Einzelausstellung in den Anderson Galleries in New York.
1924	O'Keeffe heiratet Stieglitz.
1925	Stieglitz eröffnet die Intimate Gallery, die er bis 1929 betreibt. Gemeinsam mit Stieglitz, Paul Strand, John Marin, Arthur Dove, Charles Demuth und Marsden Hartley Gruppenausstellung »Seven Americans«.
1928	Briefkontakt mit D. H. Lawrence.
1929	Gruppenausstellung im Museum of Modern Art in New York. Erster Sommeraufenthalt in New Mexico, wo O'Keeffe auch die meisten der folgenden Sommer verbringt. Stieglitz eröffnet die Galerie »An American Place«.
1932/33	Nervenzusammenbruch und psychiatrische Behandlung.
1933/34	Reisen auf die Bermudas.

1938 O'Keeffe erhält die Ehrendoktorwürde für Bildende Kunst des College of William and Mary in Williamsburg.

1940 O'Keeffe erwirbt den zur Ghost Ranch gehörenden Rancho de los Burros bei Espanola/New Mexico.

1942 O'Keeffe erhält die Ehrendoktorwürde in Literatur der University of Wisconsin.

1943 Erste große Retrospektive im Art Institute of Chicago.

1945 O'Keeffe kauft eine ehemalige Hazienda in Abiquiu/New Mexico.

1946 Das New Yorker Museum of Modern Art widmet Georgia O'Keeffe seine erste große Ausstellung für eine Künstlerin. Stieglitz stirbt am 13. Juli.

1947 Endgültige Übersiedlung nach New Mexico.

1949 O'Keeffe wird in das National Institute of Arts and Letters aufgenommen.

1951 Beginn einer regen Reisetätigkeit mit Reisen nach Mexiko. Europa (1953), Spanien (1954), Peru (1956), rund um die Welt (1959) und nach Asien (1960).

1962 O'Keeffe wird in die American Academy of Arts and Letters aufgenommen.

1970 Retrospektive im New Yorker Whitney Museum.

1977 Auszeichnung mit dem höchsten nichtmilitärischen Orden der USA, der Freiheitsmedaille.

1986 Georgia O'Keeffe stirbt am 6. März im St.-Vincent-Krankenhaus in Santa Fe.

BIBLIOGRAPHIE

Bücher

Alloway, Lawrence. *Topics in American Art Since 1945*. New York: W. W. Norton & Co., 1975.

Ariail, James M. *Columbia College 1912–1968*. Columbia, S.C.: Columbia College, 1968.

Bacon, Peggy. *Off with Their Heads*. New York: Robert M. McBride and Co., 1934.

Baur, John I. H. *Nature in Abstraction*. New York: The Macmillan Co., 1958.

Brett, Dorothy. *Lawrence and Brett: A Friendship*. Philadelphia: J. B. Lippincott Co., 1933.

Bry, Doris. *Alfred Stieglitz: Photographer*. Boston: Museum of Fine Arts, 1965.

Bulliet, C. J. *Apples and Madonnas*. Chicago: Covivi, Friede, Inc., 1930.

Castro, Jan Gordon. *The Art and Life of Georgia O'Keeffe*. New York: Crown, 1985.

Chicago, Judy. *Through the Flower*. New York: Doubleday & Co., 1975.

–, *The Dinner Party*. New York: Doubleday & Co., 1979.

Coke, Van Deren. *Taos and Santa Fe*. Albuquerque: University of New Mexico Press, 1963.

Dell, Floyd. *Women as World Builders*. Chicago: Forbes & Co., 1913.

Dijkstra, Bram. *Hieroglyphics of a New Speech*. Princeton, W.J.: Princeton University Press, 1969.

–, Hg. *A Recognizable Image: William Carlos Williams on Art and Artists*. New York: New Directions Publishing Corp., 1978.

Dow, Arthur Wesley. *Composition*. 20. Aufl. New York: Doubleday, Doran and Co., 1938.

Eliot, Alexander. *Three Hundred Years of American Painting*. New York: Time, Inc., 1957.

Fergusson, Erna. *Our Hawaii*. New York: Alfred A. Knopf, 1942.

Field, Hamilton E. *The Technique of Oil Paintings and Other Essays*. Brooklyn, N.Y.: Ardsley House, 1913.

Foster, Joseph. *D. H. Lawrence in Taos*. Albuquerque: University of New Mexico Press, 1972.

Frank, Waldo. *Time Exposures*. New York: Boni and Liveright, 1926.

– und Lewis Mumford, Dorothy Norman, Paul Rosenfeld, Harold Rugg, Hg. *America and Alfred Stieglitz: A Collective Portrait*. New York: Doubleday, Doran and Co., 1934.

Geldzahler, Henry. *American Painting in the Twentieth Century*. New York: Metropolitan Museum of Art, 1965.

Georgia O'Keeffe: A Portrait by Alfred Stieglitz. New York: Metropolitan Museum of Art, 1978.

Green, Jonathan, Hg. *Camera Work: Critical Anthology*. New York: Aperture, 1973.

Greenough, Sarah, und Juan Hamilton. *Alfred Stieglitz: Photographs and Writings*. Washington, DC: National Gallery of Art, 1983.

Hapgood, Hutchins. *Victorian in the Modern World*. New York: Harcourt, Brace and Co., 1939.

Harris, Ann Sutherland, und Linda Nochlin. *Women Artists: 1550–1950*. New York: Alfred A. Knopf, 1976.

Hartley, Marsden. *Adventures in the Arts*. New York: Boni and Liveright, 1921.

Haskell, Barbara. *Arthur Dove*. San Francisco Museum of Art, 1974.

Headley, Phineas C. *The Life of Louis Kossuth*. New York: Derby & Miller, 1852.

History of Dane County, Wisconsin. Chicago: Western Historical Assn., 1880 und 1906.

Homer, William. *Alfred Stieglitz and the American Avant-Garde*. Boston: N.Y. Graphic Society, 1977.

Huxley, Aldous. *The Art of Seeing*. New York: Harper and Bros., 1942.

–, Hg. *The Letters of D. H. Lawrence*. New York: Viking Press, 1932.

Jones, Howard Mumford, Hg. *The Letters of Sherwood Anderson*. Boston: Little, Brown & Co., 1953.

Kellner, Bruce. *Carl Van Vechten and the Irreverent Decades*. Norman: University of Oklahoma Press, 1968.

Kootz, Samuel M. *Modern American Painters*. New York: Brewer and Warren, 1930.

Kossuth, Louis. *Memories of My Exile*. New York: D. Appleton & Co., 1880.

Krinsky, Carol H. *Rockefeller Center*. New York: Oxford University Press, 1978.

Kuh, Katharine. *The Artist's Voice: Talks with Seventeen Artists*. New York: Harper & Row, 1962.

LaFollette, Suzanne. *Concerning Women*. New York: Harper & Row, 1926.

Lane, James W. *The Work of Georgia O'Keeffe: A Portfolio of Twelve Paintings*. New York: Knight Publishers, 1937.

Langren, Marchal E. *Years of Art: The Story of the Art Students League of New York*. New York: Robert M. McBride and Co., 1940.

Levy, Julien. *Memoir of an Art Gallery*. New York: G. P. Putman's Sons, 1977.

Lippard, Lucy. *From the Center. Feminist Essays on Women's Art*. New York: E. P. Dutton, 1976.

Lowe, Sue Davidson. *Stieglitz: A Memoir/Biography*. New York: Farrar, Straus, Giroux, 1983.

Luhan, Mabel Dodge. *Movers and Shakers*. Vol. 3, *Intimate Memories*. New York: Harcourt, Brace and Co., 1936.

–, *Taos and Its Artists*. New York: Duell, Sloan and Pearce, 1947.

Lyman, S. E. *The Story of New York*. New York: Crown, 1964.

McBride, Henry. *Florine Stettheimer.* New York: Museum of Modern Art, 1946.
McCausland,Elizabeth. *Marsden Hartley.* Minneapolis: University of Minnesota Press, 1952.
Mellquist, Jerome. *The Emergence of an American Art.* New York: Charles Scribner's Sons, 1942.
Morrill, Claire. *A Taos Mosaic.* Albuquerque: University of New Mexico Press, 1973.
Morris, Lloyd R. *Incredible New York: High Life and Low Life of the Last Hundred Years.* New York: Random House, 1951.
The Mortar Board. Chatham, Va.: Chatham Episcopal Institute, 1905.
Mumford, Lewis. *The Brown Decades.* New York: Dover Publications, 1931.
Munro, Eleanor. *Originals: American Women Artists.* New York: Simon and Schuster, 1979.
Naef, Weston J. *The Collection of Alfred Stieglitz.* New York: Metropolitan Museum of Art and The Viking Press, 1978.
Neilson, Winthrop, und Frances Neilson. *Seven Women: Great Painters.* Philadelphia: Chilton Book Co., 1969.
Nordness, Lee, Hg. *Art USA Now.* Vol. I. Luzern: C. J. Bucher, 1962.
Norman,Dorothy. *Alfred Stieglitz: An American Seer.* New York: Random House, 1973.
–, Hg. *Selected Writings of John Marin.* New York: Pellegrini and Cudahy, 1949.
–, *Stieglitz Memorial Portfolio.* New York: Twice-a-Year Press, 1947.
Northrop, F. S. C. *The Meeting of East and West.* New York: The Macmillan Co., 1946.
O'Keeffe, Georgia. *Blumen.* Nicholas Callaway, Hg. München: Droemer, 1987.
–, *Some Memories of Drawings.* New York: Atlantic Editions, 1974.
–, *Georgia O'Keeffe.* New York: A Study Book of the Viking Press, 1976.
Pack, Arthur N. *We Called It Ghost Ranch.* Abiquiu, N.M.: Ghost Ranch Conference Center, 1966.
Phillips, Duncan. *A Collection in the Making.* New York: E. Weyhe, 1926.
Rich, Daniel Catton, Hg. *The Flow of Art: Essays and Criticisms of Henry McBride.* New York: Atheneum, 1975.
Ringel, Fred, Hg. *America as Americans See It.* New York: Harcourt, Brace and Co., 1932.
Rose, Barbara. *American Art Since 1900: A Critical History.* New York: Frederick A. Praeger, 1967.
Rosenfeld, Paul. *Port of New York: Essays on Fourteen American Moderns.* New York: Harcourt, Brace and Co., 1924.
Rouse, Parke. *Cows on the Campus.* Richmond, Va.: Dietz Press, 1973.
Seligmann, Herbert. *Alfred Stieglitz Talking.* New Haven: Yale University Library, 1966.
–, Hg. *Letters of John Marin.* New York: An American Place, 1931.
Sochen, June. *The New Woman: Feminism in Greenwich Village 1910–1920.* New York: Quadrangle Books, 1972.
Street, M. B. *The Wyckoff Family in American: A Genealogy.* Rutland, Vt.: The Tuttle Co., 1934.

Tedlock, E. W. Jr., Hg. *Frieda Lawrence: The Memoirs and Correspondence*. New York: Alfred A. Knopf, 1964.
Trachtenberg, Alan, Hg. *Memoirs of Waldo Frank*. Amherst: University of Massachusetts Press, 1973.
Young, Mahonri S. *Early American Moderns*. New York: Watson-Guptill, 1974.

Zeitschriften und andere Quellen

Art Institute of Chicago Catalogue 1905–06. Chicago: AIC, 1905
Asbury, Edith Evans. »Silent Desert Still Charms Georgia O'Keeffe, near 81.« *New York Times*, 2. Nov. 1968.
Brook, Alexander. »February Exhibitions: Georgia O'Keeffe.« *The Arts*, Feb. 1923.
Canaday, John. »Georgia O'Keeffe: The Patrician Stance as Esthetic Principle.« *New York Times*, 11. Okt. 1970.
Chatham Episcopal Institute Catalogue 1904–1905. Chatham, Va.: CEI, 1904.
Coates, Robert M. »Profiles: Abstraction-Flowers.« *The New Yorker*, 6. Juli 1929.
Coffelt, Beth. »A Visit with Georgia O'Keeffe.« *San Francisco Sunday Examiner & Chronicle*, 11. April 1971.
Cohn, Susan F. »An Analysis of Selected Works by Georgia O'Keeffe...« Dissertation, New York University, 1974.
Columbia College Catalogue 1914–1915. Columbia, S.C.: Columbia, 1914.
Davis, Douglas. »O'Keeffe Country.« *Newsweek*, 22. Nov. 1976.
Eldredge, Charles C., III. »Georgia O'Keeffe: The Development of an American Modern.« Dissertation, University of Minnesota, 1971.
Flint, Ralph. »Lily Lady Goes West.« *Town and Country*, Jan. 1943.
»Georgia O'Keeffe Turns Dead Bones to Live Art.« *Life*, 14. Feb. 1938.
Glueck, Grace. »›It's Just What's in My Head.‹« *New York Times*, 18. Okt. 1970.
Goossen, E. C. »O'Keeffe.« *Vogue*, 1. März 1967.
Greenberg, Clement. »Art.« *The Nation*, 5. Juni 1946.
Hoffman, Katherine A. »A Study of the Art of Georgia O'Keeffe from 1916–1974.« Dissertation, New York University, 1976.
Hunter, Vernon. »A Note on Georgia O'Keeffe.« *Contemporary Arts of the South and Southwest*, Nov.–Dez. 1932.
Janis, Leo. »Georgia O'Keeffe at Eighty-Four.« *Atlantic Monthly*, Dez. 1971.
Kalonyme, Louis. »Georgia O'Keeffe: A Woman in Painting.« *Creative Art*, Jan. 1928.
Kotz, Mary Lynn. »A Day with Georgia O'Keeffe.« *Art News*, Dez. 1977.
Kramer, Hilton. »Georgia O'Keeffe.« *New York Times Book Review*, 12. Dez. 1976.
Lifson, Ben. »O'Keeffe's Stieglitz, Stieglitz's O'Keeffe.« *Village Voice*, 11. Dez. 1978.

Looney, Ralph. »Georgia O'Keeffe.« *Atlantic Monthly,* April 1965.
Luhan, Mabel Dodge. »Georgia O'Keeffe in Taos.« *Creative Art,* Juni 1931.
McBride, Henry. »Curious Responses to Work of Miss O'Keeffe on Others.« *New York Herald,* 4. Feb. 1923.
–, »Georgia O'Keeffe's Exhibition.« *New York Sun,* 14. Jan. 1933.
–, »O'Keeffe at the Museum.« *New York Sun,* 18. Mai 1946.
McCoy, Gannett. »The Artist Speaks – Part IV: Reaction and Revolution.« *Art in American,* Aug.–Sept. 1965.
Malcolm, Janet. »Photographs: Arts and Lovers.« *The New Yorker,* 12. März 1979.
Matthias, Blanche. »Stieglitz Showing Seven Americans.« *Chicago Evening Post, Magazine of the Art World,* 2. März 1926.
Milliken, William M. »White Flower by Georgia O'Keeffe.« *Bulletin of the Cleveland Museum of Art,* April 1937.
Mumford, Lewis. »O'Keeffe and Matisse.« *New Republic,* 2. März 1927.
–, »Autobiographies in Paint.« *The New Yorker,* 18. Jan. 1936.
Oaks, Gladys. »Radical Writer and Woman Artist Clash on Propaganda and Its Uses.« *New York World,* 16. März 1930.
O'Brien, Frances. »Americans We Like: Georgia O'Keeffe.« *The Nation,* 12. Okt. 1927.
O'Keeffe, Georgia. »Can a Photograph Have the Significance of Art?« *MSS,* Dez. 1922.
–, »Stieglitz: His Pictures Collected Him.« New York Times Magazine, 11. Dez. 1949.
Plagens, Peter. »A Georgia O'Keeffe Retrospective in Texas.« *Artforum,* Mai 1966.
Pollitzer, Anita. »That's Georgia.« *Saturday Review,* 4. Nov. 1950.
Read, Helen Appleton. »Georgia O'Keeffe – Woman Artist Whose Art is Sincerely Feminine.« *Brooklyn Eagle,* 2. März 1924.
–, »The Feminine Viewpoint in Contemporary Art.« *Vogue,* 15. Juni 1928.
Robinson, Vivian. »Famed Artist Remembers Amarillo as Brown Town.« *Amarillo Globe-Times,* 26. Aug. 1965.
–, »Artist's Journey to the Top Began at West Texas.« *Amarillo Globe-Times,* 27. Aug. 1965.
Rose, Barbara. »Georgia O'Keeffe: The Paintings of the Sixties.« *Artforum,* Nov. 1970.
–, »Visiting Georgia O'Keeffe.« *New York Magazine,* 9. Nov. 1970.
–, »O'Keeffe's Trail.« *New York Review of Books,* 31. März 1977.
Rosenfeld, Paul. »American Painting.« *The Dial,* Dez. 1921.
–, »The Paintings of Georgia O'Keeffe.« *Vanity Fair,* Okt. 1922.
Rubenstein, Meridel. »The Circles and The Symmetry: The Reciprocal Influence of Georgia O'Keeffe and Alfred Stieglitz.« Magisterarbeit, University of New Mexico, 1977.
Schwartz, Sanford. »When New York Went to New Mexico.« *Art in America,* Juli–Aug. 1976.
–, »Georgia O'Keeffe Writes a Book.« *The New Yorker,* 28. Aug. 1978.

Seiberling, Dorothy. »Horizons of a Pioneer.« *Life,* 1. März 1968.
Seligmann, Herbert. »Georgia O'Keeffe, American.« *MSS,* März 1923.
Strand, Paul. »Georgia O'Keeffe.« *Playboy,* Juli 1924.
Tomkins, Calvin. »The Rose in the Eye Looked Pretty Fine.« *The New Yorker,* 4. März 1974.
Tryk, Sheila. »O'Keeffe.« *New Mexico,* Jan.–Feb. 1973.
University of Virginia Summer School Catalogue, 1912–1916, Charlottesville: University of Virginia.
United States Census Reports, Dane County, Wisconsin, 1860, 1870 und 1880.
Wallach, Amei. »Under a Western Sky.« *Horizon,* Dez. 1977.
Willard, Charlotte. »Georgia O'Keeffe.« *Art in America,* Okt. 1963.
Wilson, Edmund. »Stieglitz Exhibition at the Anderson Galleries.« *New Republic,* 18. März 1925.

Kataloge

Catalogue of the Alfred Stieglitz Collection for Fisk University. Nashville: Fisk University, 1949.
The Eye of Stieglitz. New York: Hirschl & Adler, 1978.
Goodrich, Lloyd, und Doris Bry. *Georgia O'Keeffe.* New York: Whitney Museum of American Art, 1970.
Hartley, Marsden. »A Second Outline in Portraiture.« *Georgia O'Keeffe: Exhibition of Recent Paintings, 1935.* New York: An American Place, 1936.
Moore, Ethel, Hg. *Letters from 31 Artists to the Albright-Knox Art Gallery,* Buffalo: The Buffalo Fine Arts Academy, 1970.
O'Keeffe, Georgia. *Alfred Stieglitz Presents One Hundred Pictures, Oils, Water-Colors, Pastels, Drawings by Georgia O'Keeffe, American.* New York: The Anderson Galleries, 1923. (O'Keeffe Statement.)
–, *Alfred Stieglitz Presents Fifty-one Recent Pictures, Oils, Water-Colors, Pastels, Drawings by Georgia O'Keeffe, American.* New York: The Anderson Galleries, 1924. (O'Keeffe Statement.)
–, »About Myself.« *Georgia O'Keeffe: Exhibition of Oils and Pastels.* New York: An American Place, 1939.
–, *Georgia O'Keeffe: Catalogue of the Fourteenth Annual Exhibition of Paintings with Some Recent O'Keeffe Letters.* New York: An American Place, 1938.
–, »About Painting Desert Bones.« *Georgia O'Keeffe: Paintings – 1943.* New York: An American Place, 1944.
–, *Georgia O'Keeffe: Exhibition of Oils and Pastels.* New York: An American Place, 1940. (O'Keeffe Statement.)
Paintings by Nineteen Living Americans. New York: Museum of Modern Art, 1929.
Pisano, Ronald G. *The Students of William Merritt Chase.* Huntington, N.Y.: Heckscher Museum, 1973.
Rich, Daniel Catton. *Georgia O'Keeffe.* Chicago: Art Institute of Chicago, 1943.

–, *Georgia O'Keeffe: Forty Years of Her Art.* Worcester, Mass.: Worcester Art Museum, 1960.
Wilder, Mitchell A, Hg. *Georgia O'Keeffe.* Fort Worth: Amon Carter Museum of Western Art, 1966.